양명학의 새로운 지평
숨은 얼굴 드러난 얼굴

최 재 목 지음

지식과교양

머리말

나의 전문 분야라 할 수 있는 양명학은, 전공자의 입장에서, 늘 미완성인 채로 남아있다. 계속적인 연구를 어느 시점에서 끊고 또 이어가야 하나를 고민할 때, 적절한 시점에서 용기를 내어 '일단락' 짓고 싶었다.

'동아시아'라는 차원에서 양명학을 접근하다 보니, 가끔은 혼동스러울 때도 있지만, 원칙은 스스로 할 수 있는, 힘이 닿는 데부터 시작한다는 것이다. 따지고 보면 나는 미진한 것은 미진한 채로 남겨두고, 진행되는 쪽은 또 그대로 쭈욱 밀고 나가는, 내 나름의 연구 흐름과 생태를 중시하는 타입이다.

양명학 연구에 관한 한 아직 나의 연구는 도중에 있으며, 완성태가 아니다. 미완성 교향곡처럼, 미완성인 채로도 음미될 수 있다는 믿음으로 용기를 내어 나는 그간의 내 작업을 엮는다.

이 책은 〈양명학의 새로운 지평 - 숨은 얼굴 드러난 얼굴 -〉이라는 제목으로 다음의 내용을 담고 있다.

　여기서는, 예컨대「함석헌과 양명학」을 제외한 '근·현대 양명학'
부분은 생략해 버렸다. 다른 기회에 근대와 현대 부분을 별도로 모아
서 엮고 싶어서이다. 물론 '근대 양명학' 부분도 그렇다. 준비 중인 원
고들이 조만간 빛을 볼 날을 기다리고 있다.

　이미 출간한 몇 권의 양명학 관련 저작들에 이 책의 내용을 추가하
여 읽는다면 영광이다.

　잡무에 시달리면서 손에서 책을 놓지 않고 달려온, 그간의 내 작업을 여기 공개하면서, 오히려 스스로를 성찰 · 반성하면서, 새로운 각오도 해본다. 독자들의 비판도 달게 받으면서, 초심을 잃지 않고, 소명의식을 갖고 스스로의 연구를 계속해 갈 생각이다.

　여러 권의 책을 한꺼번에 출간해 준 〈지식과교양〉에 감사를 드린다.

2017.11.5.

대구 시지동 목이재에서

최재목 적다

6

차례

양명학의 새로운 지평

-숨은 얼굴 드러난 얼굴-

동아시아 '양명심학' 개설

1. 서언

이 글은 왕수인(王守仁. 호는 陽明. 1472-1528)의 심학(心學), 즉 양명심학에 대해서 안내하는 이른바 「양명심학 입문」이다. 다시 말하면 양명의 "심학"(xinxue(중국), simhak/심학(한국), singaku/シンガク(일본))의 본질은 무엇이며, 그것이 중국, 한국, 일본의 각 지역에서 어떤 모습으로 전개되었는지 그 개략을 설명하는 것이다. 여기에는 기본적인 학설과 용어, 인물 해설이 포함된다.

"心學"을 한마디로 정의하는 것은 다소 어렵다[1]. 왜냐하면 첫째, "心"이란 말 자체가 가지는 다의성·부정확성이다. 둘째, 중국을 비롯한 동아시아에서 유교·불교·도교 등 "心"의 규정 방식과 내용이 각

---

1) 「심」·「심학」이라는 말의 의미와 정의에 관한 제 문제에 관해서는 야마시타·류지(山下龍二)의 (1991) 「心の哲學」, 『朱子學と反朱子學』,(東京: 研文社), 福嶋俊翁 (1970) 「心學と理學」, 『禪と東洋思想の諸問題』,(東京 : 平樂寺書店)을 참고하라.

각의 편의에 따라 달라질 수 있다. 셋째, 철학적·이념적 입장이 가져오는 대결 구도에서 각각 "心學"의 내용규정의 엄밀성은 물론, 사상문화 그 자체가 가지는 싱크레티즘(syncretism·혼합주의)의 경향에 따라 극단적인 단순화 또는 도식화할 수 없는 경우도 당연히 예상된다. 즉 이질성도 있는 반면 동질성도 있기 때문이다.

이와 같이 "心"혹은 "心學"의 형식과 내용은 그 본래의 의미를 지니면서도 동아시아 각 지역의 구체적인 지적(知的)상황과 복잡하게 맞물리면서 새롭게 재정의·재조정되는 경우도 있다.

이 책에서 필자는 '심학'을 "양명학"[yangmingxue(중), yangmeounhak/양명학(韓), youmeigaku/ㅋウㅊイガク(일)]로 규정·한정하여 언급하겠다. 넓은 의미에서 '양명학'이란 중국 명대(明代)에 왕양명(王陽明)이 일으킨 유교의 일파로, 맹자의 성선설(性善說)의 계보에 이어지는 것이나, 좁은 의미로는 메이지 시대의 〈근대 양명학〉의 구상에 의한 조어(造語)로 간주된다[2]. 여기에서는 넓은 의미의 '양명학'을 주

---

2) '양명학'의 명칭(개념)은 사실 메이지 일본 이후에 널리 사용된 것으로, 메이지기의 〈근대양명학〉의 구상에 의한 조어였고(그 전 까지는 良知學, 姚江之學, 王學, 王氏之學 등으로 불림), 그 이전에 사용된 예로는, '왕씨지학' 등의 용어와는 전혀 다른 모습을 연출하게 된다는 최근의 연구가 있고, 학계에서 널리 인정받고 있다. 즉, 근세에서의 연속성을 단절하고, 독자의 연구영역으로써 '동아시아의〈근대양명학〉'이라는 구상을 서둘러야 된다고 주장한 것은 오규·시게히로(荻)生茂博)씨였다((오규 시게히로(2011)「일본에 있어서 근대 양명학의 성립」,『季刊日本思想史』59호, 동경:페리칸社 참고. 그 후, 오규 시게히로(2008)『근대·아시아·양명학』(동경:페리칸社) 수록. 또한 동저자의 전게 논문이외에「막말·명치의 양명학과 명청사상사」,「근대에 있어서 양명학 연구와 石崎東國의 오사카 양명학회」,「최남선의 일본체험과『少年』의 출발-동아시아의〈근대양명학〉Ⅲ-1」)). 유감스럽게도 오규씨의 '동아시아의〈근대양명학〉'구상은 그의 죽음으로 미완성에 그쳤다. 그러나, 그의 시좌는 일본과 한국의 '근대양명학'에 관해서 큰 성과를 이루었다고 평가할 수 있다. ((오규씨에 관한 평가는, 澤井啓一(2010)「근대일본에 있어서 양명학의 변용-建部遯吾를 例로-」,『陽

대상으로 삼기 때문에 "심학의 동아시아적 전개"라고할 때, 왕양명이 주창한 사상=「양명학」이 동아시아 각각의 지역에서 어떻게 전개되었는가를 논의하게 될 것이다.

본문에서는 먼저 〈'양명심학(陽明心學)'〉을 정의하고, 이어서 〈왕수인의 사상내용과 의의〉에 대하여 서술할 것이다. 다음으로 〈양명심학의 동아시아적 전개와 그 특징〉, 그리고 〈근대 「메이지 일본」이 만든 '요우메이가쿠(陽明學) 상(像)'의 음영〉을 각각 언급할 것이다.

2. 「심학」의 정의 – 양명학[3]과 관련해서 –

明學』제26호,(한국양명학회)를 참고)).
단, 필자가 한국과 중국에 있어서 '양명학'이란 개념이 메이지기의 〈근대양명학〉의 구상에 의한 조어였다라는 주장을 발표하였을 때, 일본이외의 중국과 한국에서는 냉담한 반응 내지 다소 저항감을 느끼는 경우도 있었다. 즉, 메이지기의 〈근대양명학〉의 구상과 관련 없이 근대이전에 이미 중국과 한국에는 '陽明之學'등과 같이 '양명학'에 상당하는 것이 있었다는 논의였다. 이는 결국 '개념'과 '용어'의 차이에 대한 오해에 기인하며, 게다가 '개념'의 근대적 '領有(appropriation)'에 대한 인식의 차이에서 생기는 문제로 보여진다.
3) '양명학'의 명칭(개념)은 사실 메이지 일본 이후에 널리 사용된 것으로, 메이지기의 〈근대양명학〉의 구상에 의한 조어였고(그 전 까지는 良知學, 姚江之學, 王學, 王氏之學 등으로 불림), 그 이전에 사용된 예로는, '왕씨지학'등의 용어와는 전혀 다른 모습을 연출하게 된다는 최근의 연구가 있고, 학계에서 널리 인정받고 있다. 즉, 근세에서의 연속성을 단절하고, 독자의 연구영역으로써 '동아시아의〈근대양명학〉'이라는 구상을 서둘러야 된다고 주장한 것은 오규 · 시게히로(荻)生茂博)씨였다((오규 시게히로(2011)「일본에 있어서 근대 양명학의 성립」, 『季刊日本思想史』59호, 동경:페리칸社 참고. 그 후, 오규 시게히로(2008)『근대 · 아시아 · 양명학』(동경:페리칸社) 수록. 또한 동저자의 전게 논문이외에 「막말 · 명치의 양명학과 명칭사상사」, 「근대에 있어서 양명학 연구와 石崎東國의 오사카 양명학회」, 「최남선의 일본 체험과 『少年』의 출발-동아시아의〈근대양명학〉Ⅲ-1」)). 유감스럽게도 오규씨의 '동아시아의 〈근대양명학〉' 구상은 그의 죽음으로 미완성에 그쳤다. 그러나, 그의

1) 중국 · 조선 · 일본의 경우

여기서 말하는 '심학'은 당연한 것이겠으나, 형식으로서는 「심(心)」
(인간의 마음)과 「학(學)」(지식의 체계화 및 유형)이 결합하여 하나의
단어가 된 것이다.

중국에서 '심학'이라는 말은, 특히 근세에 이르러 널리 사용하게 된
다. 예를 들어, 사상 · 수양을 언급한 것으로 송대(宋代)의 범성대(范
成大)의 시(「奇題筠州錢有文明府新昌小道院」)에 "성실하고 두텁게
평생 심학을 했다" 또 원대(元代)의 정복심(林隱)의 「心學圖」, 명대
(明代) 진진성(陳眞晟)의 「心學圖」, 송명유학의 한 유형으로 말해지
는 것으로 명나라 송염(宋濂)의 『六經論』에 "육경은 모두 심학이다",
또한 명의 왕수인의 「『육상산선생문집』」서(일반적으로 '상산문집서'
라 한다. 『양명전집』권7)에 "성인의 학문은 심학이다[聖人之學心學
也]"라고 해서 기존의 유학의 경향과 텍스트를 '心學'이라는 개념에서
새롭게 재검토 · 재해석하고 있음을 알 수 있다. 덧붙여 청나라 고염
무(顧炎武)의 『日知錄』에는 「心學」편이 있다.

시좌는 일본과 한국의 '근대양명학'에 관해서 큰 성과를 이루었다고 평가할 수 있
다. ((오규씨에 관한 평가는, 澤井啓一(2010) 「근대일본에 있어서 양명학의 변용-
建部遯吾를 例로-」, 『陽明學』제26호,(한국양명학회)를 참고)).
단, 필자가 한국과 중국에 있어서 '양명학'이란 개념이 메이지기의 〈근대양명학〉의
구상에 의한 조어였다라는 주장을 발표하였을 때, 일본이외의 중국과 한국에서는
냉담한 반응 내지 다소 저항감을 느끼는 경우도 있었다. 즉, 메이지기의 〈근대양명
학〉의 구상과 관련 없이 근대이전에 이미 중국과 한국에는 '陽明之學'등과 같이 '양
명학'에 상당하는 것이 있었다는 논의였다. 이는 결국 '개념'과 '용어'의 차이에 대
한 오해에 기인하며, 게다가 '개념'의 근대적 '領有(appropriation)'에 대한 인식의
차이에서 생기는 문제로 보여진다.

요시다 코헤이(吉田公平)는 「(주자학이나 양명학이나) 모두 자신들의 학문을 '심학'이라 부른다. 그러나 주자학과 양명학은 그 내용을 달리한다. 대체로 주자학자가 굳이 '심학'이라 자칭하는 것은 남송의 진덕수(호는 西山)에 까지 거슬러 올라가나 그것의 현저함은 양명학의 양지심학에 대항하여 주자학이야말로 참된 심학이다 라고 선언하는데 특색이 있다. 그것은 흔히 말하는 朱陸논쟁이 치열하게 전개되는 가운데 주장된 것이다. 거기에는 당파 의식이 짙게 투영되어있음은 부정키 어렵다[4]」고 말한다. 이처럼 주자학이나[5] 양명학이나 '심학'이라는 명칭은 사용하고 있으나, 왕수인 이후 주자학에서 자신의 학문을 '심학'이라 부르는 경우는 대부분 양명심학에 대항하기 위함인 것을 알 수 있다. 따라서 같은 '심학'이라도 공통점과 차이점이 있고, 주자심학(朱子心學), 상산심학(象山心學), 양명심학(陽明心學), 퇴계심학(退溪心學) 또는 양지심학(良知心學), 경(敬)의 심학, 이처럼 최근 동아시아에 있어서 심학 앞에 형용사를 붙여서 「○○심학」이라고 쓰는 경우가 늘고 있는 것 같다[6].

'심학'을 중국 사상사의 흐름에서 맹자로부터 시작하여 북송의 정호(明道)와 남송의 육구연(상산)을 거쳐, 왕수인(양명)에 이르러 대성된 인간 내면의 "심(心)"의 자율성에 중점을 둔 유학 흐름의 하나로 보는 것이 "중국 사상사" 기술의 통설이며, 이것을 보통 "육왕심학"[육왕학]이라한다.

---

4) 吉田公平(2000), 『陽明學が問いかけるもの』(東京 : 研文出版), p142.
5) 이로부터 그 계보에 속하는 조선의 이황의 학문에 있어서도 같다.
6) 이러한 사정에 관해서 井上厚史(2010)「李退溪의「誠」과 王陽明의「誠」」, 『第7回 江華陽明學國際學術大會論文集 : 陽明學と地球,生命,共生』,韓國陽明學會,pp.335-340.

이렇게 "심학"은 바깥 사물에 내재 · 고정된 보편적인 원리로서의 '리(理)'에 중점을 둔 북송의 정이(伊川)에서 남송의 주회(晦庵)에 이르러 대성된다. '이학(理學)' 즉 "정이 · 주회의 이학"=「程朱理學」(→ 程朱學)에 대항하는 형태로 기술된다.

단, 한당의 훈고학(訓詁學)과 청의 고증학(考証學)과의 차이를 분명히 하기 위해 송명(宋明)이라는 시대의 명칭을 붙여 송명성리학(宋明理學)이라고 부르며, 또한 같은 성리학 · 이학에서도 시기 구분이 필요한 경우에는 송학(→ 주자학)과 명학(→ 양명학)으로 구별한다. 영어권에서는 '정주이학(程朱理學)'을 '육왕심학(陸王心學)'과 함께 'Neo-Confucianism'(新儒學)으로 분류하고 신유가(新儒家)를 'Neo-Confucian'이라 한다.

그런데, "정주이학"은 "육왕심학"과 마찬가지로 맹자에서 연원하는 것은 틀림없지만, 외부의 理를 중시하는 측면도 있어 외재(外在)의 예(禮)[他律]를 강조한 순자 · 『순자(荀子)』에 근접하고 있으며 (「순자 · 禮 → 정주"理"학」), 중국 사상사의 정통은 맹자 · 『맹자』로 그 정맥을 잇는 것이 육왕'心'학(「맹자 · 心 → 육왕'心'학」)이라고 볼 수도 있다. 예를 들어, 현대신유가(Modern Neo-Confucian)[7]의 한 사람인 모종삼은 그의 주저 『心体與性体』에서 "송명유학의 뿌리는 실로 논

---

7) 본래 신유학 · 신유가(Neo-Confucianism · Neo-Confucian)라는 단어는 장군매(張君勱 1887-1969)가 송명이학을 서양에 소개한데서 비롯됨. 현대신유가(Modern Neo-Confucian)는 웅십력(1884-1968), 양수명(1893-1988), 전목(1895-1990), 풍우란(1895-1990), 방동미(1899-1976), 진영첩(1901-1994), 서복관(1903-1983), 당군의(1909-1976), 모종삼(1909-1996)등이 대만 · 홍콩등에서 주로 활동한 인물이다. 또한 현대신유가를 계승하여 미국에서 활동하는 두유명(杜維明), 서영시(徐英時)등의 인물을 당대신유가(Contemporary New Confucian)로 부른다.

어 · 맹자 · 중용 · 역전이 중심이다"[8]로 보고, 맹자등의 존덕성(尊德性)의 전통은 정통[正宗]으로서 정호(명도) → 육구연(상산) → 왕수인(양명)으로 전해진바, '정이 · 주희 · 주자학을 유교의 정통으로 삼지 않는다'는 취지를 피력한 바 있다[9].

물론 동아시아 각 지역에 있어서의 "심학"의 정의는 각각의 사상(思想)의 사정에 따라 달리 기술되어지는 경우가 있다.

중국에서는 기본적으로는 예를 들면,『철학대사전(哲學大辭典)』에「육왕학파. 남송의 육구연, 명의 왕수인이 마음을 우주 만물의 본원으로 삼고, '성인의 학문은 심학이다. 요 · 순 · 우가 서로 이어 받은 것이다'라고 제기했다. 그런 이후로, 사람들이 이 파를 '심학'이라 칭했다[10]」로 되어 있다. 즉, '심학'은 "육왕학"인 것이다. 그런데,『한어대사전(漢語大詞典)』'심학'의 항목(권 7,392쪽)에는「육구연, 왕수인을 대표로 하는 송명이학의 한 유파. 즉 소위 양지(良知)의 학으로써 학문의 중심은 '明本心' · '致良知'로 삼는다. 心을 우주의 근원으로 삼는다[11]」로 되어, '심학'을 송명이학의 한 유파로, 육구연 · 왕수인의 심학을 지칭하지만, 학문의 알맹이는 '본심(本心)'을 밝힘에 있다' · '양지를 지극히 한다'에 있다고 본다. 그렇다면, 心學을 송학(정주이학)을 계승하는 것으로 보는 견해와, 정주이학에 대항하는 것으로 보는 견해가 교묘히 공존함을 알 수 있다.

한편 한국에서는 기본적으로『유교대사전(儒敎大事典)』에서 '맹자

8) 모종삼(牟宗三)『心體與性體』(一), 대만:正中書局, p.19. 1968.
9) 모종삼(牟宗三)『心體與性體』(一), p.50.
10)『哲學大辭典(중국철학사권)』, (상해:상해사서출판사, 1984), p.143
11)『漢語大詞典』권7, p.392

로부터 북송의 정호(명도)와 남송의 육구연(象山)을 거쳐, 왕수인(양명)에 이르러 대성한 유학의 흐름"[12]로 기술하고 있는 바와 같이 주로 "육상산 · 왕양명의 학"을 말하며, 대체로 중국에서 심학을 보는 관점과 비슷하다. 그러나 심학(心學)을 정주이학을 계승한 것으로 보는 견해보다는, 그것과 대항하는 것으로 보는 견해에 가깝다고 할 수 있다. 단지 최근에 지금까지 '이학(理學)'이라고 불려진 이황(퇴계)의 학문을 '퇴계심학'과 같이 '심학'으로 부르게 된 것도 있고[13], 한국에서도 나름의 '심학'이라는 장르가 생긴 것을 알 수 있어서, 종래 이학의 범주에 넣어 온 사람을 거부감 없이 심학에 넣는 것은 주자학과 양명학의 경계선이 애매하다는 증거이기도 할 것이다.

　일본에서 '심학'이라고 하면 예를 들어 『중국사상사전(中國思想辭典)』에 「성리학의 한 형태. 송명의 성리학(이학이라고도 함)중의 "리(理)"를 최고 원리로 하는 정주의 철학을 특히 이학(협의의 이학)이라 지칭함에 대해, 육구연 · 왕수인 계열의 철학을 심학이라 한다[14]」라고 하여 "육왕심학"을 가리키는 것처럼 보이지만, 그러나 『이와나이 불교사전(岩波仏教辞典)』(제2판)의 '心學' 항목에 「좁은 의미로는 〈石門心學〉이라 한다. 단순히 〈心學〉이라는 경우에는 주자학 나아가 육상산 · 왕양명의 학문을 가리키는 경우도 많다. 석문심학(石門心學)은 이시다 바이암(石門梅岩,1685-1744)이 창시한 학문 및 그것을 계승한 학파의 사상운동을 말한다. (下略)」[15]과 같이, '주자학 또한 육상

12) 유교사전편찬위원회(1990), 『儒敎大事典』(서울:박영사), pp.866-867
13) 이와 관련해서는 최재목(2009)『퇴계심학과 왕양명』(서울:새문사)을 참고 바람.
14) 日原利國編(1983)『中國思想辭典』(동경:연문출판), p.225
15) 中村元외4인 編(2002)『岩波佛敎辭典』(제2판), 동경:岩波書店, p.564

산 · 왕양명의 학', 그리고 '石門心學'을 가리킴을 알 수 있다.

2) 「心」과 「腦」「頭腦」

'심(心)'이란 글자는 원래 "심장"의 형상(圖1)[16]에서 그 고동이 마음의 움직임과 밀접하기 때문에 그 부분에 바로 '心'이 있는 곳이라고 생각하게 되었다. 마음이 흉중에 있다고 하는 것은 『촉지(蜀志)』 「제갈량전」에서부터 시작되는 "방촌(方寸)"[17]이 그것이었다. 방촌(方寸)은, 보통 '흉중, 즉 마음'을 가리키지만, 본래는 일촌(약 3cm)사방의 뜻으로 극히 작은 넓이를 말한다[18]. 이것은 옛날 심장의 크기가 '일촌 사방'이라고 생각했기 때문이다.

일찍이 도교(道敎) 의학에서는 신체의 중추를 상단전(뇌), 중단전(심장), 하단전(비장 또는 명치)로 세 분화해(오른쪽 그림) 특히, 뇌분(泥丸宮)을 중시했다. 이 영향으로 명대의 이경위(李經緯)의 「내경도」에 등에는 뇌 · 두뇌가 중시되어 그것이 중추가 되지만, 기본적으로 「下(비장 · 명치)」와 「中(심장)」에서 「上(뇌)」로 인간 중추의 이동이 보인다. 인간의 정신이나 지성의 자리, 신체의 중추로서의 뇌가 인식되기 전까지는 심장이 그 위상을 차지하고 있었다. 순자가 '마음은 형체의 임금이요 신명의 주인이다'(『순자』 「解蔽篇」)라고 하는 것처럼 心(마음)은 인간의 이성 · 감정 · 의지 · 욕망 그리고 신체를 총괄하는 것으로 명령을 내리고 신체를 부리는 영묘한 작용을 가진 주체

16) 高明編(1980)『古文字類編』(북경:중화서국), p.147
17) 諸橋轍次(1984)『大漢和辭典』(동경:岩波書店), p.5303 참고
18) 新村出編(1969)『廣辭苑』(동경:岩波書店), p.2018 참고

였다. 그런데 고전에서는 폐, 신장, 간, 혀, 창자등도 정신이 머무는 장소로 여기거나 정신과 동일시되었다[19]. 전통 중국의학에서는 인간의 내장 전체, 즉 "오장(五臟)"(간 · 심장 · 비장 · 폐 · 신장, 그러나 심포를 더하면 육장(六臟)이라고도 함)과 "육부(六腑)"(담즙 · 소장 · 위장 · 대장 · 방광 · 삼초)에도 각각 마음이 머문다고 보았다.

"심"은 이와 같이 중국 전통의학 및 심신론 · 신체론 등을 바탕으로, 철학 사상의 구체적인 장면을 열어감에 있어서 불교 · 도교의 영향도 있어 신체의 지평에서 벗어나 더욱 추상화 · 관념화된 사물의 마음(핵심 · 중핵)이라는 의미까지 확대된다. 예를 들어, 왕수인의 『전습록(伝習錄)』에 "위학두뇌처(爲學頭腦處)"(상권)와 『甘泉集』권8 「新泉問辯錄」에 "일대두뇌처(一大頭腦處)"라는 용어가 나오는 것처럼, 양명학을 포함해 송명성리학 일반에 "心"과는 별도로 신체 일반을 통제하는 핵심 · 중핵 기관의 의미로써 "두뇌" · "뇌"라는 말을 자주 사용한다. 그것은 어떤 면에서는 心(마음)과 두뇌의 결합이라고 할 만한 심의 기능의 확대와 심화를 의미하는 것이다.

3. 왕수인의 사상과 그 의의

왕양명은, 그 자신이 말하듯이 "백사천난(百死千難)"에 살면서 치

---

19) 加納喜光(2001)『풍수와 신체』(동경:대수관서점)pp.124-126과 山下龍二(1991) 「心의 철학」,『주자학과 반주자학』참조. 또한 '心'은 그 형상으로 볼 때 남성의 성기로 보이고, (머리로는 뇌에 있음을 알면서도), 신체감각으로는 배에 있는 경우도 있다. [安田登(2009)『신체감각으로『논어』를 다시 읽다』(동경:춘추사), pp.232-233. 참조]

양지(致良知)설등의 사상·이론을 전개했던 인물이다[20]. 그의 등장은 근세 사상사뿐만 아니라, 근대의 동아시아 세계에 있어서도 큰 의의를 갖는다.

야마이 유(山井湧)가 지적한대로 육구연과 왕수인의 경우, 먼저 "신념"과 "깨달음"이 있고나서 그것을 "이론적"으로 설명하고, 나아가 학문·실천하는 태도를 취했다. 표현은 다소 차이는 있으나, 야스다·지로(安田二郎)는 "주희는 체험에 도달하기까지의 과정에 즉해서(즉 '학문의 사실 분석'에서 출발하여)이론을 구성"한 반면, 왕수인은 "체험 그 자체에 즉해서(즉 "덕성의 실체 분석"에서 출발하여)이론을 구성"했다고 한다.[21] 그래서 그는 전자를 "아래에서의 이론", 후자를 "위로부터의 이론"이라고 규정하기에 이른다[22]. 이러한 관점은 조선시대 양명학의 집대성자로 알려져있는 하곡 정제두(1649-1736)가 학문의 방법론에서 보면, "朱子는 '만수처(万殊處)'에서 '일체처(一体處)'로, 왕양명은 '일체처'에서 '만수처'로 전개했다고 날카롭게 지적한 적이 있다[23]. 이러한 논의는 전통적인 개념에서 보면, 주희는 "도문학(道問學)에서 존덕성(尊德性)으로", 왕수인은 "존덕성에서 도문학으로"라

20) 『陽明集』하,「년보」50세조, "某於比良知說,從百死千難中得來,不得已與人一口說盡,只恐學者得之客易,把作一種光景玩弄,不實落用功,負比知耳"
21) 山井湧(1980)「宋明의 儒學에 있어서 '性卽理'와 '心卽理'」, 『明淸思想史의 研究』,(東京: 東京大學出版會),p.100參照.
22) 安田二郎(1976)「陽明學의 性格」,『中國近世思想研究』,(東京: 筑摩書房),p.191參照.
23) 『霞谷集』上,「答閔彦暉書」,"蓋朱子自其衆人之不能一體處爲道,故其說先從萬殊處入,陽明自其聖人之本自一體處爲道,故其學自其一本處入,其或自末而之本,或自本而之末,此其所由分耳,其非有所主一而廢一則俱是同然耳,使其不善學之,則斯二者之弊,正亦俱不能無者,而如其善用二家,亦自有同歸之理,終無大相遠者矣."

는 구조가 된다.

　명대의 사상적 특징은, 예를 들어 명대 미술사의 흐름과 흡사한 부분이 있다. 즉, 명대 (1368-1644) 초기에는 이민족의 지배로부터의 해방감에서 전통문화의 부흥을 목표로 복고 의식이 싹트고, 전반은 궁중화원계(宮廷畵院系)의 직업 화가에 의한 그림이 주류가 되었다. 그 대표가 절파(浙派)이며 남송 화원의 기교적인 화풍을 계승, 절강 지방의 엉성한 수묵화의 전통 등이 더하여져 독특한 화풍을 형성했다. 그러나 명대 후반에 이르면, 절파는 기교가 지나친 과장으로 흘러 쇠퇴하고 새로이 소주(蘇州)를 중심으로 한 오파(吳派)의 재야시민에 의한 문인화가 번성한다[24]. 이러한 「복고의식 → 궁중화원계 → 기교(형식) → 재야시민」으로의 흐름은 사상사에서도 「복고 의식(전통답습) → 관학(주자학) → 형식화 → 재야시민 · 내면 · 자연」과 같이 호응하듯 흘러간다.

　왕수인의 성인에 대한 관심은 그의 나이 11세 때부터 시작된다. 즉 「왕수인이 그의 가정교사(학원강사)에게 '무엇이 가장 중요한 일입니까'라고 물었을 때, 가정교사가 '책을[= 경서]를 읽고 과거에 합격하는 것이다'라고 답했다. 여기에 왕수인은 '아니, 과거에 급제하는 것은 아마 가장 중요한 일은 아닐 것입니다. 그게 아니라, 책을 읽고 성현을 배우는 것이 가장 중요한 일이라 생각 합니다 "라고 말했다[25]. 말하자면, 왕수인은 애초부터 "器"적 인간(=특정 분야의 전문가, 유기적 지식인, 소피스트)보다는 '不器'적 인간(=삶 그 자체를 목적으로 추구하

---

24) 前田耕作監修(2000)『東洋美術史』,(東京: 美術出版社),p.168參照.
25)「嘗問塾師曰, 何爲第一等事, 塾事曰, 惟讀書登第耳, 先生疑曰, 登第恐未爲第一等事, 或讀書學聖賢耳」

는 인간, 척 - 프리랜스적인 지식인, 필로소퍼)을 지향하고 있었다고
할 수 있다.

이 '성인됨'에 대한 대답은 이윽고 37세 때, 그가 좌천된 중국의 변
방 귀주성(貴州省) 용장(龍場)에서 어느 날 꿈속에서 "(주희의)격물
치지의 뜻"을 "대오(大悟)"하는 신비체험 (이것을 일반적으로 '용장의
대오'라 한다)에 의해 얻게 된다. 「비로소 알게 되었다. '성인의 길은
나의 본성에 갖추어져 있다. 이전에 이치를 사물에서 구한 것은 잘못
이다'」²⁶⁾라는 자각, 이것이야말로 그의 사상의 출발점이며 말하자면
"심즉리(心卽理)"설의 원형이었다. 모든 리[皆理]는 "나의 본성에 갖
추어져 있다"하는 선언에 의해 왕수인의 「성인됨」에 대한 고뇌는 일
단락되었다. 그후 그는 '심즉리'설을 바탕으로 '지행합일'·'치양지'등
의 설을 전개해 간다.

동아시아의 양명학자에게 보이는 특징 중 하나는 학설이 태어나기
전에 반드시 '꿈'이 있고, 그 후 '覺·悟'가 있으며, 또한 새로운 이론
이 탄생하는 과정이 있다. 왕수인을 비롯하여 꿈속에서 '마음의 본체
가 훤하게 밝아 만물일체의 우주가 내게 있음을 깨닫다'라는 왕간(王
艮, 1483-1540, 호는 心齋, 자는 汝止)도²⁷⁾, 또한 23세(신해년, 현종12
년) 때 서울의 '동호(東湖)'에서 하룻밤 유숙할 때 몽중에서 왕씨의 치
양지의 학문이 '병폐'(任情縱欲之患:정욕에 이끌리는 근심)를 깨달아

___

26) 『陽明集』,「年譜」37歲條, "忽中夜大悟格物致知之旨, 夢寐中若有人語之者, 不覺呼
躍, 從者皆驚, 始知聖人之道, 吾性自足, 向之求理於事物者誤也, 乃默記五經之言證
之, 莫不脗合, 因著五經臆說."
27) 『心齋集』卷2, 年譜29歲, "先生一夕夢天墮壓身, 萬人奔號求救, 先生獨奮臂托天而
起, 見日月列宿失序, 又手自整布如故, 萬人歡舞拜謝, 醒則汗益如雨, 頓覺心體洞
徹, 萬物一體·宇宙在我之念,益眞切不容已."

「양지체용설(良知体用說)」을 주장하게 된[28] 조선시대의 정제두(鄭齊 斗, 1649-1746, 호는 하곡)가 그랬다. 일본의 사토잇사이(佐藤一齋, 1772-1859) 또한 '꿈속의 내가 나이다. 깨달은 후의 내가 나이다'(『言 志晩錄』)[29] 라고 꿈과 깨달음과의 관계를 말하고 있다.

이처럼 양명학자가 지니는 자유성과 열정(pathos)의 근원적인 에 너지는 꿈을 통해서 이론(학설)을 형성한다. 즉「꿈 → 각오/돈각 → 이론(학설)의 탄생」의 과정은 주자학에서는 거의 볼 수 없다. 그렇다 면, 양명학의 이론과 학설은 이지적 · 논리적 과정의 산물이 아니라 "꿈"이라는 감성적인 '신비체험'을 통해 탄생한다. 오랫동안 점진적인 이지적 · 논리적인 단계를 거쳐 '활연관통(豁然貫通)'이라는 비약적 인 경지를 가정하는 주자학과는 그 정취를 달리한다[30].

왕수인의 '성인됨(爲聖)'에 대한 고뇌는 '성가학(聖可學)'이라는 송 학의 명제의 수용을 의미하며, 그것은 주희의 '격물치지(格物致知)'에 대한 도전에서 비롯된 것이다. '격물치지'란 당연히 『대학』의 팔조목 (八條目)의 하나이다. 그렇다면 왕수인의 고뇌는 사상의 출발점에서 그 사상의 완숙기인 '치양지'설과 '만물일체'설을 언급한 「大學問」에 이르기까지 실로 『대학』이라는 텍스트의 틀을 넘지 않는다.

『대학』은 본래 『禮記』(四十二篇)의 편명의 하나였으므로(이 점은

---

28) 『霞谷集』卷9,「存言」下, 43歲條, "余觀陽明集, 其道有簡要而甚精者, 心深欣會而好 之. 辛亥六月, 適往東湖宿焉. 夢中忽思得王氏致良知之學甚精. 抑其弊或有任情縱 欲之患(此四字眞得王學之病)."

29) 夢中之我, 我也, 醒後之我, 我也, 知己爲夢我, 爲醒我者, 心之靈也, 靈卽眞我也, 眞 我自知, 無間於醒睡, 常靈常覺, 亘乎万古而不死者矣

30) 崔在穆(2010)「東亞陽明學者的夢和覺悟之樣相」,『2010年東亞陽明學國際學術會 議發表文集』(台湾大學人文社會高等研究院)을 참고 바람.

『중용』도 마찬가지다), 『예기』를 주석하는 사람(전문가)이 아닌 일반
인에게는 그 내용이 거의 알려지지 않았다. 이후 당대의 한유(退之)가
『대학』의 팔조목을 근거로 그 이론을 전개함에 따라 『대학』이라는 신
유학의 형성기에 중요한 위치를 차지하게 되었다.

　송대에 이르러 사마광(司馬光)이 『대학광의(大學廣義)』라는 단행
본을 간행하고, 정호·정이는 대학을 개편했다. 주희에 이르러서는
『대학장구(大學章句)』로 한층 개편되어 《四書》의 하나로서, 그리고 신
유학상의 견고하고 중요한 위치를 차지하게 된다. 일찍이 타케우치·
요시오(竹內義雄)가 「『대학』은 고대유학의 진수이며, 총결이자 근세
유교의 출발점이다. 주자학과 양명학 모두 『대학』에서 출발하고 있
다. 앞으로도 유교가 다시 새롭게 개조된다고한다면 아마도 『대학』에
서 새롭게 출발하지 않으면 안 될 것이다」[31]라고 지적한대로 중국사
상사에서 『대학』이 차지하는 위치는 매우 크다. 어쨌든 『대학』은 중국
사상사에서 여러 번 개편·개정, 심지어는 "날조"[32]를 통해 탄생해 왔
다. 그중에서 근세 동아시아 사상사를 장식하는 주자학·양명학의 배
경에는 "생애를 걸고 『대학』의 탐구에 쏟은 지속적이고 변함없는 열
정"[33]이 있었다는 것을 잊어서는 안 된다.

　"성인됨"의 공부를 성취하는 과정에서 왕양명은 『대학』의 '格物致
知'를 둘러싼 주희의 주장(이것은 그의 『大學章句』와 『大學或問』 등에

31) 竹內義雄譯注(1943)「(『學記·大學』)序」, 『學記·大學』, 岩波文庫3014, (東京 : 岩
　　波書店)
32) 이에 관해서 김용옥(2009) 『대학·학기 한글 역주』(서울:통나무)의 논지를 참고
　　바람.
33) 間野潛龍(1984)「저자후기」『주자와 왕양명·신유학과 대학의 이념』(동경:淸水
　　書院)

나타나있다)에 도달한다. 즉, '만물의 겉과 속, 자세함과 거칠음, 풀 한 포기 나무 한그루에 모두 지극한 리가 있다'(『年譜』21歲條)라는 언설 [34], 즉 그 '一草一木, 亦皆有理'[35], '事事物物, 亦皆有理'[36], '천지지간의 본래 일정불변하는 이치(理)'[37]라는 주장에 진지하게 몰두함으로, 몇 차례의 도전과 좌절과 질병(노이로제)을 경험한 후 얻은 최후의 결실이 '용장대오'였다. 그 내용은 역시 『대학』의 '격물치지의 의미'에 대한 '큰 깨달음'이었다.

이에 따라 그는 27세 때, 그는 주희의 독서 방법에 충실하려고 노력했지만 여기서도 어떤 결과를 얻지 못하고 '사물의 이치와 내 마음이 결국 둘로 나뉘어진다'[38](『연보』27歲條), '(주희의 격물 운운하는 것은) 마음과 사물의 이치의 쪼개어짐[析心与理]'·'마음과 사물의 이치가 나뉘어 둘로 됨[析心与理爲二]'[39]이라는 의문이 풀리게 된다. 여기서 '사물의 이치(物理)와 내 마음(吾心)이 두개로 분리되어 통일되지 않는다'라는 고뇌의 초점은 〈物理〉와〈吾心〉을 분리하는 그 "와(=与)"라는 글자에 있었다. 이후 왕수인은 주희가 『대학혹문』에서 '인간이 학문을 하는 까닭은 마음과 이치에 있을 뿐[人之所以爲學, 心与理而已矣]'라는 말에 대해 '心이 곧 성(性)이고, 성(性)이 곧 理이다.

34) 「年譜」 21歲條, "是年爲宋儒格物之學, 先生始待龍山公于京師, 徧求考亭遺書讀之, 一日思先儒爲衆物必有表裏精粗, 一草一木皆含至理, 官署中竹多, 卽取竹格之, 沈思其理不得, 遂遇疾." 「伝習錄」(下) 에도 유사한 내용이 나온다. 「衆物必有表裏精粗, 一草一木皆含至理」라는 내용은 『朱子語類』 卷2, 「大學 4 · 或問 下」에 보임.
35) 『朱子語類』 卷2, 「大學 5 · 或問 下」, 徐萬錄.
36) 『朱子語類』 卷2, 「大學 4 · 或問 上」, 葉賀孫錄
37) 『晦庵先生朱文公文集』 上, 「答黃叔張」
38) 物理吾心, 終若判而爲二也
39) 『伝習錄』 上

(心과 理를 말할 때) “与”의 글자는 양자(心 · 理)를 둘로 나눔을 피할 수 없다‘[40]고 말한 적이 있다. 이러한 표현과 사고의 근저에는 “物理”에 대한 근본적인 반성이 있었을 것이다[41].

주희의 ‘物理’ 탐구는 「格物致知」=「格物窮理」=「卽物窮理」, 즉 「사물에 이르러(格) 그 근저에 있는 ‘理’을 궁구하여, 나에게 갖추어져 있는 뛰어난 ‘인식’의 활동인 ‘知’의 양을 확대해 가는(致)」이론으로 결정되어, 그것을 간단히 ‘窮理’(이것은 불교의 觀 · 慧 · 서양의 테오리

---

40) 『伝習錄』上, “心卽理, 性卽理, 下一與字, 恐未免爲二.”
41) 『大學』의 삼강령 · 팔조목을 둘러 싼 주희와 양수인의 관점의 차이를 간단히 도표로 나타내면 다음과 같다.

[表 1] 주희와 왕수인의 『大學』 해석

『大学』理解 인물 人物		朱熹	王守仁
텍스트		『『大学』章句』(=新本大学)을 저술	(『礼記』중의)旧本「大学」(=古本大学) 重視→『大学古本旁釈』一卷을 저술)
三綱領解釈	親民	民을 교화시켜 그 구습을 버리고 새롭게 함[新]	民[人間을 포함한 천지만물]을 가까이 아끼고「가르침」과「기름」[親]
		嚴格主義 · 啓蒙的	温情主義 · 大衆参与的
八條目解釈	格物	物猶事也(物≒事)	物, 事也(物=事)
		物(≒事의 理)에 이르다[至, 卽]	物(=事=心內之事)을 바르게 하다[正]
		主知的 · 静的(知識探求的)	情意的 · 動的(実践修的)
	致知	知猶識也	知, 良知也
		知(≒識)를 끝까지 규명하다(推極)	知(=良知)를 지극히 하다[致, 極] · 이르다(至) · 다하다(盡)
		(자기암기 · 축적의)상세 · 정치(精緻)한 공부→자기발견	(先天的道徳性 · 才能)자기발견→상세 · 정치한 공부
		道問学(下学 · 万殊)→尊德性(上達 · 一本)	尊德性(上達 · 一本)→道問学(下学 · 万殊)

아(theoria)[42]에 해당)라 하고 외적공부 방법으로써 정착된다. 반면 이에 대응하는 것이 내적공부법인 '거경(居敬)'(이것은 불교의 止·定(samatha. 삼매:집중)에 해당)이다.

주희는 物과 事에는 '선험적'(transzendental)인 "理"(그 핵심은 주희가 말하는 「所以然之故」=「物之理」와 「所當然之則」=「事之理」이다)가 있다고 했다. 그러나 왕수인은 그것은 어디까지나 허구로 보았다. 원래 理라는 것은 物과 事에 앞서 존재하는 것이 아니라 마음(=주체)에서 '생기는 것(=피조물)'이다. 이러한 자각에 의해 송학이 지탱하여 온 주희의 '정리론(定理論)'은 파탄하고 만다. 이것은 마치 독일 철학자 니체(Friedrich Wilhelm Nietzsche, 1844-1900)가 '신은 죽었다'(Got Ist Tott)라고 선언한 것처럼 왕수인의 "(선험적인)理는 죽었다"고 선언한 것은 중국사상사에서 일대 성과로 평가해도 좋을 것이다.

4. 심학(양명학)의 동아시아적 전개와 그 특징

1) 중국의 양명학

중국 양명학의 흐름에는 기본적으로 불교나 노장 사상의 영향으로 있는 그대로의 인간의 성정·자연·인욕긍정이 현저하고, 거기에서 일단 양지의 '현성(現成)'을 믿는 흐름이 주류를 이룬다. '현성'이란 바로 지금 여기 눈앞에 드러나 있다는 것이다. 바로 양지는 기성의 선악을 넘어 자율적으로 바르게 판단하기 때문에 작위적(의도적)공부·

---

42) 여기서 'theory'라는 개념이 나옴.

수양은 무용하다는 견해이다. 이것은 중국 전통의 성선설 – 인간긍정
론의 정점을 이루는 것이며 왕기·왕간을 거쳐 이지(李贄)에 이르러
진면목을 보여준다. 즉, 이지는 양지설을 '동심설(童心說)'로써 주장,
동심은 경서등의 외적권위나 도덕을 배우기 이전의 천진난만·순진
한 마음(진심)을 가리키며 오히려 독서와 학문에 의해 손실되는 것으
로 보고 있다. 또 그는 '주색재기는 보리의 길을 가는데 장애가 되지
않는다'[43] 라든가 '옷 입고 밥 먹는 것이 곧 인륜의 물리요, 옷 입고 밥
먹는 것을 빼면 윤리고 뭐고 없다'[44] 라고 설명하여 인간의 삶의 지평
은 인간본래의 자연인 '食·色'을 배제해서는 안 되며 오히려 그것을
근본으로 삼아야 함을 주장했다.[45]

　그러나 양명학 우파와 동림당(東林堂)에 의해 양명학 좌파의 지나
친 사상과 행동은 비판을 받게 된다. 단 그들은 인욕을 인간 본래의 자
연으로 보는 사고방식을 모두 부정하는 것이 아니라, 인욕을 조절하
는 '理'의 중요성을 자각하고 그것을 바탕으로 현실적인 정책과 사상
을 구상했다. 이러한 사상적 경향은 양명학 우파인 유종주(劉宗周)의
제자 황종희에게 보이고 『明儒學案』의 양명학 계보에 등장한다. 명조
와 함께 양명학은 쇠퇴하고, 청조에서는 그 침체 상황을 맞이하지만,
1840년 아편전쟁 이후 서서히 변화한다. 요시다 쇼인(吉田松陰)의
『幽室文稿』를 포함하는 양명학을 연구했다고 하는 강유위(康有爲)를
거쳐 그 제자 양계초(梁啓超)에 이르러 양명학은 적극적으로 재평가
받게 된다. 양계초는 무술(戊戌)정변 후 일본에 망명(1898)하여 이후

---

43) 『明儒學案』卷16·江右王門學案1·穎泉先生語錄.
44) 『焚書』卷1·答鄧石陽.
45) 崔在穆(2006) 『東アジア陽明學の展開』(東京：ぺりかん社), pp.267-268 참고.

그는 『松陰文鈔』(1905년)과 이노우에 · 테쯔지로의 『日本陽明學派之
哲學』의 영향이 보이는 『德育鑑』(1905)등을 저술한다. 양계초의 『德
育鑑』은 간행 5년 후, 예를 들어 한국의 박은식(朴殷植1859-1925)의
『王陽明先生實記』(1910)[46)]에 인용되는 등 한국의 근대기 양명학 성
립에도 적지 않은 영향을 미치고 있다. 근대 중국의 양명학은 황종희
로부터 계승되는 전통의 양명학 흐름에 메이지 일본이 영유한 동양의
신개념으로써의 '양명학'을 역수입하여 자기의 전통을 자각 · 재구성
하고 양명학을 골자로 한 국민국가의 정신이나 내셔널리즘 창출에 기
여한다.

2) 한국의 양명학

조선에 있어서 양명학(특히 『전습록』)은 왕수인(1472-1528)의 생
전인 1521년경에 전래되었다고[47)] 하는 것이 통설이지만, 최근의 연구
는 1520년(중종15), 김세필(金世弼, 1473 - 1533, 호는 十淸軒)에 의
한 것으로 알려졌다.[48)] 조선은 기본적으로 유학(주자학)을 국가의 교
학으로 삼아, 반주자학적인 경향과 불교(禪)의 색채를 띤 것에 대해
정면으로 배척하지 않을 수없는 상황이었다. 주자학을 존중하는 이황

---

46) 이것은 최남선(1890-1957)이 창간(1908.11)한 한국 최초의 월간잡지 『少年』의
    종간호(第4年 · 第2卷 · 5月号)(1911.5.15)에 게재 되었다.
47) 오종일(1978) 「양명 전습록 전래고」, 『哲學硏究』(제5호, 고려대)
48) 신향림은 오성종의 연구(1989) 「朝鮮中期 陽明學의 辨斥과 受容」(『歷史教育』46
    집, 歷史教育硏究會, pp.90-91)에 근거하여 김세필이 謝恩使로서 명을 방문한 다
    음 해(1520,中宗15)라고 주장한다(신향림 「16C 前半 陽明學의 伝來와 受容에 관
    한 考察 - 金世弼, 洪仁祐, 盧守愼의 陽明學 受容을 中心으로-」, 『退溪學報』第24
    輯, 退溪學硏究院, 2005)

(李滉)은 양명학을 불교(禪學)적이라는 이유로 배척 하였다[49]. 이것
이 조선의 주자학자들에게 있어서 양명학 배척과 비판의 지침이 되었
다. 이후, 유희춘·유성룡·박세채·한원진 등이 계속해서 양명학을

---

[49] 퇴계는 ①「白沙詩敎弁」, ②「伝習錄弁」, ③「白沙詩敎伝習錄抄伝因書其後」, ④「抄
医閭先生集附白沙陽明抄後復書其末」(이것은『퇴계집』권41,「잡저」에 실려 있는
순서이다)등의 글과, 이심, 남언경, 정유일, 김취려, 이이등에게 보낸 편지를 통해
"직접, 간접으로 육왕학을 비판하여 이에 감염되지 않도록 권고"(신귀현「伝習錄
弁」과「陸王學批判」『退溪李滉』(서울 : 예문서원, 2002), p.137)했다. 이 가운데
퇴계가 양명학을 본격적으로 비판한 것은 ②와 ③이다. 먼저 ②가 저술된 것은 퇴
계가 66세(1566年, 明宗21年)때이다. 같은 해에 그는 ⑤「心經後論」을 저술한다.
그리고 53세1553年, 明宗8年)에 ④를 펴내고, 그 정확한 시기는 알 수 없지만 아
마도 ④와 비슷한 시기에 ①과 ③도 펴낸 것으로 보인다. 다음의 도표를 참고하라.

[表 2] 李滉の陽明學関連批判

順序	論文名	著作年度
1	抄醫閭先生集附白沙陽明抄後 復書其末	53才 (1553年, 明宗8年)
2	白沙詩敎辯	53才頃と推定
3	白沙詩敎伝習錄抄傳 因書其後	53才頃と推定
4	伝習錄辯	66才 (1566年, 明宗21年)
5	心經後論	66才

이렇게 퇴계가 양명학을 정식으로 비판한 1553年-1566年의 시기에는 명의 양
명학 비판 서적이 조선 관청에 의해 출판되어 이미 세간에 유포된 상태였다. 당
시 명의 조정에서는 ① 1522年(嘉靖1年) ② 1529年(嘉靖8年) ③ 1537年(嘉靖16
年)의 세 순으로 양명학과 전습록의 금지령이 내려졌다. 또한 같은 시기에 관학파
에 의해 양명학 비판서가 간행되었다. 詹陵(？-？)의『異端弁正』(1525年刊), 羅
欽順1465-1547)의『困知記』(初刊/1534年, 重刊/1535年, 三刊/1537年)(그리고
1549年(嘉靖28年)에는 續四卷이 간행됨),陳建(1497-1567)의『學蔀通弁』(1548
年刊)이 그것이다. 이들의 서적은 1528年에 王陽明이 죽은 후 양명학이 세력을 잃
어갈 때 세간에 널리 유포됨. 이들은 조선에도 유입되어 관부에 의해 간행되었다.
즉1551年에 전래된『異端弁正』은 1552年에, 1553年에 전래된『困知記』는 1560
年에 각각 간행되었다(鄭德熙(2001)「양명학의 성격과 조선적 전개」,『대동한문
학』제40,(대구 : 대동한문학회), p.12-13 참고). 그러나『學蔀通弁』는 언제 조선
에 전래되고 간행된지는 확실치 않다(崔在穆(2009)「이퇴계의 양명학관에 관하
여」,『퇴계심학과 왕양명』, 새문사, pp.79-80 참고)

배척하였다.

그러나, 이러한 분위기 속에서 양명학적 경향을 보이는 노수신(盧守愼, 1515-1590, 호는 穌齋)같은 인물은 탈주자학적·양명학적 사유가 명확히 집약되어있는『大學集錄』(1583년, 69세)을 저술하였다. 그것은 한마디로 '도발적'이었다.『大學集錄』에는 왕수인의「古大學」·「大學問」·「大學古本序」등이 소개되고 있어 주희의『大學章句』일색이었던 조선의 지적 분위기에 문제제기를 하였는데 이것이 후에 문제가 되는 경우도 있었다.[50]

---

50) 예를 들면,『大學集錄』(以下「集錄」) 내용의 순서는 〈程顥(明道,北宋) → 程頤(伊川,北宋) → 黃震(慈溪,南宋) → 蔡淸(虛齋,明) → 王柏(魯齋,南宋) → 王守仁(陽明,明) → 都穆(字玄敬,明) → 權近(陽村,朝鮮) → 李彦迪(晦齋,朝鮮) → 盧守愼(穌齋,朝鮮)〉로 되어 있다.

[표 3] 盧守愼의「集錄」의 目次

1. 程顥(顥, 北宋)의「改正大學」
2. 程頤(伊川, 北宋)의「改正大學」
3. 黃震(慈溪, 南宋)의「黃氏日抄」「読礼記」
4. 蔡淸(虛齋, 明)의「蒙引」(=「四書蒙引」)
5.『宋史』「王柏傳」[→王柏(魯齋, 南宋)]
6. 王守仁(陽明, 明)의「古大学」
7. 王守仁의「大学問」
8. 王守仁의「大学古本序」
9. 都穆(字 玄敬, 明)의「庁雨紀談」의『大学』부분 해설
10. 権近(陽村, 朝鮮)의『入学図説』中「大学指掌之図」일부
11. 盧守愼(穌齋, 朝鮮)의「晦斎[= 李彦迪(晦斎, 朝鮮)] 先生大学補遺後跋

여기서 논의된 인물과 내용에 관해 일관된 것은 주희의『대학장구』의 기본적인 틀을 깨는 것이다. 따라서「집록」은 당시의 조선에서 성립된 주희의『대학장구』에 대한 맹목적인 태도를 객관적으로 재검토하는 반/탈주자학적-양명학적 관점이 깔려있는 하나의 도전적인 결과물로 볼 수 있다. 나아가「집록」은 조선시대에『대학』및 주희의『대학장구』을 어떻게 수용하고 있었는지를 축약적으로 보여주는 일종의 타임캡셀이라 말할 수 있다. (이에 관해서는 최재목(2010)「조선에서 주자

그런데, 양명학은 학문적 마이너리티의 지위를 벗어나지는 못했지만 허균·남언경·이요·장유·최명길등에 의해 수용되어 그 명맥을 유지한 후, 마침내 정제두에 의해 대성되었다. 정제두는 61세(1711) 때, 경기도 안산에서 강화도로 이거하는 것을 계기로 거기서 은거하면서 후학을 양성한다. 이로 인해 '강화학(혹은 강화양명학)파'가 수립된다. 정제두로 시작되는 학통을 지명에서 이름하여 '강화학파(江華學派)', 또는 정제두의 호를 따라 '하곡학(霞谷學)'이라고도 칭한다. 정제두의 양명학 이해는 「양지체용도(良知体用圖)」와 같은 독특한 관점이 수립되어 기존의 주자학적 지식과 대결하고 조정하면서 나름의 안정된 양명학적 지평을 열게 된다. 정제두의 문하에는 이광사(李匡師), 이충익(李忠翊), 정동유(鄭東愈), 이건창(李建昌), 이건방(李建芳)등 수많은 개성있는 인물이 나오고, 근대의 정인보(鄭寅普)로 이어진다.

근대 양명학자로는 정인보에 앞서서 『王陽明先生實記』(1910)을 저술한 박은식 등이 있다.[51] 그들은 ① '강화양명학파'의 한국 전통의 양명학, 그리고 ② 일본의 메이지 양명학(井上哲次郎·高瀬武次郎·東敬治 등에 의한), ③ 중국 양계초류의 양명학(吉田松蔭 井上哲次郎 등의 영향이 있는), ④ 왕수인으로 부터 황종희의 『明儒學案』으로 이어지는 중국 전통 양명학 등이 뒤얽혀있다.[52]

『대학장구』에 대한 한 도전-노수신의 『대학집록』을 중심으로」, 『양명학』제27호, 한국양명학회를 참조)

51) 박은식은 동경의 양명학회의 주간 히가시 케이지(東敬治)와 교섭이 있었다. 이와 관련 최재목(2005) 「박은식의 양명학과 근대일본 양명학과의 관련성」『일본문화연구』제16집, 동아시아일본학회를 참고하라.

52) 이에 관해서는 다음의 논문을 참고하기 바란다. ① 崔在穆(2005) 「朴殷植의 陽明

3) 일본의 양명학

　일본에서 자각적으로 양명학을 수용하여 연구한 것은 '오우미의 성자[近江聖人]'이 불리는 나카에 토쥬(中江藤樹)이다. 참고로, 그 이전, 무로마치(室町) 시대에 五山의 선승 료안 케이고(了庵桂梧, 1425-1514)는 막부의 명으로 명나라에 가서 1513년 영파(寧波)에서 의례적으로 왕수인을 만난 적이 있다. 그해 5월 귀국하는 료안에게 왕수인은 「送日本使了庵和尙歸國序」를 써 주었다. 이것은 『왕양명전서』에는 없고 일본의 문헌에만 실려있다. 이 내용과 료안의 행적에서는 사상적으로 양명학을 수용한 증거는 찾아볼 수 없다. 나카에토쥬의 경우, 왕수인의 학설을 수용하기 전에 『왕용계어록』을 접하고 왕기(王畿)의 사상을 받아들인 것이 특징이다. 또한 그는 심즉리설을 수용하지 않고 관심을 보인 치양지설도 '良知에 이른다'라고 읽는 등 독자적인 양명학 수용 방법을 취하고 있다. 한국·중국과의 큰 차이는, 그에게 있어서 천인(天人) 분리의 모습이 보이고, 또한 天을 '皇上帝'(=천황)로 간주하고 그것을 인간의 내면에 깃든 良知에 연결지어 황상제가 인간의 내외 양면을 엄격하게 규제하는 사상적 구조를 보여주게 된다. 이러한 사상의 체계에서 자기가 자기를 컨트롤하는 '自力'의 한계를 넘어 자연스럽게 '他力'의 요청으로 진행된다. 따라서 그에게는

　學과 近代日本陽明學과의 關連性」, 『日本文化硏究』第16輯,(東아시아日本學會) ②崔在穆(2008)「鄭寅普'陽明學'形成의 地形圖-'世界'와의 '呼吸', 그 重層性과 關連하여」『東方學誌』第143號, (延世大國學硏究院) ③崔在穆(2008)「日帝强占期 雜誌를 通해서 본 陽明學　硏究의 動向」『東洋哲學硏究』第55號, 東洋哲學硏究會 ④崔在穆(2007)「日帝强占期 新聞을 통해 본 陽明學 動向-未公開 資料를 中心으로 -」『日語日文學』第35號, 大韓日語日文學會.

거울 (='理 · 성현의 담론')에 '자신'(의 마음과 몸을)을 항상 비추면
서 스스로를 이성적으로 안내하는 그 송학의 낙관적 인간관의 증표인
'지경설(持敬說)'을 쓸모없는 것(사족)로 비판 · 제거하고, 오히려 비
관적 '성의론(誠意論)'을 구상했다.[53] '意'은 악마(="意魔")와 같은 것
으로 '소멸'되어야만 하고[54] 항상 황상제와 같은 외적 절대자에 의해
통제되지 않으면 어느새 악으로 흐를 가능이 있는 것으로 생각되었
다. 여기서 '良知(=황상제)에 이른다'는 것이 중요했다. 여기서 良知는
신앙화되어 그것이 '토쥬학파'의 淵岡山을 거쳐 木村難波에 이르러서
는 '받들어 비는(戴祈)'설로써 전개되었다.[55] 이러한 良知의 해석은,
이후 토쥬학파에 있어서 良知의 '戴祈"설을 낳고, 정신사적인 의미로
는 근대 우치무라 간조(內村監三, 1861-1930)의 무교회주의까지 이
어지는 것으로 보인다.

나카에토쥬의 양명학은 구마자와반잔(熊澤蕃山), 미와싯사이(三輪
執齋), 사토잇사이(佐藤一齋), 오시오츄사이(大塩中齋로)로 면면히
이어져 근대에는 메이지의 정신사와 부합하여 더욱 발전한다.

세키몬 심학(石門心學)은 근세일본의 독자적인 인생철학 · 서민교
학이며, 나카에 토쥬 이래의 일본 양명학과 직접적인 관련은 없다. 그
창시자인 이시다 바이간(石田梅岩)은 단바국(丹波國)의 중농의 차남
으로서 완전히 독학의 인물이며, 신도 · 유교 · 불교(禪)을 융합하여

53) 崔在穆(2006)『東アジア陽明學の展開』(東京：ぺりかん社), pp.125-171,
　　pp.278-286 참고.
54) "良知ノ太陽躍然ト發出シ, 惑ノ意魔當下ニ消滅シテ……"或は "太陽出テ纖塵コ
　　トゴドク照ガ如ク……"(『藤樹先生全集』卷2(1940),東京：岩波書店,p.183)
55) 이러한 사정에 관해서는 木村光德編著(1986)『日本陽明學派의 硏究──藤樹學
　　派의 思想과 그 자료』(東京: 明德出版社)를 참조

자신의 사상을 만들어 갔다. 이 사상은 그때까지 윤리적으로 천시 당하던 상인의 이윤추구의 활동을 적극적으로 긍정한 것으로 알려져 있다. "이윤을 얻는 것은 상인의 도이며, 상인의 매리는 선비의 녹과 같다"(『都鄙問答』). 그러나 그것은 단순히 상인의 활동을 정당화한 것뿐만 아니라, 인간 그 자체가 신분을 넘어 평등하다 라는 주장을 뒷받침하고 있다는 데 의의가 있는 것이다. 내면의 존엄한 것[心]을 수련하기 위한 도구로써 신도나 유교, 불교(선)가 있는 것이지, 이러한 사상에 고정되어 속박당해서는 안 되는 것이라고 이시다는 생각했다. "본성을 아는"것 "마음을 아는"것에 의해 자신의 처지를 발판으로 각각의 인간이 강하게 살아 갈 것을 주장했다. 이시다는 교토에 강석을 열어 뛰어난 문인을 길렀다. 이들 문인들은 도화(道話)를 강석(講釋)하는 방법으로 전국에 그 가르침을 넓혀 갔다.

이 글에서는 주로 양명학을 중심으로 동아시아의 심학을 이해하였지만, 세키몬 심학 중에도 동아시아의 심학과의 강한 공통성을 볼 수가 있다. 먼저, 그 시민적 성격을 들 수 있다. 양명학에도 일정한 단계를 거쳐 정규의 학문을 배우기 어려운 일반시민의 마음에 호소하여 생활 현장에서의 자기 각성을 촉구하는 면이 있지만, 세키몬 심학이야 말로 바로 그것이다. 이는 또한 신분을 넘은 인간평등의 주장과 직결하는 것이고, 이것도 양명학 정신과 잘 어울린다. 직감적으로 내면의 영성[心]에 호소하는 설득의 스타일도 또한 양명학과 서로 통하는 면이 있다. 양명학과 비교하자면 사상으로서의 화려함은 부족할지 모르나, 세키몬 심학은 당시로서는 일어날 만한 독특한 동아시아의 심학이다.

5. 근대 「메이지 일본」을 만든 「양명학 상(像)」의 음영

1) 양명학은 「행동적」·「혁명적」이라는 이미지

한때 칼 야스퍼스(Karl Jaspers,1883-1969)는 노다 마타오(1910-
2004)에게 '왕양명은 중국의 고대이후 형이상학자로서 마지막 사람
이 아닐까? ...... 왕양명 이후의 철학은 중국적인 실증주의(=고증학)가
되어 버렸지만 유가에 있어서 혁명적인 활력을 강하게 보여준 학파는
왕양명 학파이다'라고 하여 양명학의 실천적인 사상 경향과 특징을
지적한 바 있었다.[56] 야스퍼스의 말 속에서 가장 눈에 띄는 것은 역시
'혁명적인 활력'이라는 단어이다. '혁명'(Revolution)이란 "비합법적인
방법으로 종종 폭력적인 수단을 수반하면서 정부와 사회 의 조직을
근본적으로 변화시키는 정치권력의 행사를 가리킨다"라고 말해지는,
다소 과격한 인상을 주는 부분이 있다.[57] 야스퍼스가 이해한 "양명학"
의 "혁명적인 활력"이란 간단히 말하면, 특히 일본의 근대를 재발견하
는 "일본 양명학"의 하나의 경향성을 말한다.

예를 들어, 1837년에 문인, 민중과 함께 봉기하는 소위 "오시오 헤

---

56) 상세한 내용은 모르나, 야스퍼스는 野田又夫(1910-2004)에게 "나는 나치의 탄압
하에 침묵할 수밖에 없었을 때, 성서와 동양의 철학을 읽고 인간성과 관련됨을 찾
을 수 있었다. …왕양명이라는 인물에 감명 받았다. 왕양명은 중국의 고대 이후 형
이상학자로서 최후의 사람이 아닐까? …왕양명 이후의 철학은 중국적인 실증주의
(=고증학, 인용자)로 변모했지만, 유가에 있어서 혁명적인 활력을 강하게 보여주
고 있는 학파는 왕양명학파다"(野田又夫(1957)『自由思想の歷史』(東京 : 河出書
房), p.176])라고 말한 적이 있다.

57) 위키페디아 프리 백과사전(http://ja.wikipedia.org/wiki/%E9%9D%A9%E5%91%
BD)참조.

이하치로의 난"으로 유명한 오시오 헤이하치로(大塩八平郞:호는 中齋, 헤이하치로는 통칭,1793-1837), 1877년 서남 전쟁을 일으켰으나 실패하고 자결한 사이고 타카모리(西鄕隆盛:호는 南洲, 1827-1877), 일반적으로 메이지 유신의 정신적 지도자 · 이론자로 알려져 있지만, 1859년 老中 암살계획에 대해 상세히 자술하고 자신을 "사형"시키는 것이 타당하다고 주장하여 그것이 좋은 이이 나오스케(井伊直弼노)의 역습을 당해 만29세에 참형당한 요시다 쇼인(1830-1859년), 「혁명의 철학으로서의 양명학」(1970)를 남기고, 1970년 11월 25일, 타테노카이(楯會)의 회장으로서 자위대 이치가야의 주둔지에서 쿠데타를 촉구하고 실패, 할복자살을 행한 미시마 유키오(三島由紀夫:'三島'는 필명, 본명은 平岡公威, 1925-1970)라는 인물이 모두 양명학자였던 것에서 보면 실로 일본 양명학은 '행동적' · '혁명적'경향이 인정될 것이다.[58]

이처럼 일본의 근대 양명학에 대한 평가에서 가장 중요한 점은 양명학의 '실천성'에 있었다. 바로 이것 이야말로 양명학을 양명학이 게끔 하는 것으로 확정된 것이다. 고지마 츠요시(小島毅)씨는 『근대 일본의 양명학』에서 일본근대의 메이지 제국을 지탱한 세 기둥이 독일 철학자 '임마누엘 칸트'(Immanuel Kant,1724-1804)와 '양명학'과 '무사도'인 것을 논급하고 있다.[59] 이처럼 양명학에 대한 이러한 "관

---

58) 이하의 내용은 崔在穆(2011.11.15)「한국에 있어서 일본연구의 현황, 과제, 전망- における日本研究の現況,課題,展望 -「일본철학연구」와 관련해서」(中華日本哲學會〈香港會議：東亞視域中21世紀日本哲學硏究的現狀与走向〉(香港大學現代語言及文化學院의 發表文)의「2. 韓國에 있어서 일본연구현황」을 참고하기 바람.

59) 小島毅(2006)『近代日本의 陽明學』(東京：講談社), pp.93-132. 이것은 예를 들어 한국의 근대에 있어서 퇴계, 화랑도나 이순신, 실학등이 중시된 것과 흡사하다(이

점"(point of view, 주시점)의 조정은 일본의 메이지 제국의 학지의 하나인 〈근대 양명학〉의 구상이 향한 근대의 발화자로서의 당시 사상가들이 안고 있는 고뇌(predicament)의 표식이기도 했던 것이다. 따라서 '실천성' '행동성' '혁명성'을, 중국 · 한국의 양명학 일반으로 적용할 수 있는 말하자면 동아시아 보편의 "경향"으로 확대하는 것은 무리가 있을 것이라 생각한다. 일본 근대에 있어서 양명학의 '행동적' · '혁명적' 특성의 발견과 관련하여 빠질 수 없는 것은 '무사도와 불교 · 신도 · 유교 · 양명학과의 결합'이다.

  일본의 국가주의의 확립을 생각할 때 빼놓을 수 없는 인물은 이노우에 테츠지로(井哲上次郞, 1856-1944)와 그 제자 타카세 타케지로(高瀨武次郞, 1868-1950)이다. 이노우에는 동경제국대학 교수를, 타카세는 경도제국대학 교수를 거친 인물이다. 함께 국가주의의 입장에서 종교에 대한 국가의 우월을 강력히 주장하고, 일본의 국가주의 확립에 공헌했다. 이노우에는 『일본양명학의 철학』(1900)[60]을 저술, 그 목적은 저서의 '서'에 나타나있는 것처럼, 국가주의의 발상을 띠고, 즉 양명학자를 현창함으로써 이기주의를 비판하고 국민도덕을 육성하는 데 중점이 있었다. 이 이기주의 비판은 타카세의 『양묵철학』과 완전 동일 취지이며, '양명학'을 현창하는 타카세도 또한 그 의미에서 이노우에의 계승자인 것이다. 양계초가 영향을 받은 것은 양명학을 지행일치의 인격적 완성이라는 관점에서 파악한 이노우에와 같은 메이지

  에 관한 논문은 崔在穆(2008)「정인보 양명학 형성의 지형도 – 세계와의 호흡, 그 중층성과 관련해서」『東方學誌』143,연세대국학연구원을 참조)
60) 井上哲次郞(1900)『日本陽明學之哲學』富山房.

일본에 있어서 양명학의 영향이었다고 할 수 있다.[61]

타카세는 『양자철학』과 『묵자철학』의 독립된 저서를 합본한 형태로 취하고 있는 『양묵철학』을 저술했다.[62] 그 저작 의도는 『양자철학』과 『묵자철학』에는 명확한 결론이 적혀 있지 않지만, 『양묵철학』의 例言과 이노우에의 서문에 잘 나타나있다. 양자(楊子) · 묵자(墨子)의 사상이 유행했던 주말(周末)을 당시의 풍조와 같이 위기로 보고, 양자를 당시의 이기주의(공리주의) · 쾌락주의 · 본능주의, 묵자를 무차별 박애를 창도하는 기독교도로 배격하고 '온당한 윤리'를 고취 하고자 하는 것이다.

니토베 이나조 이후 전개되는 무사도에 대한 관심과 논의는 기본적으로 국가주의 · 군국주의 건설의 이념과 관련을 갖는다 할 수 있다. 니토베 이나조가 쓴 "BUSHIDO, The soul of Japan"이 1899년(메이지 32년) 11월 미국의 The Leeds and Biddle Company에서 출판되었다. 또한 일본에서도 다음 해(1900년) 10월, 사쿠라이(櫻井鷗村)에 의해 裳華房에서 『무사도』라는 제목으로 일역되었다. 이 책은 실로 세계적인 반향을 불러, 독어, 프랑스어, 폴란드어, 노르웨이어, 헝가리어, 루마니아어, 러시아어, 중국어 등 다양한 언어로 번역되어 세계 각국의 사람들에게 읽혀지고 지금에 이르고 있다.

니토베는 그 저서에서 "압록강, 조선과 만주에서 승리를 가져온 것은 우리를 지도하고 격려해 온 마음속의 조상의 혼이었다. 이 혼, 勇武의 조상의 정신은 죽음에도 굴하지 않는다. 보는 눈을 가진 사람은 그

---

61) 末光宏(狹間直樹編)(1999)「梁啓超와 日本의 中國哲學硏究」『梁啓超-西洋近代 思想受容와 明治日本』(東京 : みすず書房), p.180.
62) 高瀬武次郎(1902)『楊墨哲學』, 東京 : 金港堂.

것이 명확하게 보이는 것이다. 가장 진보된 사상을 가진 일본인의 피부를 벗겨 보면 거기 사무라이의 모습이 드러날 것이다"(제17장 "무사도의 미래"[63]) 라고 말하면서, "사무라이(侍)"의 정신으로써 무사도의 연원을 불교 · 신도 · 유교(孔孟사상) · 양명학으로 보았다(제2장 '무사도의 연원'). 단, 선진유학 사상보다 양명학이 일본의 무사 계급에 보다 큰 영향을 주었다고 평가한다. 이러한 양명학에 대한 평가는 왕양명의 사상에는 지행합일과 같은 실천주의가 있어 그것이 사무라이를 감화시켰다는 논리에 근거하고 있고 게다가 그것은 근대 일본의 지식인의 시각과 상통하는 면이 있다.[64]

이후 이러한 생각은 근대 동아시아의 지식인에게 자국의 '尙武'정신의 발견과 탄생을 촉구하고, 무사도와 양명학이 '실천 · 행동주의'와 관련지어 크게 기능하게 된다. '압록강, 조선과 만주에서 승리를 이끌었다' 라는 것은 청일전쟁(1894-5) 등 대륙진출로 일본제국의 팽창을 암시한 것이다. 그는 그것을, '선조의 혼' · '무용의 선조 정신'으로 이해했다.

어찌되었거나, 근세의 양명학이 중국의 것이었다고 한다면 근대 양명학은 일본이 주도하고 "행동적" "혁명적"이라는 새로운 '"양명학像'을 창출했다. 그것은 좋든 싫든, 동아시아에 다양한 영향을 끼쳤다. 근대 중국과 한국은 자신들의 전통 양명학의 흐름을 중심으로 삼으면서도 근대 '메이지 일본'의 '陽明學知'에 자극을 받아 자국의 국민국가

---

63) 新渡戶稻造(樋口謙一郎 · 國分舞譯)(2008)『武士道 BUSHIDO:The Soul of Japan』(東京 : IBC 퍼브릭 株式會社), p.297-298.
64) 新渡戶稻造(樋口謙一郎 · 國分舞譯)(2008)『武士道 BUSHIDO:The Soul of Japan』(東京 : IBC 퍼브릭 株式會社), p.38-53 참조.

의 정신과 내셔널리즘 창출을 위한 새로운 학지를 영유하면서 제국주의 시대에 교묘하게 대응하려고했다. 앞으로 이러한 현대로 이어지는 '근대양명학'에 주목하면서 계속적인 방법론이나 관점을 새로이 고쳐가며 동아시아의 심학 연구가 나아가야 할 것이다.

6. 결어

이 글에서는 심학이 동아시아의 각각의 지역에 있어서 어떠한 양상으로 전개하였는가를 개략적으로 서술하였다.

보통 '심학'이란 맹자에서 시초하여, 북송의 정명도와 남송의 육구연을 거쳐 왕양명에 이르러 완성된다. 인간내면의 '심'의 자율성에 중점을 두는 유학 흐름의 하나로써의 '심학'은 육왕심학(육왕학)을 가리킨다. 대체적으로 이러한 골격을 바탕으로 양명학은 동아시아에서 전개된다. 물론 각각의 지역에 있어서의 '심'의 정의 내지는 해석은 동일한 것은 아니다.

근세의 양명학은 말하자면 〈중국에서 한국과 일본으로〉라고 볼 수 있겠다. 그러나 근대에 들어오면 양명학은 중국의 양명학이 일본에 있어서 새롭게 정의되어지고 메이지의 양명학이 탄생하게 된다. 따라서 역으로 〈일본에서 중국과 한국으로〉라는 양상을 보인다. 이것은 일본이 서양제국과 문명에 대응하기 위한, 메이지시대의 일본제국주의의 '學知' 구축과 탄생이라는 점, 바로 그 동아시아적 전개와 연관이 있을 것으로 보인다.

즉, 근세의 양명학이 중국의 시대였다라고 한다면, 근대의 양명학은 일본이 주도하여 새로운 '陽明學像'을 창출한 것이다. 그것은 좋든 싫든 동아시아에 있어서 다양한 영향을 끼친다. 근대중국과 한국은 자신의 전통양명학의 흐름을 기둥으로 삼으면서도 근대 '明治日本'의 '陽明學知'에 자극을 받아 자국의 국민국가의 정신과 내셔날리즘 창출을 위한 새로운 학지를 영유하면서 제국주의 시대에 능숙하게 대응하고자 했다.

동아시아 양명학 연구의
새 지평에 대한 모색

1. 양명학 연구의 새 지평을 기대하며
-'상산학(象山學)'연구 상황을 실마리로-

이 글은 동아시아 양명학연구의 과제를 화두로 현재 시점에서 양명학연구를 성찰해보려는 의도에서 작성된 것이다. 디테일보다도 거시적 안목에서 양명학연구의 새 지평을 성찰해보는데 목적이 있다. 우선 '상산학(象山學)'연구 상황을 실마리로 이 문제에 접근해보고자 한다.

한국의 경우 상산학(또는 육상산) 연구는 1980년대 이후 양명학 연구의 활성화에 동반하여 진행되어 왔으며 주자학, 양명학 연구의 총량에 비한다면 매우 적은 편수라 할 수 있다.[1] 이런 부진한 상산학의

---

1) 지금까지 연구된 주요한 논문 및 저작들을 발표 순으로 들어보면 다음과 같다.
　　정인재, 「陸象山의 心學」, 『철학연구』제10집, (고려대학교 철학연구소, 1985)
　　최명환, 「朱子와 陸象山의 比較硏究」, (석사학위논문, 숭실대학교 대학원, 1989)

연구 상황에서 고(故) 지산(志山) 김길락(金吉洛) 박사의 『상산학과 양명학』[2] 및 『한국의 상산학과 양명학』[3] 연구는 단연 돋보이는 것이었다. 양명학 연구에 비해 위축되고 부진했던, 그래서 그 중요도가 상실되었던 상산학을 양명학과 대등한 위치(상산학=양명학)에서 연구를 시도한 것은 한국 내에서 뿐만 아니라 동아시아 육왕학 연구사에서도 큰 의미를 갖는다고 하겠다.

국내에서 육구연(陸九淵. 호는 象山, 字는 子靜. 1139-1192)의 철학사상이 거의 연구되지 않은 것은 연구할 가치가 없어서가 아니다. 해방 이후 한국 사회에서 주자학과 양명학이 - 관과 민, 보수와 진보, 독재와 민주, 과거와 현실, 통제와 개방, 전통과 창의가 갈등하며 밀고 당기는 시대적 변화기를 배경으로 - 좋든 싫든 간에 연구 관심의 '주류'를 형성함으로써 상산학은 '비주류'로 밀려나 있었기 때문이다. 연구의 안 마당을 주자학-양명학이 차지하자 상산학은 그 그늘에 가려

박기용, 「陸象山의 心學研究」, 『동서철학연구』제8집, (한국동서철학회, 1991)

송하경, 「남송유학 : 陸象山 心學의 학문방법 - 주류논쟁을 중심으로 - 」, 『孔子學』제1권, (한국공자학회, 1995)

김길락, 『상산학과 양명학』, (예문서원, 1995)

안영석, 『象山心學에 관한 研究』, (박사학위논문, 嶺南大學校 大學院 , 1997)

김기현, 「육상산의 도덕 수양론이 갖는 한계」, 『孔子學』제5권, (한국공자학회, 1999)

안영석, 「儒家心學의 도덕적 인식과 실천 : 陸象山의 心學思想을 중심으로」, 『철학논총』제17집, (새한철학회, 1999)

김길락, 『상산학과 양명학』, (청계, 2004)

이승환, 「육상산 수양론에 대한 주자의 비판 : '박락'(剝落)에서 '궁리'(窮理)로」, 『철학연구』제39집, (고려대학교 철학연구소, 2010)

안영석, 「육상산과 왕양명 심학의 비교 연구 : 공부론을 중심으로」, 『철학논총』제66집, (새한철학회, 2011)

2) 김길락, 『상산학과 양명학』, (예문서원, 1995)

3) 김길락, 『상산학과 양명학』, (청계, 2004)

지고 말았다. 다시 말해서 '주륙(朱陸)-육왕(陸王)'으로 병칭되는 경우에도 '육'은 '주'와 '왕'에 주연급 배우가 아니라 주연의 움직임에 따라 그 위상이 결정되는 조연급 혹은 엑스트라 정도로 격하되기 일쑤였다. 예컨대 퇴계의 「백사시교변전습록초전인서기후(白沙詩教辨伝習錄抄伝因書其後)」에서 제시하는 '육상산 → 왕양명'의 불온 선학(禪學) 계보 내러티브에서도 주연은 왕양명이지 육상산이 아니다.[4] '육상산=선학의 원류'를 확정한 것은 상산학을 수색하려는 것이 아니라 '양명의 학문은 선학이다(陽明之爲禪學)!'[5]라는 사실을 확정하려는 전략의 부수적 작업이었다. 더구나 주자학을 리학(理學), 상산학을 심학(心學)이라 약식(略式) 분류할 경우 심학의 전통을 양명학이 대표하는 상황으로 변하여 결과적으로 상산학은 양명학이 흡수되어 버리고 말았다. '육왕학(陸王學)' 또는 '육왕심학(陸王心學)'이라 병칭된다하더라도 '육'은 갑이 아니라 을이었고 단연 갑은 '왕'이었다. '육'의

---

4) 이 부분은 최재목, 「이퇴계의 양명학관에 대하여 - 퇴계의 독자적 심학 형성 과정에 대한 일시론 - 」, 『퇴계심학과 왕양명』, (새문사, 2009), 92쪽 참조.

5) 이 대목은 한국 양명학 연구의 설계자인 이능화의 주요 논고 「朝鮮儒教淵源」을 참고하면 좋겠다 : "퇴계 때 왕양명문집이 처음 명나라로부터 전해왔는데, 퇴계가 그의 양지양능(良知良能) 설을 육상산(陸象山) 선학(禪學)의 원류로부터 몰래 나왔다고 하여, 분명하게 분별하며 따갑게 배척(排斥)을 가하였다. 여기서 세상 사람들이 모두 '양명(陽明)의 학문은 선학이다(陽明之爲禪學)'라고 알게 되고, (선학이라는) 그 한마디로 공격해버렸다. 이때부터 양명학은 조선의 유학계에 발을 붙이지 못하고 뿌리와 싹이 영영 끊겨 버렸다. 그리하여 조선의 유학은 오로지 송유(宋儒)들 즉 주렴계[濂], 이정[洛], 장재[關], 주희[閩] 즉 주자학 계통만을 잇고, 그 문로의 정통을 모색하는 데만 골몰하였다."(退溪之時, 王陽明文集, 始自明國而來, 退溪以其良知良能之說, 暗出於陸象山禪學之源流, 分別昭晰痛加排斥, 於是乎, 世人皆知陽明之爲禪學而一辭攻擊, 自是陽明之學, 不得接踪於儒界, 而根苗永絕矣, 所以鮮儒之學, 專係宋儒氏濂洛關閩之統, 而純乎其門路之得正矣.)[李能和, 「朝鮮儒教淵源」, 『李能和全集(續集)』, (韓國學研究所, 1978), 639쪽]

심학은 '왕'의 막강한 자장(磁場)에 끌려 편입·흡수되고 마는 형국이
었다. 이랬든 저랬든 간에, 국내의 육상산 연구는 중국과 일본에 비교
한다면 독자적인 연구 시야나 방법론을 확보하지 못한, 대단히 초보
적인 단계를 면치 못하고 있다고 하겠다.

　이러한 국내 상산학 연구 상황에 대해 중국 및 일본 쪽으로 관심을
돌려보기로 하자.

　먼저 중국의 경우에는 기본적으로 왕양명-양명학 연구가 주류이
고 육상산-상산학 연구는 상대적으로 부진하여 아류 정도라 해도
좋을 것이다. 그래도 중국은 한국에 비하면 상황이 낫다. 한국에 비
해 연구자 수 자체가 많고 연구 관심도 다양하기 때문이다. 문화대
혁명(1966-1976)이 종결된 다음 - 1980년대에 접어들며 유교-공
자 재평가의 움직임이 살아나며 문화열(文化熱)이라는 풍조 속에
서 유심유물이란 해묵은 논쟁의 경직된 문제틀(problèmematique.
Problematic)이 유연해지면서 '심학-상산학'은 주관유심주의라는 오
명을 벗고 유교 본연의 위상과 계보와 명예를 차츰 회복하는 시기를
맞이한다. 그런 지적(知的) 해빙기의 능선에서 쨩리원(張立文)의『주
향심학지로(走向心學之路) - 육상산사상적족적(陸象山思想的足迹)』
(1992)[6], [참고로 대만에서는 무쫑산(牟宗三)의『종육상산도유즙산
(從陸象山到劉戢山)』(1993)[7]이 간행], 루위린(陸玉林)의『육구연평
전(陸九淵評伝) : 본심의 진탕(本心的震蕩)』(1996)[8], 치륀씽(祁潤興)

6) 張立文,『走向心學之路 - 陸象山思想的足迹 - 』, (中華書局, 1992)
7) 牟宗三,『從陸象山到劉戢山』, (臺灣學生書局, 1993)
8) 陸玉林,『陸九淵評傳 : 本心的震蕩』, (廣西教育出版社, 1996)

의 『육구연평전(陸九淵評伝)』(1998)[9], 짱리원(張立文), 『走向世界的
陸象山心學』, (人民出版社, 2008)[10], 왕쉬(王煦)의 박사학위논문『육
상산심학미학지혜연구(陸象山心學美學智慧研究)』(2012)[11] 등등 평
전류를 포함한 전문서, 논문들이 상산학의 본산인 만큼 자신감 있게
다양하게 간행된다. 단순히 철학사상을 넘어서서 중국이 껴안고 있는
현실적 번민(predicament)을 반영하여 미학-예술학의 범위에까지
진전시켜가고 있다.[12]

이어서 일본의 경우는 어떤가? 우선 최근 간행된, 유아사쿠니히로
(湯淺邦弘) 편저, 『개설중국사상사(槪說中國思想史)』(2010) '육구
연' 항목을 보자. "주희는 많은 사람들과 논쟁을 주고받았지만 그 최대
의 라이벌이 육구연이다. 육구연은 강서(江西) 무주(撫州) 사람으로
주희와 마찬가지로 생애의 대부분을 재야의 사상가로 지냈으나 주희
와 달리 저작은 생각 외로 적고, 서간과 어록을 중심으로 하는『상산
선생전집(象山先生全集)』36권이 있을 뿐이다."[13] 주자에 비해 육상산
은 저작 즉 '자료가 적다'는 한계를 지적한 내용이 보인다. 현재의 일
본 연구자들에게 전승되는 콤플렉스를 읽을 수 있다. 그것은 연구 부
진의 직접적 이유로 작용하고 있음을 암시한다. 요시다코헤이(吉田公
平)는『육상산과 왕양명(陸象山と王陽明)』(1990)에서 '육상산 연구
가 부진한 이유'를 세 가지로 정리하고 있다.[14] 그 내용을 간명하게 요

9) 祁潤興,『陸九淵評傳』,(南京大學出版社, 1998)
10) 張立文,『走向世界的陸象山心學』,(人民出版社, 2008)
11) 王煦,『陸象山心學美學智慧研究』,(博士學位論文, 浙江大學, 2012)
12) 이외에도 많은 다양한 논의를 포함한 연구가 있으나 지면 관계상 생략한다.
13) 湯淺邦弘 編著,『槪說中國思想史』,(ミネルヴァ書房, 2010), 118쪽.
14) 吉田公平,「陸象山研究序說」,『陸象山と王陽明』,(研文出版, 1990), 43-45쪽.

약하면 다음과 같다. "첫째: 일본의 근세 철학연구가 주자학 · 양명학 연구를 중심으로 추진해왔기 때문이다(→ 연구 경향의 문제). 둘째: (종래의 연구에서 육상산이 반드시 주자-주자학이나 왕양명-양명학의 조연이었던 것은 아니고 주연급 배우로 발탁하여 다룬 경우도 있었다. 문제는) 중요한 연출(문제시각-해석방법)이 구태(舊態)를 탈피하지 않았기에 주연의 육상산은 진면목을 발휘하지 못하였기 때문이다(→ 연구 방법의 문제)[15]. 셋째: 육상산에 대한 기초연구 - 사제(師弟) · 강우(講友) 관계 포함한 유상산의 사적(遺著 · 遺文 포함)을 상세히 담은「연보」편집에 실패(간행 경위 해명이 수반되어야…) + 관련 기초자료 수집 · 보완 부족 - 가 불충분하기 때문이다(→ 기초자료 부실의 문제[16]). 그런데, 최근 쇼지구치사토시(小路口聰),『즉금자립의 철학-육상산심학재고(卽今自立の哲學-陸象山心學再考)』(硏文出版, 2006)[17]과 같은 탁월한 연구가 나온 것은 평가할만하다. 쇼지구

---

15) 첫째, 둘째에 해당하는 연구는 요시다 코헤이씨가 언급하고 있지 않다. 참고를 위해 근현대기 일본에서 간행된 주요 연구 및 해설서를 소개하면 다음과 같다. 三島復,『陸象山の哲學』, (寶文館, 大正15(1926)) 秋月脩繼,『陸王研究』, (章華社, 昭和10(1940)) 山田準,『陸象山王陽明』, (巖波書店, 昭和18(1948)) 宇野哲人,『支那哲學史-近世儒學』, (寶文館, 昭和29(1959)) 楠本正繼,『宋明時代儒學思想の研究』, (廣池學園出版部, 昭和37(1967)) 福田殖,『陸象山文集』, (明德出版社, 昭和47(1977)) 友枝龍太郎 外 4인,『卷陸象山』, 陽明學大系第4卷, (明德出版社, 昭和48(1978)) [福田殖,『陸象山』, シリズ陽明學第1卷, (明德出版社, 출간예정)]

16) 이 부분에 대해서는 吉田公平,「陸象山研究序說」,『陸象山と王陽明』, (硏文出版, 1990), 45-51쪽 참조.

17) 小路口聰,『卽今自立の哲學-陸象山心學再考』, (硏文出版, 2006)
  이 책의 대략적 목차는 다음과 같다.
  I 陸九淵と朱熹 第一章 陸九淵と朱熹
    第二章 陸九淵門人群像
    第三章 朱熹の曾點觀
  II 陸九淵の朱子學批判 第四章 心の病は医し難し

치 사토시는 상산학을 「임상(臨床)」의 현장에서 생겨난 철학으로 보고 그 '삶(生)'의 현장에 입각하여 육상산의 철학을 읽어내려고 하고 있다. 그가 월터 J. 옹(Walter Jackson Ong. 1912–2003)이 『구술문화와 문자문화』(원서명: Orality and Literacy: The Technologizing of the Word)(1982)에서 힌트를 얻어 정립한 시험적 분석의 틀은 흥미롭다. 즉 〈주자: 언어문자의 입장＝언어 · 문자문화(literacy)의 인간〉 vs 〈육상산: 육성 · 소리의 입장＝소리문화(orality)의 인간〉이라는 틀이다. 설득력 있게 논의를 진행하고 있으며, 기존의 육상산 연구를 획기적으로 바꾸고자 하고 있다[Orality와 Literacy의 문제는 필자의 관심에서 좀 더 논의하고자 한다. 후술 참조]. 이것은 요시다 코헤이가 「육상산연구서설(陸象山硏究序說)」(『陸象山と王陽明』, (硏文出版, 1990))에서 지적한 사항들을 해결하는 방향에서 진행된 연구이다. 즉 종래의 육상산 연구 경향이 "어디까지나 주자학 · 양명학 규명의 한 시각으로서 육상산이 편의적으로 해설된 것이며, 육상산 그 인물과 사상이 중심과제로서 초점이 맞춰져, 독자적으로 그 생애와 사상구조가 검토 · 연구된 것이 아니다."[18]라는 문제의식을 기반으로 한 것이다.

중국 강서성(江西省) 아호사(鵝湖寺)에서 벌인 주자와 육상산 사이의 이른바 '아호논쟁(鵝湖論爭)'을 통해서 육상산은 주자를 '실천을

第五章 事實の樂しみ, 言語の病
第六章 響き溢れる聲の力
Ⅲ 「卽今自立」の哲學 第七章 陸九淵の「当下便是」說は「頓悟」論なのか
第八章 陸九淵の性善說再考
第九章 陸九淵の「卽今自立」の哲學
終章 本当の「学」を求めて

18) 吉田公平, 「陸象山硏究序說」, 『陸象山と王陽明』, (硏文出版, 1990), 43쪽.

경시하는 지적(知的) 박학주의자'(道問學 위주)로, 주자는 육상산을 '학문을 경시하는 실천주의자'(尊德性 위주)로 비판한다. 먼저 사람의 본심을 밝히고 나서, 이 바탕(본심)에다 폭넓고 디테일한 지식습득(博覽)이 필요하다(先發明人之本心, 而後使之博覽)[19]고 본 육상산의 철학을 다시 읽는 작업은 앞으로의 과제이다.

주자는 말한다: '언어·문자의 분석'에서 출발하라고[儒者只從言語文字上做[20]; 吾道之所寄, 不越乎言語文字之間…因其語而得其心[21];所謂道理, 也只是將聖賢言語体認本意;大凡理會義理, 須先剖析得名義界分各有歸著, 然後於中自然貫通處[22]]!(강조는 인용자. 이하 같음)

이에 대해 그리고 육상산은 경고한다. 언어문자에 집착하는 것을 '사실로부터 일탈·유리(遊離)'로 보고 '사실 자체로[古人質實, 不尚智巧, 言論未詳, 事實先著][23];삶의 현장성=실제체험에 충실하되 언어로 천상(天常. 내면의 자연=本心)을 파괴하지 말 것[莫將言語壞天常][24];마음의 병은 치유하기 어렵다![莫敎心病, 最難医][25]'라고.

주자와 육상산 이 두 사상가를 어떻게 다시 대비적으로 읽을 것인가? 이것은 육상산 철학만의 과제는 아니다. 앞으로 '주자학, 양명학

---

19) 『象山集』36, 「年譜」.
20) 曾朝道, 『朱子語類』권36, 114條 974쪽.
21) 朱熹, 「序」, 『中庸章句』
22) 朱熹, 「答吳晦叔第十書」, 『朱子文集』제42 『朱子集』1974쪽.
23) 陸九淵, 「與朱元晦第二書」, 『陸九淵集』권2, 27쪽.
24) 讀書切戒在慌忙, 涵泳工夫興味長, 未曉莫妨權放過, 切身須要急思量, 自家主宰常精健, 逐外精神徒損傷, 寄語同遊二三子, 莫將言語壞天常.(『陸象山語錄』上卷, 98條)
25) 이 말은 주자에게 한 말이다: (육상산이) 주회옹(주자)에게 말했다. "(배우는 사람들이) 마음을 병들게 해서는 안 된다. 고치는 것이 최고로 어렵기 때문이다(說晦翁云, 莫敎心病, 最難醫)"(『陸象山語錄』下卷, 307條).

을 어떻게 규명할 것인가?'라는 과제에 직면하여, 새로운 방법론을 모색할 경우 반드시 거쳐야할 필수요건에 해당한다. 육상산 연구의 중요성도 여기에 있다.

상산학은 여전히 미지의 과제이다. 상산학을 바로 세우는 일이 주자학-양명학을 바로 세우는 일이다. 동아시아 사상사에서 상산학을 어떻게 읽을 것인가의 문제는 종래의 주자학, 양명학 연구의 관점을 일신할 변수를 제공한다는 점에서 매우 조심스럽고 흥미로운 영역이라 할만하다. 이제 다시 '동아시아' '양명학'으로 논의의 시선을 돌리는 것은 연구가 완결된 것이 아니라 이제 시작이거나 아직 시작되지도 않은 연구가 태반이기 때문이다.

서두에서 언급한대로 이 글은 동아시아 양명학연구의 과제를 화두로 현재 시점에서 양명학연구를 성찰해보는 것이다. 우선 '왕양명이 찾았던 '마지막 어휘'에 대하여' 부분에서 양명학이 상산학과 마찬가지로 '언어문자를 넘어 소리의 세계로'라는 아젠다를 가지고 있었음을 밝히고자 한다. 이어서 '동아시아, 그 '울퉁불퉁한, 어설픈, 불편한' 형식에 대하여' 부분에서는 동아시아의 양명학이 가진 특성을 언급하고자 한다. 이러한 시론적인 논의를 통해서 현재 동아시아양명학 연구의 현재와 미래를 살펴보고자 한다.

2. 왕양명이 찾던 '마지막 어휘'에 대하여
−'언어 · 문자'를 넘어 '소리'의 세계로−

학문의 의미를 생각한다. 과연 학문으로 행복에 이를 수 있는가. 막스 베버는『직업으로서의 학문』에서 반문한다. "도대체 누가 아직도 학문을 '행복에의 길'이라 믿고 있는가?"라고. 그는 '인간이 학문으로는 결코 행복해지지 않는다. 아니 행복해질 수도 없다.'는 사실을 지적하는 것이다. 그는 톨스토이의 말을 인용한다. "학문은 의미가 없다. 왜냐하면 학문은 우리에게 가장 중요한 문제 즉 '우리는 윤리적-당위적으로 무엇을 해야 하는가?…어떻게 살아야 하는가?'라는 문제에 어떤 답도 주지 못하기 때문이다."[26] 학문이 그렇게 줄기차게 추구하는 '알아야 할 가치'라는 것 또한 그는 증명될 수 없다고 보았다. 끈질기게 물어봤자 학문은 말이 없고, 노력에 부응하는 만큼 대답이 없다. 어쩌면 무의미하기에, 오히려 더 그곳(=텅 빈 박스)에, 실제로 무언가가 있는가 싶어서 부단히 그곳을 노크하고 있는지도 모른다. "칠흑 같은 밤에 언제나 여명이 오기를 기다리는 야간 경비"[27]처럼, 학문하는 일은 언제나 '어둠 속에서 아침을', '한 가닥의 빛=희망'을 찾는 그런 소명감을 갖는 일이다.

다시 말해서 학문의 궁극은 '마지막 어휘'(final vocabulary)를 찾는 일이다. 동양철학의 경우 태극(太極)이니 무극(無極)이니, 리(理)·기(氣)·심(心)·양지(良知)니 하는 궁극적인 개념들이 이것이다. 하지

---

26) 막스 베버,『직업으로서의 학문』, 전성우 옮김, (나남출판, 2006), 56쪽.

27) 왕건문,『공자, 최후의 20년』, 이재훈·은미영 옮김, (글항아리, 2010), 242쪽. 이 말은 막스 베버의『직업으로서의 학문』에 나오는 말을 인용[막스 베버,『직업으로서의 학문』, 전성우 옮김, (나남출판, 2006), 90쪽]한 것이다. 왕문건은 "'야간경비'의 존재는 칠흑 같은 현실 세계에 영원한 일깨움을 준다."고 부연 설명한다. 실제 베버의 글은 '구약성서' '이사야서'제21장 제10절-제12절의, 에돔의 '파수꾼의 노래'에 근거한 기술로, 유대 민족이 이 천년을 훨씬 넘도록 '묻고 고대해 온' "파수꾼아 밤이 아직도 얼마나 남았느냐~"는 교훈을 들어 학문하는 자에게 스스로 완수해야할 소명을 되짚어보는 대목이다.

만 그 마지막 어휘 앞에 서면 사상가들이나 그들을 탐구하는 학자들은 수시로 '정신적 경련'(mental cramp)을 일으키게 된다. '~무엇인가?'라고 물었을 때, '나'와 '물음의 대상=세계' 사이에 좁힐 수 없는 간극 – 나는 나 사물은 사물임 – 을 자각한다. 거기서 아찔함·떨림·막막함·해답 없음·흔들림·막막함을 경험한다. 실존적 경험이다. 여기서 백기를 들지 않고, 좌절하지 않고, 계속 나아간다.

주자학이 제시하는 '격물'(格物)이란 기본적으로 세계의 '나눔=쪼갬=분절화'(=格子化)인 동시에 개개 '사사'(事事. 사건들)+'물물'(物物. 물건들)들의 '격을 갖춤=품격화(品格化)=디자인'이다. 적어도 이 작업은 세계가 '격물–내–존재'임을 자각시킨다. 격물의 물은 '사(事)+물(物)'의 축약이다. '사'는 행위–실천–행동–주관적–내적–시간적인 것이며, '물'은 형체–연장(延長)–외적–공간적인 것이다. 그래서 '사와 물은 유사하면서도'(物猶事. 사≒물) 같은 지평이 아니다(→ 사≠물). 어정쩡하게 내=안쪽과 외=바깥쪽에 양 다리를 걸친 것이 사물=세계이다. 나의 내면과 합일되지 않은 채 이분화 되어 흩어진 사+물. 이 형식의 네트워크 전체상을 습득하는 것이 공부이다. 이것은 세계를 인간의 손으로 구획짓고 의미를 부여하는 위대한 작업이자 서구 기독교의 신(神)의 눈으로 본다면 대단히 불경스런 장난질이다.

인간들이 하늘에 이르고자 탑(바벨탑)을 쌓기 시작하자 신은 그 과도한 야망을 우려해 인간들이 서로 소통하지 못하게 언어를 혼돈 시키고 사람들을 각처로 분산시켰다는『구약성서』의 이야기는 언어–문자가 신의 영역에서 인간 자율로 넘어가는 경우의 불안감을 은유한다.『회남자(淮南子)』(「본경훈(本經訓)」)에는 "창힐(倉頡)이 글자를 만들자 하늘에서 비 오듯 곡식이 내리고 귀신들은 밤에 곡을 하며 울었다(昔者倉頡作書, 而天雨粟, 鬼夜哭)"는 이야기가 있다. 다시 말하면 중국 고대 황제(皇帝) 때, 창힐이 글(書)을 만들자 하늘(天)은 백성들이 이런 지엽적인 일에 몰두해 농사를 소홀히 하여 굶어죽을까 걱정해 좁쌀(粟)을 비로 내려 보냈고, 귀신(鬼)은 문자로 인해 질책 받거나 인간들이 진실로부터 멀어져 말단의 허위에 골몰해 굶주릴까봐 밤새 슬피 울었다는 이야기이다. 언어-문자는 세상을 건설하기도 하지만, 인간의 혼백을 빼앗고 결국 세상을 '인간 자신들만의 소유'='말장난의 아수라장'으로 만들어 버릴 수 있다는 것이다. 이런 '귀신이 곡할 지경'은 '인간들의 천국'의 서막을 알리는 것이기도 하다. 적어도 주자학의 격물은 '인간 지성의 기획'을 찬란하게 보여준다.

결국 세계라는 것은 '격물'이라는 언어 속에 붙들려 있다. 세계는 '격물-내-존재'이다. 그런데 격물이라는 언어는 '인간 내에서' 생겨나는 것이니, 세계는 결국 인간이 해석, 판단해서 만들어 내는 것이다. 이렇게 한 발자국 더 나아갈 수 있다. 인간이 언어를 사용하여 세계를 '인간 내에서' 만들어 낸다는 것은 대단한 이야기이다. 언어가 '인간 내에서' 만들어진다면 결국 언어는 인간 자신의 그림자라는 말도 된다. 언어는 세계와 인간을 만들고, 이렇게 만들어진 세계와 인간은 다시 언어를 만든다. 수없이 출렁이며 조각내고 깁고, 다시 조각내고 다시 짜깁어내는 불안스런 이 세계, 수없이 물결처럼 요동치는 세계는 저 굽이치는 '폭류(暴流)'와도 같다. 폭류는 '인간 내에서' 요동치는 폭류이다. 양명은 최종적으로 세계가 내적·심리적 사건임을 자각한다. 거기에 도달하기 전에 그는 나와 세계 사이에 좁혀지지 않는 그 머나먼 거리감(=이원성)에서 인간적인 정신적 충격-고통-질환을 경험한다.

왕양명이 자득=자각=체득에 이르는 과정 속에 보이는, '너무 신경

을 써서 병이 남(勞神成疾) · 너무 생각하여서 병이 남(勞思致疾)[28] ·
병이 남(遇疾)[29]'이란 용어이다. 이것은 모두 '나의 내면'[吾心]과 '세
계의 원리'[物理] 사이의 갈등과 분리 때문에 생겨나는 충격으로 생긴
마음의 병(노이로제)=심질(心疾;心病[30])이다. 왕양명은 이것을 "마
음과 이치를 쪼개어서 둘로 하는 것"(析心与理爲二)[31] 때문이라 본다.
'심여리(心与理)'의 '여(与)'는 '나와 너/이것과 저것' 할 때의 '와/과'
이다. A와 B를 둘로 나누는 말이다. 여기서 '심과 리를 둘로 나누는 폐
단'(心理爲二之弊)[32] 즉 "판이위이(判而爲二)"의 참을 수 없는 번민-
곤경(predicament)을 안겨준다.

이러한 번민은 토머스 멧츠거(Thomas A. Metzger)가『곤경의 탈
피(Escape from Predicament)』[33]라는 책을 통해서 신유학(Neo-
confucianism, 특히 송명리학)의 내면주의는「현세와의 긴장(tension
with the world)」을 가져왔음을 지적하였으며 그것이 청조말기의 중국

---

28) 「傳習錄」卷下: 先生曰, "衆人只說(格物要依晦翁), 何曾把他的說去用? 我著實曾用
來. 初年與錢友同, 論(做聖賢, 要格天下之物, 如今安得這等大的力量)? 因指亭前竹
子, 令去格看. 錢子早夜去窮格竹子的道理, 竭其心思, 至於三日, 便致勞神成疾. 當
初說他這是精力不足, 某因自去窮格. 早夜不得其理, 到七日, 亦以勞思致疾. 遂相與
嘆聖賢是做不得的, 無他大力量去格物了. 及在夷中三年, 頗見得此意思乃知天下之
物本無可格者. 其格物之功, 只在身心上做, 決然以聖人爲人人可到, 便自有擔當了.
這裏意思, 卻要說與諸公知道."
29) 「年譜」21세조 : 是年爲宋儒格物之學, 先生始待龍山公于京師, 徧求考亭遺書讀之,
一日思先儒爲衆物必有表裏精粗, 一草一木皆含至理, 官署中竹多, 卽取竹格之, 沈
思其理不得, 遂遇疾.(이에 대해서는 「傳習錄」下에도 기록되어 있음.)
30) 『陸象山語錄』下卷, 307條.
31) 「傳習錄」中, 「答顧東橋書」: 朱子所謂格物云者, 在卽物而窮其理也, 卽物窮理是就
事事物物上求其所謂定理者也, 是以吾心而求理於事事物物之中, 析心與理爲二矣.
32) 「傳習錄」中.
33) 토머스 멧츠거,『곤경의 탈피 : 주희 · 왕양명부터 탕쥔이 · 펑유란까지 신유학과
중국의 정치 문화』, 나성 옮김, (민음사, 2014).

지식인의 마음속에 치유하기 힘든 곤경의식을 만들어 냈다고 보았다.[34]

궁극적으로 모든 학문과 종교의 지향점이 그렇든 '하나됨(爲一)-합일(合一)'을 지향한다. 절대적 고요-침묵-황홀경을 지향한다. 고향을 향하고자 한다. '심질-심병'을 앓는 인간들이 찾고 싶은 곳이 정신적 '고향'이다. 마치 횔덜린(1770-1843)의 시 '고향'(Die Heimat)[35]에서 읊는 "내 돌아가면/그 옛날의 평온을 다시 내게 주려나."처럼 '평온'을 향한 것이다. '평온'은 왕양명 및 그 학파에서 논의하는 '마음의 본래 모습(心之本体)=즐거움(樂)[樂是心之本体][36]'의 상태이다.[37]

---

34) 최재목, 「중국철학의 새로운 '방법론'에 대한 번민과 모색」, 『동서의 학문과 창조』, 김상환 · 장태순 · 박영선 엮음, (이학사, 2016), 147-8쪽 참조.
35) 시 전문은 이렇다.
   사공은 먼 곳 섬에서 수확의 즐거움을 안고
   잔잔한 강가로 귀향하는데,
   나도 정말 고향 찾아 가고 싶구나.
   하지만 내 수확은 고뇌 말고 또 무엇이 있는가?
   나를 키워준 그대들, 사랑스러운 강변들이여!
   그대들이 사랑의 괴로움을 달래주려나? 아! 그대들,
   내 어린 시절의 숲들이여, 내 돌아가면
   그 옛날의 평온을 다시 내게 주려나.
36) 王守仁, 『傳習錄』卷中, 「答陸原靜書(又)」:
   "즐거움은 마음의 본래모습이다. 비록 칠정중의 즐거움과 같진 않지만 또한 칠정의 즐거움을 벗어나지도 않는다. 비록 성현에게 따로 참된 즐거움이 있지만, 또한 보통 사람도 똑같이 지니고 있다. 다만 보통 사람들은 그것을 지니고 있으면서도 스스로 알지 못하고 도리어 수많은 근심과 고뇌를 찾으며 미혹과 자아 방기를 덧보탠다. 비록 근심과 고뇌, 미혹과 자아 방기 가운데 있을지라도 자기 몸에 돌이켜서 성실하면 즐거움이 거기에 있게 된다."(樂是心之本體, 雖不同於七情之樂, 而亦不外於七情之樂. 雖則聖賢別有眞樂, 而亦常人之所同有. 但常人有之而不自知, 反自求許多憂苦, 自加迷棄. 雖在憂苦 · 迷棄之中, 而此樂又未嘗不存. 但一念開明, 反身而誠, 則卽此而在矣.)
37) '심지본체의 낙(樂)' 그리고 '낙학(樂學)'의 계보 및 전개에 대해서는 荒木見悟, 「樂學歌」, 『陽明學の位相』, (硏文出版, 1992)을 참조.

양명이 해결하고자 하였던「심과 리를 합하여 하나로 한다」(合心与理而爲一) 38)는 '합일'이란 '심과 물이 내 속에서 통일·통합하는(心=物) 내적·심리적 사건을 온전히 경험하는 일39)이었다. 이런 상태는 어떤 것일까?

세종의 셋째 아들인 안평대군이 무릉도원을 찾는 꿈을 꾸고, 그 내용을 안견(安堅)에게 설명한 뒤 그리게 했다. 안평이 꿈에 거닐던 도원 속, 아련한 풍경 묘사에는 사람의 자취가 없다. 모든 소리는 가물가물 멀어지고, 눈꺼풀 속에 갇힌 눈알의 검푸른 고요. 간간이 스치는 황금빛 자락들, 붉은 복숭아 꽃잎 넘실대는 평온의 「몽유도원도(夢遊桃園圖)」를 그려본다. 죽림과 기와집. 집에는 사립문이 반쯤 배시시 열려 있었고, 앞개울에는 작은 배 한척이 물살에 흔들흔들. 집은 인기척 뚝 끊겨 쓸쓸한 '고절'(孤絶)의 터일까. 왕양명은 합일의 경지와는 좀 다르다. 37세 때, 왕양명이 좌천지 귀주성(貴州省) 용장(龍場)에서 대오한 '오성자족(吾性自足)'의 경지는 바깥의 언어문자를 보는 것이 아니었다. 내면의 소리를 스스로 듣는 것이었다. "자신도 모르게 소리를 치며 펄쩍 뛸 지경"이란 것은 온몸이 희열을 느끼는 것, '마음의 본래 상태인 즐거움(樂)'을 체험하는 순간이었다.

　　홀연히 한밤중에 격물치지(格物致知)의 본지를 대오(大悟)하였다.
　　꿈에서 누군가가 말을 하는 것 같았다. 자신도 모르게 소리를 치며 펄

---

38)「傳習錄」中,「答顧東橋書」：若鄙人所謂致知格物者, 致吾心之良知於事事物物也, 吾心之良知卽所謂天理也, 致吾心之良知之天理於事事物物, 則事事物物皆得其理矣, 致吾心之良知者致知也, 事事物物皆得其理者格物也, 是合心與理而爲一者也.

39) 최재목,『동아시아 양명학의 전개』, 이우진 옮김, (정병규에디션, 2016), 59쪽 참조.

적 뙬 지경이었다. '성인의 도는 자신의 본성(性) 속에 자족한 것이다, 이전에 마음 밖의 사물에서 이치를 구한 것은 잘못이라는 것을 비로소 알게 되었다.' 이에 묵묵히 오경(五経)의 말을 기록하여 증명해보니 맞지 않는 것이 없었다. 그래서 『오경억설(五経臆說)』을 지었다.[40]

잘 잠금 장치된 견고한 금고를 열듯 그동안 어그러졌던 짜임관계가 하나로 합해져서 '찰칵'하고 문이 열리는 순간이었다. 궁극적인 경지로 들어설 마스터 키(master key)가 바로 내면에 있음을 자각한 것이었다. 그것은 '자신 내에 숨겨져 있던' 짜임관계를 해독하는 일이었다. 역사적 조건 하에 생겨났던 내ㆍ외부라는 이원론을 극복하고 '합일'을 경험하는 열쇠는 해결하려는 문제의 "주위를 맴돈다. 마치 잘 보관된 금고의 자물쇠들처럼." 아도르노는 『부정변증법』에서 이렇게 말한다.

짜임관계 만이 내부에서 개념이 잘라내 버린 것, 즉 개념이 될 수는 없지만 또한 그만큼 되고자 원하는 것, 개념 이상의 것을 외부로 표현한다. 개념들은 인식되어야 할 사물의 주위에 모임으로써 잠재적으로 그 사물의 내적 측면을 규정하며, 또 사유가 필연적으로 자체로부터 배제해버린 바에 사유로써 도달한다. (중략) **어떤 사물에 위치해 있는 짜임관계를 인식한다는 것은 형성된 것**(=개별자의 침전된 역사. 이것은 개별자의 내부에 있기도 하고 외부에 있기도 하다. 인용자 주)**으로서 그것이 자체 내에 담고 있는 짜임관계를 해독하는 것이기도 하다. 외부**

---

40) 『陽明集』卷32, 「年譜」 37歲條: 忽中夜大悟格物致知之旨, 夢寐中若有人語之者, 不覺呼躍, 從者皆驚, 始知聖人之道, 吾性自足, 向之求理於事物者誤也, 乃默記五經之言證之, 莫不脗合, 因著五經臆說.

와 내부라는 이원론도 역사적 조건 하에 생겨났다. (중략) 대상이 처해 있는 짜임관계 속에서 대상을 인식한다는 것은, 대상이 자체 내에 저장하고 있는 과정에 대해 인식하는 것이다. 이론적 사상은 자신이 해명하고자 하는 개념의 주위를 맴돈다. 마치 잘 보관된 금고의 자물쇠들처럼 그 개념이 열리기를 희망하는 것이다. 이 때 그 열림은 하나의 개별적인 열쇠나 번호가 아니라 어떤 번호들의 배열에 의해 이루어진다.[41](강조는 인용자. 이하 동일)

금고의 문을 열고 보니 '오성자족(吾性自足)' 즉 나 자신의 '내적·심리적 사건'임을 깨닫는다. 시인 신경림이 「갈대」라는 시에서 "언제부턴가 갈대는 속으로 조용히 울고 있었다./그런 어느 밤이었을 것이다/갈대는 그의 온몸이 흔들리고 있는 것을 알았다/산다는 것은 속으로 이렇게 조용히 울고 있는 것이란 것을 그는 몰랐다."라고 한 것처럼, '언제부턴가 갈대는 속으로 조용히 울고 있었음'이 어느 밤 '갈대는 그의 온몸이 흔들리고 있는 것을 알았음'이 되는 것이다. '눈 감은=몰랐던 나'(=夢)에서 '눈 뜬=자각한 나(=覺)'로 바뀐 것이다. 왕양명이 명확히 한 것은 "천하의 사물(物)은 본래 내가 그 쪽으로 '이르러야=다가가야' 할 것이 없으며, 사물에 이르는 공부[格物之功]는 다만 몸과 마음에서 하는 것[在身心上做]"을 알게 된 것이다. 아울러 "성인이란 것은 어떤 사람이든 도달할 수 있는 것[聖人爲人人可到]"을 체득하였다.

그 후 용장에 3년간[夷中三年, 1507~1509] 있는 동안 겨우 그 의미

---

41) 테오도르 아도르노, 『부정변증법』, 홍승용 옮김, (서울: 한길사, 2010), 240-2쪽.

를 얻고 나서야 천하의 물(物)에는 본래 이르러야 할 것이 없으며 사물
에 이르는 공부[格物之功]는 다만 몸과 마음에서 하는 것[在身心上做]
이라는 것을 알게 되었다. 그리고 성인이란 것은 어떤 사람이든 도달할
수 있는 것[聖人爲人人可到]이며, 스스로 감당해낼 수 있는 것이라고
확고하게 생각하였다. 이러한 생각을 그대들이 알 수 있도록 말해주겠
다.[42]

결국 도달한 곳은 외부의 언어문자로 된 텍스트인《육경》은 '나의
마음의 재산 목록'이며, 그 내실은 '나의 마음속'에 있음을 자각하는
일이다.

무릇 성인이《육경》을 잘 정리하여 이것을 후세에 남긴 것은, 비유해
서 말하자면 다음과 같다. '재산이 많은 사람이 있었는데, 그는 그의 아
들이나 손자에 이르러 부동산이나 창고에 쌓여 있는 재화를 없애고 끝
내는 가난해져 생활마저 할 수 없는 것이 아닌가 하는 걱정을 하였다,
그래서 그는 집안의 재산 목록을 만들었다. 아들이나 손자가 이것을 이
용해서 그의 부동산이나 재화를 잘 지키게 하여 가난한 생활에 대한 걱
정을 시키지 않고자 하였다.' 즉《육경》은 나의 마음의 재산 목록이다.
그 내실은 나의 마음속에 있다. 비유해서 말하면 그것은 그 집에 부동

---

42)「傳習錄」卷下: 先生曰, "衆人只說格物要依晦翁, 何曾把他的說去用? 我著實曾用
   來. 初年與錢友同, 論做聖賢, 要格天下之物, 如今安得這等大的力量, 因指亭前竹
   子, 令去格看. 錢子早夜去窮格竹子的道理, 竭其心思, 至於三日, 便致勞神成疾. 當
   初說他這是精力不足, 某因自去窮格. 早夜不得其理, 到七日, 亦以勞思致疾. 遂相與
   嘆聖賢是做不得的, 無他大力量去格物了. 及在夷中三年, 頗見得此意思乃知天下之
   物本無可格者. 其格物之功, 只在身心上做, 決然以聖人爲人人可到, 便自有擔當了.
   這裏意思, 卻要說與諸公知道."

산이나 여러 가지 재화로 가득한 창고가 있고, 재산 목록은 다만 명칭
과 형상 그리고 수량을 기록한 것에 지나지 않는 것과 같다. 그러나 학
문에 뜻을 두는 세간 사람들은《육경》의 내용을 자신의 마음에서 구해
야 하는 것을 알아채지 못하고 다만 외형만을 구하고 훈고(訓詁) 등의
지엽말절에 끌려서 이것이《육경》이라고 완고하게 주장하고 있다. 이
것은 비유해서 말하면 다음과 같다. 부자의 아들이나 손자가 자기 집의
부동산이나 창고에 축적된 재산을 소중히 지켜서 그것을 생활에 이용
하려는 노력을 기울이지 않고 나날이 그것을 잃어버리고, 그로 인하여
가난해져 거지가 된다 하더라도, 자기 집의 재산 목록을 남에게 펼쳐
보이며 이것이 내 집의 부동산이며 재산이라고 말하는 것과 조금도 다
름이 없다.[43]

그는 「양지를 노래하는(詠良知)」 시에서 나의 마음이 '우주의 배꼽'
임을 분명히 한다.

　　모든 사람 스스로가 나침판(定盤針)을 갖추고 있어,
　　만물 변화의 일어남은 모두 나의 마음에서 근원하네.

---

43) 『陽明全書』권7, 「稽山書院尊經閣記」: 經常道也, ……六經者非他吾心之常道也,
　　……聖人之扶人極, 憂後世而述六經也, 猶之富家者之父祖, 慮其産業庫藏之積, 其
　　子孫者, 或之於遺忘散失, 卒困窮而無以自全也, 而記籍其家之所有, 以始之, 使之世
　　守其産業庫藏之實積, 而享用焉, 以免於困窮之患, 故六經者, 吾心之其籍也, 而六經
　　之實, 則具於吾心, 猶之産業庫藏之實積, 種種色色, 具畜於其家, 其記籍者, 特名狀
　　數目而已, 而世之學者, 不知求六經之實於吾心, 而徒考索於影響之間, 牽制於文義
　　之末, 硜硜然以爲是六經矣, 是猶富家之子孫, 不務守視享用其産業庫藏之實積, 日
　　遺忘散失, 至於竆人丐夫, 而猶囂囂然指其記籍, 曰斯吾産業庫藏之實積也, 何以異
　　於是, ……嗚呼, 六經之學, 其不明於世, 非一朝一夕之故矣, ……, 嗚呼, 世之學者,
　　得吾說, 而求諸其心焉, 其亦庶乎知所以以爲尊經也矣.

따라서 웃노라, 종전에 거꾸로 사물을 보려고 했고,
바깥의 지엽적인 것에서 구했던 것을.[44]

언어란, 이처럼 인간의 흔들림 – 흐느낌의 흔적 아닌가. 바로 자신의
흔들림 – 흐느낌의 흔적이 세계의 드러남이다. 4서 · 5경은 나의 마음
의 본래 모습을 '디테일하게 펼쳐낸 것=설명한 것'[四書五経, 不過說
這心体][45]이다. 왕양명에 앞서서 육상산은 「6경은 모두 나(我)의 주석
(footnote)이다」[六経皆我註脚][46]라고 선언하였다.

결국 언어는 소쉬르의 생각처럼 '구분(구별)할 가치'가 있는 것을 구
별하는 이른바 '차이의 시스템'인 것이다. 각 자, 각각의 공동체, 집단
에서 구별할 가치가 있는 것은 필요에 의해 구별하는 개념 장치인 것
이다. 가치가 없는 것은 언어가 되지 않는다. "그런 X는 말할 가치도 없
어!"라고 한다면 그 X는 나의 언어에서 없는 것이고, 세계에서 사라지
는 것이다. 요즘 말로 하면 인터넷에 등장하지 않으면, 그 것은 별도로
명기하여 구분할 가치가 없는 것이기에 이 세계에는 없는 것이 된다.

사물이 있으니까 이에 대응하는 언어가 일일이 생겨나는 것이 아니
라 나에게 이런 저런 가치가 있어서 이렇게 저렇게 구분하게 되니 언
어가 생겨난다는 것이다. 사물이 있어서 눈으로 보고, 소리가 있어서
귀로 듣고, 음식이 있어서 입으로 먹는 식이 아니다. 보고 싶은 것(=볼
가치)가 있어서 눈이 생겨나고 눈으로 보고, 듣고 싶은 것(=들을 가

44) 人人自有定盤針, 萬化根緣總在心. 却笑笑前顚倒見, 枝枝葉葉外頭尋(『陽明全書』
    권22,「居越詩」,「詠良知」)
45) 『傳習錄』권상.
46) 『陸象山全集』권34,「語錄」.

치)가 있어서 귀가 생겨나고 귀로 듣고, 먹고 싶은 것(=먹을 가치)이 있어서 입이 생겨 난 것이다. 언어는 나(자아)의 때요, 얼룩이요, 흔적이다. 세계는 나(자아)의 때요, 얼룩이요, 흔적이다. 나의 흔들림 - 흐느낌의 흔적이 바로 언어이고 세계이다.

드디어 왕양명은 하나로 연결된 끈 - '뫼비우스의 띠'라 해도 좋겠다 - 을 찾았다. 아르헨티나의 소설가 호르헤 루이스 보르헤스(Jorge Luis Borges)가 시에서 말한, "달 혹은 달이란 말은 많으면서 하나인, 우리의 존재"라는 표현과 닮아 있다. 끊임없이 찾았던 '달'이 다름 아닌 '나(我)'를 찾았음을 아는 것이다. 수많은 호수나 시내에 비친, '많으면서' 그러나 결국은 '하나인' 달(月印千江)처럼, 갈래갈래 얽히고 설킨 삶 속에서, 조각조각 너덜너덜 흩어지는 수많은 나. 그러나 끝내 닿고 보면 하나로 있는 나. '걸어도 걸어도 그 자리, 가도 가도 떠난 자리'(行行到處, 至至發處)(의상대사가 法性偈를 요약한 말)와 같은 화법 아닌가.

왕양명도 시에서도 "온 곳에 한가위 보름달이 밝구나(處處中秋此月明)"[47]라 하거나

> 내 마음에 저절로 밝고 밝은 달이 있네
> 천고에 걸쳐 만월(団圓)은 영원토록 이지러짐이 없네.[48]

라고 하여, 마음의 본체(=양지)를 내 마음속의 밝고 밝은 '달'로 은유하였다. 양명 자신(=나)의 진정한 모습은 '빛나는 보름달'이었다. 그

---

47) 「月夜」, 『양명전집』권10
48) 「中秋」, 『양명전집』권20: 吾心自有光明月, 千古団圓永無欠.

가 끝내 도달한 것도 바로 '나 자신=보름달'이었다. 왕양명이 임종할 때 "유언은 없으십니까?"라고 묻자 그는 희미하게 입가에 웃음을 머금으면서, "이 마음이 광명하구나. 다시 더 무슨 말이 있겠는가[此心光明, 亦復何言]?"라고 중얼거리고는 조용히 숨을 거두었다고 한다.[49] 유언으로 남긴 '광명'은 왕양명 자신이 찾던 '달'의 빛이었다. '태양의 빛'이 아니라 '달의 빛'이었다. 물론 양명은 대화 속에서 비유적으로 태양-햇빛에 양지(마음)을 비유하기도 한다.[50] 그리고 달-달빛도 결국은 해-햇빛에 수렴되므로, 빛은 청각적이라기보다는 시각적, 밤이라기보다는 낮, 여성적이라기보다는 남성적인 것과 연결된다고 볼 수 있다. 그러나 여기서 말하는 것은 많은 예들 가운데 햇빛보다 달빛의

---

49) 최재목, 『내 마음이 등불이다: 왕양명의 삶과 사상』, (이학사, 2003), 386쪽 참조.
50) 물론 양명은 다음과 같이, 대화 속에서, 인간의 양심-양지(마음)를 달이 아니라 태양에 비유하기도 한다.
　우중(于中)이 말하기를, "다만 물욕이 막고 가렸을 뿐입니다. 양심은 안에 있으므로 본래 잃어버릴 수 없는 것입니다. 마치 구름이 태양을 가린 것과 같으니, 태양을 어찌 일찍이 잃어버린 적이 있겠습니까?"
　선생님께서 말씀하시기를, "우중은 이처럼 총명하구나! 다른 사람은 이것까지는 살피지 못했다."
　于中曰, 只是物欲遮蔽, 良心在內, 自不會失. 如雲自蔽日, 日何嘗失了. 先生曰, 于中如此聰明. 他人見不及此.(『전습록』하)
　황면숙(黃勉叔)이 여쭈었다. "마음에 악한 생각이 없을 때 이 마음은 텅 비어서 넓은데, 역시 하나의 착한 생각을 보존해야 합니까?"
　선생님께서 말씀하시기를, "이미 악한 생각을 제거했으면 그것이 바로 착한 생각이며, 마음의 본체를 회복한 것이다. 비유하면 햇빛이, 구름이 밀려오면 막혀 가려졌다가 구름이 지나가면 빛이 이미 회복된 것과 같다. 만약 악한 생각이 이미 제거되었는데 다시 착한 생각을 보존하고자 한다면, 이것은 햇빛 속에 하나의 등불을 보태어 밝히는 것과 같다."
　黃勉叔問, 心無惡念時, 此心空空蕩蕩的, 不知亦須存個善念否. 先生曰, 旣去惡念, 便是善念, 便復心之本體矣. 譬如(日光, 被雲來遮蔽, 雲去, 光已復矣. 若惡念旣去, 又要存個善念, 卽是日光之中添燃一燈.(『전습록』하)

예가 차지하는 빈도수를 말하는 것이다. 따라서 '성향'이나 '경향성'에 주목한 것이다. 다시 말하면 양명학의 성향-경향성은 시각보다도 청각으로, 남성적이라기보다는 여성적인, 낮이라기보다는 밤의 은유에 연결된다. 이것은 인간의 '저면' – 표면이 아니라 – 에 숨어 있는 '내적 자연', '일체적 – 분리·분열이 아니라 – 생명'의 세계를 지향하는 것이었다. 그리고 시각적인 언어문자의 세계가 아니라 청각적인 소리의 세계였다. "꿈에서 누군가가 말을 하는 것 같았"던 소리, 그것을 듣는 일이었다. '자신의 몸과 마음에서 울려나오는 쩌렁쩌렁한 소리를 듣는' 대목은 왕양명의 독창적인 철학의 탄생의 의의를 재론하는 형태로 좀 더 논의할 필요가 있을 것이다.

　앞선 논의(제1장)에서 쇼지구치 사토시(小路口聰)가 『즉금자립의 철학-육상산심학재고(卽今自立の哲學-陸象山心學再考)』에서 제기한 문제 말이다. 즉 〈주자: 언어문자의 입장=언어·문자문화(literacy)의 인간〉 vs 〈육상산: 육성·소리의 입장=소리문화(orality)의 인간〉라는 문제가 왕양명의 철학에서도 여전히 지속되고 있음을 실감한다. 따라서 월터 J. 옹이 『구술문화와 문자문화』에서 논한 내용을 상기해 보고자 한다.

　옹은 '소리문화(orality)의 인간' 패턴을 다음과 같이 규정한다.[51]: ❶ 첨가적이며 종속적이 아니다. ❷ 누적적이며 분석적이 아니다. ❸ 장황하거나 다변적(多辯的)이다. ❹ 보수적이고 전통주의적이다. ❺ 인간적인 생활 세계에 밀착해 있다. ❻ 논쟁적인 어조(톤)가 강하다. ❼

---

51) 아래 부분은 小路口聰, 『卽今自立の哲學-陸象山心學再考』, (研文出版, 2006), 250쪽에 언급되어 있다.

감정이입적이거나 참여적이며 객관적인 거리를 유지하는 것이 아니다. ❽ 항상성이 있다. ❾ 상황의존적이며 추상적이지 않다.[52]

이에 비해 '언어 · 문자문화(literacy)의 인간' 패턴을 이렇게 규정한다 : 구술문화는 기하학적인 도형, 추상적인 카테고리에 의한 분류, 형식논리적인 추론, 절차, 정의 등의 항목과는 전혀 관련이 없기 때문이다. 그리고 포괄적인 기술이나 말에 의한 자기분석조차도 그러하다. 이러한 항목들은 모두 사고 그 자체가 아니라 텍스트에 의해서 형성된 사고(text-formed thought)에 유래한다.[53]

파스칼은 『팡세』에서 원리를 보는 맑은 눈='섬세한 정신'과 올바른 추리를 하는 명석한 두뇌='기하학적 정신'을 겸비하는 사람만이 자신의 능력을 충분히 발휘하여 사물의 본질과 세계를 정확히 파악할 수 있다고 보았다.[54] 왕양명은 직선적-도식적인 것이 아니라 부드럽고-곡선적인 섬세한 정신 편에 서 있었다. 다시 말해서 왕양명이 지향했던, "천지의 마음(天地之心)인 인간이 천지만물과 한 몸(一體)으로 느끼는", 자신과 온 생명의 리듬에 귀를 기울이는 정신은 파스칼이 말한 '섬세의 정신'과 상통한다. 회화적인 남성적 '눈'이 아니다. 세상의 소리=생명의 리듬에 예민한 여성적이고, 음악적 미학적인 '귀'이며, 피부-살갗-감촉-촉감 같은 몸이다. 태양 같은 강렬한 시선이 아니라 태양이 꺼진 자리에 머무는 잔별들과 가로등과 미세한 불빛을 살려내는 달빛 같은 정신이다. 양명학은 "세상이 아프면 함께 아파야 인간이다"

---

52) 월터 J. 옹, 『구술문화와 문자문화』, 이기우 · 임명진 옮김, (문예출판사, 1995), 61-92쪽.
53) 월터 J. 옹, 『구술문화와 문자문화』, 이기우 · 임명진 옮김, (문예출판사, 1995), 88쪽.
54) 이에 대해서는 블레즈 파스칼, 『팡세』, 현미애 옮김, (을유문화사, 2013), 315-7쪽을 참조.

라고 말한다. 그것은 왕양명 자신이 젊은 날 다친 폐 때문에 평생 폐병과 싸우며 '아픈' 삶을 살아야 했던 이력처럼, 세상의 아픔(苦痛)을 예민하게 느끼고 헤아리는 "어쩔 수 없이 간절히 느끼는 '애뜻함'[55][誠愛惻怛-誠愛懇惻-惻隱]"에 기인한다. 왕양명 특유의 '감성철학'이 구축된 것이다. 여기서 불교가 말하는 '관세음(觀世音)' 같은 사상 유형, 옹이 말한 '소리문화(orality)의 인간'형이 자리한다. 양명학의 '강학(講學)-문답(問答)-자득체인(自得体認) - 개성주의적 성향은 양명학이 '공간적-외적' 지향성보다는 '시간적-내적' 특성화 속에서 모색되었음을 은유한다.

  아울러 그의 생애에서 빼놓을 수 없었던 '동굴[洞]'-'(동굴 속의) 석관(石棺)'은 왕양명을 기사회생으로 이끈 최악의 환경들이었다. 동(洞)은 '통찰(洞察)'의 '통'이기도 하다. '통(洞)'은 '밝다~꿰뚫다~통하다~통달하다'는 뜻만 있는 것이 아니고, '골~골짜기~동네~굴(窟)'의 뜻도 있다. 놓치면 안 되는 것이 '굴=동굴'이란 의미이다. 신화에서나 고대사회에서 자주 보이는 동굴. 거기서 무언가 인간~문명의 이야기가 만들어진다. 동굴은 막히고, 가려지고, 어둡고, 드러나지 않은 공간이다. 눈보다는 귀를 닮았다. 표면에서 '사라진-감추어진-은폐된' 곳이다. 겉으로 솟아난 저 남성의 거시기 보다는 여성의 성기나 자궁을 닮았다. 생성과 창출의 공간이다. 그 속은 잘 들여다 볼 수 없고, 어둡고 껌껌하다. 바깥의 소리도 형체도 직접 전달되지 않는다. 그림자처럼 간접적으로 들리거나 비쳐야 한다. 은근히, 은은히, 조심스레 다가서야 하는 곳이다. '상자 속'이나 '괄호로 묶여 있는 어떤 것'처럼, 바

---

55) 이 '애뜻함'이란 표현은 위당 정인보의 우리말 풀이에 따른다.

깥과 직접적이 아니라 간접적으로 연결되어 있다. 그 속에 있는 것은 결국 밖으로 나와서 우뚝 서야 한다. 그럴 때 위대한 존재로 살 수 있다. 그 안쪽에 주저 않으면 끝이다. 자폐증 환자로서 끝난다. 용장의 대오는 '잠/꿈[夢] → 눈뜸/깸[覺]'이었다. 그것을 가능하게 한 것이 '(누군가의) 말소리[人語]'였다. 소리는 '현재(見在)'에만 의미가 있는 시간적인 것이다. 그리고 이 소리를 나의 '이성적-자력적' 영역에만 머무르지 않고, '영성적-타력적' 영역에 까지 밀고 간다면 또 다른 논의가 가능하게 된다.

양명학은 마음의 영역에만 머문 것이 아니다. 몸-기(氣)-만물과 일체적으로 논의되고 있었다.

3. 동아시아, 그 '울퉁불퉁한, 어설픈, 불편한' 형식에 대하여

동아시아 양명학이라는 말은 동아시아 한국, 중국-대만, 일본 지역에서 전개된 근세, 근대, 현대의 양명학을 말한다.

일단 동아시아라는 개념은 '인문지리적'인 가상의-잠정적 개념이며 아직 확고하게 정립된 것은 아니다. 예컨대 영국의 시인 키플링 (Kipling, 1865~1936)이 "동은 동, 서는 서, 이 둘은 결코 만날 수 없다"(East is East and West is west, And never the twain shall meet)[56]

---

56) J. R. Kippling, The Ballad of East and West. Rudolf Otto, Mysticism East and West, trans. B. L. Bracey & R. C. Payne(New York:Meridian Books, 1957), p.ⅩⅤ에서 재인용.

라는 동양 혹은 서양을 하나로 묶어서 생각하는 이른바 '일체적 관점'
은 픽션으로서 애당초 없는, '만들어진 것'이었다. 동아시아는 '대동아
공영권'처럼 정치적-제국적-권력적으로 오염되거나 왜곡되어 '동아
(東亞: 동아시아 혹은 좁은 의미의 동양)'라는 개념으로 '영유(領有.
appropriation. 점령하여 소유함)'되는 사건들처럼 다양한 맥락에서
발명되어 탄생하기를 거듭하였다. 영유는 전유(專有)-사용(私用)하
는 것으로 공공적·일반적인 것을 '자기 것'(=私有的)-특수적인 것으
로 만드는 것을 말한다.[57]

　동아시아라는 말 또한 학인과 대중들의 관심, 지역적 역사 상황에
따라 그 내용이 변모할 수 있는 살아 움직이는 것이다. 마치 우리가 흔
히 사용하는 '동양사상(東洋思想)'이란 용어가 일본의 대정(大正) 말
기~소화(昭和) 초기에 '동양'과 '사상'이란 말이 당시의 필요에 따라
조어되어 확산된 것처럼[58] 말이다.

　실제 동아시아라는 세계의 공간은 여전히 울퉁불퉁하며, 허약하고
어설픈 채로 규정되곤 한다. 그 만큼 우리가 살아가는 가칭 동아시아

---

57) 최재목, 「'東'의 誕生 - 水雲 崔濟愚의 '東學'과 凡父 金鼎卨의 '東方學' - 」, 『陽明
　　學』26집, (한국양명학회, 2010.8)
58) '東洋思想'이나 '思想'이란 말은 明治維新 뒤 일본에서 흔히 사용된 개념으로서,
　　보다 능동적·주체적인 '思'와 상상적인 '想'이 결합한 것이다. 예컨대 나카무라
　　마사나오(中村正直)가 Samuel Smiles의 Selp-Help(自助論)을 번역한 『西國立志
　　編』에서 「道上에서, 思想하는 것 있으면, 이것을 기록했다」 등으로 기록된 것 외
　　에 明治 3年(1870)) 이후 '權利의 思想'(明治11年), '公衆의 思想'(明治13年-14
　　年), '思想史'(明治40年頃) 등의 말들이 등장한다. 아울러 '東洋思想(혹은 東洋思
　　想史)'란 말에 관심이 높아진 것은, 『東洋思想硏究叢書』가 大正15년(1926)부터
　　출판하기 시작한 데서 미루어 볼 때 大正末~昭和初期이다. 이 시기에 '동양사상
　　(혹은 동양사상사)'란 말에 대한 관심이 높아지고, 그 개념이 확산된 것을 알 수 있
　　다.[이에 대해서는 黑住眞, 「'東洋思想'의 發見」, 『岩波講座 哲學15·変貌する哲
　　學』, (岩波書店, 2010년), 140-142쪽 참조].

라는 곳 즉 "세계는 열려있고 접근이 쉬우며 서로 연결된 공간들과, 폐쇄되어 있으며 멀리 떨어져 있고 고립된 지역들이 뒤섞인 조각보와 같다."59) 그러나 이 울퉁불퉁하게 짜깁기된 조각보는 '자기'를 중심에 두고 세계로 눈을 돌려 영역을 설정한다. 이-푸 투안이 『토포필리아』 에서 "개인이든 집단이든 인간은 '자기'를 중심에 두고 세계를 지각하는 경향이 있다.(…)자아중심주의는 세계를 질서지우는 버릇이어서 자아에서 멀어질수록 세계를 구성하는 요소들의 가치가 급격히 줄어든다."60)고 하듯이 주시점(注視点)은 원근법을 형성한다. '주시점'이란 '시력의 중심이 닿는 곳'으로 즉 point of view이다. 즉 화자(話者)가 이야기를 하기 위해 자리 잡은 시선의 각도(=서술의 발화점·관점, 사물·사건을 바라보는 관점)61)이다. 여기서 실랑이도 벌어진다. 8세기 무렵 일본이 중국의 수나라 황제에게 보낸 국서에서 발송자를 '해 뜨는 곳의 천자[日出處天子]'로, 수신자를 '해지는 곳의 천자[日沒處天子]'로 명기하여, 중국을 서(西)로 일본 자신을 동(東)으로 보려고 하였다. 일본이 중국에 기어코 빼앗고자 한 것은 동의 상징으로서 문명국(文明國)=선진국의 의미였을 것이다.62)

어쨌든 동아시아는 많은 부분에서 서로 연결되어 있어 국가권력으로만 분할하기는 어렵다. 현재의 동아시아 사상사는 '일국주의적(一

59) 하름 데 블레이, 『공간의 힘』, 황근하 옮김, (천지인, 2009), 243쪽.
60) 이-푸 투안, 『토포필리아』, 이옥진 옮김, (에코리브르, 2011), 59쪽.
61) 신현승, 「타자를 향한 시선: 근대 일본 지식인의 동아시아 인식 - 시라토리와 나이토의 언설을 중심으로 - 」, 『한국일본사상사학회 제25차 추계학술대회발표집: 동북아 평화의 모색과 타자인식 - 역사 갈등의 국가주의를 넘어서 - 』, (한국일본사상사학회, 2009.11.28), 43쪽 참조.
62) 임형택, 『문명의식과 실학 - 한국 지성사를 읽다 - 』, (돌베개, 2009), 23쪽 참조.

國主義的)' 시야에 갇힌 점이 적지 않다. 실제 동아시아 세계는 근대 이후 탄생한 '국민국가'라는 관점으로 재단하기 어려운 지적 · 문화적 네트워크, 지성의 연쇄를 가지고 있다. 실제로 사람과 물건과 정보(개념, 지식)는 구체적 역사 속에서 잘 살펴볼 수 있듯이, 국경을 넘어 문화적 정치적 맥락 속에서 – 심지어는 전쟁이라는 형식을 통해서도 – 서로 교류 · 소통해왔다. 이러한 관점에서 일국사(一國史)의 틀을 넘어서려는 시도가 최근 늘어나고 있다. 다행스러운 일이다. 이 때문에 '국가' 대신에 '해역(海域)' '지역(地域)' 단위로 역사와 문화, 지성을 재구성해보려는 노력이 있어왔다. 이른바 '광역사(廣域史)'의 관점이다.[63]

최근 필자가 일본 양명학의 시조 나카에 토쥬(中江藤樹. 1608-1648)의 전집[=『나카에토쥬선생전집(中江藤樹先生全集)』]에서 발견한 퇴계 이황 편집의 『성학십도(聖學十圖)』 마지막 그림 「제10 숙흥야매잠도(夙興夜寐箴圖)」를 예를 들어보자. 이 그림이 공교롭게 나카에토쥬의 전집 속에 들어 있었던 것이다. 토쥬의 문인 가운데 한 사람이 가지고 있었던 것을 그 후손이 소장해 오고 있었던 것이다.

1940년 일본서 간행된 전집(『중강등수선생전집』)에 수록된 「숙흥야매잠도」를 살펴보면, 그림 제일 위에는 「(진무경陳茂卿)숙흥야매잠도夙興夜寐箴圖 필자미상筆者未詳[64]」으로 되어 있고, 그림 밑에는 다

---

63) 최재목, 「한국어판 서문」, 『동아시아 양명학의 전개』, 이우진 역, (정병규에디션, 2016), 11쪽 참조.

64) 당시 「숙흥야매잠도」가 이황의 작품인 것을 알 수 있는 상황에서 구차스럽게 '(陳茂卿)夙興夜寐箴圖'라고 하고 '筆者未詳'이라 처리한 것은 잘 납득이 가지 않는 대목이다. 토쥬 전집이 간행되던 1940년대가 마침 일제의 조선 통치기간이므로, 군국주의 선전과 확산에 적절히 활용되고 있던 토쥬가 식민지 조선의 사상가 퇴계로부터 '영향'이 있다거나 조선과 '관련'이 있다는 사실은 조선과 일본의 학술-지성 연관에서 또 다른 불편한 맥락을 만들어낼 수 있으므로 애써 이것을 차단하려

음과 같이 설명이 붙어있다: 「이 도는 토쥬(藤樹)선생의 문인 이와사
타로 우에몽(岩佐太郎右衛門)의 직계 후손[嫡流]의 자(字)로 남아있
는 것으로, 혹시 선생이 문인에게 교시(敎示)한 자료로 삼았던 것은 아
닐까」[오우미(近江)의 이와사 사다카즈 씨(岩佐定一氏) 소장][65]. 이
말은 토쥬 및 그 문하생들이 『성학십도』를 읽고 있었다는 증거이다.

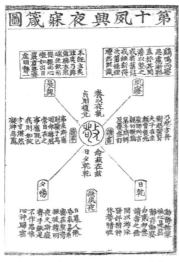

이황의 『성학십도』 중 제10도인 「夙
興夜寐箴圖」

『中江藤樹先生全集』에 실려 있는
「(陳茂卿)夙興夜寐箴圖 筆者未詳」
(실제는 이황의 「夙興夜寐箴圖」임)

　주지하다시피 「숙흥야매잠(夙興夜寐箴)」은 진무경(陳茂卿. 이름은
백(栢))이 만들어 잠언(箴言)으로 삼은 것인데, 이황은 이것을 그림으

___

는 '의도'였을까? 당시 일본의 학술 수준이 이런 초보적인 정보조차 분별하지 못
할 정도가 아니었기 때문에 의문은 더 한다. 어쨌든 에도 시대에 이황의 『성학십
도』가 양명학자들에게도 읽혔다는 점은 양명학 연구에도 중요한 사실이다.
65) 中江藤樹, 『中江藤樹先生全集』第5冊, (岩波書店, 1940), 69쪽.

로 만들고(→「숙흥야매잠도」) 보완 설명을 붙였다. 「숙흥야매잠도」
는 아침에 눈을 떠서 밤에 잠자리에 들 때까지 일상에서 성학을 실천
하는 방법을 구체적으로 설명한 것으로, 이황의 성학이 '경(敬)'을 핵
심원리로 삼고 있음을 잘 보여주는 그림이다. 그런데, 송학(宋學)의
'경(敬)'을 강하게 부정하고 '성(誠)'을 강조하는 토쥬에게도 「숙흥야
매잠도」는 일상적 행위의 실천 매뉴얼로 참고할 매력이 있었음을 암
시해준다. [66]

아울러 이것은 동아시아 사회가 울퉁불퉁하며, 허약하고 어설픈 채
로 '일국주의적' 시각으로 규정되곤 하면서도 어떤 형태로든 연결되
어 있음을 의미한다.

양명학은 비교사상사라는 시점에서, '동아시아'를 무대로 고찰되어
야 한다. 여기서 '양명학의 보편성과 각 지역의 특수성'을 동시에 이해
할 수밖에 없다. 결국 '하나의 양명학'이 아니라 중국, 한국, 일본 등 여
럿의 양명학이 존재함을 알 수 있다. 당연히 「중심-주변」, 「정통-이
단」의 이분법을 떠나 있다. 따라서 중국-한국-일본을 등가로 보고, 각
지역이 어떻게 그 지역 나름의 에토스 · 마인드에 기반한 독자적인 시
야 속에서 양명학을 이해해왔는가를 평이하게 살펴보아야 할 것이다.
우리는 자칫하면 '하나의 양명학' '원본 양명학', '중국=중심, 한국 · 일
본=주변'이라는 도식적 환상과 오해를 갖기 쉽다. 실제 기존의 철학사
상사는 대부분 이러한 이론적, 관념적인 폭력을 저질러 왔다. 그러나
이것은 허구이다. 양명학이 각 지역에서 다르게 이해-실천되고 있었

66) 최재목, 「한국어판 서문」, 『동아시아 양명학의 전개』, 이우진 역, (정병규에디션, 2016), 11-13쪽.

으며, 또한 지역적 사회적 필요-요구(요청)에 따라 학설과 개념이 매우 다르게 조명, 부각되고 있었다. 각각의 지역에서 '장(場)'을 형성하고 각기 자신들의 방식(에토스 · 마인드)으로 자신들의 삶의 공간, 학술 영역을 구축해왔다.[67]

여기서 어두운 경향-밝은 경향이 생겨난다. 구체적으로 양명학은 '우익적 성향' vs '좌익적 성향', '국가주의적 성향' vs '민간적 성향' 등 다양한 흐름을 보이기도 한다. 각자의 양지(良知)에 따라, 상황에 따라 사상의 형식과 내용이 달라진다.

예컨대 졸고『동아시아 양명학의 전개』에서 보여주듯이 일본양명학 - 특히 나카에 토쥬(中江藤樹) - 에서 보여지는 타력적인 요인들, 이와 반대로 중국의 왕심재(王心齋. 이름은 艮)에서 보여지는 '조명설(造命說)' - 이 대목은 그리스신화-트로이전쟁의 영웅 오디세우스를 상기할 만큼 - 의 자력적 성향은 동아시아 양명학이 '하나'가 아니라 '여럿'임을 잘 보여준다.

양명학은 동아시아 각 지역에 따라 '마음(心)'의 정의 및 해석이 동일하지 않다. 대체로 근세의 양명학은 〈중국에서 한국 · 일본으로〉라는 표현을 해도 좋다. 그러나 근대로 들어서면 양명학은 서양 제국과 문명에 대응하기 위한 다양한 시도와 학문적 변형이 이루어진다. 따라서 하나의 양명학은 불가능하며, 각기 다른 '양명학 상(像)'을 창출한다. 양명학의 새로운 정의(=재정의) 및 영유(=재영유)가 이루어진다는 말이다. 적어도 근대기 동아시아는 근대 '메이지 일본'의 '양명학

67) 최재목, 「한국어판 서문」, 『동아시아 양명학의 전개』, 이우진 역, (정병규에디션, 2016), 11-12쪽

지(知)'에 자극을 받아 자국의 국민국가의 정신과 내셔널리즘 창출을
위한 새로운 학지를 영유하면서 제국주의 시대에 탁월하게 대응하려
고 하였다.

　앞으로의 과제는 근세-근대에서 현대로 이어지는 '근대양명학'에
주목하면서 양명학을 연구해 나가는 방법론이나 관점을 재검토하면
서 동아시아의 양명학 연구를 더욱 진행시켜가야 할 것이다.

4. 맺는 말

　상산학이 그렇듯 양명학은 여전히 과제로서 남아있다. '동아시아'
'양명학'으로 논의의 시선을 돌려 새롭게 논의할 영역이 아직도 많이
남아 있다는 말이다.

　지금까지 논의한 것을 요약하자면 아래와 같다.

　첫째, 주자학의 방향 즉 '언어문자의 입장=언어·문자문화(literacy)
의 인간탐구'와 상산학 혹은 양명학의 방향〈육성·소리의 입장=소리
문화(orality)의 인간탐구'라는 주제에 대한 보다 세밀한 탐구가 진행
되었으면 하는 점이다. 그러나 이 점은 주자학과 육왕학이 근본적으
로 다르다는 것을 말하는 것은 아니다. 주자학이나 육왕학은 각기 다
른 길을 걸었던 것 같으나 결국은 인간과 사물에 대한 진정한 세계 -
동일한 지점(場) - 을 찾았다고 생각한다. 즉 보르헤스가 말한 "많으
면서 하나인 달=우리 자신의 존재"처럼 말이다.

　둘째, 동아시아의 양명학 탐구는 일단 동아시아라는 지리적, 역사적
현실이 '울퉁불퉁한, 어설픈, 불편한' 형식을 토대로 하고 있다는 점이

다. 각 지역이 산출해낸 학술적 번민은 기본적으로 이러한 각기 다른 지리적, 역사적 형식이 만들어낸 굴곡된=뒤틀린 스탠스 혹은 시야에 기반한 것이라 할 수 있다. 그러므로 예컨대 '일본 양명학은 원래의 양명학이 아니다, 왜곡된 양명학이다' 등등의 상투적인 평가를 하는 경우도 있으나 문제는 원본 양명학을 미리 설정한 다음 여타의 전개 내용을 평가하는 것이 아니라 각 지역에 전개된 내용(팩트) 자체를 직시하고, 그것을 그대로 명확히 기술해내는 태도이다. 평가는 그 다음이다. 있는 것(사실)과 있어야 할 것(당위)의 간극을 인정하고 혼동하지 않는 냉정함에서 양명학은 기술되어야 한다.

셋째, 양명학 연구에 대한 상상력 부분이다. 동아시아 전체를 바라볼 때 양명학은 마치 '같은 형태라고 할 수 있는 사물들 사이에 변하지 않는 어떤 공통된 성질을 연구하는 학문'인 '위상수학'(位相數學, Topology)에 비유해볼 수 있겠다. 다시 말해서 양명학은 '심(心)'이란 주제를 근간으로 만나고 갈라진다. 진흙과 다양한 도자기, 물과 다양한 얼음, 고무줄-끈과 다양한 변형, 혹은 뫼비우스의 띠처럼, 만나면서 다시 흩어지고, 흩어지고선 다시 만난다. 그러나 '같은 형태…사물들 사이에 변하지 않는 어떤 공통된 성질'을 추구하지만 디테일에 들어서면 '마지막 어휘'를 거머쥐기는커녕 아찔한 떨림-실망감-황당함 같은 '정신적 경련'을 일으키고 만다. 하나의 '고무줄'이 가만히 있으면 짧지만 당기면 한없이 늘어나듯, 양명학은 각각의 장(場)에 맞는 길이와 넓이로 논의되고 있기 때문이다. 원본 양명학이 있을 수 없고 각각의 지역에 따른 전개만이 있을 뿐이다. 그렇다고 양명학의 그 위상이 줄어든 것이 아니다. 각각의 자리(場)에서 특수한 바이브레이션-왜곡-재해석을 통해서 자신들의 이야기를 만들어 가고 있었다. 이

점에서 양명학자들도 '스토리텔링 애니멀'(storytelling animal)이었고, '호모나랜스'(homo-narrans)였다. 즉 '이야기하는 사람들'이었다. 각 지역의 양명학자들은 그 지역의 스토리에서 벗어날 수 없었다. 마르셀 프루스트의 소설 『잃어버린 시간을 찾아서』에서, 소설가 베르고트가 베르메르의 '델프트 풍경'을 보고서 그림 속 황금 빛 교회 벽면을 만지며 "나도 글을 저렇게 썼어야 했는데…"라며 숨을 거둔 순간처럼, '오심(吾心)-나'와 '물리(物理)-세계'의 '합일'을 지향했던 왕양명이나 그 학파의 인물들도 자신의 궁극적 이야기의 숨 막히는 한 대목을 찾아 나섰던 것이다.

양명학을 통해서 읽는 세상과의 '어울림'
─天地万物一體無間, 여성성, 섬세의 정신의 재음미─

1. 서언─다문화사회에 생각하는 양명학─

우리 사회에도 '一'이라는 글자가 지배하던 시대도 있다. '一'이 시대정신이 되었기 때문이다. 統一, 合一, 全一, 專一, 純一, 歸一, 一體, 一心 등등. 지금도 이런 어법에서 자유로운 것은 아니다. 그러나 차츰 사회가 多衆, 多數, 多者, 多國籍, 多樣, 多面, 多焦点, 多文化 등등 '多'를 상위 가치로 생각하는 방향으로 가고 있다.

왕양명도 知行合一, 萬物一体란 말을 자주 쓰고, 三敎가 合一할 수 있다고 생각한 것을 보면 '一'의 사고 쪽에 발을 깊이 들여놓은 것처럼 생각할 수도 있다. 그러나 큰 틀에서, 아니 사상의 저면에서 깊이 있게 살펴보면, 知行에서이든 萬物에서이든 三敎에서이든 어떤 개개의 사물과 사안들을 획일적인 문법─틀─원리[定理]에 가두려 한 것이 아니었다. 事上磨鍊(각각의 구체적인 일(사건─사안)에서 공부해 나간다)의 이념처럼 개개의 특징과 특성, 즉 '個性'을 살린 채로 包攝, 通攝

하려는 것이었다. 상대적인 가치를 인정한 다음, 그것을 담을 수 있는 '그릇'(container)으로서 '一'을 요청한 것이다. 왕양명이 정원의 풀을 뽑지 말라고 한 것처럼, 이것저것의 온갖 생명체들이 어울릴 수 있는 기반이 되는 것으로 '一'이라는 사유를 요청한다. '一'은 각 개성적인 생명체를 담아내는 '하나의 그릇'이자 '어울림 틀'이며, 양명철학의 이념적 뿌리[1]이다.

'一'은 우리 전통에서 보면 '포함삼교'의 '포함'과 같은 것이다. 이 포함은 개성들이 어울릴 수 있는 틀이다. 이 '어울림 틀'에서는, 마치 왕양명이 '良知의 体用(良知之体-良知之用)'이 순환한다고 인식했듯, 上下의 구조 보다는 左右의 구조로 전환된다. 여기에는 빙글빙글 돌고 도는 '왕복순환'과 차등차별이 배제된 '수평-평등'이 기본적으로 전제되어 있다.

이처럼 양명학은 '多'라는 가치를 존중하는 쪽에 무게 중심을 두고 있다. 그래서 양명학은 다문화적(multicultural) 가치를 존중하는 사회로 이행되어가고 있는 우리의 현실에 더 잘 어울릴 수 있는 철학이라 생각한다.

'多'라는 가치를 존중하는 양명학에서는 뒤죽박죽, 엉망진창이 된,

---

1) 예컨대 양명은 '一'에 대해 이렇게 말한다.
   선생께서 말씀하시기를, "하나로 꿰뚫는(一貫)는 도는 공자께서 증자가 아직 공부하는 요점을 얻지 못한 것을 보았기 때문에 알려준 것이다. 배우는 사람이 진정 충(忠)과 서(恕)에서 공부할 수 있다면, 어찌 하나로 꿰뚫는 도가 아니겠는가? '일'(一)은 나무의 뿌리와 같고, '관'(貫)은 나무의 가지나 이파리와 같다. 뿌리를 아직 내리지도 않았는데 어떻게 가지와 잎새가 생길 수 있겠느냐? 본체와 작용은 근원을 같은데 본체가 아직 세워지지도 않았는데 작용이 어디서 생겨나겠느냐?"
   (先生曰, 一貫是夫子見曾子未得用功之要, 故告之. 學者果能忠恕上用功, 豈不是一貫. 一如樹之根本, 貫如樹之枝葉. 未種根, 何枝葉之可得. 體用一源, 體未立, 用安從生.)(『傳習錄』上)

혼돈의 존재론을 말하려고 하진 않는다. 개성적인 생명체를 담아내는 '하나의 그릇'이자 '어울림 틀'인 '一'이 전제되어 있다.

여기서 말하는 '어울림(際)'은 사람과 사람, 지역과 지역, 국가와 국가가 만나 교제하는 때와 곳(시공간, 경계선)에서 이루어지는 '和(조화)'와 '合(화합)'을 말한다.

그래서 '어울림(際)'에는 A와 B, C, D 등처럼, 兩者 혹은 多者의 '사이(間)'라는 의미가 수반된다. '學際間', '國際間'이란 말에서처럼 '際+間'이 결합된다. '際'와 '間'은, 구체적 문맥 속에서는, 유사하게 어울림의 사태, 행동이 이뤄지는 '때, 타이밍(=시간)'이나 '곳, 장소(=공간)'을 나타내므로 구별이 가지 않는 경우도 있다. 이 점은 陽明 王守仁(1472-1528)의『伝習錄』의 용례에서도 마찬가지다.[2]

어울림은 인간과 만물 存在間, 理念間, 宗教間, 文化間에서 이뤄질 수 있다. 어울리지 못하면, 사물들은 지속하고 변화할 수 없다. 어울림은 지속과 변화의 힘을 만들어 낸다.

2. 왕양명에서 보는 상대성, 다양성: 어울림 철학의 예들

1) 모든 것은 상대적이다

양명은 11세 되는 이듬해(성화 18년, 1482년), 용산공의 초청을 받

---

2) 예컨대「皆明白求於事爲之際,資於論說之間者」(모두 분명하게도 사태·행위의 즈음(=타이밍, 시공간)에서 구하고, 강론하는 가운데(=타이밍, 시공간)서 의거한 것이 분명합니다)(『伝習錄』中,「答顧東橋書」)에서처럼, 명확한 구별이 가지 않는다.

은 죽헌공은 기쁜 마음으로 자식을 보러 북경으로 길을 떠난다.

상경하는 도중에 양명은 할아버지와 함께 풍광이 아름다운 곳으로 알려진 江蘇省 鎭江 가에 있는 金山寺를 둘러보았다. 진강은 양자강 南岸에 있는데, 양자강 北岸에 있는 楊州와 함께 옛날부터 명승지였다.

할아버지가 술을 마시면서 시를 지으려고 생각하던 참이었다. 그때 양명은 이미 「금산사金山寺」(「연보」 11세조)라는 시를 지어 다음과 같이 흥얼거렸다.[3]

11세 소년의 즉흥적 작품치고는 너무 뜻밖이라 혹시 남의 작품을 훔쳐 온 것이 아닌가 생각하고는 '달을 가린 산방'이란 뜻의 「蔽月山房」(「연보」 11세조)이란 제목으로 시를 짓도록 하였다. 그러자 양명은 기다렸다는 듯이 다음과 같이 간단하고도 멋진 시를 지어 읊었다.

산은 가깝고 달은 멀어서 달이 작은 듯하니
이 산은 달보다도 크다고 말한다.
만일 사람이, 눈 크기가 하늘과 같을 수 있다면

---

3) 그 내용은 이렇다.
金山은 한 점, 크기가 주먹만 한데
維揚 물속에 비친 하늘을 쳐서 깨뜨리는구나!
취하여 기대니 달은 妙高臺 위에 있네.
옥피리 소리 들려오니 굴속의 용도 잠드는구나.
金山一點大如拳
打破維揚水底天
醉倚妙高臺上月
玉簫吹徹洞龍眠
시 속의 維揚은 양주부의 별칭으로 원래는 惟揚이다. 여기서는 양주를 흐르는 중국에서 제일 긴 강인 장강, 즉 양자강을 가리킨다. 그리고 묘고대는 금산의 정상인 妙高峰에 있는 누각이다. 이 시는 좀 유치한 듯하지만, 같이 앉아 있던 사람들은 의외의 시를 접하고서 놀라워했다.

산이 작고 달이 더욱 광활함을 도리어 알게 되리라.
山近月遠覺月小
便道此山大於月
若人有眼大如天
環見山小月更闊

이 시에는 왕양명에게 일찍부터 인식의 상대성이 고려되고 있었음을 알 수 있다.

2) 각기 제 갈 길이 따로 있다

양명은 정덕 1년(1506년) 35세 환관 유근을 탄핵하려 했다가 노여움을 사서 정장의 형벌을 받고 마침내 중국의 서북방인 귀주성 龍場驛의 驛丞, 즉 驛舍의 직무를 맡는 변변찮은 관리로 좌천된다.

당시 그의 아버지 龍山公 王華는 북경에서 禮部侍郞, 즉 禮樂·祭祀·貢擧 등의 일을 총괄하는 부서의 차관이라는 고위 관직에 있었다.

이듬해인 정덕 2년(1507년) 36세 때, 양명은 지난해 받은 정장의 형벌로 인해 고통스러운 몸을 이끌고, 용장을 향해 긴 여행길에 나선다. 온전하지 못한 몸이므로, 장거리 여행은 무리라고 여겨 요양을 위해 고향에서 가까운 항주에 들리게 된다. 지름길을 택한 것이 아니라, 우회한 셈이다. 그러나 그의 여정은 순탄하지 못했다. 양명의 유근 탄핵과 좌천 사건으로 인해 그의 부친 용산공 왕화도 화를 입어 南京의 吏部尙書로 있다가 사직당했던 터였다.

어쨌든 오랜만의 부자 상봉은 마치 고목에서 꽃이 핀 것처럼 더없이 기뻤다고 한다(「연보」36세조 참조). 그러나 단 며칠을 묵고서 양명은 부친에게 인사하고 용장으로 향한다.

양명의 부친으로서는 자식에 대한 정이 한없지만, 국가의 관리로서 수행해야 할 서로 다른 직무가 있기에 느긋할 수가 없었을 것이다. 양명도 마찬가지였다. 이처럼 두 사람은 예속 관계가 아닌, 각자 서로 다른 목적을 가지고 자신의 길을 걸어가는 삶의 동반자였다.

3) 스승도 학생들과 똑 같이 노력하는 인간이다

양명은 학생을 가르침에 있어서도, 이론으로서가 아니라 실천적으로 자신이 모범을 보이면서 학생들을 감동시켰던 것 같다. 이것은 '교육의 조목[教條]을 용장의 여러 학생에게 보여주다'라는 뜻의 글(「教條示龍場諸生」, 『양명집』권26)에 잘 나타나 있다.[4]

이 「교조시용장제생」은 네 조목의 평이한 교육 원리, 즉 (1) 立志, (2) 勤學, (3) 改過, (4) 責善으로 되어 있는데, 그 가운데 제일 마지막 조목인 '책선'의 끝 부분의 대목이 돋보인다. 인간에겐 존귀, 고하가 따로 없다는 겸허함을 읽어낼 수 있다.

나는 道에 대해서 아직 얻은 바가 없다. 학문도 조잡할 뿐이다. 잘못하여 여러분들이 서로 따르기에 [스승이 되어] 밤이면 밤마다 "나는 아

---

4) 이하에 나오는 인용 가운데, 별도의 인용이 없는 것은 최재목, 『내 마음이 등불이다: 왕양명의 삶과 사상』, (서울: 이학사, 2004)에서 재인용한 것임을 밝혀둔다. 아울러 매수의 제한 때문에 원문을 싣지 않고 번역문만 싣는다.

직 惡마저도 벗어나지 못했다. 물론 과오[過]는 말할 것도 없다"라는 것을 생각한다.

　어떤 사람은 "스승을 받드는 데는 무례하지 않고 숨기지 않는 법이다"라고 말하고서, 마침내는 "스승에게는 간언할 만한 것이 없다"라고 말하는데 이것은 잘못된 것이다. 스승에게 간언하는 길은 정직하되 무례하지 않도록 하고, 완곡하지만 숨기지 않도록 해야 하는 것이다. 만약 나에게 옳은 바가 있다면 여러분의 간언에 의해 그 옳음이 분명해질 것이고, 만일 나에게 그른 바가 있다면 여러분의 간언에 의해 그 그름이 제거될 것이다.

　대저 가르침과 배움은 서로 커가는 것이다. 내가 여러분에게 선한 일을 하도록 권하기 위해서는 마땅히 나부터 시작해야 한다.

왕양명은 자신이 많이 부족함에도 불구하고 어쩔 수 없이 선생 노릇을 하게 되었고, 그런만큼 학생들이 자신의 잘못을 지적해줄 것을 요청하고, 또한 자신이 학생들에 앞장서서 선善을 '실천'할 것이라고 명시한다. 이러한 왕양명의 겸손하고도 겸허한 모습에 학생들은 진정으로 감동하고 따랐을 것이다.

4) 아동은 제멋대로(개성 껏) 滿開해야 한다

양명은 아동을 교육시킬 때 왜 자율성, 자발성, 능동성이 강조되는지에 대한 이유, 당위성을 제시하고 있다. 그 이유는 이렇다.

　대체로 어린아이의 정서는 놀기를 좋아하고 구속받기를 꺼려한다. 이것은 마치 초목이 처음 싹을 틔울 때 그것을 펼쳐 주면 가지가 사방으로 뻗어가지만, 꺾거나 휘어 버리면 쇠하여 시들어 버리는 것과 같다. 이제 어린아이들을 가르칠 때는 반드시 그들의 취향을 고무시켜서 속마음이 즐겁도록 해주어야 한다. 그러면 스스로 그치지 않고 나아갈 것이다. 비유컨대 때맞춰 비가 내리고 봄바람이 불어 초목을 적시면 싹이 움터 자라지 않을 수 없어서 자연히 나날이 자라나고 다달이 변화될 것이지만, 만약 얼음이 얼고 서리가 내린다면 생의(生意)가 쇠잔해져서 날마다 말라가는 것과 같다. 그러므로 시를 노래하도록 인도하는 것은 비단 그들의 뜻을 드러내게 만들 뿐만 아니라, 또한 그 뛰고 소리치고 휘파람부는 것을 노래를 통해 발산하고, 그 답답하게 억눌리고 막혀 있는 것을 음절을 통해 펼쳐내게 하는 것이다.

왕수인은 아동을 초목의 생장과 동일시하고, 아동 교육의 방식에 하나의 좋은 예로서 초목에 주목하고 있는 것이다.

그런데 당시의 아동 교육이 거의 "어구나 문단을 끊는 방법[책 읽기]"이나 "수험을 위한 작문 연습[글짓기]"을 독촉할 뿐이라고 비판한다. 이 점은 오늘날 우리나라의 아동 교육과 거의 다를 바가 없다. 이러한 교육은 곧 "아동의 성정을 살피지 않고 그 몸을 속박할 뿐" "예로써 이끎"의 중요성, 즉 도덕을 소홀히 한다. 또 마음이 총명하게 되기를 구할 뿐 "선으로 마음을 기름", 즉 인성, 인간, 덕성을 소홀히 한다. 앞에서도 말한 적이 있지만, 그는 당시의 아동 교육의 실태를 "때로 아동들을 매로 때리고 밧줄로 묶어 마치 죄인과 같이 취급한다. 그러므로 아동들은 학교[學舍]를 감옥[囹獄] 같이 생각하여 들어가려고 하지 않고, 교사를 마치 원수와 같이 생각해서 가까이하려고 하지 않는다"고 지적한다. 그래서

　　아동들은 교사의 눈치를 살펴서 이를 피해 달아나며 자신의 행위를
가리고 숨기면서 즐기는 놀이를 하고, 거짓을 꾸미며 궤변을 늘어놓아
마음은 점점 천하고, 경박하고, 어리석고, 열등하게 되어 나날이 저속
한 쪽으로 향하게 된다.

는 것이다. 이와 같이, 그들을 "악으로 치닫게 내버려두면서", 다시 말
해서 교육적 상황 그 자체의 도덕성을 반성하지 않은 채, 아동이 "윤리
적 선행을 하도록 요구하는 것"은 참으로 있을 수 없는 일이라고 한다.

5) 평범한 대중들[愚夫愚婦]의 지평에 서서 가르쳐라

　　양명은 아동을 끊임없이 계몽되어야 할 대상이 아니라 이미 하나의
완성된 존재라 보았다. 이러한 태도는 양명이 후에 『전습록』 하권에서
말하는 "온 거리의 사람이 모두 성인이다[滿街人都是聖人]"[5]와 유사
하다. 양명은 "모든 인간은 철학자"라고 생각했던 것이다.
　　『전습록』 하권의 이야기를 하나 더 소개하자. 전서산, 왕용계 등 양
명의 제자들이 회시會試를 마치고 돌아올 때의 일이었다. 전서산이
"도중에 학문을 강의했더니 믿는 자도 있었던 반면 믿지 않는 자도 있
었다"고 하자 양명은

　　자네들이 꼭 성인聖人이 된 듯한 얼굴로 학문을 강의하니 사람들은
성인이 왔다고 생각하고 모두 겁을 먹고 도망갔던 것이다. 그런 식으로
해서 어떻게 강의할 수 있겠는가? 평범한 대중들[愚夫愚婦]과 같이 되

_____

5) '滿街'都是聖人으로 기록된 곳도 있다.

어야만 비로소 사람들에게 학문을 강의할 수 있는 것이다.

라고 하였다. 바로 여기서 우리는 양명의 교육자로서의 태도를 엿볼 수 있다. 그는 제자들이 학문을 강의할 때에 주의해야 할 사항으로, 청강자聽講者 앞에서 '이미 나는 완성되었으니 나의 훌륭한, 지적인 견식으로 너희들을 가르친다, 혹은 계몽한다'는 생각을 버리라고 하였던 것이다. 다시 말해서 모름지기 강의를 듣는 대중들[愚夫愚婦]의 입장이 되어서, 그 지평에 서서 동반자적 자세로 학문 논의[講學]를 해야 한다고 지적한 것이다.

6) 이단이란 일상인의 세계를 벗어난 것이다

또한 양명은 『전습록』 하권에서, "이단異端이 무엇인가?"라는 문제에 대해 대중들[愚夫愚婦]이 추구하는 것을 함께 추구하는 것을 "덕을 같이한다[同德]"고 하였고, 그렇지 아니한 것을 "이단"이라고 여겼다.

7) 정원의 풀(雜草)을 뽑지 마라

양명은, 제자 설간(薛侃)이 꽃밭의 풀을 뽑으면서, 풀[草]=악(惡), 꽃[花]=선(善)으로 비유하는 것에 대해 천지의 '생명 의지'라는 차원에서 보면 꽃이나 풀이나 한가지이므로 선악의 구분이 불가능하다고 보았다.

즉, 왕양명은 설간이 꽃을 풀과 비교하여 '선'으로, 풀을 꽃과 비교하여 '악'으로 규정한 것은 '설간 자신이 그렇게 판단·평가한 것일 뿐'이며, '풀이나 꽃 자체에 선악이 본래 있는 것이 아니다'라고 보았다. 예컨대 필요한 경우 선으로 여기던 꽃이 악으로 될 수도, 악으로 여기던 풀이 선한 것으로 될 수도 있다는 것이다. 그렇다면 선악은 모두 인간 개개인의 취향에 따른 것이지, 자연물[풀/꽃] 자체에 선악이 본질적으로 내재해 있는 것이 아님을 명확히 한다.

설간(薛侃)이 꽃밭의 풀을 뽑으면서 여쭈었다. "세상에서 어찌 선(善)은 기르기가 어렵고, 악(惡)은 제거하기 어렵습니까?"

선생께서 말씀하시기를, "기르지도 말고, 제거하지도 않았을 뿐이다."

조금 있다가 말씀하시기를, "그렇게 선악을 보는 것은 모두 사사로운 마음으로 생각을 일으킨 것이므로 곧 잘못될 수 있다."

설간이 이해를 하지 못하자 다시 말씀하셨다. "천지의 생명 의지는 꽃이나 풀이나 한가지인데 어찌 선악의 구분이 있겠느냐? 네가 꽃을 보고자 하기 때문에 꽃을 선한 것으로 생각하고, 풀을 악한 것으로 생각하는 것이다. 필요로 할 때는 풀도 선한 것으로 여기게 될 것이다. 이러한 선악은 모두 네 마음이 좋아하고 싫어하는 것에서 생겨난 것이니, 잘못되었음을 알 수 있다."

설간이 여쭈었다. "그렇다면 선도 없고 악도 없다는 것입니까?"

선생께서 말씀하시기를, "선도 없고 악도 없는 것은 '리'(理)의 고요함이고, 선도 있고 악도 있는 것은 '기'(氣)의 움직임이다. '기'에 의해 움직여지지 않으면 선도 없고 악도 없으며, 이것이 바로 지극한 선이다."

설간이 여쭈었다. "불교 역시 선도 없고 악도 없는데, 어떻게 다릅니까?"

선생께서 말씀하시기를, "불교는 선도 없고 악도 없다는 것에 집착하여 일절(一切) 상관하지 않기 때문에 천하를 다스릴 수 없다. 성인에게 선도 없고 악도 없다는 것은 단지 일부러 좋아하거나 싫어하지 않아서 '기'(氣)에 의해 움직여지지 않는다. 그러나 선왕의 도(道)를 따라 그 법도에 합치하니곧 저절로 천리를 따르게 되고, '천지의 도를 재단하고 천지의 마땅함을 돕게 된다'"

설간이 여쭈었다. "풀이 이미 나쁜 것이 아니라면 풀을 제거할 필요가 없습니까?"

선생께서 말씀하시기를, "그것은 오히려 불교나 노자의 생각이다. 풀이 만약 장애가 된다면 뽑아 버린들 무슨 문제가 있겠느냐?"

설간이 말했다. "그렇게 하는 것은 또한 일부러 좋아하고 일부러 싫어하는 것입니다."

선생께서 말씀하시기를, "일부러 좋아하거나 싫어하지 않는 것은 전혀 좋아하거나 싫어하지 않는 것이 아니다. 그것은 오히려 지각이 없는 사람이다. 하지 않는 것은 다만 좋아하고 싫어함이 한결같이 천리에 따른다는 것이고, 자기의사를 조금이라도 덧붙이지 않는 것이다. 이와 같으면 곧 좋아하고 싫어한 적이 없는 것과 마찬가지이다."

설간이 여쭈었다. "풀을 뽑을 때 어떻게 하는 것이 한결 같이 천리를 따르고 자기 의사를 덧붙이지 않는 것입니까?"

선생께서 말씀하시기를, "풀이 방해가 된다면 마땅히 뽑아내는 것이 이치이므로, 그것을 뽑아낼 뿐이다. 우연히 뽑아내지 못했더라도 역시 마음에 거리낄 것이 없다. 만약 조금이라도 자기 생각을 덧붙인다면 마음의 본체에 누를 끼치게 되고, 기운을 움직이는 곳이 많이 생길 것이다."

설간이 여쭈었다. "그렇다면 선과 악은 사물에 전혀 있지 않은 것입니까?"

선생께서 말씀하시기를, "단지 네 마음에 있을 뿐이다. '리'를 따른 것이 바로 선이고, '기'에 움직이는 것이 바로 악이다."

설간이 여쭈었다. "결국 사물 자체에는 선악이 없는 것입니까?"

선생께서 말씀하시기를, "마음에서 그와 같으니, 사물에서도 역시 그러하다. 세상의 유학자들은 오직 이것을 알지 못하여 마음을 버리고 사물을 쫓아 격물의 학문을 잘못 이해하여 종일 밖에서 추구하였다. 단지 우연히 의로운 행위로 말미암아 갑자기 엄습하여 취해지는 것을 행할 뿐이니, 평생 동안 행하면서도 밝게 알지 못하고 익히면서도 살피지 못한다."

설간이 여쭈었다. "'아름다운 여색을 좋아하듯이 하고, 악취를 싫어하듯이 한다'는 것은 어떻게 하는 것입니까?"

선생께서 말씀하시기를, "이것은 바로 한결 같이 천리에 따르는 것이다. 천리는 마땅히 그와 같으니, 본래 사사로운 뜻에 따라 일부러 좋아하거나 일부러 싫어하지 않는다."

설간이 여쭈었다. " '아름다운 여색을 좋아하듯이 하고, 악취를 싫어하듯이 하는 것'이 어떻게 뜻이 아닐 수 있습니까?"

선생께서 말씀하시기를, "이것은 성실한 뜻이지 사사로운 뜻이 아니다. 성실한 뜻은 단지 천리에 따를 뿐이다. 비록 천리를 따른다고는 하지만 역시 조그만 뜻도 덧붙여서는 안 된다. 그러므로 성내거나 좋아하고 즐거워하는 것이 있으면 그 올바름을 얻지 못한다. 반드시 확 트여 크게 공정해야 비로소 마음의 본체가 된다. 이것을 아는 것이 바로 감정이 아직 발하지 않은 중(中)을 아는 것이다."

백생[6](伯生)이 여쭈었다. "선생님께서는 '풀이 방해되면 뽑아내야 하는 것이 이치이다'라고 하셨는데, 풀을 뽑아버리는 것이 어째서 또 신체가 생각을 일으킨 것이라고 하십니까?"

---

6) 왕수인의 제자. 성은 맹(孟), 이름은 원(源).

> 선생께서 말씀하시기를, "이것은 반드시 네 마음이 스스로 체득해야
> 한다. 네가 풀을 뽑으려는 것은 무슨 마음이냐? 주돈이가 들창 앞의 풀
> 을 뽑지 않은 것은 무슨 마음이냐?"

이러한 정원의 풀의 비유는 위 인용문의 마지막에 나오듯이, 북
송(北宋)의 신유학자 주돈이(周惇頤. 자는 茂叔, 호는 濂溪. 1017~
1073)의 예, 즉 「창 앞의 풀을 제거하지 않았다. (누군가) 그 까닭을
물어보니, "내 뜻과 한 가지이기 때문이다"라고 대답하였다(周茂叔窓
前草不除去. 問之. 云, "與自家意思一般." 卽好生之意, 與天地生意如
一)」(『二程遺書』, 권3)라는 고전적인 논의를 기초로 한 것이다.

어쨌든 왕양명은 풀과 꽃 자체에 선과 악의 理, 즉 그 본질적인 가치
나 의미가 있는 것이 아니라 인간의 주관적인 규정과 가치부여에 따
라 그렇게 인식될 뿐임을 분명히 하고 있다.

이 대목에서는 초등학교 교과서에 등장하는, 어린이들이 부르는 동
요의 한 구절이 떠오른다.

> 아빠하고 나하고 만든 꽃밭에 채송화도 봉숭아도 한창입니다. 아빠
> 가 매어놓은 새끼줄 따라 나팔꽃도 어울리게 피었습니다.

채송화, 봉숭아, 나팔꽃 모두 우리 주변 어디에나 친숙하게 마주칠
수 있는 꽃들이다. 그런데 우리는 잊고 있다. 채송화는 남미의 브라질
에서, 나팔꽃은 인도에서, 봉숭아는 동남아에서 여기까지 온 것이다.
지구촌의 서로 다른 곳에서 태어났지만 우리 의식 속에서 마치 우리
고유의 꽃처럼 바뀌었고, 꽃밭에서는 어엿이 '어울림'을 이루고 있다.

대하소설 『객주』의 작가 김주영씨가 언젠가 고향인 경북 청송에서 이주여성 123명과 그 가족을 초청한 행사에서 건넨 인사말은 이랬다. "신문을 보다가 깜짝 놀랐습니다. 봉숭아는 동남아시아에서 들어왔고 나팔꽃은 인도, 채송화는 남미가 고향이랍니다. 이들 꽃은 언제 어떻게 들어왔는지는 모르지만 오랜 세월 지나면서 우리 꽃이 되었습니다. 우리 고향을 지키는 다문화가정 며느리도 다를 게 없습니다."

8) 三敎는 서로 일치, 합일될 수 있다

정덕 10년(1515년), 44세 되던 해, 8월에 宦官인 太監 劉允이 티베트의 승려를 맞이하기 위한 비용으로 쓰기 위해 막대한 금품을 武宗에게 청원하여 허락을 받아낸다. 이것을 본 신하 楊廷和 등이 무종에게 諫言했지만 들어주지 않았다. 유윤은 四川省 成都에 가서 그 승려를 맞이하는 데 많은 비용을 써버리고 만다. 티베트 쪽에서 승려가 오자 이민족이었던 番人들이 습격을 하였고 유윤은 도망을 쳤다. 이때 장병 수백 명이 죽고 금품은 모두 잃어버리게 된다. 유윤이 돌아온 것은 무종이 죽고 난 후였는데, 그는 결국 처벌을 당했다고 한다.[7]

이 사건이 있을 즈음 재해가 잇달아 일어나고 도적이 날로 성하여 여기저기서 백성들의 고충이 극에 달하였다. 이것을 본 양명은 상소문을 써서 '불교를 맞아들이는 것'에 대하여 무종에게 간언하려고 했지만 중단하였다.(『양명전집』권9 「諫迎佛疏」) 일찍이 중국에서 불교를 이민족의 교학이라고 하여 적극 배척한 사람으로는 당나라의 韓愈

---

7) 『明史』 권304, 「宦官傳」 참조.

가 유명하다. 양명은 「諫迎佛疏」에서, 중국에서는 聖人의 학문, 즉 유교가 있기에 여기에만 의존하여야 한다는 식으로 자기 의견을 피력하고 있다. 중국 민족을 옹호하는 생각이 반영되어 있음을 알 수 있다. 하지만 양명은 불교를 처음부터 이단으로 단정하지 않고, 그것을 이민족[夷狄]의 교학으로 여기고 그 나름대로 의미가 있음을 인정하고 있다. 양명은 다음과 같이 말한다.

> 교학의 근본을 불교에서 구하지 아니하고 聖人에게서 구해주십시오. 바깥 오랑캐[外狄]에게서 구하지 말고 중국에서 구해주십시오. [……] 부처[佛]는 夷狄의 성인이며, 성인은 중국의 부처입니다. [……] 성인의 학문을 닦게 되면 자연히 이단과의 구별이 분명해집니다.

이와 같이 聖學, 즉 유학을 연마하는 것을 매개로 하여 이단에 대해 스스로 깨닫도록 하는 것에 그의 이단관의 특색이 있다. 이것은 불교를 정면에서 이단으로 배척하는 주자학자들의 태도와는 색깔을 달리하는데, 우리는 여기서 그가 유가, 불가, 도가의 삼교는 그 본질적인 내용이 일치한다고 하는 이른바 '三敎一致論'의 맹아를 보이고 있음을 알 수 있다. 서방은 서방대로 교학이 있고, 중국은 중국대로 교학이 있는 것이다. 양명은 유교 독존주의식으로 타 종교를 배척하지는 않았다.

이렇게 해서 양명의 '삼교일치론'은 맹아의 단계에서 성숙의 단계로 나아간다. 사실 그는 유교에 전념하기 전에 불교와 도교에 침잠한 적이 있고, 유교 쪽에 공부가 깊어진 이후에도 불교·도교에 대한 관심을 버리지 않았다. 한 걸음 더 나아가 양명은 천지만물을 일체로 하는 성인의 학문, 즉 유학의 입장에서 보면 불교와 도교도 그 근저에서 '일치한다'고 생각했다. 양명은 이렇게 말한다.

　석가와 노자 두 사람[二氏]의 학문적 이치의 쓰임은 모두 나의 쓰임
이다. [……] 유교의 성인은 천지·백성·만물을 한 몸으로 여기니 유
교·불교·노장이 모두 나의 쓰임이다. 이것을 위대한 도(大道)라고
한다(「연보」 52세조).

　내 마음의 '양지'를 축으로 유·불·도의 삼교가 각각의 교학 체계
의 간극·벽을 허물고 융합되고 있다. 양명이 볼 때, 양지가 있는 한
우리들의 몸은 바로 유불도의 교리가 만나 화합하는 장소인 것이다.
양명은 다른 곳에서 "천지만물은 모두 나의 양지의 발용發用·유행流
行 속에 있다. 어찌 일찍이 또 한 가지라도 양지의 바깥으로 뛰쳐나와
장애됨이 있을 수 있겠는가?"(『전습록』 하권)라고 말했다. 양지는 불
가·도가를 포용하는 위대한 그릇이었다. 이처럼 양지를 축으로 삼교
일치론을 보다 적극적으로 논의하는 것은 양명의 후학인 왕용계와 이
탁오에 이르러서였다.
　각양각색을 담는 큰 그릇이 있어야 만물과 어울림을 이뤄 낼 수 있
다. 여기서 잠시, 삼교일치론의 '일치'의 정신을, 孤雲 崔致遠(857-?)
이 鸞이라는 郎(=花郎)의 碑에 새긴 글(「鸞郎碑序」, 『三國史記』)에서
말한 「包含三教」의 '包含'[8]이라는 틀과 연관시켜 생각해보자. 儒仏仙

---

8) '포함'이란 무언가를 사물이나 범위 속에 함께 들이거나 넣는 것을 말하는데, 각종
　재료를 넣어서 담거나 섞을 수 있는 '그릇'을 말한다. 비빔밥 그릇처럼 각양각색의
　재료가 섞이는 공간이 포함이라는 개념틀이다.
　凡父 金鼎卨(1897-1966)은 포함 삼교의 포함은 특별한 의미가 있다고 본다. 삼교
　란 유불선이며, 그것을 담는 것으로서 포함은 그 삼자에 앞선, 이미 주어진 선행하

三敎라는 서로 다른 사상과 이념을 담아내는 큰 그릇(선험적 틀, 메타 텍스트)가 '包含'이다. 그리고 그런 사유방식으로 '接化群生'할 수 있다. 接化란 '접촉/교제하면서=어울리면서 교화하는 것'이다. 三敎 각각의 사유를 넘어서는 '포함'이라는 큰 그릇이 있어야 '뭇 중생들과 어울리면서 교화하는 것'이 가능해진다. 양명학에는 이런 각양각색의 물적, 정신적 요소들을 담아내는 사상적 틀이 있다. 왕양명은 이것을 良知에 내재한 '太虛之無形'이 그런 것이라 한다.

왕양명은 양지의 사상적 핵심 개념은 양지설, 치양지설의 개화는 시기적으로 볼 때 50세 이후 그의 만년에 이루어진다[9]. 그는 양지-치양지를 여러 개념들과 연관시켜 의미의 폭을 확장시켜가는데 '空虛'란 말은 사용하지 않고 『莊子』(「知北遊」편)에서 사용하는 「太虛」란 말을 적극 수용한다[10]. 물론 가깝게는 장횡거의 '太虛說'을 수용한 것으로 보아야 할 것이다.

　　선가(仙家)에서는 〈허(虛)〉라는 것을 설하는데, (유가의) 성인(聖人)이라고 해서 어떻게 이 허(虛) 위에 털끝만큼의 실(實)을 첨가할 수

는 틀이라고 본다. 그것이 풍류도라 본다.

9) 「연보」 50세조에 '이 해에 선생(=왕양명)이 처음으로 치양지교를 내세웠다'(是年, 先生始揭致良知之敎)고 하는데 근거하여 일반적으로 왕양명이 50세에 치양지설을 제창하였다고 말해진다. 그런데 山下龍二는 「答羅整庵少宰書」(「전습록」중)와 「추추음」(「江西詩」)에 근거하여 왕양명이 치양지설을 제창한 것은 49세(1520년) 6월에서 9월 사이였다고 한다[山下龍二, 『陽明學の硏究』(成立編), (東京: 現代情報社, 昭和56), 192-94쪽 참조].

10) 왕양명의 사상을 「佛性論의 중국적 전개」라는 관점에서 조명하며 특히 良知/太虛/明鏡의 세 개념이 훌륭히 결합하고 있다는 것을 보여주는 연구로서 福永光司, 「一切衆生と草木土石-佛性論の中國的展開」, 『中國の哲學·宗敎·藝術』, (京都: 人文書院, 1988), 94-113쪽을 참고바람.

있겠는가? 또 불가에서는 〈무(無)〉라는 것을 설하는데, 성인이라고 해
서 어떻게 이 무 위에 털끝만큼의 유를 첨가할 수 있겠는가? 다만 선가
에서는 양생의 위에서 허를 설하고 불가에서는 생사의 고해를 탈출하
는 위에서 무를 설하는 것이다. 말하자면 이러한 것들은 본체상에서 그
와같은 의사(意思. 위해서 하는 마음)를 더하고 있는 셈이므로 그들이
말하는 허무의 본색은 아닌 것이며, 따라서 본체상에서 장애를 초래하
고 있는 것이다. 그러나 성인은 줄곧 양지의 본색 그대로 두고 조금의
의사(意)도 더하지 않는다. 양지의 허는 천(天)의 태허와 같고, 양지의
무는 태허의 무형과 같은 것이다. 일월풍뢰(日月風雷), 산천민물(山川
民物)의 대저 모양이나 형체를 갖춘 것(貌象形色)은 모두 태허 무형 속
에서 발용유행(發用流行)하면서도 아직 일찍이 천의 장애가 된 적이
없다. 마찬가지로 성인은 다만 그 양지의 발용에 따르니 천지만물은 모
두 나의 양지의 발용유행 가운데에 있다. 어찌 일찍이 또 일물(一物)이
이 양지 밖으로 벗어나서 장애가 된 적이 있겠는가?(『전습록』하권)

이와 같이 양명은 양지가 허/태허이며 무/무형이라고 하고, 왕양명
은 「양지의 허는 천의 태허와 같고, 양지의 무는 태허의 무형과 같은
것이다. 일월풍뢰·산천민물의 대저 모양이나 형체를 갖춘 것은 모
두 태허 무형 속에서 발용유행」한다고 했다. 이것은 분명히 장재(횡
거)가 『정몽(正蒙)』속에서 「태허는 무형이며 기의 본래 상태이다. 그
것(기)이 모이고 흩어지는 것은 변화의 객형(일시적인 모습)일 뿐이
다.」[11]라고 말하는 데서 나온 것이라 하겠다.
여기서 우리가 주목할 것은 치양지학의 최종적 완성에 도교(도가

11) 『張載集』, 「正蒙·太和篇」: 太虛無形, 氣之本體, 其聚其散, 變化之客形爾.

포함)는 물론 유교, 불교적 요인들이 융합, 회통되어 있다는 점이다. 이것은 유불도가 '양지(良知)'의 태허(太虛) 속에 모두 포섭되어 있는 형태이다.

이렇게 양지를 중핵으로 해서 다른 사상을 융섭했던 양명학은 중국 사상사의 심학적 전통을 이어받으면서도 그것과는 매우 다른 새로운 심학의 길을 열고 주자학의 교조적, 배타적 성향과 전혀 다른 포용적 성향의 사상의 틀을 형성했던 것으로 평가할 수 있다. 이것은 그의 만물일체론(萬物一體論)으로 드러난다.

9) 만물은 하나의 생명(한 생명) 가족이다: 萬物一體之仁에서 天地万物一體無間으로

왕양명은 '인(仁)' 개념을 끌어들여 다음의 「대학문(大學問)」(『陽明全書』권26)에서처럼 '인간-동물-식물-무생물이 하나 되는 세계'를 구상한다. 이것이 그의 만물일체의 인[萬物一體之仁]의 철학이다.

대인은 천지만물을 한몸으로 하는 사람이다. 천하를 한집안[一家]으로 보고 중국을 한사람[一人]으로 본다. 육체가 각각인 것으로 보고 나와 남을 나누는 것은 소인(小人)이다. 대인은 능히 천지만물을 일체로 한다고 해도 이것을 의도적으로 하는 것이 아니다. 마음의 인[心之仁]은 본래 이처럼 천지만물과 하나가 되는 것이다. 이것은 대인만이 아니고 소인의 마음도 그렇다. 다만 소인은 (이 광대한 마음을) 스스로 좁히고 있을 뿐이다.

어린아이가 우물에 빠지려고 하는 것을 볼 때[見孺子之入井], 누구

든지 반드시 깜짝 놀라고 측은해 하는 마음을 가진다[必有怵惕惻隱之
心]. 이 사실은 어린아이와 일체라고 하는 이치[仁]를 그 사람이 가지
고 있다는 것을 증명한다. 어린아이의 경우는 같은 인간[同類]이기 때
문에 그렇다고 말할지도 모른다. 그러나 새와 짐승이 살해당하기 위하
여 끌려갈 때 슬피 울거나 죽음을 두려워하는 것을 볼 때[見鳥獸之哀
鳴觳觫], 사람은 반드시 차마 하지 못하는 마음을 가지게 될 것이다[必
有不忍之心]. 이 사실은 (인간이) 새나 짐승과 일체라고 하는 이치[仁]
를 소유하고 있다는 것을 증명하는 것이다. 새와 짐승은 요컨대 (인간
과 같이) 지각(知覺)을 가지고 있어서 그렇다고 말할지도 모른다. 그렇
지만 (지각을 가지고 있지 않은) 풀 · 나무가 꺾이고 부러지는 것을 보
면[見草木之摧折], 반드시 딱하게 여기는 마음이 있다[必有憫恤之心].
이것은 (인간이) 풀 · 나무와 일체가 되는 이치[仁]라는 것을 증명한다.
또한 풀 · 나무는 생명의 의지[生意]가 있는 것이라서 그렇다고 말할
지도 모른다. 그러나 (순전히 무생물인) 기왓장이나 돌이 깨어지고 부
서지는 것을 본다고 하더라도[見瓦石之毀壞], 반드시 애석하게 여기는
마음이 생긴다[必有顧惜之心]. 이것은 (인간마음의) 사랑의 이치[仁]
와 기왓장 · 돌이 일체를 이루고 있다는 것을 말해주는 것이다.

　왕양명은 '인간-동물-식물-무생물의 하나 되는 세계'를 인(仁)이란
궁극적 가치를 토대로 엮어(짜)낸 공생의 이상세계를 구상한다. 즉 천
지자연의 만물[해 · 달 · 별 · 바람 · 비 · 산 · 강, 우레 · 번개 · 귀신 ·
도깨비 · 꽃, 새 · 짐승 · 물고기 · 자라 · 곤충]과 사람[人]이 '인(仁)'을
토대로 만들어 낸, 사랑[仁]을 그물망으로 한 공생의 宇宙像인 것이다.
여기서 '인간-동물-식물-무생물'의 어울림을 읽어낼 수 있다.
　'인간-동물-식물-무생물의 하나 되는 세계'는 霞谷 鄭齊斗에 오면

이 우주론적 규모가 보다 인간론적인 세계로 축약되고 실천론적인 논의로 변환된다. 하곡은 「天地万物一体無間」을 주장한다.

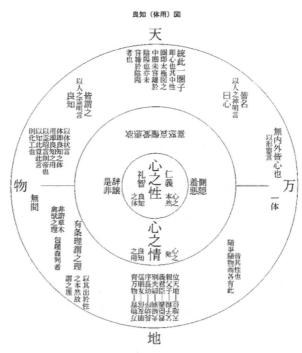

[그림 1] 하곡의 「良知體用圖」

하곡은 당시에 그의 양명학 학습에 대해 적지 않은 편견과 오해를 가지고 있던 민이승(호는 誠齋)과 논변을 벌이게 된다. 민이승은 하곡에게 「良知圖」를 그려 보낸다(현재 이 민이승의 양지도는 어떤 것이었는지 분명하지 않다). 하지만 하곡은 민이승의 이 「양지도」가 왕양명의 본의와 맞지 않는 바가 있다고 보고, 자기 견해에 입각해서 수정한 「良知圖」를 다시 그에게 보냈다. 이 「良知圖」는 양지를 체와 용으

로 구분하여 설명하고 있기에 이것을 일반적으로 「良知体用圖」라고 부른다.[12]

「良知体用圖」는 세 개의 동심원 즉, 안쪽이 '性圈', 중간이 '情圈', 바깥이 '万物圈'으로 구성되어 있다. 그리고 원의 바깥 위와 아래에는 '天'과 '地'를 각각 써 놓고 있다. 이것은 인간을 포함한 천지만물이 존재하며 활동하는 구체적 時空間을 표시한 것이다. 각각의 영역[圈] 사이에 圓이 둘러져 있는 것은 그 각각의 고유 영역을 명확히 하는 線이다.

하곡의 「天地万物一体無間論」에서 보듯이, 山-水-人間 사이에 간극이 없다. 나는 이것을, 人爲自然, 無因自然, 無爲自然에 대비시켜서 '無間自然'이라 부르고 싶다. 아래 金麟厚(1510~1560)의 시조처럼, 山-水-人間이 '절로절로'의 전체적 흐름 속에 아무런 '간극 없이' '하나가 되어 있는 것'. 산수 속에 인간은 아주 자연스레, 한 점 튀지 않게, 위치해 있다.

> 青山도 절로절로 綠水도 절로절로
> 山 절로 水 절로 山水間에 나도 절로
> 이 중에 절로 자란 몸이 늙기도 절로절로

이러한 天人無間의 전통은 한국의 자연관의 근본이다. 이것은 중국의 天人合一과도 다르다. '無間'은 '合一'과 다르다. 합일이란, 마치 '五行'이 '土'(中原, 中華, 黃色)를 중심으로 '木'(東-夷-春-青色), '火'(南-蛮-夏-赤色), '金'(西-戎-秋-白色), '水'(北-狄-冬-黑色)의 각 변

---

12) 『霞谷集』, 「答閔誠齋書 · 2」 참조.

방-오랑캐를 통합하는 것처럼, 중국과 그 주변을 통합하려는 일종의 사상 '工程'이다. 그것이 학술적으로는 격물치지와 같은 공부와 내면적 수행을 통해서 이루어진다. 여기엔 당연히 이론적·원리적·논리적 통합의 의지와 노력이 수반된다.

그러나 천인무간은 본질적으로 天人이 이미 '通'해 있다는 관점이다. 그래서 인간의 위치는 천지 속에서 특별히 구별되지 않는다. 천지만물은 이미 서로 '하나'이기에, 별도로 하나가 되어야 하는(=합일의) 인위적인 조작이나 노력이 불필요하다.

宋純(1493~1582)의 時調를 보자.

　　十年을 経營하여 草廬三間 지어내니
　　나 한間 달 한間에 淸風 한間 맡겨두고
　　江山은 들일 데 없으니 둘러두고 보리라.

이어서 金長生(1548~1631)의 時調를 보자.

　　十年을 経營하야 草廬 한間 지어내니
　　半間은 淸風이오 半間은 明月이라
　　江山은 들일 데 없으니 둘러두고 보리라.

宋純의 경우는 인간에게도 「一間」, 달과 淸風에게도 각각 「一間」을 맡겨두고, 강산은 너무 커서 들여놓을 데가 없기 때문에 그대로 두고 본다고 한다. 한국의 전통 정원이나 산수 풍경, 전원 생활의 극치는 이런 풍류에 기반한다. 초려 한 間, 청풍 한 間, 명월 한 間은 강산을 배경으로 하나를 이룬다. 초려-청풍-명월이 각각의 공간(家·間·場)을 차지한 것 같지만 그것은 천지, 우주 속에 임의적으로 위치해 있을 뿐, 별도의 고유한 장소가 없다. 그것은 각각 '있는 그대로의=모두 연결되어 하나인=서로 소통하는 분리할 수 없는' 일체화한 공간에서 살아있는 이미를 갖는다. 이것이 한국 사상사에 퍼져 있는 "天地万物一体無間"의 사상이다. 宋純에서 金長生에 이르면, 천지 속의 '草廬三間'은 '草廬 한間'으로 좁아지고, 그 속에 淸風·明月이 각각 「半間」씩 '사이 좋게' 나누어 쓴다. 「間」은 만물이 존재하며 소통하는 공간이자 큰 어울림의 공간이다.

영주의 소수서원(紹修書院)에 가면 소박한 자태의 '학구재'(學求齋)가 있다. 유생(儒生)들이 공부하던 기숙사다. 잘 보면 공부 '공(工)' 자 형을 하고 있다. 세 칸으로 된 건물 가운데 대청은 앞뒤 벽이 없이 시원스레 뚫려 있어, 전후면의 경관이 바로 눈앞에 다가온다. 공부를 하는 건물에다 한 칸을 그냥 비워두었다. 그 빈 칸 즉 '사이(間)'에 눈이 멎는다. 이 빈 칸은 위의 송순이나 김장생의 시조에서 보이는 「一間」, 「半間」의 사상과 통한다.

안동지방이나 동해안 산간지방 등에 까치구멍집이란 것이 있다. 대문을 들어서면 흙바닥인 봉당이 있고, 그 좌측에는 소를 키우는 외양간이, 우측에는 정지(부엌)간이 있어 가축과 주인이 하나의 공간에서 생활한다. 여기에는 또 대청 상부 지붕마루 양 끝에 까치구멍이 나 있다. 그래서 집 내부에서 밥을 짓고 쇠죽을 끓이고 관솔을 피울 때 발생하는 연기가 외부로 배출된다. 그 뿐인가. 낮에는 이리로 빛을 받아들여 어두운 집안을 밝힌다. 이렇듯 까치구멍집은 만물이 텅 빈 공간을 공유하며 살아가는 지혜의 원형이 아닌가. 바로 통합, 통섭의 인자는 서로를 텅 비운 '사이(間)'라는 빈틈의 場이다. 노자가 말하는 '비어있어서 바퀴가 굴러가는 바퀴통(輻)'이거나, 장자가 말하는 '도의 지도리[道樞]에서 무궁한 변화를 얻는 환중(環中)'과 같은 것 말이다.

학구재의 빈 대청마루, 까치구멍집의 공간, 십년의 경영으로 얻은 선조들의 초려삼간. 이 모두 다양한 인간, 사물, 영역, 전공자들이 만나 기탄없이 서로의 색깔 있는 의견을 교환할 수 있는 통합(通合)·통섭(通攝)의 '장'(場) 아닌가. 어울림 한 마당이다. 이러한 사고는 하곡 정제두의 「양지체용도(良知体用圖)」에서 보여주듯이 '천지만물일체무간(天地万物一体無間)'의 사상적 스케일에서 온 것이다. 천지만물의 어울림에 간극이 없는 것이다.

3. 어울림의 철학은 소리를 듣는 여성적 직감

1) 세상이 아프면 함께 아파야 인간이다

양지는 천지만물의 '옳고 그름을 가리는' 마음이다. 세상이 아프면 아파야 하고, 세상이 슬프면 슬퍼야 양지가 있는 인간이다.

> 대저 인간은 천지의 마음(天地之心)이며 천지만물은 본래 나와 한 몸(一體)이다. 따라서 생민(生民)의 고통은 어느 한 가지라도 내 몸에 절실하지 않은 것이 있겠는가? [이러한 천지만물의 고통이] 내 몸의 고통임을 알지 못한다면 '옳고 그름을 가리는 마음(是非之心)'이 없는 사람이다. '옳고 그름을 가리는 마음'은 생각하지 않아도 알고 배우지 않

아도 잘 아는 것이다. 이른바 양지이다.(『전습록』중권,「答聶文蔚」)

2) 하늘의 '소리'를 듣다: 천지만물의 생명과 어울림

양명이 좌천되어 귀주성 용장에 도착 한 뒤(37세) 어느 날 밤, 꿈속에서 누군가 말을 거는 사람이 있는 듯하였다.『왕양명출신정난록(王陽明出身靖難錄)』에 따르면, 양명이 '격물치지'에 대해 생각하고 있을 때 맹자에게 가르침을 구하려고 그를 만나러 가는 꿈을 꾸었다고 한다. 그 꿈속에서 맹자는 양명을 위해 간절하고도 정중하게 '양지' 부분을 강의했고, 양명은 주자학에서 말하는 '격물치지'의 참뜻을 깨닫는다. '격물'을 "사물[物]을 바로잡는다[正]"고 읽었다. 격물은 "자기 마음속의 올바르지 못함[不正]을 바로잡는 것"이다. '치지'란 맹자가 말한 저 '양지'를 발휘하는 것이었다. 양명은 이런 사실을 깨달았을 때 너무 기뻐서 자신도 모르게 큰 소리를 질렀고, 시중들은 이에 깜짝 놀라 일어났다. 양명은 이때「성인의 도리는 나의 본성만으로 충분하며, 이전에 [바깥의] 사물에서 이치를 구한 것은 잘못이라는 것」을 자각한다.[13]

이 대목은 사실 왕양명의 독창적인 철학이 탄생하는 광경을 리얼하

---

13) 홀연히 한밤중에 格物致知의 본지를 大悟하였다. 꿈에서 누군가가 말을 하는 것 같았다. 자신도 모르게 소리를 치며 펄쩍 뛸 지경이었다. 성인의 도는 자신의 본성(性) 속에 자족한 것이다. 이전에 마음 밖의 사물에서 이치를 구한 것은 잘못이라는 것을 비로소 알게 되었다. 이에 묵묵히 五経의 말을 기록하여 증명해보니 맞지 않는 것이 없었다. 그래서『五経臆説』을 지었다(忽中夜大悟格物致知之旨, 夢寐中若有人語之者, 不覺呼躍, 從者皆驚, 始知聖人之道, 吾性自足, 向之求理於事物者誤也, 乃默記五経之言証之, 莫不脗合, 因著五経臆説)(『陽明集』卷32,「年譜」37세조).

게 묘사한 부분이기도 하다. 왕양명은, 37세 때의 이런 꿈 체험에서 양
지의 학문을 체득한 것을 염두에 두고, 자신의 '良知之學'이 '天之靈'
에서 유래하였음을 밝힌다. 기본적인 문구가 「하늘의 靈에 힘입어」
「良知의 學을 얻었다.」는 것이다.[14]

  양명이 그의 체험을 통해 파악해낸 靈根＝良知의 활동은, 중국 고대
이래 응축되어 흘러 온 「오랜 옛날부터 聖人에서 聖人으로 전해 내려
오는(千古聖聖相伝)」(「年譜」30世條) 「古今·聖愚에 동일한」[15] 인간

---

14) 이에 관한 기록은 모두 네 곳(아래①-④참조)이나 된다.
    먼저, 왕양명은 꿈 체험 이후 9년 뒤인 46세(正德六年壬申, 1511) 때의 글인 「別湛
    甘泉」(『陽明集』卷7)에서 '하늘의 靈에 힘입어(賴天之靈)' 양지의 학을 얻게 되었
    다는 경위를 밝힌다.
    ① 某幼不問學, 陷溺於邪辟者二十年, 而始究心於老釋, 賴天之靈, 因有所覺, 始乃
    沿周程之說求之, 而若有得焉. 그리고 54세 때(嘉靖四年乙酉, 1525)의 글인 「書魏
    師孟卷」『陽明集』卷8.에서도 '하늘의 靈에 힘입어' 양지의 학을 얻게 되었음을 언
    급한다.
    ② 自孔孟既沒, 此學失伝, 幾千百年, 賴天之靈, 偶復有見, 誠千古之一快, 百世以俟
    聖人而不惑者也.
    아울러, 55세 때(嘉靖五年丙戌, 1526)의 두 글, 즉 「寄鄒謙之」4))『陽明集』卷6.(→
    ③)와 「答聶文蔚」)『伝習錄』卷中. (→ ④)에서도 「하늘의 靈에 힘입어, 우연히 良
    知의 學을 얻었다」는 것을 분명히 밝히고 있다.
    ③ 若某之不肖, 蓋亦嘗陷溺於其間者幾年, 悵悵然既自以爲是矣, 賴天之靈, 偶有悟
    於良知之學, 然後悔其向之所爲者固包藏禍機, 作偽於外, 而心勞日拙者也.
    ④ 僕誠賴天之靈, 偶有見於良知之學, 以爲必由此而後天下可得而治, 是以每念斯
    民之陷溺, 則爲之戚然痛心, 忘其身之不肖, 而思以此救之, 亦不自知其量者.
    위의 인용에서 말하는 '天之靈'의 '靈'을 일반 번역서에서 '은덕'이나 '은총'으로 번
    역하곤 한다. 그러나 여기서는 '靈'은 神靈·神明의 줄인 표현으로 보아야 할 것
    이다. 왜냐하면 왕양명 자신이 '良知'를 「하늘이 심어놓은 신령스런 뿌리(天植靈
    根)」로 규정하고 있기 때문이다.
15) 왕양명은 『傳習錄』中, 「答聶文蔚」에서는 이렇게 말한다 : 「시비지심은 사려하지
    않아도 아는 것이고, 배우지 않아도 가능한 것으로 이른바 양지입니다. 양지가 사
    람 마음에 있는 것은 성인과 어리석은 자의 구분이 없으며, 천하 고금이 다 같습니
    다(是非之心, 不慮而知, 不學而能, 所謂良知也. 良知之在人心, 無間於聖愚, 天下古

본래 생명력의 활동이었다. 이것이 꿈으로 나타났을 때, 靈根＝良知의 활동은 그 메시지 – 앞서 말한 '하늘의 소리'[天聲]·'하늘의 말씀'[天語] – 를 直覺하고 하게 된다. 여기서 왕양명의 龍場悟道(大悟)와 같은 이른바 '신비체험'이 가능하게 된다. 이것을 圖示하면 다음과 같다.[16)]

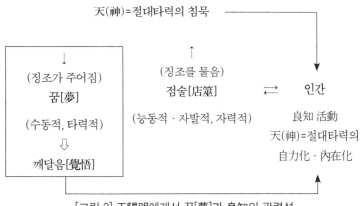

[그림 2] 王陽明에게서 꿈[夢]과 良知의 관련성

이처럼 양명학에서 하늘의 소리를 듣는 것은 특별한 의미를 갖는다. '觀世音'이다.

세상의 모든 소리를 잘 듣는 것은 양명학이 갖는 〈동(同)-일(一)-합(合)-화(和)-평(平)〉 지향의 이른바 악적(樂的) 체질을 만들었다. 그래서 양명학은 분별-차등을 싫어한다.

今之所同也)」

16) 이 부분의 내용 및 도표는 최재목, 「동아시아 陽明學者들에게 있어 꿈[夢]과 철학적 깨달음[覺悟]의 문제」, 『陽明學』29號, (한국양명학회, 2011.8); 최재목, 「王陽明 良知論에서 '靈明'의 意味」, 『양명학』31호, (한국양명학회, 2012.4)를 참조.

3) 지식의 허영=개뼈다귀를 넘어서 '생명의 소리'로

몽테뉴는 『수상록』에서 「아리스토텔레스 뿐만 아니라 거의 대부분의 철학가들은 어째서 어려운 사고방식을 탐하는가? 결국은 허영된 제목을 값어치 있게 보이려고 하며, 호기심으로 우리의 정신에 흥미를 돋우어서 우리의 정신을 길러 가꾸는 재료랍시고 내주는 살점 없는 헛된 뼈다귀나 갉아먹어라고 던져준다」[17]고 하였다.

마찬가지로 왕양명도 삶에 값어치 없는 헛되 지식 뼈다귀를 경계한다. 온몸으로 하는 학문, '자신의 심신(心身) 상에서 연마하는 학문', 즉 '身心之學'을 주장한다. 온몸에 철저히 다가오는 학문을 하기 위해서 그는 구체적인 사태[事上]에서 공부·수행을 해가는[磨練] 것을 강조한다. 이것이 그가 말하는 '事上磨練'이다.

양명은 강의를 듣는 제자들에게 이렇게 말했다.

제군은 여기에 와 있는 이상 반드시 성인이 되려는 뜻을 세우지 않으면 안 된다. 시시각각으로 몽둥이와 주먹에 맞아 피가 솟아나고 몸에 자국이 날[一棒一條痕, 一摑一掌血] 때처럼 긴장을 하고 있어야 내 말의 한 구절 한 구절이 씨앗이 되는 것이다. 만일 그러지 않고 아무 하는 일 없이 멍청하게 날을 보낸다면 내 말을 들었다 하더라도 마치 때려도 아픔을 느끼지 못하는 하나의 죽은 고깃덩어리와 같이 아무것도 이루지 못할 것이다. 뿐만 아니라 강습이 끝나고 집에 돌아가서도 본시 그

---

17) 손우성 옮김, 『몽테뉴 수상록』, (서울: 문예출판사, 2011), 83쪽[몽테뉴 수상록의 전체적 내용은, 몽테뉴, 『몽테뉴 나는 무엇을 아는가』, 손우성 옮김, (서울: 동서문화사, 2005)을 참조바람],

대로 하던 것을 되풀이하는 것이 고작일 것이다. 이 어찌 애석한 일이
아니겠는가?(『전습록』하)

이처럼 사상마련의 공부는 일상생활에서 자신에게 참으로 철저하
게 하는 것이다. "시시각각으로 몽둥이와 주먹에 맞아 피가 솟아나고
몸에 자국이 날 때처럼 긴장하는 것"은 흐리멍텅하고 무감각한 몸을
마음과 바깥 사물 전체와 긴장감 있게 공명하도록 하는 것이다. 공부
를 자기 것으로 절실하게 받아들이고 깨닫는 것, 즉 體認을 말한다.
  머리로 하는 공부에서 온몸으로 하는 공부, 온몸에서 요구하는 생
명의 소리를 듣는 공부를 하라고 한다. 온몸의 생명에서 흘러나오는
음악에 맞게 공부를 하라는 것이다. 그렇지 않으면 지식을 도구화하
여 잔머리만 굴리는 사람이 되기 때문이다.
  전문가는 남의 불행을 기반으로, 그것을 자본 삼아, 돈벌이를 하는
자(전문가 사기꾼)들이다. 한 마디로 요즘의 전문가는 남의 불행을 기
반으로, 그것을 자본 삼아, 돈벌이를 하는 자(전문가 사기꾼)들이다.
데카르트는 『방법서설』에서, 기본적으로 각 영역의 전문가라는 것은
타인의 정신적인 불행으로 벌어먹고 살아가는 '허위의 자격'이라 보
았다. 그래서 그는 여러 영역의 이론과 전문연구에 대해서, 「사기당하
지 않기 위하여, 그것이 어떤 점에서 타당한가를 인식하고 검토하려
고 생각하였다」고 한다.[18] 특히 연구실 속의 지식인-학자에 대해서는
이렇게 말한다: 연구실 속의 지식인은 자신의 연구성과에 대하여 그
것을 더 그럴듯하게 나타낼 양으로 많은 교묘한 기지를 쓰기 때문에

---

18) 데카르트, 『方法敍說』(三省版 世界思想全集11), 김형효 역, (서울: 삼성출판사,
    1982), 47-48쪽.

더욱 나는 경계해야한다고 믿었다.[19] 학문-지식이 갖는 도구적 속성, 더욱이 요즘 말하는 '스펙(Specification)'이 그런 것이다.

'스펙'은『국어사전』: ① 구직자 사이에서 학력, 학점, 자격증 따위를 통틀어 이르는 말. ② 장치나 프로그램을 만들 때 필요한 성능이나 특성에 대한 규정이나 제조 방법, 詳述, 詳記, 열거, 지정. 명세 사항, 세목, 내역이다. 말하자면「너 자신이라는 상품/물건)의 사용 명세서, 설명서(=경제 용어)」를 말한다.

4) 양지, 솟구치는 활력, 우주적 생명의 리듬 감각

왕양명은 '어울림' 즉 조화와 화합을 '양지(良知)'를 근거로 인간과 자연, 문화와 생명과 종교 상호 간에 구현할 수 있다고 믿었다. 양지는 인간과 만물의 공감판(共感盤), 센서이다. 인간의 심신에 간직된 우주적 생명의 리듬감이다. 왕양명은 인간과 만물이 생태적 감성으로 공명(共鳴)하면서 움직이고 있음을 지극히 일상적인 예를 통해 보여준다.

밤이 되면 쉬게 되며 밤에 천지의 모습이 어둠 속으로 자취를 감출 때 눈과 귀 또한 보거나 듣는 것이 어려워지게 되며 드디어는 모든 감각 기관이 더불어 쉬게 된다. 동시에 만물이 제 모습을 드러낼 때 사람의 눈과 귀 또한 보고 듣게 되어 마침내는 모든 감각 기관이 활동을 시작한다. 사람의 마음(人心)과 천지(天地)는 한 몸(一體)이다. 그래서

---

19) 데카르트,『方法敍說』(三省版 世界思想全集11), 김형효 역, (서울: 삼성출판사, 1982), 48쪽.

상하(上下)와 천지(天地)는 흐름을 같이 한다(同流)(『전습록』하권).

이 공감판, 센서를 울리면 천지만물일체의 감흥, 신명이 살아난다. 인간에 간직된 우주적 생명의 리듬감, 솟구치는 생명력인 양지를 발견하고, 실현하라는 것이 양명의 사유 스타일이다.

카를 야스퍼스(Karl Jaspers)는 일본의 한 젊은 철학자(野田又夫)에게 왕양명에 대한 깊은 감동을 말한 바 있다.

> 나는 나치의 탄압하에서 침묵할 수밖에 없을 때 성경이나 동양의 철학을 읽고 인간성이 이어지고 있음을 찾을 수 있었다…왕양명이라는 사람이 있는데, 그 사람한테는 얻어맞았다. 왕양명은 중국의 고대 이후 형이상학자로서 최후의 사람이 아닌가?……왕양명 이후의 철학은 중국적인 실증주의(고증학: 옮긴이 주)가 되어버렸는데 유가에서 혁명적인 활력을 강하게 보여 주었던 학파는 왕양명 학파다.[20]

중국사상사에서 가장 솟구치는 활력을 느낄 수 있는 양명학에 반드시 그 나름의 사유 스타일이 있는 것이다.

5) 良知, '공감(共感)'할 수 있는 코스모폴리턴적 코드

감흥(感興), 신바람 나는 발상은 어디에나 통한다. 인간이란 생명체의 리듬에 맞는 것이라면 세상 어디에서나 어울리고, 공감(共感)할 수 있다. 음악은 국경을 넘어, 세계로 나아가며, 사람들을 어울리게 만들

---

20) 野田又夫, 『自由思想の歷史』, (東京: 河出書房, 1957), 176쪽 참조.

고, 서로 화합하게 하는 언어이다. 음악은, 가사는 지역적일지 모르지만 리듬은 국제적이다. 다시 말해서 음악의 리듬에는 국경이 없다.

신라시대 최치원(崔致遠)이 「대저 도는 사람으로부터 멀지 않고, 사람에겐 타국(異國)이란 없다.」라는 한 생각[21]처럼, 음악은 원래 코스모폴리턴적인 것이다.

왕양명 사상의 에스프리인 양지(=一点靈明)(『전습록』하권)는 인간의 개성을 형성하는 바탕이다. 그러면서 그것은 각각의 개성을 하나의 코드로 엮어내는, 이른바 '一氣流通'(『전습록』하권)이 가능한 언어이다. 말하자면 양지는 인간의 근저에서 〈동(同)-일(一)-합(合)-화(和)-평(平)〉을 지향하도록 하는 '음악적인 공감의 언어'이자 '우주적 생명의 리듬 감각'이라 할 수 있다. 애당초 양명학의 큰 자각은 '하늘의 말씀-소리(天聲-天語)'를 '듣는' 데서 출발했기 때문이다[22].

6) 생명의 리듬, 우주의 소리 듣기

생명의 소리는 음악이다. 양명은 이런 생명의 음악에 귀 기울인 사람이다. 이것은 여성적인 사고이기도 하다. 양명학에서 보이는 여성적 사고는 세상에 '소리'를 듣는 연습이다.

여성성은 남성성과 다르다. 여성은 임신을 한다. 자신의 자궁 속에

---

21) 대저 도는 사람으로부터 멀지 않고, 사람에겐 타국[異國]이란 없다. 그래서 우리 나라 사람으로서 유학자도 되고 불학자도 되었으며, 기필코 서쪽으로 대양을 건너가 이중통역을 하더라도 학문을 하고자 하였던 것이다(夫道不遠人, 人無異國, 所以東人之子, 爲儒爲釋, 必也西浮大洋, 重譯從學)(지리산 쌍계사의 『眞鑑禪師大空靈塔碑』앞머리 부분).
22) 위의 〈(2) 하늘의 '소리'를 듣다: 천지만물의 생명과 어울림〉을 참조.

들어선 태아는 마치 자신의 몸에 침입해 온 이물질처럼 자신이 아닌 것-타자로 경험된다. 여성은 이런 타자와 10개월이나 공존한다. 자신의 몸속에 또 다른 몸이 들어와 있다. 이렇게 타자와 공존하며 견딤이라는 것이 여성적 감수성이다. 페미니즘에 새로운 의미를 발견한 여성철학자 뤼스 이리가라이의 말이다.

여성의 몸은 병이나 거부 반응, 생체 조직의 죽음을 유발하지 않고 자기 안에 생명이 자라도록 관용하는 특수성을 지닌다. 불행히도 문화는 타자를 존중하는 이 구조의 의미를 거의 뒤바꾸어놓았다. 문화는 모자 관계를 종교적 우상으로까지 맹목적으로 숭배했으나, 이 관계가 나타내는 자기 안에서 타자를 관용하는 모델에 대해서는 전혀 이해하지 못했다. 남성 위주의 문화는 다른 성이 가져온 것을 사회에서 배제해 버린다. 여성의 몸은 차이를 존중하는 반면, 가부장제 사회라는 거대한 몸은 차이를 배제하고 계급 서열상으로 구성되어 있다. - 뤼스 이리가라이[23], 〈나, 너, 우리 : 차이의 문화를 위하여〉[24]

마치 어머니 뱃 속에 아이가 들어 있는 '몸 신(身)' 자 처럼, 인의 흔적이 잘 남아 있는 것이 바로 杏仁(살구 씨/은행 씨), 桃仁(복숭아 씨), 米仁(율무). 사람의 몸속에 다른 사람이 하나 더 들어 있는 것인 '인(仁)' 자의 의미를 미루어서, 열매 속에 씨가 들어 있는 것을 상상해보자. 양명의 사유에는 이런 감수성, 사고가 들어있다. 타자, 차이를

---

23) 뤼스 이리가라이(Luce Irigaray) - 1934년 벨기에 출생, 1954년 루뱅대학을 졸업하고 1974년 파리 제8대학에서 언어심리학으로 문학박사 학위를 취득했다. 현재 파리 사회과학고등연구원 교수로 있다.
24) 이 인용문은 강신주, 『철학이 필요한 시간』, (서울: 사계절, 2011), 184쪽에서 재인용.

위해 견뎌주는, 공존하는, 공감하는 능력 말이다.

4. 맺음말 – 어울림, 그 섬세의 정신, 생명의 잔별과 미세한 불빛에 눈돌리기

여성성에는 세상의 말단, 허물어짐, 강함을 견뎌내는 따뜻한 말초신경이 있다. 여성성은 남성성이 미치지 못하는 온갖 낮고, 보이지 않고, 어둡고 가려진 곳에 시선이 미친다. 이런 여성성에서 볼 수 있는, 아픈 세상을 만지고 찾는 따사로운 손길과 시선이 양명학에 있다. 양명학의 눈은 세상의 아픈 구석과 마디마디마다 깃든다.

파스칼은 『팡세』 첫머리에서 원리를 보는 맑은 눈='섬세한 정신'과 올바른 추리를 하는 명석한 두뇌='기하학적 정신'을 겸비하는 사람만이 자신의 능력을 충분히 발휘하여 사물의 본질과 세계를 정확히 파악할 수 있다고 보았다. 왕양명의 어울림의 정신과 철학은 생명의 리듬을 존중하는 것이다. 온 생명체에 내재한 생명의 리듬이라는 원리에 귀를 기울이는 것이며, 파스칼이 말한 '섬세의 정신'이다.

생명의 리듬은 소리이다. 세상의 소리, 생명의 리듬에 예민한 것은 여성적인 눈이고, 음악적 눈이다. 회화적인 남성적 눈이 아니다.

여성성은 태양 같은 강렬한 시선이 아니다. 태양을 아픔으로 바라보는 낮고 여리고 섬세한 눈이다.

태양이 꺼진 자리에 머무는 잔별들과 가로등과 미세한 불빛을 살려내는 정신이다. 잡초를 뽑지 않고 살려내는 정신이다. 우둘투둘한 삶의 리듬을 사랑하는 것이다. 빛을 끄면 거기에 묻혀있던 별들, 여타의 수많은 빛들이 살아난다. 빛은 어떤 것을 쪼이면서 감추고 은폐하고 배제하는 것이다.

서파석(徐波石)이 왕양명에게 공부방법을 물었다. 이에 양명은 배 안을 훤히 밝히고 있던 등불을 가리키며 다음과 같이 말했다. 「자네는 가까운 곳까지 도달했다. 이 〔양지의〕본채에 어찌 한정된 장소가 있겠는가? 이것을 이 등불에 비유하면 빛은 어디에나 있다. 등불에만 빛이 있는 것은 아니다.」 그리고 나서 양명은 배 안을 가리키며 "이것도 빛이다. 저것도 빛이다", 배 바깥의 수면을 가리키며 "이것도 빛이다"라고 말했다(『전습록』하).

만물과 인간과 세상과의 큰 어울림의 성찰은 태양이 없는 자리에 보이는 다른 빛들, 달과 별과 온갖 등불들, 그리고 내면의 빛들. 눈-시각을 넘어 귀-청각으로, 소리로, 그리고 온몸과 생명의 소리에 마음을 열어야 한다는 것, 이것이 왕양명, 양명학의 새로운 메시지가 아닐까?

동아시아 陽明學者들에게 있어 꿈[夢]과 철학적 깨달음[覺悟]의 문제

1. 序言

이 글은 동아시아 陽明學者들에게 있어 '꿈[夢]'과 '철학적 깨달음 [覺悟]'의 문제를 논하는 것이다.

논의에 들어가기 전에 미리 주제 자체에 대한 제한적 사항을 몇 가지 언급해두고자 한다.

첫째로, 여기서 말하는 동아시아는 중국, 한국, 일본의 세 지역을 말한다.

둘째로, '꿈[夢, dream]'에 대한 것이다. 꿈이란 사전적인 의미로는 ① 수면 시 경험하는 일련의 영상, 소리, 생각, 감정 등의 느낌을 말한다. 따라서 꿈은 현실이 아닌 가상적인 경험을 体感하는 것이다. 아울러, 꿈은 ② 희망 사항, 목표 등을 일컫는 말이기도 하다. 이 논문에서 논의하려는 꿈의 의미는, 전자(①)에 해당한다. 꿈 자체에 대한 과학적이고도 전문적인 논의와 해석은 지그문트 프로이드(Sigmund

Freud or Sigismund Schlomo Freud, 1856-1939)와 카를 구스타프 융(Carl Gustav Jung, 1875-1961)[1]을 참고할 필요가 있다. 그러나 이 논문은 프로이드나 융처럼 동아시아 양명학자들의 꿈 자체를 과학적으로 집중 분석하려는 것이 아니다. 그간 연구되고 집중적으로 조명되지 않았던, 양명학자들의 텍스트에 遍在해 있는 꿈과 깨달음과 관련된 사례를 찾아 정리하고, 이것을 양명학의 내적 논리에 주목하여 새롭게 논의해 보려는 것이다.

---

1) 예컨대 프로이드는 무의식과 억압의 방어 기제에 대한 이론 등을 창안하였다. 또 그는 성욕을 인간 생활에서 주요한 동기 부여의 에너지로 새로이 정의하였으며, 꿈을 통해 무의식적 욕구를 관찰하는 등 치료 기법으로도 활용 하였다. 그는 무의식이 행동에 영향을 준다는 전제에서 성적 욕구, 본능적 충동, 심리적 억압 등 주로 (집단적인이 아닌) 개인적 경험에 바탕하여 심리학의 체계를 완성하였고, 이에 바탕하여 꿈을 해석한다.(그가 꿈을 해석하는 기법을 설명한 『꿈의 해석(Die Traumdeutung, 1899)』이 있다(이에 대해서는, S. Freud, 『꿈과 정신분석』, 임진수 역주, (대구 : 계명대학교 출판부, 1999); 프로이드, 『꿈의 해석』, 홍성표 옮김, (서울: 홍신문화사, 2010)를 참조).

반면에, 프로이드의 비판적 계승자인 융은 프로이드가 주목한 개인적 경험, 성적 욕구에만 머물지 않고 도덕적·정신적인 가치관 등을 중시하는 형태로 심리학의 체계를 완성하고, 이를 바탕으로 꿈을 해석한다. 특히 융은 개인적 경험과는 상관없는 조상 또는 종족 전체의 경험 및 생각(원시적 감정, 공포, 사고, 원시적 성향 등)을 포함하는 무의식='집단 무의식'을 상정한다. 그는 인간의 정신 속에 끊임없이 반복·각인된 신화, 전설, 꿈, 환상 등은 어떤 기본적인 인간 상황을 나타내는 '원형'의 이미지라고 본다. 그는 무의식의 저변에 놓여 있는 자기(self)가 집단무의식을 담지한 원형의 세계라 본다. 원형의 세계=자기는 끊임없이 의식·분별의 세계=자아에게 자신의 목소리를 전달하려고 한다. 그 매체가 바로 꿈의 상징들이다. 꿈은 나를 넘어선 세계와 나의 세계가 연결되고, 무의식과 의식이 통합되고, 원시와 문명화된 세계가 소통하는 장이라 간주한다. 아울러 꿈은 여러 기능(예컨대, 보상, 조정, 균형 등)을 가지고 있고, 또한 예언적인 성격도 띈다고 보았다(융의 꿈에 대한 이론, 분석 등은 『무의식의 분석』(C. G. 융, 『C. G. 융 무의식 분석』, 설영환 옮김, 서울: 선영사, 2005; 칼 구스타브 융, 『무의식의 분석』, 권오석 옮김, (서울: 홍신문화사, 2007); 칼 구스타브 융, 『기억 꿈 사상』, 조성기(조누가) 옮김, (서울: 김영사, 2011)을 참고 바람.)

셋째로, '깨달음[覺悟, spiritual enlightenment]'이란, 주로 종교(특히 불교 관련) 용어로서 자신과 세계, 나와 사물을 둘러 싼 문제에 대해 깊은 고민을 하다가 어느 순간 근본적인 앎(지각·인지·이해·각성·통찰)의 경지에 도달하는 것을 말한다. 동아시아의 양명학자들이 꿈[夢]을 통해서 어떤 철학적 깨달음[覺悟]을 얻고 있는가 하는 문제 맥락은 이런 관심에 기초한다.

종래 많은 각 지역별(중국, 한국, 일본)로 王守仁(1472-1528, 호는 陽明)(이하 양명)의 학문 및 사상 즉 '양명학'에 대한 연구가 이뤄져 왔다.[2] 그러나 양명학자들의 꿈에 주목하고 이것이 철학적 깨달음과 어떻게 연결되어 가는지를 본격적으로 논의한 경우는 없었던 것으로 보인다.[3] 결론적인 것을 미리 언급해 두자면, 동아시아 양명학자들에

---

2) 종래 동아시아에서 이루어진 양명학 연구 동향은 崔在穆, 『東亞陽明學』, 朴姬福·靳煜 譯, (北京: 人民大出版社, 2009)의 〈附錄1: 當代韓國陽明學硏究活動及未來課題〉·〈附錄2: 近十年陽明學硏究日文論著目錄〉(1998-2008)를 참조할 것.
   아울러 한국양명학의 연구 목록 전반(주로 해외에 소개 된 것)에 대해서는, 韓國陽明學會 編, 「韓國陽明學關聯論著目錄」, 『陽明學』第十二号(李卓吾特集号), 林細圭 譯, (東京: 二松學舍大學 東アジア學術總合硏究所, 2000.3)과 金世貞, 「韓國における象山學と陽明學關聯硏究目錄」, 『陽明學』第十九号(朝鮮·韓國陽明學特集號), (東京: 二松學舍大學 東アジア學術總合硏究所, 2007.3), 한국 양명학 연구상황 전반에 대한 소개 및 평가는 韓睿嫄, 「韓國における陽明學硏究について」, 『陽明學』第十九号(朝鮮·韓國陽明學特集號), (東京: 二松學舍大學 東アジア學術總合硏究所, 2007.3)과 中純夫, 「朝鮮陽明學の特質について」, 『臺灣東亞文明硏究學刊』第5卷第2期(總第10期), (臺北: 國立臺灣大學人文社會高等硏究院, 2008.12)을 참고 바람.
3) 필자는 여기에 착안하여 『2010年 東亞陽明學 國際學術會議』(大灣大學人文社會高等硏究院, 2010.6.22)에서 「東亞陽明學者의夢和覺悟之樣相」이란 제목으로 발표한 바 있다. 이후 이것을 수정, 보완하여 '양명학과 지구, 생명 그리고 공생'을 주제로 한 한국양명학회 주최 『國際霞谷學術大會』, (강화도청소년수련원, 2010.10.8)에서 「양명학에서 꿈과 깨달음과 생명 - 동아시아 陽明學者들의 夢과 覺悟의 양상을 중심으로 -」이란 제목으로 발표한 바 있다. 이후 지금까지 지속된 관심을 통해 얻은 여러 가지 착상과 내용을 다시 대폭 보완, 수정하여 이 논문이 이루어졌음을 밝혀

게는 일종의 패턴처럼, 일생에서 어떤 중요한 '꿈[夢]'이 있은 뒤에 반
드시 '철학적 깨달음[覺·悟]'이 수반되고, 그런 다음 사상가 자신의
새로운 사상, 이론이 탄생한다는 점이다.[4] 이것은 양명학의 학설이 주
로 論理的·理智的 과정을 겪고서가 아니라 '꿈[夢]'이라는 '神秘体験
(mystical experience)'을 통해서 탄생하는 특징을 갖고 있음을 의미
한다. 이 점은, 논리적·지적 단계를 점진적으로 거친 뒤에 비로소 '豁
然貫通'의 비약적인 깨달음의 경지가 도래함을 전제하는 朱子學의 학
문적인 분위기와는 사뭇 다른 양상이다. 오히려 양명학은 꿈과 현실
을 동일시한다는 점 등불교나 도가적 사유와 통하는 점이 있다.[5]

둔다.
4) 즉, 구체적인 것은 본문에서 논의하겠지만, 결론적으로 말해두면, 동아시아 양명학
   자들의 경우 대체로 〈夢 → 覺悟/頓覺 → 理論(學說)의 誕生〉의 순서와 패턴을 가
   지고 있음을 알 수 있다.
5) 보통 불교에서 말하는 '漸悟', '頓悟'의 구분이 있듯이, 깨달음의 境界에 이르는 방
   식에도, '漸悟'라는 방식 즉 '段階的-論理的-理性的-理智的(logos的)-推論的'인
   것이 있을 수 있고, '頓悟'라는 방식의 '瞬間的-超論理的-感性的-熱情的(pathos
   的)-直觀的'인 것이 있을 수 있다. 전자는 낮(晝)-日常-漸進-表面的-形式-體系
   的인 데서 이루어지는 것이고, 후자는 밤(夜)-非日常-瞬間-深層的-非形式-非體
   系的인 데서 이루어지는 것이다. 도교와 불교의 사유체계에 대항하면서 한편으로
   는 그들의 이론과 논리를 받아들여서 학문적 체계를 구축하는 新儒學은 '理性의 영
   역'(A)의 이면에 항상 '感性의 영역'(B)을 준비하고 있었다. 朱子學(程朱學) A에
   서 B를 統御하는 방식으로 논리-사유 체계를 만들어간다. 여기서 A와 B 사이에
   는 보통 '긴장'과 '거리'가 존재한다. 반면에 양명학은 B에서 A를 生成·定立해가는
   방식을 취한다. 여기서 B의 확대, 연장으로서 A가 존재하므로 둘은 일체적 혹은 합
   일적으로 논의된다. 따라서 양명학자들의 저술에서는 주자학자들과 다르게, '꿈'에
   대한 이야기가 종종 등장하고 그것은 '깨달음'과 직결되곤 한다. 심지어 이런 '깨달
   음'을 토대로 논리와 형식을 구축하거나 전개해간다. 이에 비해 주자학은 현실-경험
   의 단계와 형식을 중시하고, 그런 틀 속에서 궁극에 이르러 어떤 비약적 경계(豁然貫
   通處)가 도래함을 상정한다. 다시 말해서 주자학은 점진적-단계적인 교학과 실천을
   주장하고 궁극에 이르러 약간의 비약적 경지를 상정하나, 양명학은 사물과 본성에
   대한 直觀的-飛躍的인 覺悟를 토대로 구체적인 교설과 실천론을 제시한다.

일찍이 劉文英(1939-2005)은 『夢的迷信与夢的探索(꿈의 미신과 꿈의 탐색)』이라는 흥미로운 저서[6]에서 중국에서 고대 이래 논의된 '꿈[夢]'에 대해 과학적 입장에서 논의한 바 있다. '꿈[夢]'은 文學史 방면에서 뿐만 아니라 心理學史나 思想史 방면에서도 우리들에게 많은 시사를 던져준다. 이 논문은 劉文英의 관심처럼 '꿈[夢]' 자체에 대해서 논의하는 것이 아니다. 물론 劉文英은 그의 책에서 陽明學者들의 '꿈[夢]'과 '깨달음[覺悟]'에 대해서 구체적으로 다루고 있지 않다.

유학의 맥락에서 볼 때 일찍이 孔子는 자신이 이상으로 삼았던 周公(?~? BC, 성은 姬, 이름은 旦, 周 文王의 아들이자 무왕의 동생)[7]을 꿈속에서 만나왔음을 언급한 바 있다.[8] 그리고 北宋의 程顥(1032-

6) 劉文英, 『夢的迷信與夢的探索』, (北京: 中國社會科學出版社, 1989)(이 책은 유문영, 『꿈의 철학: 꿈의 미신, 꿈의 탐색』, 하영삼 외 역, (서울: 동문선, 1993)으로 번역되었다). 아울러, 劉文英, 『夢与中國文化』, (北京: 人民出版社, 2003)(이것이 일본에서는 劉文英, 『中國の夢判斷』, 湯淺邦弘 譯, (東京: 東方書店, 1997)으로 번역되었다)도 좋은 참고가 된다. 아울러, 劉文英의 『中國古代時空觀念的産生和發展』(上海: 上海人民出版社, 1980)이 있는데(일본에서는 劉文英, 『中國の時空論—甲骨文字から相對性理論まで』, 堀池信夫 譯, (東京: 東方書店, 1992)으로 번역되었다) 참고가 된다. 이 책은 다시 수정되어 2000年 9月 『中國古代的時空觀念』으로 [劉文英, 『中國古代的時空觀念』, (天津: 南開大學出版社, 2000)], 이것이 2005년에 다시 수정, 보완되어 간행되었다(劉文英, 『中國古代的時空觀念 修訂本』, (天津: 南開大學出版社, 2005)).
7) 주공은 무왕이 죽자 조카를 도와 주(周)나라의 기초를 다졌는데, 이후 중국사상사에서 이상적 정치가로 인식되어 왔다.
8) 『論語』「述而」: 子曰, 甚矣吾衰也 久矣吾不復夢見周公(孔子가 말하였다. 심하도다, 나의 쇠약함이여. 오래되었도다. 내가 다시 周公을 꿈에서 뵙지 못한 것이). 공자의 이러한 周公에 대한 꿈은, 周를 추종하고 주를 건설한 문왕과 주공의 업적을 영속화 하는 것(주례의 祖述과 건립)을 일생의 사명으로 삼았던 간절한 바람, 열망에서 나온 것이다(풍우란, 『중국철학사』상, 박성규 역, (서울: 까치, 2007), 94-95쪽 참조). 따라서 삶을 허망하게 본 데서 나온 것이 아니다. 이 점은 뒤의 도가, 불가와는 다르다.

1085, 호는 明道)는 '한밤중(中夜)' 잠자리에서 '천지 · 만물의 이치 (天地万物之理)'의 깊은 뜻을 생각하고[思] 한 없이 기뻐하였다고 하였다.[9] 여기서 그에게 어떤 '꿈'이 있었고 그에 따른 깨달음이 수반되었음을 추론해 볼 수 있다.

꿈의 이야기는 도가사상 쪽에서는 자연스럽게 논의된다. 莊子는 「胡蝶夢」[10] 이야기를 통해서 실제 우리의 삶은 꿈(가상세계)과 현실세계의 구분이 참 애매하다고 본다. 그래서 장자는 「꿈꾸고 있을 때는 그것이 꿈인 줄을 모른다. 잠에서 깨어난 뒤에야 그것이 꿈인 줄을 안다.」[11]라고 하였다. 깨어있음[覺者](→ 明)은 꿈꾸고 있음[夢者] → 無明)에 상대가 된다. 불교 식으로 말하면 전자([覺者])는 明이고 후자([夢者])는 無明에 해당하므로, 불교에서 'Buddha'를 意譯하여 '각자'로 하는 것은 여기서 비롯한다.[12]

佛家에서는 도가보다 한 걸음 더 나아가서 꿈 이야기를 보편화한다. 즉 幻夢說話에 속하는 金萬重(1637-1692, 호는 西浦)의 『九雲夢』처럼, 현실을 가상, 幻(Maya), 虛妄, 仮로 보기 때문에, 꿈 이야기나 비유가 유가에서보다 더 풍부하다. 인생이 욕망을 一場春夢으로 보고 집착을 버릴 것을 요구하기에 그렇다. 명나라 四大家[13] 중의 한 사람

---

9) 『二程遺書』卷11; 『近思錄』卷一 「道體」, "天地萬物之理, 無獨必有對, 皆自然而然, 非有安排也, 每中夜以思, 不知手之舞之, 足之蹈之也."
10) 『莊子』「齊物論」참조.
11) 『莊子』「齊物論」: 方其夢也, 不知其夢, (중략) 覺而後知其夢也.
12) 佛陀는 'Buddha'의 音譯인데 動詞 語根 'budh'(눈뜨다, 깨닫다)에서 유래한 말로 '覺者'로 意譯되기도 한다. 'Buddha'='覺者'란 (진리를) 자각한 자이거나 (진리에 대해) 깨어있는 자를 말한다.
13) 德清과 함께 藕益(1599-1655, 법명은 智旭, 호는 八不道人), 袾宏(1535-1615, 호는 蓮池), 眞可(1543-1603, 호는 紫栢)의 네 사람을 말함.

인 德清(1546-1623, 호는 憨山)의 『夢遊集』[14]에 보면 그의 생애에 있었던 많은 꿈 이야기가 깨달음의 과정으로 펼쳐진다. 그야말로 그의 인생은 '夢遊' 즉 '꿈속에서 노닒'이었던 것이다.

이처럼 유교, 불교, 도가에서 볼 때 그 내용은 조금씩 다르다 할지라도 사상가들이 어떤 풀리지 않는 문제에 고민하다가 결국 '밤(夜)-꿈(夢)'속에서 해결되는='깨닫는'(覺·悟) 예를 볼 수 있다. 그런데, 가상-현실, 夢·夢者-覺·覺者 등의 문제가 본격적인 주제로 다뤄지는 것은 불교나 도가의 경우이다. 유교는 현실의 삶, 日用日常을 중시하기 때문이다. 다만, 유교의 경우도 도가나 불교를 본격적으로 수용하여 사상을 구축한 신유학에 이르면 상황이 좀 달라진다. 더욱이 理를 사상의 중심에 둔 주자학에서 보다도 心을 중심에 둔 양명학 쪽에서 꿈의 문제가 사상의 핵심에 자리하여 이론 정립에 일조를 한다. 분명 '꿈[夢]'은 이성적·현실의식의 영역이 아닌 감성적·잠재의식의 영역이다. 그러나 꿈이 양지의 현실적 활동 속에 깊이 관여될 때 '깨달음[覺悟]'이라는 결과를 낳게 된다(구체적인 것은 2장 참조).

따라서, 이 논문에서는 동아시아 陽明學者들의 夢과 覺悟의 樣相의 몇 가지 대표적인 예를 살펴봄으로써, 그 동안 陽明學 내부에서 충실히 논의되지 못했던 夢과 覺悟에 대한 숨은 측면을 제시해볼 것이다. 이 논문의 논의는, 먼저, 양명학에서 꿈[夢] → 깨달음[覺悟]의 구조에 대하여 그 기본 구조를 밝혀보고, 이어서 동아시아 양명학 내부에 존재하는 구체적인 예들(즉 〈王陽明의 龍場에서 이루어진 夢과 「大悟格物致知之旨」〉, 〈王心齋의 夢과 万物一体에 대한 頓覺〉, 〈鄭霞谷의

---

14) 이 책의 번역은 憨山, 『감산자전』, 대성 옮김, (서울: 여시아문, 2002)을 참조.

夢과 「眞得王學之病」〉, 〈佐藤一齋의 夢 - 夢我와 眞我의 문제 - 〉)을 논의하게 될 것이다.

2. 양명학에서 꿈[夢] → 깨달음[覺悟]의 구조에 대하여

이제 이 장에서는 왕양명, 나아가서는 양명학에서 보이는 양명학에서 꿈[夢] → 깨달음[覺悟]의 구조를 파악할 방법을 밝혀보고자 한다.

프로이드의 『꿈의 해석』에 따르면 꿈과 현실의 반영 여부에 대해서 찬성과 반대 등 여러 가지 견해가 있어 왔다.[15] 프로이드는, 일찍이 아리스토텔레스(Aristotle, 기원전 384년-322년)는 꿈을 이미 심리학적 연구 대상에 올려놓고서, 「꿈은 인간 정신 가운데서 神性에 가까운 것으로 확신되는 여러 법칙 가운데서 생긴 것이며, 자는 동안 일어나는 영혼의 활동」이라고 정의하고 있다. 또한 아리스토텔레스는 「꿈이란 잠자는 동안 일어나는 사소한 자극을 확대 해석한다」고 말하여 꿈의 특성을 얼마쯤 알고 있었는데, 그 이전의 사람들(=고대인들)은 꿈을 '神의 告知'라고 생각하였다. 그래서 고대인들은 꿈의 자극하는 원천

---

15) 즉, 「꿈은 우리를 (기쁨과 고통이 따르는) 낮 생활로부터 해방시키려고 한다」(부르다흐); 「정신의 자기치유적 성질의 은밀한 혜택(=補充夢이다」(피히테); 「꿈을 꾸는 사람은 깨어 있는 동안의 의식세계에 등을 돌린다」(슈트럼필); 「우리는 전에 우리가 보았거나 말했거나 바랐거나 행한 것을 꿈꾼다」(모리); 「사람은 대개 꿈속에서/스스로 집착하는 일이나/지난날 자신을 사로잡았던 일,/말하자면 마음이 갈망하는 일을 꿈꾼다」(루크레티우스). 이런 꿈의 기능에 대해, 「꿈은 우리를 일상의 삶에서 해방시키기는커녕 도리어 그 속으로 되돌아가게 하는 것이다」(바이간트)(모두 프로이드, 『꿈의 해석』, 9-10쪽에서 재인용.)

(자극원)을 탐색할 필요를 느끼지 않았다고 프로이드는 본다.[16) 하지만 프로이드는 과학적으로 꿈의 원천에 대해 ① 외적(객관적) 감각자극, ② 내적(주관적) 감각자극, ③ 보다 내적(기관적)인 신체자극, ④ 순수한 심리적 자극원이 있다고 설명한다.[17)

그런데, 동아시아 양명학자들의 꿈 문제를 고려한다면, 이러한 프로이드와 전문적인 꿈 분석에 대한 논의보다도 心學의 특성을 고려하여, 그 사상의 내적 논리에 충실히 접근할 필요가 있다. 다음의 특히 의식-마음과 꿈을 연관시켜 조망할 필요가 있다. 왜냐하면 서양의 고대뿐만 아니라 고대 동양에서도 꿈은 미래를 예언하는 절대자(신)의 告知로 여겨, 그에 따라 정치를 행하거나, 행위하며 사업 등을 시행하였다. 예컨대 『尙書』에 나오는 이야기를 보면, 殷(商)을 중흥시킨 高宗(=武丁)이 군주의 자리에 오른 뒤 널리 현인을 구하였는데, 어느 날 그가 傅說[18)을 얻는 꿈을 꾸었다. 百工으로 하여 在野에서 그를 찾도록 하였다. 마침내 傅巖이라는 곳에서 傅說을 얻어서 殷을 부흥시켰다고 한다.

> 王(고종)이 글을 지어서 고하였다. "나로 하여금 사방을 바로잡게 하시는 바, 나는 德이 先人과 같지 못할까 두려웠다. 이 때문에 말하지 않고 공손하게 침묵하면서 治道를 생각하고 있었다. 그런데 꿈에 上帝께서 나에게 어진 보필을 내려 주셨으니, 그가 나를 대신하여 말할 것이다."
> 이에 그 모습을 자세히 그려, 그 그림[形象]으로 그를 천하에 널리

---

16) 프로이드, 『꿈의 해석』, 7-8쪽.
17) 프로이드, 『꿈의 해석』, 18쪽.
18) 토목 공사의 일꾼이었다가 재상으로 등용되어 중흥의 대업을 이루었다고 함.

찾았다. 그때 傅說이 傅巖의 들에서 거주하고 있었는데, 그 모습이 똑
같았다.[19]

　　하늘이 나로 하여금 백성을 다스리게 하셨다. 그리하여 짐(朕)이 꿈
　에서 본 일이 짐의 점괘와 합하여 상서로운 조짐이 거듭되었으니, 상
　(商)나라를 정벌하면 반드시 이길 것이다.[20]

　　그렇다면 신이 직접 영향력을 행사하는 것이 아니고, 꿈이라는 형
태로 자신의 뜻을 알리는 것은 무엇인가? 그것은 어느 시기에 신이 침
묵하고, 인간의 마음이 신으로부터 벗어나 독립적으로 탄생한다. 따라
서 인간은 꿈 혹은 점술을 통해서 신의 의지나 징조를 파악할 수밖에
없었다. 다시 말하면 꿈은 신의 의지에 접하는 길이었다. 물론 신의 지
배를 받는 상황에서는 인간의 독립된 마음이란 없었다. 당연히 나(자
아)도 없었다. 그래서 꿈을 꿀 필요가 없었다. 아니 절대자인 신의 명
령, 목소리에 전적으로 의존하고 신의 뜻에 복종하여 그와 일치된 상
태였기에 별도로 꿈이 필요하지 않았다. 꿈은 신으로부터 마음이 독
립하고 나서 생겨나는 문제인 셈이다. 이 논문에서는 이러한 방법[21]을
보다 세련화시켜서 보고자 한다. 즉, 근래 심의 탄생에 대해서 프로이
드의 업적에 비견될 정도로 매우 설득력 있고 논의를 진행한, 스티븐

---

19) 『尙書』「說命上」: 高宗夢得說, 使百工營求諸野, 得諸傅巖, 作說命三篇. (중략) 王
　庸作書以誥曰, 以台正于四方, 惟恐德弗類, 玆故弗言, 恭默思道, 夢帝賚予良弼, 其
　代予言. 乃審厥象, 俾以形旁求于天下, 說築傅巖之野, 惟肖. 爰立作相, 王置諸其左
　右.
20) 『尙書』「泰誓中」: 天其以予乂民, 朕夢協朕卜, 襲于休祥, 戎商必克.
21) 이에 대해서는 安田澄, 『身體感覺で『論語』を讀みなおす』, (東京: 春秋社, 2009)
　에서 시사를 많이 얻었다.

미슨의 인지고고학적 입장, 그리고 줄리언 제인스의 심리학·고고학적 입장, 중국 문자에서 '心(마음)의 탄생' 관련 문제를, 양명학의 꿈 → 깨달음의 구조를 밝히는데 논거로 삼아보고자 한다.

스티븐 미슨(Steven Mithen)의 잘 알려진 저서 『마음의 역사 – 인류의 마음은 어떻게 진화되었는가?(The Prehistory of theMind – A search for the origins of art, religion and science)』[22]에서는 인지고고학의 입장에서 인간의 마음이 2만년~6만년 전에 성립하였다고 주장한다. 그는 인간의 마음을 스위스 아미 나이프(Swiss Army Knife)(일명 맥가이버 칼)에 비유한다. 스위스 아미나이프는 작지만 다양한 종류의 날들이 여러 개 달려 접을 수 있도록 되어 있는 칼이다. 거기에는 칼, 가위, 드라이버, 오프너 등이 들어있다. 이처럼 인간의 마음에도 여러 가지 지능, 즉, 기술적 지능, 자연사적 지능, 사회적 지능, 일반적 지능 등이 내장되어 있다. 그러나 600만년 전의 최초의 인류에게는, 스위스 아미 나이프에 비유한다면, 하나의 칼에서 시작하여 여러 도구가 붙은 것처럼, 지식 미분화의 상태에서 뇌 속에 각종 요소의 지능이 분화되고, 다시 그 각 요소가 더욱 진화된다. 그러나 어느 시점에서 이 진화가 멈춘다. 이것을 타파하기 위하여 문화의 빅뱅, 뇌의 빅뱅이 일어난다. 여러 가지로 나누어진 각 지능 사이에 옆으로 구멍이 생겨 서로서로 소통이 가능해진다. 즉 인식의 유동성이 생겨난 것이다. 석기를 만든 기술적 지능에다, 자연사적 지능, 사회적 지능, 일반적 지능 등이 가세하여 예술이 탄생하고, 나아가서는 종교와 과학이 탄생

---

22) 스티븐 미즌, 『마음의 역사 – 인류의 마음은 어떻게 진화되었는가?』, 윤소영 옮김, (서울: 영림카디널, 2001).

한 것이다. 이러한 빅뱅이 일어난 것이 약 6만년 전이라고 본다. 인류의 마음의 최초로 탄생한 것이다. 그러나 미즌이 말하는 최초 탄생한 마음이란 매우 '원초적'인 것이다.[23] 그런데, 우리가 고민하고 슬퍼하고 기뻐하는 苦樂을 겪는 마음이란 거기서 훨씬 진화한 마음이다. 이런 마음에 대해서는 줄리언 제인즈의 설명을 들어볼 필요가 있다.

줄리언 제인스(Julian Jaynes, 1920-1997)는 그의 『의식의 기원(The Origen of Consciousness in the Breakdown of the Bicameral Mind)』[24]이란 책에서, 인류의 마음(心)이 탄생한 것은 3,000년 전이라고 한다. 이것은 앞서 언급한 중국의 한자에서 心이란 문자가 기원(출현)한 것과 우연하게도 일치하고 있다. 즉, 중국 고대에 漢字(즉 거북의 껍질이나 사슴의 뼈 와 같은 데 새긴 甲骨文, 청동기에 새겨 넣은 金文)가 생긴 것은 3,300년 전 殷(商)나라 무정 때이다. 흥미롭게도 이 때에 거의 단번에 3,500종-5,000종 이상의 다량의 한자가 발생한다. 그런데 불가사의하게도 갑골문 · 금문 가운데에는 心 혹은 心 그룹의 한자가 보이지 않는다. 현재의 사전에는 忍, 忘, 忠, 戀 등등 心 그룹의 한자는 매우 많다. 그렇다면 心 혹은 심 그룹의 한자는 어느 시기에 갑자기 출현한 것이 된다. 心 자가 출현하기 전에는 마음(과 관련된 참음, 사랑 등등)이라는 자각적인 의식이 없었다는 것을 의미한다. 그런데, 은이 망하고 周의 시기(기원전 1046년경)가 되면 金文 가운데 心 그룹의 글자가 갑자기 출현한다. 다시 말해서 은이 망하고 주

---

23) 스티븐 미즌, 『마음의 역사 - 인류의 마음은 어떻게 진화되었는가?』, 211쪽, 223쪽, 236쪽, 241쪽, 257쪽, 262쪽, 273쪽, 285쪽, 303쪽의 그림을 참조하면 이해가 쉽다. 아울러, 安田澄, 『身体感覚で『論語』を讀みなおす』, 35-37쪽의 설명 참조.
24) 줄리언 제인스, 『의식의 기원』, 김득룡 · 박주용 옮김, (서울: 한길사, 2005).

로 바뀐 다음, 지금으로부터 약 3,000년 경(공자가 활동하던 약 500년 전)에 비로소 心 그룹의 문자가 생겨난 것이다. 이렇게 생겨난 심 그룹의 글자가, 주의 시대-춘추·전국시대말기까지 고작 87자에 불과하였다.『論語』에 나오는 惑, 志라는 글자도 공자가 살아있을 당시에는 탄생하지 않았다. 心 그룹의 글자가 폭발적으로 증가하는 것은 六朝期, 즉 心이 탄생하고 나서 1,500년(공자로부터는 1,000년) 뒤의 일이다.[25]

　다시 앞의 논의로 돌아가자. 줄리언 제인스는 그의 책에서 인간의 옛 정신체계가 양원적(Bicameral)이었다는 주장과 함께 의식-마음(心)의 등장은 인류 역사의 한 특정 기점이었던 정신의 양원적 구조, '신의 뜻[=天命]'과 '의식-마음[心]'의 양원적 구조[26]가 소멸하는 시

---

25) 安田澄,『身体感覺で『論語』を讀みなおす』, 26-34頁 참조.
26) 이것을 그림으로 나타내면 다음과 같다. 줄리언 제인스,『의식의 기원』, 제4장 (117쪽) 이하 참조. (아래 그림은 安田澄,『身体感覺で『論語』を讀みなおす』, 43頁의 그림을 인용자가 약간 수정한 것임.)

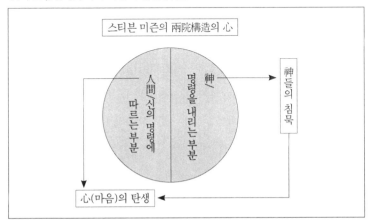

[그림 1] 스티븐 미즌의 兩院構造의 心

기와 맞물려 있다고 한다. 꿈은 절대자인 신으로부터 인간의 마음[心]이 독립, 탄생되어 오는 과정에서 뚜렷이 보이는 현상이다. 즉, 최초 인간이 신(절대자)의 뜻에 예속되었다가, 시간의 경과와 지성의 발달에 따라 차츰 나(자아)라는 의식, 마음이 신으로부터 독립적으로 영위된다. 그 과정에서 신의 뜻(=天命)과 마음(心)이 양원구조를 갖다가, 자아=심이 완전 독립을 하자 신은 침묵하게 된다. 이렇게 침묵하고 있는 신들의 말을 점치는 시도들이 엄청난 다양성과 복잡성을 띠며 나타났다.[27] 이 다양성은 시작된 시기에 따른 배열, 의식을 향한 순차적 접근을 고려하면 주로 네 가지 유형으로 이해할 수 있다. ① 징조술(omen), ② 제비뽑기(sortilege), ③복점(augury), ④ 즉흥적인 점술(spontaneous divination)이 그것이다. 꿈은 징조술의 일종이라는 것이다. 즉 꿈을 통한 징조술은 점술의 주요한 자원이 되었다. 인간은 신이 침묵한 새로운 상황에서 전조를 기다릴 수밖에 없었다. 능동적-자발적인 점술과 달리, 꿈은 신의 뜻을 수동적으로 기다리는 것이었다.[28] 이것은 앞서 언급한 『尙書』의 「꿈에 上帝께서 나에게 어진 보필을 내려 주셨으니」 혹은 「朕이 꿈에서 본 일이 짐의 점괘와 합하여 상서로운 조짐이 거듭되었으니」라는 내용과 예컨대 공자가 「周公을 꿈에서 보았다」는 것처럼, 하늘에서 내리는 징조를 기다리는 것이다. 여기에는 절대자, 우주, 분화되기 이전의 혼돈된 전체, 일체세계, 자연과 같은 나를 넘어선 존재에 기대거나 그런 존재들과 일체의 상태를 희구하는 강한 '열정(pathos)'이 들어있다. 이러한 열정은 마음, 나(자

---

27) 安田澄, 『身体感覺で『論語』を讀みなおす』, 37-38쪽 참조.
28) 줄리언 제인스, 『의식의 기원』, 284쪽.

아)가 강해지면 강해질수록 더욱 현저해진다. 인간이 절대 타자로부터 독립하여 이성적으로 자존을 강화해 갈수록, 분화되기 이전의 혼돈된 전체나 일체세계, 자연로부터 자꾸 멀어질 수밖에 없다. 여기서 보완적으로 우주, 혼돈, 시원(원시), 자연과 같은 절대타자와 유사성을 지닌 존재들을 향한 지향성이 강해진다. 마치 카를 야스퍼스(Karl Jaspers, 1883-1969)가 왕양명의 심학을 중국 사상사에서 고대 이후 최후의 형이상학자로서 '혁명적인 활력'을 보였다고 평가하듯이[29] 왕양명에서 그 열망의 정점을 보인다. 一體(→ 萬物一體), 合一(→ 知行合一), 卽・則의 논리를 통한 融通・相通・融合의 강조도 이런 이유 때문이다. 주자학은 '聖賢의 말씀-経典-理'를 강조한다. 그런 바깥에 가려진 안쪽의 나(자아)를 찾는 과정이 양명학설의 전개였다. 그런 과정에서 어쩔 수없이 '有에서 無로 향한 열정'[30]이 현저해질 수밖에 없다. 왕명명은 인간의 자연, 혼돈의 정신을 평가하고, 도가나 불가처럼 꿈을 긍정적 입장을 보이며, 더욱이 꿈과 점술마저 양지의 자연스런 활동 속에 통합하고 내재화시키는 방향에서 재해석한다. 여기에 그의

---

29) 야스퍼스는 일본의 한 젊은 철학자 野田又夫(1910-2004)에게 왕양명에 대한 깊은 감동을 다음과 같이 말한 바 있다. "나는 나치의 탄압하에서 침묵할 수밖에 없을 때 성경이나 동양의 철학을 읽고 인간성이 이어지고 있음을 찾을 수 있었다… 왕양명이라는 사람이 있는데, 그 사람한테는 얻어맞았다. 왕양명은 중국의 고대 이후 형이상학자로서 최후의 사람이 아닌가?……왕양명 이후의 철학은 중국적인 실증주의(고증학: 옮긴이 주)가 되어버렸는데 유가에서 혁명적인 활력을 강하게 보여 주었던 학파는 왕양명 학파다." [野田又夫, 『自由思想の歷史』, (東京: 河出書房, 1957), 176쪽 참조.]

30) 최재목, 「공허의 실학 : 태허사상의 양명학적 굴절」, 『철학논총』제11집, (영남철학회, 1995)를 참조. 아울러 陳來가 왕양명의 철학을 '유무 경지의 통일'로서 본 것(陳來, 『양명철학』, (서울:예문서원, 2003)을 참조)은 좋은 참고가 된다.(이에 대한 논평은 최재목, 「'유무 경지의 통일'로서 모색한 왕양명 철학」, 『오늘의 동양사상』제10호・2004 봄/여름호, (서울: 예문 동양사상연구원, 2004.3)을 참조).

꿈[夢] → 깨달음[覺悟]의 연쇄 구조는 이러한 양명학이 갖는 독특한 사상체계에 자리해 있다.

양명은 '良知'를 太虛에 결합시킨다. 그래서 양지가 虛 · 太虛이며 無 · 無形이라고 하고[31] 그의 良知學 · 致良知學의 최종적 단계에서 도교(도가 포함)는 물론 유교, 불교적 요인들이 융합, 회통시키고자 한다.[32]. 중국사상사에서 혼돈을 중시하고 그것을 즐겼던 것은 선진시대의 도가(노장학파)의 사상가들과 그 영향을 받은 이후의 사상가들이다. 전한시대의 유교문헌인『禮記』「禮運」의 大同思想은 도가로부터 수용한 혼돈을 유교풍으로 각색한 것이다.[33] 이후 정명도-왕양명

---

31) 『傳習錄』卷下 : 「仙家에서는 虛라는 것을 설하는데, (유가의) 聖人이라고 해서 어떻게 이 虛 위에 털끝만큼의 實을 첨가할 수 있겠는가? 또 불가에서는 無라는 것을 설하는데, 성인이라고 해서 어떻게 이 무 위에 털끝만큼의 유를 첨가할 수 있겠는가? 다만 선가에서는 양생의 위에서 허를 설하고 불가에서는 생사의 고해를 탈출하는 위에서 무를 설하는 것이다. 말하자면 이러한 것들은 본체상에서 그와같은 意思(위해서 하는 마음)를 더하고 있는 셈이므로 그들이 말하는 허무의 본색은 아닌 것이며, 따라서 본체상에서 장애를 초래하고 있는 것이다. 그러나 성인은 줄곧 양지의 본색 그대로 두고 조금의 의사(意)도 더하지 않는다. 양지의 허는 天의 태허와 같고, 양지의 무는 태허의 무형과 같은 것이다. 日月風雷, 山川民物의 대저 모양이나 형체를 갖춘 것(貌象形色)은 모두 태허 무형 속에서 發用流行하면서도 아직 일찍이 천의 장애가 된 적이 없다. 마찬가지로 성인은 다만 그 양지의 발용에 따르니 천지만물은 모두 나의 양지의 발용유행 가운데에 있다. 어찌 일찍이 또 一物이 이 양지 밖으로 벗어나서 장애가 된 적이 있겠는가?(先生曰, 仙家說到虛, 聖人豈能虛上加得一毫實, 佛氏說到無, 聖人豈能無上加得一毫有, 但仙家說虛, 從養生上來, 佛氏說無, 從出離生死苦海上來, 却於本體上加却這些子意思在, 便不是他虛無的本色了, 便於本體有障碍, 聖人只是還他良知的本色, 更不着些子意在, 良知之虛, 便是天之太虛, 良知之無, 便是太虛之無形, 日月風雷山川民物, 凡有貌象形色, 皆在太虛無形中發用流行, 未嘗作得天的障碍, 聖人只是順其良知之發用, 天地萬物, 俱在我良知的發用流行中, 何嘗又有一物超於良知之外, 能作得障碍)」.
32) 이에 대해서는 최재목, 「왕양명과 道敎의 회통문제」, 『유학연구』19집, (충남대유학연구소, 2009)를 참조할 것.
33) 池田知久, 「中國思想에서 混沌의 문제」, 『現代와 宗敎』제19집, 최재목 역, (대구:

으로 이어져 전개되는 萬物一体論도 이러한 도가적 혼돈(萬物齊一·
齊同) 개념을 유교적으로 새롭게 전개해 간 것이라 이해할 수 있다.

양명에게서 심-양지는 그 자체로 우주, 혼돈, 시원(원시), 자연과 언
제든지 합치될 길이 열려있다. 양명의 태허=양지론은 양지가 마치 블
랙홀과 마찬가지로 유불도의 원리를 다 포섭하고[34] 유불도 상호 간,
만물 간 등의 '障碍'를 소멸시킨다.[35] 양명이 말하는 '虛'라는 것은 인
위적인 질서(cosmos)보다는 自然, 다시 말해 혼돈(chaos)을 지향하
는 도가 및 도교의 입장을 가리킨다.[36] 원래 도·불 2교의 전유물화
되다시피 했던 '太虛'·'虛' 개념을 장횡거가 유교적으로 재해석하여
결국 3교가 공유할 수 있는 공간을 만들었다.[37] 그에 이어 왕양명이
양지와 태허를 연결하여 새로운 관점에서 재해석한다.

주자는 格物致知의 방법론을 통해 '聖賢의 말씀-経典-理'를 인간의
자기반성의 거울로써 설정함으로써 '나(자아)의 맹목적인 무한확장',
獨我論으로 경사해 감을 차단 혹은 제한하여 나(자아)를 사회의 합리
적 틀 속에서 움직이도록 만든다.[38] 그러나, 양명은 '聖賢의 말씀-経

현대종교문제연구소, 1996), 220쪽, 234쪽 참조.(「中國思想에서 混沌의 문제」란
글은 원래 『混沌』(東京大學出版會, 1991)에 실린 것을 옮긴 것이다). 大同思想의
전개에 대해서는 陳正炎·林其錟, 『中國古代思想研究』, (上海: 上海人民出版社,
1986)과 中國科學院哲學研究所中國哲學史組編, 『中國大同思想資料』, (北京: 中
華書局, 1956)을 참조바람.
34) 최재목, 「공허의 실학 : 태허사상의 양명학적 굴절」, 『철학논총』제11집, (영남철학
회, 1995).
35) 왕수인의 장애론에 대해서는 최재목·손지혜, 「元曉와 王陽明의 障碍論에 관한
비교」, 『陽明學』, 28호(한국양명학회, 2011)를 참고할 것.
36) 三浦國雄, 「氣의 思想史」, 『氣의 中國文化』, (東京: 創元社, 1994), 27-28쪽.
37) 이에 대해서는 三浦國雄, 「太虛의 思想史」, 『中國人의 トポス』, (東京: 平凡社,
1988), 254쪽 참조.
38) 이에 대해서는 中島隆博, 『殘響의 中國哲學-言語와 政治-』, (東京大學出版

典-理'를 부정한다. 나(자아)는 바로 절대타자와 동일시된다. 절대타자가 나의 마음(양지)이다. 그런 마음(양지)로 향하는 열정이 바로 꿈에 투영되고, 꿈을 매개로 '열정'은 '깨달음의 실체'로 해석된다. 내 마음의 양지는 자기 자신의 '준칙'이며, 행위의 모든 방향을 제시하는 이른바 '나침판'(定盤針)과 같으므로 그 양지가 내리는 판단대로 행하면 된다.[39] 그렇게 되면 「뭇 성현이라는 권위도 '양지'의 그림자에 지나지 않고, 양지는 곧 나의 스승이다(千聖皆過影, 良知乃吾師)」[40]라는 결론에 이른다. 내 마음(양지)가 나의 스승이며, 경서는 나를 이해하는 보조 자료에 해당한다. 그러면 경서가 안고 있는 古의 권위마저도 모두 나의 心(良知)에 포섭되고 만다.[41]

결국 양명에게서는 꿈과 점술이 합일된다. 꿈이 곧 점술이고, 점술이 곧 꿈이다. 그 합치의 매개 내지 추동력은 양지가 맡는다. 양지는 바로 심의 영민한 각성 · 자각점(=靈明)[42]이다. 물론 왕양명에게 모든 꿈이 그에게 승인되는 것은 아니다. 즉 그는 꿈의 의미를 다음과 같이

部,2007), 129-132쪽 참조.

39) 양명은 「양지를 노래하는(詠良知)」詩(『陽明全書』권22, 「居越詩」)에서 다음과 같이 良知가 만물의 근원이라 표현하고 있다:
　　"모든 사람 스스로가 나침판(定盤針)을 갖추고 있어,
　　만물 변화의 일어남은 모두 나의 마음에서 근원하네.
　　따라서 웃노라, 종전에 거꾸로 사물을 보려고 했고,
　　바깥의 지엽적인 것에서 구했던 것을."
　　(人人自有定盤針, 萬化根緣總在心. 却笑笑前顚倒見, 枝枝葉葉外頭尋.)

40) 『陽明集』권20 「兩廣詩」「長生」

41) 최재목, 「왕양명의 사상에서 보이는 '古'의 이념」, 『民族文化論叢』제31집, (영남대 민족문화연구소, 2005).

42) 이에 대해서는 『傳習錄』卷下 등에 여러 번 나온다. 구체적인 논의는 최재목,「王陽明 良知論에서 '靈明'의 意味」, [第4回 中國 國際陽明文化祭 學術討論會 發表要旨文] (貴州省 · 修文縣, 5,6), 1쪽을 참조).

세 가지로 분류한다.

　① 멍청함[憒憒], 흐리멍텅함[昏昏] 상태[43]
　② (그냥 보통 꾸는) 일반적인 꿈[44]
　③ 원래 낮과 밤을 다 아는(늘 아는) 良知[45]가 작용하여 (깨달음·
중요한 암시로 이어지는) 꿈

　이 세 가지는 ①⊂②⊂③의 관계에 있다. 이 중에서 ③의 꿈은 '절대
자에 징조를 묻는' 점술과 유사한 차원의 것으로, '밤에 양지가 거두어
들여져서 하나로 응취되어 꾸는 전조로서의 꿈(夜間良知卽是收斂凝

---

43) 이에 대해서는 다음 내용을 보자.
　　소혜가 죽음과 삶의 도리를 여쭈었다.
　　선생님께서 말씀하시기를, "낮과 밤을 알면 죽음과 삶을 알게 된다."
　　소혜가 낮과 밤의 도리를 여쭈었다.
　　선생님께서 말씀하시기를, "낮을 알면 밤을 알게 된다."
　　소혜가 여쭈었다. "낮에도 알지 못하는 것이 있습니까?"
　　선생님께서 말씀하시기를, "너는 낮을 알 수 있느냐? 멍청하게 일어나서 느리게
　　꿈틀거리듯 밥을 먹고, 행하면서도 분명하게 알지 못하고, 익히면서도 살피지 못
　　하고, 하루종일 흐리멍텅하게 보내는 것은 꿈속에서 낮을 보내는 것이다. 오직 '숨
　　을 쉴 때에도 본성을 함양하고, 눈 깜짝할 사이에도 마음을 보존하여' 이 마음이
　　밝게 깨어 있어서 천리가 한순간이라도 끊어지지 않아야 비로소 낮을 알 수 있게
　　된다. 이것이 바로 하늘의 덕(德)) 제11조목 각주 81 참조.이고, 낮과 밤의 도(道)
　　에 통하여 아는 것이 되니, 다시 무슨 죽음과 삶이 있겠느냐!"
　　(蕭惠問死生之道. 先生曰, 知晝夜卽知死生. 問晝夜之道. 曰, 知晝則知夜. 曰, 晝亦
　　有所不知乎. 先生曰, 汝能知晝. 憒憒而興, 蠢蠢而食, 行不著, 習不察, 終日昏昏, 只
　　是夢晝. 惟息有養, 瞬有存, 此心惺惺明明, 天理無一息間斷, 才是能知晝. 這便是天
　　德, 便是通乎晝夜之道而知, 更有甚麽死生.)(『傳習錄』卷下)
44) 이에 대해서는 〈3. 王陽明의 龍場에서의 夢과 「大悟格物致知之旨」〉의 여러 꿈의
　　예를 보자.
45) 『傳習錄』卷下 : 良知原是知晝知夜的·良知常知. (각주49 참조)

一的, 有夢卽先兆)'[46)]이다.

실제로 왕양명은 미래를 예측하기 위하여 점을 쳤다. 그런데, 그는 '점을 치는 것'(=卜筮)은 다름이 아니라 '스승과 벗 사이의 문답, 널리 배우고 자세히 묻고 신중히 생각하고 밝게 변별하고 돈독하게 행하는 것(師友問答, 博學 · 審問 · 愼思 · 明辨 · 篤行之類)' 바로 그것이라 생각하였다. 즉,

> 황수이가 여쭈었다. "『주역』에 대한 해석에서 주자는 卜筮를 위주로 하였고, 정이천은 이치를 위주로 했는데 선생님께서는 어떻게 생각하십니까?"
>
> 선생님께서 말씀하시기를, "복서가 바로 이치이며, 이치 또한 복서이다. 천하의 이치가운데 복서보다 큰 것이 무엇이 있겠느냐? 단지 후세 사람들이 복서를 전적으로 점괘의 측면에서만 보았기 때문에 복서를 작은 기예처럼 간주하였다. 그래서 지금의 스승과 벗 사이의 문답이나 널리 배우고, 자세히 묻고, 신중히 생각하고, 밝게 변별하고 돈독하게 행하는 것 등(師友問答, 博學 · 審問 · 愼思 · 明辨 · 篤行之類)이 모두 卜筮라는 것을 알지 못했다. 복서란 의심이 많은 것을 결단하여 내 마음을 신묘하게 밝히려는 것에 불과하다. 『주역』은 하늘에 묻는 것이다. 사람에게 의심이 있어서 스스로 믿지 못하기 때문에 『주역』을 통해 하늘에 물었다. 사람의 마음에는 여전히 개인적인 일에 관련되는 점이 있으나 오지 하늘만은 거짓을 용납하지 않는다고 생각한 것이다."[47)]

---

46) 『傳習錄』卷下. (각주49 참조)
47) 『傳習錄』卷下 : 問, 易, 朱子主卜筮, 程傳主理, 何如. 先生曰, 卜筮是理, 理亦是卜筮. 天下之理孰有大於卜筮者乎. 只爲後世將卜筮專主在占卦上看了, 所以看得卜筮似小藝. 不知今之師友問答, 博學 · 審問 · 愼思 · 明辨 · 篤行之類, 皆是卜筮, 卜筮者,

양명은 '복서'를 '의심이 많은 것을 결단하여 내 마음을 신묘하게 밝히려는 것에 불과하다.'고 간주한다. 또한 '『주역』은 하늘에 묻는 것(問天)'으로 여겼다. 복서와 같은 점술이 능동적-자발적으로 미래를 예측하는 일이기는 하나 궁극적으로는 '하늘에 묻는 것'이다.[48] 꿈 또한 하늘로부터 주어지는 것이다.

"(『주역』의) '(성인은) 낮과 밤의 도에 통하여 안다'(『易経』「繫辞伝」)는 구절에 대해 여쭈었다.
  선생님께서 말씀하시기를, "양지는 원래 낮을 알고 밤을 아는 것이다."
  또 여쭙기를, "사람이 깊이 잠이 들었을 때는 양지 역시 알지 못합니다."
  선생님께서 말씀하시기를, "알지 못한다면 어찌하여 한번 부르면 곧 대답을 하느냐?"
  여쭙기를, "양지가 늘 알고 있다면, 어떻게 깊이 잠드는 때가 있겠습니까?"
  선생님께서 말씀하시기를, "(『주역』에서) '날이 저물면 들어가서 편히 쉰다'(『易経』「隨卦」象伝)고 했는데 이 역시 조화의 항상된 이치이다. 밤이 오면 천지가 어두워져 감각 기관이 모두 닫히게 된다. 이것이 곧 양지가 거두어들여져서 하나로 집중되는 때이다. 천지가 열리면 만물이 드러나고 사람도 보고 듣는 것이 있어서 여러 감각 기관이 모두 열리게 된다. 이것이 양지의 오묘한 작용이 발생하는 때이다. 여기서

不過求決狐疑, 神明吾心而已. 易是問諸天, 人有疑自信不及, 故以易問天; 謂人心尙有所涉, 有天不容僞耳.
48) 왕양명과 『주역』 관련에 대해서는 최재목, 『왕양명의 삶과 사상: 내마음이 등불이다』, (서울: 이학사, 2003), 97-99쪽을 참조.

사람의 마음과 천지가 한 몸[一体]임을 알 수 있다. 그러므로 (맹자는) '위·아래가 천지와 더불어 함께 흐른다'(『孟子』「盡心·上」)고 했다. 지금 사람들이 편안히 휴식할 줄 모르고 밤이 와도 잠들지 않는 것은 바로 망상과 잠자다 가위에 눌리는 것이다."

여쭙기를, "잠잘 때는 어떻게 공부합니까?"

선생님께서 말씀하시기를, "낮을 아는 것이 곧 밤을 아는 것이다. 낮에는 양지가 순응하여 막히지 않으며, 밤에는 양지가 거두어 들여져서 하나로 응취된다. 꿈을 꾼다는 것은 다음 날의 전조이다."[49]

이렇게 보면, 점술(복서)이든 꿈이든 모두 하늘=절대자에 대하여 풀리지 않는 문제나 소망하는 것을 '묻거나' '주어지기를 기다리는' 것이다. 그 꿈은 '앞서서 나타나는 조짐'(=先兆)이다. 이것은 이미 말한 「원래 낮과 밤을 다 아는, (밤·낮을)늘 아는 양지」의 작용이다. 여기에, 인간이 천지의 陰陽 활동과 작용을 함께하는(人心與天地一体/上下與天地同流), 우주의 시원적인 생명활동(生生)이 감지, 포착된다. 이런 상태가 바로 고대인들(특히 옛 성인들)이 지향했던 '우주의 활동에 합치해 있던 마음의 상태'라는 것을 양명은 암시한다.

그런데, 양명의 양지의 차원에서 보면, 온 거리에 꽉찬 것이 모두 성인(滿街聖人)이니, 聖愚는 덕성(=양지)의 면(이것을 金의 純度로도

---

49) 『傳習錄』卷下 : 問, 通乎晝夜之道而知. 先生曰, 良知原是知晝知夜的. 又問, 人睡熟時良知亦不知了. 曰, 不知, 何以一叫便應. 曰, 良知常知, 如何有睡熟時. 曰, 向晦宴息, 此亦造化常理. 夜來天地混沌, 形色俱泯, 人亦耳目無所睹聞, 衆竅俱翕, 此卽良知收斂凝一時, 天地旣開, 庶物露生, 人亦耳目有所睹聞, 衆竅俱闢, 此卽良知妙用發生時. 可見人心與天地一體, 故上下與天地同流. 今人不會宴息, 夜來不是昏睡, 卽是忘思魘寐. 曰, 睡時功夫如何用. 先生曰, 知晝卽知夜矣. 日間良知是順應無滯的, 夜間良知卽是收斂凝一的, 有夢卽先兆.

표현함)에서 본질적으로 전혀 차이가 없고 모두 平等·一体이다[50]. 위에서 말한 〈③ '원래 낮과 밤을 다 아는', (밤·낮을)늘 아는' 良知가 작용하여 이루어지는 (깨달음에 연계되는) 꿈〉이란 양지가 잘 응축되어야만 얻을 수 있다. 이 점에서 꿈은, 천=절대자의 의지를 점술을 통해 자발적으로 묻는 것과 달리, 수동적으로 주어지는 것이다. 어쨌든, 수동적인 꿈과 능동적-자발적인 점술이 왕양명에게서 무모순적으로 결합되는데, 그 결합의 구심점은 양지이다.

양지는 〈하늘이 '내린'〉=〈하늘'로부터 얻은'〉 신령한 것[51] 즉, 양지는 '하늘이 심어준(내려준, 그래서 '하늘로부터 받은') 신령한 뿌리이기에, 스스로 그 이어받은 생명활동을 계속해간다(良知卽是天植靈根, 自生生不息)'[52]. 양지 속에 하늘의 활동이 있기에, 그 양지에 기대고, 그 활동에 따르면 된다. 양지가 곧 『易』(良知卽是易)[53]이기 때문에 양지가 내리는 명령에 잘 따라 그 활동·힘을 실현(=致良知)하면 된다. 별도로 점을 칠 필요는 없다. 약간 덧붙인다면, 왕양명의 생애를 통해 볼 때, 꿈과 점술 가운데 중요도를 따진다면, 역시 꿈이다. 다시 말해

---

50) 『傳習錄』卷中·下에서는 왕수인의 인간론의 진수를 엿볼 수 있는 양지·치양지론이 전개된다. 여기서 그는 양지-치양지론을 전개하는 시점부터 양지-덕성 면에서 '聖愚의 차별이 없고' 인간은 누구나 평등하며 또한 자기완성이 가능하다는 '滿街聖人論(온 거리의 사람들이 모두 성인이다)' 등의 사상을 적극 전개해 가고 있다. 이러한 논의를 통해서 그는 지식, 재능의 분량이 문제가 아니라 순금으로서의 양지를 인간 누구나가 덕성으로서 本具하고 있기 때문에 순도 면에서 모두 동일하다는 이른바 四民平等論(士農工商이 모두 평등하다는 논의)을 제시해 간다.(최재목, 「王守仁의 心學에서 植物과 鑛物 비유의 의의」, 『환경철학』제11집·2011년 여름, (한국환경철학회, 2011.6), 105쪽 그리고 금의 순도에 대해서는 〈IV. 금의 순도 비유를 통한 인간 덕성의 설명〉을 참조)
51) 최재목, 「王陽明 良知論에서 '靈明'의 意味」, 1쪽 참조.
52) 『傳習錄』卷下.
53) 『傳習錄』卷下.

서 그의 사상적 전기점을 마련하는 것은 점술이 아니라 꿈이었다. 꿈
은 그의 독자적 사상의 출발점을 마련하여, 그의 생애에서 큰 획을 긋
는 동력으로 작용한다. 그 만큼 꿈은 그에게서 상위적 권위이다.

위에서 살핀 대로, 양명에게서 보이는 〈수동적인 꿈과 능동적–자발
적인 점술의 무모순적 결합〉은 하늘(=절대타자)을 양지 속에 전적으
로 내장시켜버린 일종의 사상적 轉回이며, 이것은 절대타자=타력을
자기 속에 끌어당겨 놓음으로써 그것(절대타자=타력)을 자기화하여,
능동적ㆍ자발적인 힘으로 전화해간다 의미이다. 이런 타력이 양지라
는 자력적인 개념 속에 합일되어 있는 구조는 왕양명의 사상을 독자
성을 발하게 하는 부분이다. 여기서 열정과 광ㆍ광자[54], 개성과 自由,

---

54) 왕양명에게서 보이는 정신 가운데 주요한 것이 狂ㆍ狂態ㆍ狂者의 정신이다. 왕양
명은 狂ㆍ狂態ㆍ狂言이란 말을 쓰는데(『傳習錄』卷下), 모두 거리낌 없이 자유분
방한 행동ㆍ태도ㆍ말을 의미한다. 아울러 狂者는『孟子』「盡心ㆍ下」에 나오는 말
인데「옳다고 생각하는 것을 남 눈치 보지 않고 과감히 달성해 가는 사람」(최재
목,『왕양명의 삶과 사상: 내 마음이 등불이다』, 250쪽 참조)이다. 말하자면 아무
꾸밈없이 자기 마음대로 자유롭게 행동하는, '뜻이 높고 자유분방한 사람'을 말한
다. (참고로『論語』「公冶長」에는「뜻이 크고 진취적이지만 행함이 소홀하고 거친
사람(젊은이)」을 '狂簡'으로 표현한 바 있다.) 그런데, 狂者에 상대되는 인물을 보
통「鄕愿」이라 한다. 향원은『論語』「陽貨」와『孟子』「盡心ㆍ下」에 나오는 말인데,
「시골에서 군자 소리를 듣는 (겉으로만 덕이 있는 체 하는) 위선자 같은 사람」(최
재목,『왕양명의 삶과 사상: 내 마음이 등불이다』, 249쪽 참조)을 말한다. 왕양명
은 아래와 같이(『傳習錄』卷下) 옹졸한 인간을 벗어나서 狂의 정신을 갖도록 권장
한다. 즉,
王汝中과 黃省曾이 선생님을 모시고 앉아 있었다.
선생님께서 부채를 쥐고 명하여 말씀하시기를, "너희도 부채를 사용하거라."
황성중이 일어나 대답하기를, "감히 사용하지 못하겠습니다."
선생님께서 말씀하시기를, "성인의 학문은 그렇게 얽매여서 괴로워하는 것이 아
니며, 도학적인체 꾸미는 것이 아니다."
왕여중이 "공자께서 증점이 자신이 품은 뜻을 말할 것을 허락하신 章(『論語』「先
進」)을 살펴보면 대략을 알 수 있습니다."라고 말하였다.

인간 성정의 자연에 대한 신뢰, 합일과 일체, 평등의 지향이 뚜렷해진

선생님께서 말씀하시기를, "그렇다. 이 章을 통해 살펴보건대 성인께서는 어쩌면 그토록 관대하고 포용성 있는 기상을 지니고 계셨던가(聖人何等寬洪包含氣象)! 게다가 스승된 사람이 뭇 제자들에게 품은 뜻을 묻자, 세 제자는 모두 몸가짐을 단정히 하고 대답했으나, 증점의 경우는 초연히 그 세 사람을 안중에 두지 않고 스스로 비파를 타고 있었으니 이 얼마나 거리낌 없이 자유분방한 태도(狂態)인가! 품은 뜻을 말할 때도 스승이 제기한 구체적인 물음에 대답하지 않았으나, 모두 거리낌 없이 자유분방한 말(狂言)이었다. 가령 정이천이 있었다면 아마도 그를 질책했을 것이다. 그러나 성인께서는 오히려 그를 칭찬하셨으니 이것은 어떤 기상인가! 성인은 사람들을 가르치실 때 그들을 속박하여 모두 한가지형으로 같게 만들지 않으셨다. 다만 뜻이 높고 거리낌 없이 분방한 사람은 그러한 곳으로부터 그를 성취시켰고(如狂者便從狂處成就他), 자기의 주장을 굽히지 않고 고집이 센 자는 그러한 곳으로부터 그를 성취시켰다. 사람의 재능과 기질이 어떻게 같을 수 있겠느냐?"
(王汝中·省曾侍坐. 先生握扇命曰, 你們用扇. 省曾起對曰, 不敢. 先生曰, 聖人之學, 不是這等綑縛苦楚的, 不是妝做道學的模樣. 汝仲曰, 觀仲尼與曾點言志一章略見. 先生曰, 然. 以此章觀之, 聖人何等寬洪包含氣象. 且爲師者問志於羣弟子, 三子皆整頓以對. 至於曾點, 飄飄然不看那三子在眼, 自去鼓起琴來, 何等狂態. 及至言志, 又不對師之問目, 都是狂言. 設在伊川, 或斥罵起來了. 聖人乃復稱許他, 何等氣象. 聖人教人, 不是個束縛他通做一般. 只如狂者便從狂處成就他, 狷者便從狷處成就他. 人之才氣如何同得.)
또한 그는 다음과 같이 자신이 「광자의 기상」을 가져서 누가 뭐라고 하든지 자신의 소신대로 밀고나가겠다고 토로한다.
(전략) 선생께서 말씀하시기를, "나는 남경에 오기 전에는 여전히 鄕愿의 마음이 조금 있었다. 그러나 이제 이 양지를 믿게 되었고, 참으로 옳은 것과 참으로 그른 것을 손길이 닿는대로 실천하여 조금이라도 덮어 감추지 않게 되었다. 나는 이제 겨우 狂者의 기상(狂者的胸次)을 지니게 되었으니, 설령 천하 사람이 모두 나의 행위가 말과 일치하지 않는다고 하더라도 상관하지 않는다."
설상겸이 밖으로 나와 "이것을 믿게 되었다는 것은 성인의 참된 혈맥을 얻은 것이다."라고 말하였다.
((前略) 先生曰, "我在南都已前, 尙有些子鄕愿的意思在. 我今信得這良知眞是眞非, 信手行去, 更不著些覆藏. 我今纔做得箇狂者的胸次, 使天下之人都說我行不揜言也罷. 尙謙出曰, 信得此過, 方是聖人的眞血脈.)
기타 왕양명 및 양명학의 狂에 대한 문제는 최영준·김춘희, 「陽明學 志向者에게 보이는 '狂'의식 考察」, 『陽明學』제21호, (한국양명학회, 2008.12)과 전병술, 「니체와 이탁오 - 狂者精神을 중심으로-」, 『陽明學』제27호, (한국양명학회, 2010.12)을 참조.

다. 이러한 양명학의 개성적 전개를 추동해 가는 것은 바로 중국에서 고대 이래로 숨어왔던 원시적 일체 · 혼돈지향성의 에너지였다, 그것이 현실과 결합함으로써 새로운 일체 · 혼돈 · 자연 지향의 사상사를 이끌 수 있었다.[55] 왕양명의 꿈은 이런 문맥 속에 위치한다.

양명에게서 꿈은, 그가 체험을 통해 파악해낸 양지의 「靈明」[56]한 활동이다. 즉 중국 고대 이래 응축되어 흘러 온 「오랜 옛날부터 聖人에서 聖人으로 전해 내려오는(千古聖聖相伝)」(「年譜」30世條) 「古今 · 聖愚 동일의」[57] 인간 본래적 생명력의 활동(天植靈根 · 自生生不息)이었다. 그것이 꿈으로 나타났을 때, 마음의 우주적 자각점으로서 靈明한 양지가 그 메시지 - 그것은 하늘의 소리[天聲][58] · 하늘의 말[天語][59]이라고도 한다 - 를 직각 · 체득하면 '깨달음[覺悟]'을 얻게 된다.

이상에서 논의한 내용을 바탕으로 왕양명 사상의 주된 특징으로 보이는 꿈[夢] → 깨달음[覺悟]의 구조를 아래와 같이 도시할 수 있다.

---

55) 이것을 프로이드가 파악했던 개인적 차원의 무의식으로 보기보다는 오히려 융이 파악했던 집단 무의식으로 보아도 좋을 것이다.(각주 1의 융의 참고문헌 참조).
56) 『傳習錄』卷下 등에 보임(최재목,「王陽明 良知論에서 '靈明'의 意味」참조).
57) 왕양명은『傳習錄』卷中「答聶文蔚」에서는 이렇게 말한다 :「시비지심은 사려하지 않아도 아는 것이고, 배우지 않아도 가능한 것으로 이른바 양지입니다. 양지가 사람 마음에 있는 것은 성인과 어리석은 자의 구분이 없으며, 천하 고금이 다 같습니다(是非之心, 不慮而知, 不學而能, 所謂良知也. 良知之在人心, 無間於聖愚, 天下古今之所同也)」
58) 朴殷植,『王陽明先生實記』(박은식,『한글주해 王陽明先生實記』, 최재목 · 김용구 주해, (서울: 선인, 2011), 137쪽.
59) 崔濟愚의「布德文」(『東經大全』)에 보이는 말(천도교중앙총부 편,『天道敎經典』, 서울: 천도교중앙총부출판부, 2001(5판)), 18쪽).

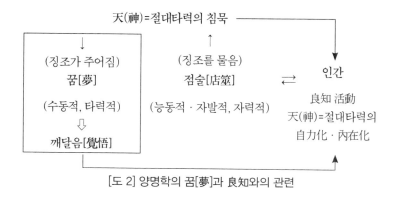

[도 2] 양명학의 꿈[夢]과 良知와의 관련

아래의 3, 4장에서는 이러한 틀을 전제로 왕양명 및 동아시아 양명학자들의 꿈의 사례에 대해서 구체적으로 논의해 볼 것이다.

3. 王陽明의 龍場에서의 꿈[夢]과 「大悟格物致知之旨」

王守仁(1472-1528, 호는 陽明)(이하 양명 혹은 왕양명)의 경우 貴州省 龍場의 大悟의 꿈(夢) 이야기가 잘 알려져 있다. 그런데, 사실 그에게는 이외에도 많은 꿈 이야기가 전해온다. 왕양명전집에 전해오는 주된 꿈 이야기를 들어보면 아래의 다섯 가지이다.

첫째, 이미 잘 알려져 있는 왕양명의 탄생지 '瑞雲樓'에 얽힌 祖母 岑氏의 꿈 이야기, 즉 「조모 잠씨는 신인이 붉은 명주를 입고 옥대를 두르고 구름 속에서 북을 치고 피리를 불며 음악을 연주하며 한 아이를 그녀(잠씨)에게 보내는 꿈을 꾸었다. 조부 죽헌옹이 이를 아주 기이하게 여겨 이에 '雲'이라고 이름을 지었다. 그 마을 사람들이 그런 꿈으로 아이가 태어나 거처하던 집을 瑞雲樓(상서러운 구름이 깃들었던 집)라 불렀다」[60](「年譜」「先生」條)라는 부분이다.

둘째, 양명이 26세에 北京에서 살았는데, 어느 날 밤 威寧伯 王越이 차고 있던 칼[劍]을 풀어 양명에게 주는 꿈을 꾸고 깨어나서 기뻐하며 "나는 威寧伯과 같은 군대의 임무를 맡게 되어 竹帛(=서적, 역사서)에 공명을 남길 것이다"(吾其威寧伯斧鉞之任, 垂功名於竹帛乎)라고 한 바 있다.[61]

실제로 양명은 28세 때에 威寧伯의 자제로부터 그의 부친(威寧伯)이 차던 宝劍 하나를 받는다. 여기서 그는 이전(26세 때) 꾼 꿈과 딱 들어맞았다고 좋아하였다.[62] 이처럼 양명은 꿈을 믿고, 그런 직감을 실생활에 많이 적용하고 있었던 것으로 보인다.

---

60) 祖母岑氏夢神人衣緋玉雲中, 鼓吹送兒授岑 (中略) 祖父竹軒翁異之, 卽以雲名, 鄕人傳家夢, 指所生樓曰瑞雲樓. (번역은 최재목·김용구 주해, 『한글주해 王陽明先生實記』, 44쪽 참조).

61) 이 부분은 王陽明의 『年譜』에는 상세하지 않으나, 朴殷植의 『王陽明先生實記』에는 이렇게 나온다.
「二十六歲에 寓北京ᄒᆞᆯ시時에 邊陲不靖ᄒᆞ야警報頻至라詔擧將才호ᄃᆡ而無有應者라先生이嘆曰朝廷이雖設武擧나而僅得騎射擊刺之士ᄒᆞ고至韜鈐統御之才ᄒᆞ야ᄂᆞᆫ則未有得也라物不素具면何以應卒이리오乃取兵家秘書ᄒᆞ야精研熟討ᄒᆞ고每遇賓客宴會ᄒᆞ면輒取果核爲陣勢ᄒᆞ야指示開闔進退之法이러라一夕에夢威寧伯王越이解所佩劍ᄒᆞ야贈先生이어늘旣覺에喜曰吾其當威寧伯斧鉞之任ᄒᆞ야垂功名於竹帛乎ᄂᆞᆫ져ᄒᆞ더라.」

62) 王陽明, 『年譜』28歲條 參照. 朴殷植의 『王陽明先生實記』에는 이렇게 적고 있다:
「二十八歲라春에 赴庭試ᄒᆞ야擧南宮第二人ᄒᆞ야賜二甲進士第七觀政工部之職ᄒᆞ니于是에受命ᄒᆞ야往濬縣ᄒᆞ야監威寧伯墳墓築造ᄒᆞᆯ시先生이在道에不用肩輿ᄒᆞ고棄馬馳過險坂이라가 因驚ᄒᆞ야墜地吐血이라進轎子호ᄃᆡ不聽ᄒᆞ고猶復乘馬ᄒᆞ니盖欲鍊習爲也라旣見威寧伯子弟ᄒᆞ야ᄂᆞᆫ間威寧伯平日用兵之法ᄒᆞᆫᄃᆡ其子弟言之甚悉이어늘先生이大善ᄒᆞ야乃以兵法으로部勒墳役夫ᄒᆞ야使之更番休息ᄒᆞ니由是로用力少而得功多ᄒᆞ야工事速成이라其家ㅣ以金帛爲謝어늘先生이固辭ᄒᆞᆫᄃᆡ乃出一寶劍을贈曰此ᄂᆞᆫ先大人所佩라ᄒᆞ거늘先生이受焉ᄒᆞ니喜其符昔日之夢也라. (최재목·김용구 주해, 『한글주해 王陽明先生實記』, 73-74쪽)

셋째, 양명이 37세 되던 해 그가 좌천되어 거주하였던 귀주성 용장에서 일어나는 大悟와 관련된 꿈 이야기이다. 아마도 왕양명의 꿈 이야기 중에서 가장 중요하고도 빛나는 대목이다.

> 忽中夜大悟格物致知之旨, 夢寐中若有人語之者, 不覺呼躍, 從者皆驚,
> 始知聖人之道, 吾性自足, 向之求理於事物者誤也, 乃默記五経之言証之,
> 莫不脗合, 因著五経臆說(「年譜」37歲條)

이 부분은 사실 왕양명의 독창적인 철학이 탄생하는 광경을 리얼하게 묘사한 부분이기도 하다. 그런데 이 이야기는, 대한민국임시정부 제2대 대통령을 지낸 朴殷植(1859-1925. 호는 謙谷·白巖)은 그의 주저『王陽明先生實記』[63]속에도 기술되어 있다. 그런데 여기서는 「或伝此夢中에孟子ㅣ告以良知之旨라ᄒᆞ고或曰聞天聲云이라」[64]라고 하여, '聞天聲云(하늘에서 소리가 들려 (뭐라 뭐라고) 말하는 것을 들었다)' 부분을 잘 지적한다. 天聲(하늘에서 들리는 소리)는, 마치 金鼎卨(1897-1966, 호는 凡父)가 「啓示宗敎」로 규정했던 東學의 창시자 崔濟愚(1824-1864, 호는 水雲)가 '仙語'(='天語', 한울님(上帝=天

---

63)『王陽明先生實記』(번역은 최재목·김용구 주해,『한글주해 王陽明先生實記』를 참조)는 王陽明의「年譜」, 黃宗羲의『明儒學案』, 高瀬武次郎의『王陽明詳傳』, 墨憨齋의『王陽明出身靖亂錄』등에 기초하여 1910年에 저술된 것이다.
64) 원문 전체는 이렇다 :「一夕夢寐間에忽悟格物致知之奧旨ᄒᆞ야不覺呼躍而起ᄒᆞ니從僕이皆驚이라是豁然大悟處也라或傳此夢中에孟子ㅣ告以良知之旨라ᄒᆞ고或曰聞天聲云이라於是에先生이始知聖人之道ㅣ吾性自足이어ᄂᆞᆯ向之求理於心外之事物者는誤也라ᄒᆞ고乃默記五經之言ᄒᆞ야證之ᄒᆞ니無不脗合이라因著五經臆說ᄒᆞ다」(최재목·김용구 주해,『한글주해 王陽明先生實記』,).

主)의 말씀)가 귀에 들려서(「有何仙語, 忽入耳中」)[65] 이것을 듣고 득
도했다는 것처럼 양명도 꿈에서 누군가가 말을 하는 것(夢寐中若有人
語之者)를 듣고 「格物致知之旨」를 大悟하여, 「성인의 도는 자신의 본
성(性) 속에 자족한 것이다, 그래서 양명은, 「이전에 마음 밖의 사물
에서 이치를 구한 것은 잘못이라는 것을 비로소 알게 되었다」고 한다.
崔濟愚는 「仙語(=天語)의 말씀)를 듣는 신비체험을 겪고 나서 한울님
의 지시로 종이를 펼쳤고, 그러자 그 종이 위에 靈符가 보여 그것을 그
렸다[66]고 하였다. 이것은 양명이 「이에 묵묵히 五経의 말을 기록하여
증명해보니 맞지 않는 것이 없었다. 그래서 『五経臆説』을 지었다」이
라고 한 것과 통한다. 어쨌든, 이런 내용에서 양명의 꿈 이야기는 '꿈
속에서 신비한 소리를 들음'(夢寐中聞天語)=神秘体験 → '깨달음'(覺
悟) → '(깨달음과 관련한 내용을) 저술 · 표현'이라는 식의 패턴을 갖
고 있음을 알 수 있다.

　이후 王陽明은 「저는 참으로 하늘의 靈에 힘입어 우연히 良知의 學
을 발견하였습니다」[67]라고 하였다. 여기서 말하는 '天之靈'의 '靈'은
보통 '恩寵'으로 번역하기도 하지만 그런 뜻이 아니고 天의 神靈 · 神

---

65) 『東經大全』 「布德文」(『天道教經典』, 18쪽)(각주 66 참조).
66) 즉, 『東經大全』 「布德文」(『天道教經典』, 18-21쪽) : 不意四月에 心寒身戰하여 疾
　　不得執症하고 言不得難狀之際에 有何仙語 忽入耳中하여 驚起探問則 曰勿懼勿恐
　　하라 世人이 謂我上帝어늘 汝不知上帝耶아 問其所然하니 曰余亦無功 故로 生汝
　　世間하여 敎人此法하노니 勿疑勿疑하라 曰 然則西道以敎人乎이까 曰不然하다 吾
　　有靈符하니 其名은 仙藥이오 其形은 太極이오 又形은 弓弓이니 受我此符하여 濟
　　人疾病하고 受我呪文하여 敎人爲我則 汝亦長生하여 布德天下矣리라. 吾亦感其言
　　受其符하여 書以呑服則 潤身差病이라 方乃知仙藥을러니 到此用病하니 或有差不差
　　故로 莫知其端하여 察其所然則 誠之又誠하여 至爲天主者는 每每有中하고 不順道
　　德者는 一一無驗하니 此非受人之誠敬耶아.
67) 『傳習錄』卷中 「答聶文蔚」: 僕誠賴天之靈, 偶有見於良知之學.

明(=spirit 혹은 esprit)을 줄여서 말한 것이다.[68]

왕양명은 良知를 「하늘이 심어준 신령스런 뿌리(天植靈根)」라 말하기도 한다.[69] 양지는 '天之靈'이 내 마음 속에 살아 있는 것(活潑潑), 즉 '人之靈'이다. 王陽明은, 「다행히 天理가 人心에 있는 것을 없앨 수 없으며, 良知의 밝음[明]은 영원히 빛나는 하나의 태양이다(良知之明, 万古一日)」[70]라고 말한다. 「良知의 밝음[明]은 영원히 빛나는 하나의 태양이다」는 「천리가 인심에 있는 것(天理之在人心)」의 다른 표현이다. 이것은 '天之靈'이 '人之靈'에 부여되어 내재한 것이고, 사람이 '天之靈'을 대신하여 천지·우주 속에서 주된 역할을 해갈 수 있음을 뜻한다.

넷째, 양명 47세(正德13年, 1518年)세 되던 5月에 양명의 애제자 徐愛(1487-1517. 자는 曰仁, 호는 橫山)가 죽자 그를 위한 「祭文」[71] 속에서 과거 그의 꿈에 대해 나눴던 대화 부분에서 꿈에 대한 왕양명의 관점이 나온다. 즉, 일찍이 徐愛 衡山을 유람할 때 그의 꿈속에서 한 늙은 승려가 서애(曰仁)의 등을 어루만지며 "그대는 顔子만큼 덕스럽네."라고 말하고는 갑자기 "또한 顔子와 수명이 같을 것이네."라고 하

---

68) 예컨대 三才(天地人)의 神靈·神明(탁월함, 훌륭함)을 간략하게 三靈(人靈, 地靈, 天靈)이라 하듯이, 天의 神靈·神明(=spirit 혹은 esprit)을 줄여서 말한 것이다. 그러므로 '天之靈'은 '天之靈明'이라 할 수도 있다. 그리고 '天之靈'은 '地之靈', '人之靈'의 모범이 된다. 그래서 '人之靈', '人之明', '人之靈明'이란 말도 가능하게 된다 (최재목, 「王陽明 良知論에서 '靈明'의 意味」, 1쪽).
69) 先生一日出遊禹穴, 顧田間禾曰, 能幾何時, 又如此長了, 范兆期在傍曰, 此只是有根. 學問能自植根, 亦不患無長. 先生曰, 人孰無根, 良知卽是天植靈根, 自生生不息, 但著了私累, 把此根戕賊蔽塞, 不得發生耳.(『傳習錄』卷下)
70) 『傳習錄』卷中「答顧東橋書」: 所幸天理之在人心, 終有所不可泯, 而良知之明, 萬古一日.
71) 「祭徐曰仁文」(『陽明集』권7).

여 깨어나 이를 의심하였다고 하자, 양명이 그것을 듣고서 "그것은 꿈
일 뿐인데, 자네가 그렇다고 생각하는 것은 잘못이다."라고 하였는데,
실제 꿈을 꾼대로 徐愛는 顔回처럼 요절하였다. 그러자 陽明은 "나는
정말 꿈이라고만 여겼더니, 누가 오늘 마침내 꿈처럼 되었는지, 이전
에 말한 것이 과연 꿈이라 말인지, 지금 전한 것이 과연 진실인지, 지
금 전한 것이 과연 꿈인지, 이전에 꾸었던 꿈이 또한 과연 망령된 것인
지 누가 말할 수 있는가? 오호통재라!"[72]라고 하였다. 내용을 보면 마
치『莊子』「胡蝶夢」을 연상케 하는 부분이 있다. 이처럼 양명은 '꿈'과
'현실'의 연관성을 깊이 믿었던 것을 알 수 있다.

다섯째, 양명이 57세 되던 해(嘉靖7년, 1528년) 8월, 그는 烏蛮灘에
서 중국의 명장으로 전하는「馬伏波將軍의 祠堂을 謁見」하였는데 그
것이 마치 그가 어렸을 때 꿈속(四十年前夢裏詩)(=15歲時 쓴「夢中絶
句」를 말함)에서 본 것과 같았다고 한다.[73] 그래서 그는 그때의 行次

---

72) 「年譜」47世條.『王陽明先生實記』에는 이렇게 되어있다: (正德13年(1518年), 陽明
47歲)八月에門人薛侃이刻傳習錄ᄒ니徐愛所述也라愛의字는曰仁이오號는横山이
니以南京兵部郎中으로告病歸鄕이라가年三十一而卒ᄒ니先生이哭甚哀ᄒ고有前
後祭文二篇ᄒ니其一曰
  嗚呼痛哉라曰仁아吾復何言가爾言이在吾耳ᄒ고爾貌ㅣ在吾目ᄒ고爾志ㅣ在吾心
ᄒ나吾終可奈何哉아記爾在湘中還에嘗語予以審不能長久어늘予詰其故ᄒ딕云嘗
游衡山ᄒ싀夢一老瞿曇이撫曰仁背曰子與顏子同德이라ᄒ고俄而曰亦與顏子同壽
라ᄒ니覺而疑之星로이다予曰夢耳니子ㅣ疑之過也로다曰仁이曰此亦可奈何오但
令得告疾ᄒ고早歸林下ᄒ야冀從事於先生之教ᄒ야朝有所聞이면夕死可矣라ᄒ더
니嗚呼라昔以爲是固夢耳러니孰謂乃今에而竟如所夢耶아向之所云이其果夢耶아
今之所傳이其果眞耶아今之所傳이亦果夢耶아向之所夢이亦果妄耶아嗚呼痛哉
라.(최재목·김용구 주해,『한글주해 王陽明先生實記』, 301-311쪽)
73) 陽明15세(成化22年, 1486年) 때, 꿈 속에서 馬伏波將軍 廟를 보고, 詩「夢中絶句」
  (『陽明集』권20,「兩廣詩」에 있음)를 쓴 적이 있다(「年譜」15歲條 참조).

가 우연이 아니라고 생각하여 詩[74) 두 수를 지었다. 두 수 중 첫째 수
는 이렇다.[75)

> 四十年前夢裏詩, 此行天定豈人爲. 徂征敢倚風雲陣, 所過須同時雨師.
> 尙喜遠人知向望, 却慚無術救瘡痍. 從來勝筭歸廊廟, 耻說兵戈定四夷.
> (사십년 전 꿈속(에 복파장군을 보고 쓴) 시가 있네.
> 이번 행차는 하늘이 정해준 것이지 어찌 인간이 한 것이겠는가?
> 정벌에 나가면 감히 풍운의 진에 의지하고,
> 지나간 곳엔 모름지기 때 맞춰 내리는 비와 같은 군대라네.
> 더욱이 멀리 있는 사람들이 우러러보는 것이 기쁘지 아니한 것은 아
> 니지만,
> 도리어 부끄럽네, 병든 이를 구할 방술이 없음이.
> 이제까지의 승리는 조정에 돌리겠네.
> 병과로 사방의 오랑캐를 평정하겠다고 말하는 것이.)

이 시에서, 양명이 「사십년 전 꿈(에 복파장군을 보고 쓴) 시 있네.
이번 행차는 하늘이 정해준 것이지 어찌 인간이 한 것이겠는가?」라고
읊는 부분은 양명의 생애에서 꿈이 현실과 일치하는 멋진 광경 중의
하나이다. 그가 청소년기의 꿈에서 본 광경이 40여년 뒤 실제 광경으
로 현실화 되는 장면을 양명은 '하늘이 정해준 것[天定]'으로 표현하
였다. 이것을 양명의 입장에서 재해석을 해본다면, 하늘이 정해준 것
은 다름 아닌, '賴天之靈'에 의해 얻은 '天植靈根'으로서의 良知의 작

---

74) 「謁伏波廟」(『陽明集』권20, 「兩廣詩」
75) 이상의 내용은 「年譜」57世條 참조.

용에 의한 것이라 할 수 있다. 양지는 「원래 낮과 밤을 다 아는(늘 아는) 것(良知原是知晝知夜的 · 良知常知)」이기 때문이다. 어쨌든 양명이 오만탄에서 마복파의 사당을 본 것이, 사십년 전 어렸을 때 꿈속에서 마복파를 본 것과 같았다는 대목을 잘 음미해볼 필요가 있다. 즉 그는 평소 자신의 양지의 활동을 믿고, 또한 '꿈[夢]-무의식-직감'의 세계를 실제 현실에다 잘 연결하여 활용하고 있었음을 엿볼 수 있는 대목이기 때문이다.

위에 서 든 여러 꿈 중에서, 세 번째인, 양명이 37세 되던 해 귀주성 용장에서 格物致知의 본지를 꿈 속에서 듣고 '大悟=心卽理의 자각'를 이룬 것이 가장 주목할 만하다. 이것을 바탕으로 그는 이후 독자적인 철학사상을 전개한다(心卽理 → 知行合一致良知). 다시 말해서 그는 〈夢 → 覺悟(頓覺) → 理論(學說)의 誕生〉이라는 순서를 밟고 있다. 이것은 왕양명의 학문에서 사상을 창출해가는 주요 유형으로 추출해낼 수 있는 점이다. '夢에서 覺悟로, 그리고 다시 思想의 구축과 전개로'라는 양명 사상의 특성은 logos적 세계보다는 pathos적 세계에 뿌리를 내려서 그 역동적인 힘을 얻어내고 있다. 아마도 이런 점들은 心-良知를 존중하는 양명학에서 가능한 이야기이며, 理를 존중하는 주자학과 같은 유형의 사상에서는 발견하기 힘든 점이 아닐까 생각된다.

그럼 왕양명 이후에도 이와 유사한 유형들이 보이는가. 이에 대해서는 아래에서 논하기로 하자.

4. 동아시아 양명학자들에게서 꿈[夢]과 깨달음[覺悟]의 양상

1) 王心齋의 꿈[夢]과 頓覺, 그리고 造命의 熱情

왕양명 다음으로 꿈[夢]과 깨달음[覺悟]의 양상을 보여주는 사상가로서 왕양명의 高弟 王艮(1483~1540, 자는 汝止, 호는 心齋)(이하 심재 혹은 왕심재)을 들 수 있다.

왕심재는 江蘇省 泰州 출생이며, 염전 노동자로 평생 관직에는 나가지 않고 商人으로서 천하를 주유하였는데, 왕양명이 죽기 8년 전(1520년)에 그는 양명의 문하생이 되었다. 후에 王畿(1498-1583, 자는 汝中, 호는 龍溪)와 더불어 '二王'으로 불릴 만큼 명성을 얻었고, 王門 左派의 중심인물로서 泰州學派의 시조가 되었다.

왕심재는 萬物一體觀을 주창하고, 一身과 天下國家는 一物로 보았다. 즉, 一身은 本, 天下國家는 末이며, 一身을 중심점으로 해서 天下國家를 도모하는 것이 바로 '格物'이라는 「淮南格物說」, 그리고 明哲保身論을 펼쳤다.[76] 그는 서민 학자로서 유학의 伝道에도 큰 열정을 기울였다.[77]

---

76) 구체적인 것은 崔在穆, 『東アジア陽明學の展開』, (東京: ぺリカン社, 2006), 93-97쪽을 참조.

77) 예컨대 그는 열렬한 유교신봉자로서 『禮記』에 근거하여, 당시 유자들 사이에서도 입지 않고 있던 儒服의 하나인 深衣를 손수 만들어 착용하여 스스로를 유자임을 강렬하게 어필하기도 하였다(『明儒學案』卷32・「泰州學案一」・「處士王心齋先生艮」: 案禮經製五常冠・深衣・大帶・笏板, 服之. 曰, 言堯之言, 行堯之行, 而不服堯之服, 可乎.) 儒服, 深衣에 대해서는 吾妻重二, 「深衣について-近世中國・朝鮮および日本における儒服の問題-」, 『東アジアにおける文化情報の發信と受容』,

왕심재는 무질서·혼돈(chaos)에서 질서·이법(logos)을 창조하
듯,「그는 大人은 命을 만든다(大人造命)」[78]고 말하여, 자신의 運命을
창조해 갈 것을 주장하는 '造命說'을 내세운다. 이러한 열정적인 사상
적 경향을 가진 그에게도 꿈을 꾸고서「갑자기 깨쳐서(頓覺) 心体가
횅하니 뚫렸다(頓覺心体洞徹)」하게 되었다는 고백이「연보」29세조에
보인다.

> 先生一夕夢天墮壓身, 万人奔号求救, 先生獨奮臂托天而起, 見日月列
> 宿失序, 又手自整布如故, 万人歡舞拝謝, 醒則汗溢如雨, 頓覺心体洞徹,
> 万物一体宇宙在我之念,益眞切不容已.[79]
> (선생(=왕심재)은 어느 날 저녁 하늘이 무너져 몸이 깔리고 万人이
> 부르짖으며 뛰어다니며 살려달라고 하는 꿈을 꾸었다. 선생이 홀로 팔
> 을 걷어 부치고 하늘을 떠받히고 일어섰다. 日月列宿이 질서를 일어버
> 림을 보고서 손수 베(布)를 짜듯이 하여 (빈틈없이 바로잡아) 예전과
> 같은 상태로 다시 되돌려놓았다. 사람들이 이를 보고서 환호하고 춤추
> 면서 절을 하며 감사해 하였다. 꿈에서 깨어나니 땀이 비오듯 하였다.
> 갑자기 깨쳐서(頓覺) 心体가 횅하니 뚫리는 것 같았다. 万物一体·宇
> 宙在我라는 생각 점점 더 참되고 절실해짐을 어쩔 수 없었다.)

만인을 살리기 위해 무너지는 하늘을 팔로 떠받치고 질서를 잃은
해와 달과 별들(日月列宿)의 질서를 바로잡는 왕심재의 꿈 이야기는
마치 혼돈 가운데 태어나 하늘과 땅을 나누고 자연 환경을 만들어 냈

(東京: 雄松堂出版, 2010)을 참조.
78)『心齋集』卷3「語錄」.
79)『心齋集』卷2「年譜」29歳條.

다는 盤古의 신화를 읽는 듯 착각할 정도이다. 이런 열정적인 모습은
바로 양명이 말하는 '狂態'·'狂者'의 정신[80]과 맥이 닿는다. 이것은 왕
심재가 '마음의 본래적 자연'에서 용솟음 쳐 나오는 타자(万物一体)와
의 일체감, 만물일체의 仁의 정신을 드러낸 것이다. 이처럼 만물을 구
하고 살리려는 열정, 狂者的 정신이 잘 드러나 있는 것이 그가 40세 경
에 쓴 「추선부」[81](=「미꾸라지에 대한 노래」)이다.[82]

---

80) 각주 (54) 참조.
81) 『心齋集』卷4「尺牘密證」.
82) 그 내용은 대략 소개하면 이렇다.

도인이 어느 날 한가하게 시장 거리를 걷고 있다가 우연히 어느 가게의 통 속에 들
어 있는 뱀장어를 보았다. 포개고 뒤얽히고 짓눌려서 마치 숨이 끊어져 죽을 것 같
았다. 이때 홀연히 그 속에서 한 마리의 미꾸라지가 나타나서 사방으로 끊임없이
멈추지 않고 움직이니 마치 神龍과 같아 보였다. 뱀장어들은 미꾸라지에 의해서
몸을 움직이고 기가 통하게 되었으며, 생명의 기운을 되찾을 수 있었다. 이제 뱀장
어의 몸을 움직일 수 있게 하고, 기를 통하게 하여, 뱀장어의 목숨을 건진 것은 모
두 미꾸라지의 공인 것이 틀림없다. 그러나 그 역시 미꾸라지의 즐거움이기도 했
던 것이다. 결코 뱀장어들을 불쌍히 여겨서 그렇게 했던 것이 아니고, 또 뱀장어의
보답을 바라고 그렇게 한 것도 아니다. 스스로 그 본성에 따른 것에 불과하다. (중
략) 즐겁게 춤추던 미꾸라지는 비를 타고 하늘로 올라가 용이 되어 천둥과 비바람
을 일으켜서 뱀장어들이 좁은 통속을 빠져나오게 하고 함께 長江大海로 들어갔
다. (하략)

(道人閑行于市, 偶見肆前育鱔一缸, 覆壓纏繞, 奄奄然若死之狀. 忽見一鰍從中而出,
或上或下, 或左或右, 或前或後, 周流不息, 變動不居, 若神龍然. 其鱔因鰍得以轉身
通氣, 而有生意. 是轉鱔之身, 通鱔之氣, 存鱔之生者, 皆鰍之功也. 雖然, 亦鰍之樂也,
非專爲憫此鱔而然, 亦非爲望此鱔之報而然, 自率其性而已耳. 於是道人有感, 喟然
歎曰, 吾與同類並育於天地之間, 得非若鰍鱔之同育於此缸乎. 吾聞大丈夫以天地萬
物爲一體, 爲天地立心, 爲生民立命, 幾不在玆乎. 遂思整車束裝, 慨然有周流四方之
志. 少頃, 忽見風雲雷雨交作, 其鰍乘勢躍入天河, 投于大海, 悠然而逝, 縱橫自在, 快
樂無邊. 回視樊籠之鱔, 思將有以救之, 奮身化龍, 復作雷雨, 傾滿鱔缸, 於是纏繞覆
壓者, 皆欣欣然有生意. 俟其蘇醒, 精神同歸於長江大海矣. 道人欣然就道而行, 或謂
道人曰, 將入樊籠乎. 曰, 否, 吾豈匏瓜也哉. 焉能系而不食. 將高飛遠擧乎. 曰, 否. 吾
非斯人之徒與而誰與. 然則如之何. 曰, 雖不離於物, 亦不囿於物也.(밑줄은 해석 부
분). 이에 대한 자세한 설명은 崔在穆, 『陽明學の東アジア的展開』, 220-222쪽을

왕심재는 위의 꿈을 꾸고 난 뒤 「이로부터 行住 · 語默(=行住坐臥, 語默動靜)이 모두 覺中에 있었다. 正德 6年間에 3개월 반은 仁의 상태로 있었다.」[83]라고 벽에 적어두었다고 한다. 그의 꿈체험=신비체험은 매우 강렬한 것이었음을 알 수 있다. 아울러 이를 통해서 万物一体의 仁을 절실히 체험을 하고, 오랫동안 그런 신비체험의 상태가 지속되었음을 시사한다. 그것은 마치 공자의 수제자 顔回가 「3개월 동안 인을 어기지 않았다」(回也, 其心, 三月不違仁)(『論語』 「雍也」)는 것보다 더 시간상으로 길었던 것임을 강조하고 싶었던 의도를 담은 기록으로 보인다.

王心齋는 王陽明과 거의 동일하게 〈夢 → 頓覺 → 理論(學說)의 誕生〉이라는 순서를 밟고 있다. 아울러, 한국과 일본에 비교할 때, 왕양명의 狂 · 狂者의 정신, 꿈 → 깨달음의 유형도 잘 계승하고 있는 것으로 보인다.

2) 鄭霞谷(齊斗)의 夢과 「진득왕학지병」

일찍이 鄭寅普가 그의 『陽明學演論』에서 '한국 양명학의 집대성자' 혹은 '한국 최대의 양명학자'로 불렸던 霞谷鄭齊斗(1649-1746)는 한국 양명학을 대표하는 인물이다.

鄭霞谷은 조선 시대의 양명학 전개의 중심에 위치하며, 그로 인해

참조.
83) 『心齋集』卷2 「年譜」29歲條 : 自此行住語默皆在覺中, 題記壁間, 先生夢後書, 正德六年間居仁, 三月半.

'강화江華 학파'가 창시되고[84], 그의 양명학 전통은 근대, 현대까지 지속된다. 鄭霞谷은, 近江聖人으로 널리 알려진 日本陽明學의 創始者 中江藤樹(1608-1648. 藤樹는 호, 이름은 原)와 비견되기도 한다(아래의 비교논의 참조).[85]

霞谷은 23세경 양명학을 공부하고, 30대 전반에는 스스로 양명학 신봉을 명확하게 표명하기 시작하고, 양명학이 옳다고 하는 입장에서 선배·지우들과 논쟁하며 서한을 주고받고 있다.[86]

鄭霞谷은 그의 23세(辛亥年, 顯宗 12年)때[87], 그는 그 당시 『陽明集』을 보고 있었는데, 그 道가 簡要하면서도 몹시 精微해서 마음속으로 깊이 기뻐하며 이를 좋아했다고 한다. 그런데, 그해(辛亥年) 6월에 마침 漢城(서울)의 '東湖'[88] 가서 하룻밤을 留宿하다가 꿈속에서 갑자

---

84) 하곡은 61세(1711) 8월 安山에서 江華(江華島)로 移居하여, 생을 마칠 때(88세, 1736)까지 그곳에 거주하면서 鄭厚一, 李匡明, 李匡師 등에게 講學하였다. 그 후에도 학맥이 이어져 李忠翊, 李令翊, 李勉伯, 李是遠 등을 거쳐 李建昌, 李建芳에 이르기까지 강화를 중심으로 하나의 학파를 형성하였다. 이를 일반적으로 '강화학파'라고 부른다. 그런데, 한국에는 기본적으로 양명학파가 없었다는 관점도 있다(中純夫, 「韓國陽明學の特質について」, 『東アジアの陽明學-接觸·疏通·變容-』, 馬淵昌也 編, (東京: 東方書店, 2011), 86쪽 참조).
85) 이에 대한 자세한 내용은 최재목, 「동아시아에 있어서 양명학 전개의 한 양상 - 鄭露谷과 中江藤樹의 〈致良知〉 해석을 중심으로-」, 『철학논총』제9집, (영남철학회, 1993.9)을 참조(이것은 최재목, 『동아시아의 양명학』, (서울: 예문서원, 1996)에도 수록되어 있다).
86) 鄭齊斗가 書翰을 통해서 陽明學을 논하는 상대는 朴世采·尹拯·閔以升·崔錫鼎 등이다.
87) 辛亥年을 83세 때로 보는 설도 있다. 이에 대한 구체적인 논의는 최재목, 「하곡 정제두의 '치양지설의 폐'비판에 관한 재검토」, 『陽明學』제15호, (한국양명학회, 2005.12)를 참조.
88) 漢城을 貫流하는 漢江의 일부를 이루는 곳. 현재 城東區 玉水洞과 江南區 押鷗亭洞을 잇는 위치에 東湖大橋 근처로 볼 수 있다.

기 王氏의 致良知之學이 몹시 정밀하지만 대체로 그 폐단은 혹 정(情)을 임의로 하고 욕(欲)을 멋대로 할 우려(任情縱欲之患)가 있음을 깨닫게 된다. 그는 이 부분에 '此四字眞得王學之病[이 네 자는 참으로 왕학의 병폐를 잘 표현한 것이다]'이라고 9자의 주석을 달고 있다. 즉,

余觀陽明集, 其道有簡要而甚精者, 心深欣會而好之. 辛亥六月, 適往
東湖宿焉. 夢中忽思得王氏致良知之學甚精. 抑其弊或有任情縱欲之患
(此四字眞得王學之病))(『霞谷集』卷9,「存言」下, 43歲條)

하곡의 이러한 체험의 고백이 꿈을 통해 이뤄진 배경에는 그가 양명학을 수용할 당시 주변으로부터 적지 않은 편견과 오해가 있었음을 시사하는 바이기도 하다. 참고로, 일찍이 왕양명과 논변을 주고 받은 顧東橋도 왕양명에게 보낸 편지 가운데서 '양명학의 문제점을 任情恣意'으로 의식한 바가 있다.[89] 그 내용의 진위 여부는 별도로 하더라도 고동교의 지적은 정하곡과 통하는 바가 있다.

하곡은 당시에 그의 양명학 학습에 대해 적지 않은 편견과 오해를 가지고 있던 閔以升(호는 誠齋)과 논변을 벌이게 된다. 민이승은 하곡에게 「良知図」를 그려 보낸다(현재 이 민이승의 양지도는 어떤 것이었는지 분명하지 않다). 하지만 하곡은 민이승의 이 「양지도」가 왕양

---

89) 즉,「보내온 편지에서 말하기를, "사람의 마음의 본체는 밝지 않음이 없지만 기질에 구애되고 물욕에 가려져서 어둡지 않는 경우가 거의 없습니다. 배우고 묻고 생각하고 변별하여 천하의 이치를 밝히지 않는다면 선과 악의 기미와 참과 거짓의 변별을 자각할 수 없어서 자신의 사사로운 감정에 맡기고 제멋대로 생각하게 되는데, 그 폐해는 이루 다 말할 수 없습니다."(來書云, 人之心體, 本無不明, 而氣拘物蔽, 鮮有不昏. 非學問思辨以明天下之理, 則善惡之機, 眞妄之辨, 不能自覺, 任情恣意, 其害有不可勝言者矣)」(『傳習錄』卷中「答顧東橋書」).

명의 본의와 맞지 않는 바가 있다고 보고, 자기 견해에 입각해서 수정한 「良知図」를 다시 그에게 보냈다. 이 「良知図」는 양지를 체와 용으로 구분하여 설명하고 있기에 이것을 일반적으로 「良知体用図」라고 부른다.[90]

[도3] 하곡의 「良知体用図」[91]

「良知体用図」는 세 개의 동심원 즉, 안쪽이 '性圈', 중간이 '情圈', 바깥이 '万物圈'으로 구성되어 있다. 그리고 원의 바깥 위와 아래에는

90) 『霞谷集』上「答閔誠齋書·2」참조.

91) 崔在穆, 『陽明學の東アジア的展開』, 115쪽에서 재인용.(이것은 필자가 원본을 재현한 것임).

'天'과 '地'를 각각 써 놓고 있다. 이것은 인간을 포함한 천지만물이 존재하며 활동하는 구체적 時空間을 표시한 것이다. 각각의 영역[圈] 사이에 圓이 둘러져 있는 것은 그 각각의 고유 영역을 명확히 하는 線이다. 아울러 東湖의 꿈에서 깨달은 '任情縱欲' 病弊(=王學之病)를 극복하기 위한 것, 즉 性-情, 理-氣 관계에서 순환·착오가 없어야 하기에 그것을 '体用的 형태'로 '제어장치를 설정'한 것이라 생각된다.[92] 이 図에서는 우주 만물이 인간의 '良知'를 중심으로 구성되어 있으며 더욱이 인간과 만물은 '無間'의 상태로 있음을 명시한다. 인간의 논리적, 지적인 工夫·修行의 결과로 얻어지는 깨달음[覺悟]의 상태인 '合一'과는 달리 '無間'은 특별한 논리적, 지적인 工夫·修行 없이 인간과 만물은 '본래적으로' '이미'(논리와 인식 이전에) 하나라는 것을 자명한 사실로서 전제를 한다.

잠시 鄭霞谷이 23세 때에 얻은 깨달음을 좀 더 음미해보자. 이를 위해 시야를 일본의 中江藤樹(1608-1648. 名은 原, 字는 惟命, 通称은 与右衛門, 藤樹는 호, 별호는 顧軒·嘿軒) 쪽에 돌려보기로 한다. 즉, 中江藤樹가 양명학에 입문할 때의 감회를 정하곡과 비교해보면 대조적이라서 흥미롭다.

中江藤樹는 일본사상사에서 양명학을 자각적으로 수용하고 또한 본격적으로 연구한 인물이다. 그래서 흔히 '일본 양명학의 開祖'라 부른다. 이렇게 元祖 격인 藤樹 문하로부터 熊澤蕃山(1619~1691)과 淵岡山(1617~1686)이 나오는데, 이 시기가 일본 양명학의 제 1기에 해

---

92) 최재목, 「동아시아의 양명학에서 체용론이 갖는 의미」, 『양명학』제9호, (한국양명학회, 2003)을 참조.

당한다. 이후 일본 양명학을 중흥시킨 三輪執齋(1669~1477)가 나오는데 제 2기에 해당한다. 그 다음으로 근세 양명학을 장식하는 佐藤一齋(1772~1859)와 大塩中齋(1793~1837)가 나오는데 이 시기가 제 3기에 해당한다.[93]

[표 1] 일본 양명학의 계보

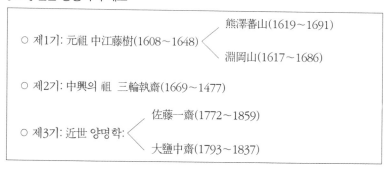

○ 제1기: 元祖 中江藤樹(1608~1648) ─ 熊澤蕃山(1619~1691)
　　　　　　　　　　　　　　　　　 └ 淵岡山(1617~1686)

○ 제2기: 中興의 祖 三輪執齋(1669~1477)

○ 제3기: 近世 양명학: ─ 佐藤一齋(1772~1859)
　　　　　　　　　　　　└ 大鹽中齋(1793~1837)

일본 양명학의 開祖 中江藤樹는 왕수인의 학문에 접했던 37歲 때에 이렇게 말한다.

　道學の御志今ほど如何. 定日日にあつく可罷成と奉察候. 私事ふかく朱學を信じ年久, 工を用, 申候へども入德の效おぼつかなく御座候て學術に疑出來, 憤ひらけ難き, おりふし, 天道のめぐみにや陽明全集と申書わたり買取熟讀仕候へば, 拙子疑の如く發明ども御座候て憤ひらけちと入德の杷柄手に入樣に覺, 一生の大幸言語道斷に候. 此一助無御座候はば此生をむなしく可仕にと有難奉存候. 面上に委御物語仕

93) 이에 대한 논의는 최재목, 「일본양명학의 전개」, 『陽明學』제1호, (한국양명학회, 1997.11)을 참조할 것. 아래의 내용과 〈표〉(표2)은 여기서 재인용하였음.

度とのみ存暮候. 百年已前に王陽明と申先覺出世朱學の非を指点し孔
門嫡派の學術を發明めされ候. 大學古本を信じ, 致知の知を良知と解
しめされ候. 此發明によつて開悟の樣に覺へ申候.[94]

즉, 中江藤樹는 말한다. 왕수인의 학문에 접할 당시까지 朱子學을
신뢰하고 格法을 고수했지만, 덕을 몸에 지니는 효과에 대해서 불안
하게 생각하고 학문에도 의문이 생기며 도가 열리지 않는 것을 개탄
하고 있던 때, 천도의 은혜로『陽明全書』를 입수하여 숙독함으로써 자
기가 의문시하고 있던 점을 밝힐 수가 있었고, 자신의 慨歎도 해소되
고 入德의 수단(杷柄)을 손에 넣었으니, 이는 일생의 커다란 행운이요
말로 표현 못할 정도의 기쁨이었다고. 이 일조가 없었더라면 자신의
일생을 헛되이 보냈을 것이라고. 다시 말하면, 백 년 이전에 왕수인이
致知의 知를 良知로 해석하였는데, 이 새로운 해석에 의해 中江藤樹
는 자신의 생각을 開悟할 수 있었다는 고백이다.[95]

이에 반해 정하곡은, 위에서 보듯이,「양명학을 봄에 그 도가 간요하
고 매우 정미한 바가 있어서 마음속 깊이 기뻐하고 즐겼」으나, 마침내
「王氏의 치양지 학은 매우 정미하지만 대저 그 폐단은 任情縱欲의 걱
정이 있다」고 하고, 또「任情縱欲」「이 네 자는 참으로 왕학의 병폐를
잘 표현한 것이다(此四字眞得王學之病)」라고 하였다.

中江藤樹는 주자학을 비판, 극복하는 형태로서 양명학을 수용하는
의의와 기쁨을 표명하고 있다. 반면, 鄭霞谷은 양명학을 수용하는 의

---

94)『藤樹集』卷2「年譜」37歲條.
95) 이에 대해서는 崔在穆,『東アジアにおける陽明學の展開』의 제1장, 제 3절, 崔在
穆,『東亞陽明學』의 제1장을 참고 바람.

의와 기쁨을 말하긴 하지만 양명학의 병폐를 자각·경계하고, 이를
바탕으로 양명학을, 당시 조선의 사상적 풍토에 맞춰, 그것을 수정하
는 형태로 받아들이고 있었음을 볼 수 있다.

　결국 정하곡은 王陽明의 '任情縱欲' 病弊(=王學之病)을 교정하는
형태로 왕양명의 良知論을 받아들여 사상체계를 구축한다. 그것이 바
로 그의 「良知体用図」였다고 하겠다.

　어쨌든 정하곡도, 王陽明·王心齋와 유사하게 〈夢 → 覺悟 → 理論
(學說)의 誕生〉이라는 순서를 밟고 있다.

3) 佐藤一齋의 夢 - 夢我와 眞我의 문제 -

　일본 양명학의 경우에 명확하게 〈夢 → 覺悟 → 理論(學說)의 誕生〉
이라는 순서를 밟는 경우를 찾기는 힘들다. 다만, 꿈과 깨달음을 논의
가 단편적이긴 하나 佐藤一齋(1772 - 1859)에서 그 유사한 예로 찾을
수 있다.

　佐藤一齋는 후반생 40여년에 걸쳐 지도자의 지침서에 해당하는 4
종의 수상록을 써는 데, 그것이《言志四錄》이라 불리는 『言志錄』, 『言
志後錄』, 『言志晩錄』, 『言志耋錄』이다.[96] 그는 『言志晩錄』가운데서 이
렇게 말한다.

　　꿈 속(夢中)의 내(我)가 나이다. 꿈 깬 후(醒後)의 내(我)가 나이다.
　　꿈속의 나(夢我)와 깬 후의 나(醒我)임 을 아는 자는 마음의 영명한 상

---

96) 이 논문에서는 편의상 『陽明學大系第九卷: 日本の陽明學(中)』, (東京: 明德出版
　　社, 1972) 속의 원문과 번역을 참조하였음을 밝혀둔다.

태(心之靈)이다. 영명한 것(靈)이 곧 진짜 나(眞我)이다. 참된 나(眞我)
는 깸과 잠듦(醒睡) 사이에 간극이 없으며, 항상 영명하고 항상 깨어있
어, 万古에 걸쳐 죽지 않음을 스스로 안다.[97]

'꿈 속의 나'와 '꿈 깬 후의 나', '깨어 있음'과 '잠들어 있음'을 한 가지
로 보고, 그것이 둘이 아님을 아는 것이 진정한 깨어있는 마음(=마음
의 영명한 상태)이며, 이러한 깨어 있는 마음이야말로 '참된 나'(眞我)
이며, 영원히 죽지 않는다고 간주한다.

그가 꿈과 현실을 하나로 보는 데는 '죽과 삶[死生]', '깸과 잠듦[醒
睡]'을 하나로 보는 기본 사상에 근거한다. 즉, 『言志錄』에서 「晝夜는
一理, 幽明(저승과 이승. 死生을 말함)은 一理」[98] · 「物은 원래 活이다.
事도 또한 活이다. 生은 원래 活이다. 死도 또한 活이다.」[99]라고 하고,
『言志晩錄』에서는 「生은 死의 시작이고, 死는 生의 마침이다. 태어나
지 아니하면 죽지 아니한다. 죽지 아니하면 태어나지 아니한다. 生은
원래 生, 死도 또한 生, (『周易』「繫辭伝」에서 「生하고 또 생하는 것을
일러 역이라 한다(生生之謂易)」라는 것이 이것이다.」[100] · 「사후를 알
고자 하면, 마땅히 생전을 보아야 한다. 晝夜는 死生이다. 醒睡는 死生
이다. 呼吸은 死生이다.」[101]라고 한다. 정도의 차이가 있긴 하나 佐藤
一齋는 꿈과 현실, 생과 사를 둘로 보지 않고, 하나로 본다. 이런 사상

---

97) 夢中之我, 我也, 醒後之我, 我也, 知己爲夢我, 爲醒我者, 心之靈也, 靈卽眞我也, 眞
我自知, 無間於醒睡, 常靈常覺, 且乎萬古而不死者矣.
98) 夫晝夜一理, 幽明一理
99) 物固活也, 事亦活也, 生固活也, 死固活也.
100) 生是死之始, 死是生之終, 不生則不死, 不死則不生, 生固生, 死亦生, 生生之謂易,
卽此.
101) 欲知死之後, 當觀生之前, 晝夜, 死生也, 醒睡, 死生也, 呼吸, 死生也.

을 바탕으로 한 깨달음을 갖고 사상을 전개한다.

물론 佐藤一齋는 왕양명, 왕심재, 정하곡처럼 〈夢 → 覺悟 → 理論(學說)의 誕生〉이라는 명확한 순서를 보이는 것은 아니다. 그러나 '꿈 속의 나[夢中之我]'(=夢我)와 '꿈 깬 후의 나[醒後之我]'(=醒我), '깨어 있음'과 '잠들어 있음을 한 가지로 보는 깨달음이 그의 사상전개의 토대가 된다는 점은 다른 지역 사상가들과 서로 통한다고 하겠다.

5. 結語

지금까지의 논의를 통해서 필자는 동아시아 陽明學者들에게는 일생에서 어떤 중요한 '꿈(夢)' 있은 뒤에 반드시 '깨달음(覺·悟)'이 있고, 그런 다음 사상가 자신의 새로운 자신의 사상적 立場·理論이 탄생한다는 것을 알 수 있었다.

[표 2] 동아시아 양명학자들의 꿈[夢]과 깨달음[覺悟]의 패턴

夢→覺悟/頓覺→理論(學說)의 誕生

이것은 양명학의 어떤 이론·학설이 이지적·논리적 과정을 거치는 것이 아니라 '꿈[夢]'이라는 '신비체험'을 통해서 탄생함을 의미한다. 이 점은 이지적·논리적 단계를 오랫동안 점차적으로 거친 뒤에 '비약적인 豁然貫通의 경지'를 상정하는 주자학과는 분의기를 달리한다.

이 글에서는 왕양명, 그리고 양명학자들에게서 보이는 꿈–깨달음

의 문제를 분석하는 데에는 프로이드 등의 논의보다도, 心學의 특성을 고려하여 그 사상의 내적 논리에 충실히 접근하고자 하였다. 서양의 고대뿐만 아니라 고대 동양에서도 꿈은 미래를 예언하는 절대자(신)의 告知로 여겨, 그에 따라 정치를 행하였다.

고대의 인간은 꿈 혹은 점술을 통해서 절대자인 신의 의지나 징조를 파악할 수밖에 없었다. 다시 말하면 꿈은 신의 의지에 접하는 길이었다. 물론 신의 지배를 받는 상황에서는 인간의 독립된 마음이란 없었다. 당연히 나(자아)도 없었다. 그래서 꿈을 꿀 필요가 없었다. 왜냐하면 절대자인 신의 명령, 목소리에 전적으로 의존하고 신의 뜻에 복종하여 그와 일치된 상태였기 때문이다. 꿈은 신으로부터 마음이 독립하고 나서 생겨나는 문제이다. 인간 마음이 독립한다는 것은 신은 침묵했다는 말이다. 인간은 신이 침묵한 새로운 상황에서 전조(징조)를 기다릴 수밖에 없었다. 능동적-자발적인 점술과 달리, 꿈은 신의 뜻을 수동적으로 기다리는 것이다.

양명은 수동적인 꿈과 능동적-자발적인 점술이 무모순적으로 결합하고, 또한 꿈에 징조를 내리고 점술로 징조를 묻는 그 궁극점에 있는 하늘(=절대타자)을 양지 속에 전적으로 내장시켜버렸다. 이것은 절대타자=타력을 자기 속에 끌어당겨 자기화하여, 능동적, 자발적인 힘으로 전화해간다 의미였다. 이런 타력이 양지라는 자력적인 개념 속에 합일되어 있는 구조는 왕양명의 사상을 독자성을 발하는 부분이다. 여기서 열정과 狂·狂者, 개성과 自由, 인간 성정의 자연에 대한 신뢰, 합일과 일체, 평등의 지향을 뚜렷이 보이게 된다. 이러한 왕양명, 양명학의 개성적 전개를 추동해 가는 것은 중국에서 고대 이래로 숨어왔던 원시적 일체·혼돈 지향성의 에너지였다. 그것이 현실과 결합함으로써 새로운 일체 · 혼돈 · 자연 지향의 사상사를 이끌 수 있었다. 꿈은 바로 이러한 문맥 속에 위치한다. 그리고 양명에게서 꿈은 양지의 靈明한 활동이었다. 그 활동으로서 꿈이 있고, 양지가 그 진정한 메시지를 직각 · 체득하면 '깨달음[覺悟]'을 얻게 된다.

특히 중국의 경우는, 王陽明(守仁)과 王心齋(艮)에서 보듯이, 내용에는 조금씩 차이가 있더라도 기본적으로는 宇宙 · 万物 속에서 갖는 '吾心=我'의 절대적 위치에 대한 자각을 핵심으로 한다. 이런 사상적 자각의 배후에는, 주자학에서 보이는 이지적 · 논리적인 공부과정의 냉정함 · 엄숙함이 아닌, 왕양명의 사상이 본래 지향했던 인간 존재의 자율성 · 자유성 · 열정(pathos)이 활동하고 있는 것이다. 그것이 사회적으로 작용할 때 万物一体의 救濟와 관련된 '狂者'의 태도가 적극 드러난다.

반면에 한국의 정하곡의 경우는, '조선이라는 시 · 공간'='지역적(local) ethos'가 작동되어 선택적으로 중국 양명학을 수용하게 된다. 여기서 宇宙論的인 관심은 약간 退化되고, 自由性 · 熱情(pathos)은 体用論的인 안정된 형식(틀) 속에서 재조정되어 정착한다. 그래서 '任情縱欲之患'='王學之病'이 제거된 형태로 정하곡의 양명학은 체계화된다. 그것이 바로 그의 「良知体用図」였다.

이어서 일본 양명학의 경우에 꿈과 깨달음을 논의하는 것이 비록 단편적이긴 하나 佐藤一齋에게서도 동일한 양자 간의 연관성이 발견된다. 그는 '꿈 속의 나'와 '꿈 깬 후의 나', '깨어 있음'과 '잠들어있음'를 한 가지로 보고 '夢我'와 '醒我'를 동일시하고 있다. 물론 佐藤一齋는 왕양명, 왕심재, 정하곡처럼 〈夢 → 覺悟 → 理論(學說)의 誕生〉이라는 명확한 순서를 보이는 것은 아니지만 '깨어 있음'과 '잠들어 있음'를 한 가지로 보는 깨달음이 그의 사상이 전개의 토대가 된다는 점은 다른 지역의 사상가들과 서로 통한다고 하겠다.

위와 같이, 동아시아의 양명학자들이 꿈과 깨달음의 관련성을 중시한 것은 마음-자아-주체를 중심에 세우고 삶을 영위하지만 끊임없이 무의식-생명-일체-혼돈-신체-감성에 귀를 기울인다는 뜻이다. 꿈과 현실의 명확한 구분을 설정하지 않는다는 것 또한 꿈이라는 인간의 감성적 작용, 생체적 리듬이 우주적 생명력과 통하는 길(=통로)였음을 자각하고 있었다는 증거이다. 정주학의 理처럼, 이미 고정화·객관화·형식화된 定理의 세계를 추구하는 것이 아니라 양명학은 '인간의 따뜻한 피가 도는' 형태의 만물일체(정하곡의 '万物一体無間' 등에서처럼)를 꿈꾼다는 점은 재음미해볼 필요가 있다.

아울러 꿈, 열정, 깨달음, 생명이 있는 구체적 삶을 중시하는 양명학은 인간 및 생명체 개개의 구체적 지향점들을 살려주는 시사점을 갖는다. 양명학은 개체, 개체의 작은 섬세한 깨달음에서 스스로의 주체적 세계를 자각적, 창의적으로 열어가는 방식을 존중하고 지향한다. 즉 이 점은 생명종의 다양성을 지향하는 생명체 윤리와도 통하며, 아울러 전쟁-경쟁 모형의 삶 보다는 감성적·교향악적·문화적·창의적 모형의 삶을 지향하도록 하는데 기여할 수 있을 것이라 본다.

陽明學과 公共性

1. 시작하는 말

이 글은 양명학과 공공성에 대해서 논의하려는 것이다. 이 주제는
'양명학은 공공성에 대해 어떤 인식을 가지고 있는가?'라는 내용으로
바꿀 수도 있을 것이다. 지금까지 우리 사회에서는 여러 형태로 공공
성(publicness), 공공철학(Public Philosophy) 논의가 진행되어 왔다.[1]

---

1) 우리 사회의 공공철학 붐에 대해 조성환은 다음과 같이 정리하고 있다. "최근 2~3
년 사이에 한국 학계에서는 이른바 '공공성' 붐이 일어나고 있다. 각 대학과 연구소
에서 '공공성'을 주제로 한 학회나 포럼 또는 연구프로젝트가 봇물 터지듯이 전개
되고 있는 것이다. 90년대에 '포스트모더니즘'이라는 서양의 사조가 한국의 인문학
계를 강타한 것과 버금갈 정도의 무서운 기세로 '공공성' 담론은 우리에게 다가오
고 있다. 급기야는 '공공학회'가 창설되고(2013년 2월), 철학과 대학원에서 '공공
성'을 주제로 한 수업이 개설되었으며(외대 2014년 1학기), '한국에서의 공공철학
의 가능성'을 주제로 한 발표가 학술대회에서 준비되기에 이르렀다(2014년 8월 대
구퇴계학연구원 주최). 공공성 붐이 일어난 시점이 내가 관여하고 있는 「월간 공공
철학」의 발행(2011년)과도 묘하게 겹치고 있어 더더욱 흥미를 불러일으킨다."[조
성환, 「일본의 공공철학과 한국에서의 공공철학의 가능성」, 『공공학회 발표 자료

이런 가운데 부분적으로 양명학의 공공성 논의도 부분적으로 있어왔다. 실제로 왕양명 나아가서 동아시아 양명학자들에게 '공공(公共)' 혹은 공공성에 관련한 의미 있는 논의들은 많다. 그런데 양명학에 내재하는 공공성의 문제에 집중한 연구는 보기 드물었다. 따라서 이 논문에서는 하나의 시론으로서 양명학과 공공성 문제를 거론해보고자 한다.

원래 공이란 '사를 등지는 것'(背私謂之公)을 말한다.[2] 이것은 정전법(井田法)에서 사방이 사전(私田)으로 되어 있고 그 중앙에 사전을 물리친 형태로 공전(公田)이 있는 것과 같다.[3] 그렇다면 공은 사와 철저히 배치되는 것임에 분명하다. 어쨌든 공과 사는 '멸사봉공(滅私奉公)'이란 말처럼 서로 불편한 관계로 동거하는 개념이다.

집』, 태화빌딩 회의실, 2014.3.15, 1쪽].
참고로 그 동안 진행되어 온 공공성, 공공철학 논의는 주로 김태창을 중심으로 교토포럼에서 진행되었다. 그 결과물(연구서)들이 국내에 많이 번역되어 있는데 이를 소개하면 다음과 같다.
사이토 준이치, 『민주적 공공성』, 유수연 외 역, 이음, 2009
김태창 편저, 『상생과 화해의 공공철학』, 조성환 역, 동방의 빛, 2010
야자키 카츠히코, 『실심실학』, 정지욱 역, 동방의 빛, 2010
야마와카 나오시, 『공공철학이란 무엇인가』, 성현창 역, 이학사, 2011
김태창, 『한삶과 한마음과 한얼의 공공철학이야기』, 정지욱 역, 모시는 사람들, 2012
고바야시 마사야, 『마이클샌델의 정치철학』, 홍성민 외 역, 황금물고기, 2012
이나가키 히사카즈, 『공공복지』, 성현창 역, 예영커뮤니케이션, 2013
2) "스스로 빙 둘러 에워싸는 것을 사라고 하고, 그런 사를 등지는 것을 공이라 한다.(自環者謂之私, 背私謂之公)"(韓非, 『韓非子』, 「五蠹」)
3) 정전법에 대해서는 중국 고대 사상가 맹자(孟子)가 설(說)한 것이 가장 오래 된 것이다. 1리 4방(1리는 405m)의 토지를 '정(井)'자 모양으로 9등분하여, 주위의 8구획은 8호(戶)의 집에서 각기 사전(私田)으로서 경작하고, 중심의 1구획은 공전(公田)으로서 8호가 공동으로 경작하여 정부에 바치는 조세로 할당하였다.

공(公)이란 말에 공(共)이 붙어 흔히 '공공'이란 말이 쓰인다. 원래 '公共'이라는 말은 약 2,100년 전, 사마천이 지은 『사기(史記)』에 처음 나온다.[4] 이 때 쓰인 '공공'은 '공유'나 '공평', '일반'의 의미이다. 이후 동아시아 사회에서 '공공'은 주자학을 비롯하여 성리학 일반의 용어로 자리한다. 즉 '이(理)·기(氣)' '심(心)·성(性)'처럼 누구에게나 보편적으로 적용되는 법칙, 원리, 원칙, 규칙, 규범이라는 맥락 속에서 두루 활용되어 온 것이다. 예컨대 조선시대의 여헌(旅軒) 장현광(張顯光. 1554~1637)이 사용한 '公共'라는 말은 그 모범을 이룬다.[5] 즉 「이른바 공공(公共)이라는 것은 이 물건을 헛되이 버리는 땅에 두는 것(置是物於虛棄之地)이 아니요 다만 사사로이 하지 않을(不私) 뿐이다. 시내와 산은 진실로 공공한 물건이지만(溪山固是公共之物) 내가 얻어 내가 즐거워하고 남이 얻어 남이 즐거워하고 천만 사람이 얻어 천만 사람이 모두 즐거워하여 각각 얻은 바에 따라 즐거워하니, 이어찌 공공함(爲公共)에 해롭겠는가. 앞사람이 즐거워하고 뒷사람이 또한 즐거워하며 이 사람이 즐거워하고 저 사람 또한 즐거워하여 서로 사양하지 않고 모두 스스로 만족하니, 이 어찌 혐의할 것이 있겠는가?」라는 내용이다. 공(公), 공공(公共)을 '공유'나 '공평'이라는 점에

4) 황제의 행차 길에 겁 없이 뛰어든 한 사내를 처벌하는 건을 둘러싸고 황제인 한문제와 법을 담당하는 장석지가 논의를 하는 과정에서 한문제는 엄하게 처벌하기를 바라는데 비해 장석지는 법에 따라 벌금형에 처해야 함을 주장하면서 "법이란 천자가 천하와 함께 '公共'하는 바입니다(法者天子所與天下公共也)"라고 언급한 데서 유래한다.
5) 이 용례는 카타오카 류(片岡龍)씨가 「퇴계 문하에서 여헌 장현광에 이르는 '공공'」 [『한중일 공공의식 비교연구 국제학술대회 자료집: 조선왕조의 공공성』, 한국학중앙연구원, 2013.10, 93쪽]의 소개에서 참조하였다.
6) 張顯光, 『旅軒先生文集』권9, 「立巖記」: 夫所謂公共者, 非曰置是物於虛棄之地也, 但

서 사용하는 것은 왕양명도 예외가 아니었다. 다만 왕양명이 말하는 공공은, 「평범한 대중들[愚夫愚婦]과 같이 하는 것을 동덕(同德)이라 하고, 대중들[愚夫愚婦]과 달리 하는 것을 이단(異端)이라고 한다.」[7] 고 단언한 것처럼, '아래-대중'을 기반으로 구상·기획된 가치나 질서가 위로 향하는 것, 다시 말해서 '아래로부터의 공공'이었다. 이것은 좀 더 소급하자면 '나의 심(心)'에 기반하고 있는 것이다.

양명학에서는 영원불변한 진리 즉 '정리(定理)'를 누구나 의심 없이 따르는 형태의 공공을 상정하지 않았다. 왕양명은 심즉리(心卽理)'를 주창함으로써 '사물과 인간에 앞서서 존재하는 고정불변의 이치(理)는 죽었다!'는 것을 선언한다. 말하자면 진리의 선험성(先驗性)을 허물어버리고 출발한다. 이치는 '나의 심(心)'에서 구성·창출되어 나오는 것이다.

이 논문에서는 양명학에 보이는 예들을 기초로 공공성이라는 주제를 논의해보고자 한다. 논의의 순서는 먼저, 「선험적 이치[定理]의 해체와 '주체'의 확립」을 논하고, 이어서 「양명학과 공공성 인식」을, 마지막으로 「'나'로부터 시작하는 공공성」이 될 것이다.

不私之而已, 溪山固是公共之物也, 而我得之而我樂之, 人得之而人樂之, 千萬人得之而千萬人皆樂之, 各隨其所得而樂之, 何害其爲公共也, 前人樂之, 後人亦樂之, 此人樂之, 彼人亦樂之, 不相讓而皆自足矣, 何嫌乎哉.

7) 「傳習錄」下: 或問異端, 先生曰, 與愚夫愚婦同的, 是謂同德, 與愚夫愚婦異的, 是謂異端.

2. 선험적 이치[定理]의 해체와 '주체'의 확립

왕양명은 선험적 이치[理]를 부정하고, 그 자리에 주제[心]를 건립
한다.[8] 심에서 리를 창출하는 그의 학문적 방법론을 두고 여러 각도
의 논의가 있다. 즉 조선시대 양명학의 집대성자로 불리는 하곡(霞
谷) 정제두(鄭齊斗. 1649-1736)는 주자(朱子)는 '수만 가지로 갈라진
곳'[万殊處: 경험계]에서 출발하여 '하나의 본원적인 곳'[一体處: 본체
계]으로 향하였고, 양명은 그 반대로 '하나의 본원적인 곳'에서 출발
하여 '수만 가지로 갈라진 곳'으로 향하였다[9]고 날카롭고도 선명하제
지적한 바 있다. 현대에 와서도 이러한 관점을 제기한 경우가 있다. 일
본의 야마이 유(山井湧)와 야스다 지로(安田二郎)라는 사람이다.

먼저 야마이 유는 「육상산-왕양명의 경우 먼저 '신념'과 '깨달음'
이 있고나서 그것을 '이론적'으로 설명하였고, 나아가서 '학문하고 실
천하는 태도'를 보여주었다」고 하였다. 이어서 야스다 지로(安田二
郎)는 「주자는 '체험'에 도달하기까지의 거쳐야 할 '과정'에 주목하여
(='학문의 사실=내용 분석'에서 출발하여) 이론을 구성하였고, 반면
에 왕양명은 (자신의) '체험 자체'에 근거하여(='덕성의 실체 분석'에
서 출발하여) 이론을 구성하였다」고 보았다[10]. 그래서 야스다 지로는

---

8) 이 부분은 崔在穆, 「心學の東アジア的展開」, 『日本思想史講座3-近世』, ペリカン社,
   2012 및 최재목, 「王陽明 良知論에서 '靈明'의 意味」, 『陽明學』31호, 한국양명학회,
   2012.4를 많이 참조하였다.
9) 『霞谷集』上, 「答閔彦暉書」: 蓋朱子自其衆人之不能一體處爲道, 故其說先從萬殊處
   入, 陽明自其聖人之本自一體處爲道, 故其學自其一本處入, 其或自末而之本, 或自
   本而之末, 此其所由耳, 其非有所主一而廢一則俱是同然耳, 使其不善學之, 則斯
   二者之弊, 正亦俱不能無者, 而如其善用二家, 亦自有同歸之理, 終無大相遠者矣.
10) 山井湧, 「宋明의 儒學에 있어서 '性卽理'와 '心卽理'」, 『明淸思想史의 硏究』, 東京

주자의 관점을 '아래에서의 이론', 왕양명의 관점을 '위로부터의 이론'
이라고 규정하였다[11]. 그런데 위, 아래는 혹여 오해할 소지가 있기에
안=내면, 밖=외면으로 바꾸면 좋을 것 같다. 이러한 논의는 전통 개념
의 맥락에서 다시 조명한다면 주자는 '도문학(道問學: 묻고 배움에 말
미암음)에서 존덕성(尊德性: 덕성을 고양함)으로', 왕양명은 '존덕성
에서 도문학으로'라는 구조가 될 것이다.

이러한 왕양명의 학문의 틀은 '심즉리(心卽理)'라는 테제에서 출발
한다. 그것은 그가 37세 되던 해, 좌천지 귀주성(貴州省) 용장(龍場)
에서 이루어지는, 어느 날 밤의 '신비한 꿈 체험'에서 비롯한다. 중국
사상사에서 획기적인 사건이다.

홀연히 한밤중에 [여태까지 스스로 고민해왔던] 격물치지(格物致
知)의 본지를 대오(大悟)하였다. 꿈에서 누군가가 말을 하는 것 같았
다. 자신도 모르게 소리를 치며 펄쩍 뜀 지경이었다. 성인의 도는 자신
의 본성(性) 속에 자족한 것이다, 이전에 마음 밖의 사물에서 이치를 구
한 것은 잘못이라는 것을 비로소 알게 되었다. 이에 묵묵히 오경(五経)
의 말을 기록하여 증명해보니 맞지 않는 것이 없었다. 그래서 『오경억
설(五経臆説)』을 지었다.[12]

꿈 체험 속에서 얻어낸 「성인의 도는 자신의 본성(性) 속에 자족한

　　　大學出版會, 1980, 100쪽 참조.
11) 安田二郎, 「陽明學의 性格」, 『中國近世思想研究』, 筑摩書房, 1976, 191쪽 참조.
12) 『陽明全書』卷32, 「年譜」, 37세조: 忽中夜大悟格物致知之旨, 夢寐中若有人語之者,
　　不覺呼躍, 從者皆驚, 始知聖人之道, 吾性自足, 向之求理於事物者誤也, 乃默記五経
　　之言証之, 莫不脗合, 因著五経臆説.

것이다, 이전에 마음 밖의 사물에서 이치를 구한 것은 잘못이라는 것을 비로소 알게 되었다.」는 내용은 도대체 무엇인가? 그것은 분명히 그가 그때까지 고민해왔던 '격물치지(格物致知)'를 둘러싼 것이었다. 그것의 '본지를 대오(大悟)'하였다는 것인데, 여기에 이르기까지 그는 주자 나아가서 송대 성리학이 제시한 '격물치지(格物致知)'론에 대해 치열하게 탐구하였고 끝내 해결보지 못한 심리적, 사상적 번민을 가지고 있었다. 그것은 주자가 말한 '만물의 겉과 속, 자세함과 거칠음, 풀 한포기 나무 한그루에 모두 지극한 리가 있다'(『年譜』21歲條)라는 언설[13], 즉 「사사물물개유정리(事事物物皆有定理)」[14]나 「일초일목역개유리(一草一木亦皆有理)」[15] '천지지간의 본래 일정불변하는 이치(理)'[16]라는 주장을 둘러싼 것이었다.

왕양명은 주자의 가설적인 테제에 진지하게 몰두한다. 몇 차례의 도전과 좌절, 드디어 질병(노이로제)을 경험한다. '풀 한포기 나무 한그루에 모두 지극한 리가 있다'는 주자의 말을 곧이곧대로 믿은 왕양명은 그의 친구와 둘이 집안의 뜰에 자라는 대나무를 잘라 와서 일주일간이나 침식조차 잊고 그것만 바라보게 된다. 그러나 끝내 실패하고 노이로제(疾)에 걸려 버렸다.

다음은 「연보」21세조에 실린 내용인데, 왕양명의 주저 『전습록』하권에는 황이방(黃以方. 이름은 直, 이방은 자)의 기록으로 이렇게 나

---

13) 「年譜」21세조: 是年爲宋儒格物之學, 先生始待龍山公于京師, 徧求考亭遺書讀之, 一日思先儒爲衆物必有表裏精粗, 一草一木皆含至理, 官署中竹多, 卽取竹格之, 沈思其理不得, 遂遇疾. 「伝習錄」下에도 유사한 내용이 나온다.
14) 『朱子語類』卷17, 「大學4/或問上」, 葉賀孫錄
15) 『朱子語類』卷18, 「大學5/或問下」, 徐萬錄
16) 『晦庵先生朱文公文集』卷38, 「答黃叔張維之」.

와 있다.

　선생께서 말씀하셨다.

　"뭇사람들은 단지 격물은 주자에 의거해야 한다고 말하지만, 일찍이 그의 말을 실행한 적이 있었던가? 나는 착실하게 실행해보았다."

　"젊었을 때(11세-17세 사이)¹⁷⁾ 나는 전이라는 친구[錢友]와 함께 '성현이 되려면 천하 사물[의 이치]에 이르러야[格] 하는데 어떻게 하면 그와 같이 커다란 역량을 얻을 수 있을까'에 대해서 토론한 일이 있었다. 그리하여 [나는 그에게] 정자 앞에 있던 대나무를 가리키면서 [그 이치에] 도달해보자고 하였다. 전씨[錢子]는 밤낮으로 대나무의 도리[竹子的道理]를 궁구하여 [그곳에] 이르고자[窮格] 생각[心思]을 다하다가 3일이 되어서는 그만 지쳐서 병이 나고 말았다. 처음에는 [나는] 그가 정력이 부족하기 때문이라고 말하고서 나 자신이 직접 탐구해갔다. [나 또한] 밤낮으로 해도 그 이치를 얻지 못했고, 7일이 되어서는 역시 너무 생각을 한 나머지 병이 나고 말았다[勞思致疾]. 결국 우리는 '성현은 될 수 없는 것인가 보다. 사물[의 이치]에 다다를 커다란 역량이 없구나!' 하며 함께 한탄하였다."

　"그후 용장에 3년간[夷中三年, 1507~1509] 있는 동안 겨우 그 의미를 얻고 나서야 천하의 물(物)에는 본래 이르러야 할 것이 없으며 사물에 이르는 공부[格物之功]는 다만 몸과 마음에서 하는 것이다[在身心上做]는 것을 알게 되었다. 그리고 성인이란 것은 어떤 사람이든 도달할 수 있는 것[聖人爲人人可到]이며, 스스로 감당해낼 수 있는 것이라고 확고하게 생각하였다. 이러한 생각을 그대들이 알 수 있도록 말해주

---

17) 여기서 '젊었을 때'가 언제인지는 정확치 않지만 양명이 북경에 있을 때인 11세-17세 사이로 추정된다.

겠다."[18]

왕양명은 「사사물물개유정리(事事物物皆有定理)」라는 주자학적 존재론의 테제에 대해 실천적으로 탐구해보았던 것이다. 그러나 끝내 '나와 사물', '나의 마음(吾心)과 사물의 이치(物理)' 사이의 좁혀지지 않는 깊은 간극, 그 머나먼 거리감(=이원성)이라는 번민은 극복할 수 없었다.

주자의 이른바 격물이라는 것은 "사물에 이르러서 그 이치를 탐구하는데 있다(在即物而窮其理)"는 것이다(『대학장구』格物補传의 말). 사물에 이르러서 이치를 탐구한다는 것은 사사물물에 있어서 그 이른바 정리(定理)를 탐구하는 것이다. 이것은 나의 마음을 가지고 이치를 사사물물 속에서 구하여 마음과 이치를 쪼개어서 둘로 하는 것이다(析心与理爲二).[19]

이러한 주자학적 '정리(定理)'론이 감춘, 나'와' 사물 사이의 '와/과(与)'라는 관념을 왕양명은 캐치하고 있었다.

---

18) 「傳習錄」卷下: 先生曰, 衆人只說格物要依晦翁, 何曾把他的說去用, 我著實曾用來, 初年與錢友同, 論做聖賢, 要格天下之物, 如今安得這等大的力量, 因指亭前竹子, 令去格看, 錢子早夜去窮格竹子的道理, 竭其心思, 至於三日, 便致勞神成疾, 當初說他這是精力不足, 某因自去窮格, 早夜不得其理, 到七日, 亦以勞思致疾, 遂相與嘆聖賢是做不得的, 無他大力量去格物了, 及在夷中三年, 頗見得此意思乃知天下之物本無可格者, 其格物之功, 只在身心上做, 決然以聖人爲人人可到, 便自有擔當了, 這裏意思, 卻要說與諸公知道.
19) 「傳習錄」中, 「答顧東橋書」: 朱子所謂格物云者, 在即物而窮其理也, 即物窮理是就事事物物上求其所謂定理者也, 是以吾心而求理於事事物物之中, 析心與理爲二矣.

어떤 사람이 물었다. "회암(晦庵)선생은 '사람이 학문으로 삼는 것은 '심'(心) '리'(理)일 뿐이다'[20]라고 말했는데, 이 말을 어떻게 생각하십 니까?"

선생(=양명)이 말하였다, "마음이 곧 본성이고, 본성이 곧 리(理)이 다. '여'(與)자를 넣은 것은 심과 리를 둘로 나누어 본 것이다. 이것은 학 문하는 사람들이 잘 살펴보아야 한다."[21]

왕양명은 주자가 『대학혹문(大學或問)』에서 「심(心)과 리(理)…」 라는 언급을 할 경우 '과[與]'라는 사유를 비판한다. '과'는 결국 마음 [심], 사물의 이치[리]를 이분하는 언어적 틀이라는 것이다. 『양명선 생유언록(陽明先生遺言錄)』에 나오는 말을 빌리자면 '불면장심여물 기이이지(不免將心與物岐而二之)'[22] 즉 '마음과 사물을 나누어서 이 것을 두 가지로 하는 것을 면하지 못하는 것'이다. '와/과[與]'라는 글 자는 '이분'시키는 개념임을 말한다. 아울러 양명은 예컨대 '이것 또한 저것이다'의 경우처럼 '또한[亦]'이라는 글자도 사물을 두 가지[二之]

---

20) 『大學或問』, 「論第五格物章」. "말했다: 그렇다면 선생께서 학문을 하는 것은 마음 에서 구하지 않고 자취에서 구하며, 안에서 구하지 않고 밖에서 구하는 것입니다. 나는 성현의 학문이 그와 같이 천근하고 지루하지는 않다고 생각합니다. 말씀하 셨다: 사람이 학문을 하는 것은 마음과 리일 따름이다. 마음은 비록 한 몸을 주재 하지만 그 체의 허령은 천하의 이치를 충분히 관할 수 있으며, 리는 비록 만물에 있으나 그 용의 미묘함은 실제로 한 사람의 마음에서 벗어나지 않는다. 애초에 안 과 밖, 정밀함과 거침으로 논할 수 없다.(然則子之爲學, 不求諸心而求諸迹, 不求 之內而求之外, 吾恐聖賢之學不如是之淺近而支離也, 曰, 人之所以爲學, 心與理而 已矣, 心雖主乎一身, 而其體之虛靈, 足以管乎天下之理, 理雖散在萬物, 而其用之微 妙, 實不外乎一人之心, 初不可以內外精粗而論也.)

21) 「傳習錄」上 : 或問, 晦庵先生曰, 人之所以爲學者, 心與理而已. 此語如何, 曰, 心卽 性, 性卽理, 下一與字, 恐未免爲二, 此在學者善觀之.

22) 曾才漢, 『陽明先生遺言錄』, 정지욱 번역 · 해설, 소나무, 2009, 128쪽.

로 나눈다고 보았다. 그래서 '곧 즉(卽)' 자를 쓰면 이러한 난점을 극복할 수 있다고 보았다.[23]

어쨌든 이러한 이원성을 근저에서 뒤흔든 사건이 앞서 말한 꿈속의 신비체험이다. 양명은 이를 통해서, 「천지간에는 원래부터 일정한, 바꿀 수 없는 이치가 있다(天地之間, 自有一定不易之理)」[24]는 완고한 선험적 가설을 부정하게 된다. 성인의 도는 '자신의 본성(性) 속에 자족한 것'이지 '마음 밖의 사물에서 이치를 구할 수 없다'는 사실을 자각한다.

주자는 물(物)과 사(事)에는 '선험적'(transzendental)인 '리(理)'(그 핵심은 「所以然之故」=「物之理」와 「所當然之則」=「事之理」)가 있다고 보았으나 왕양명은 그것이 허구임을 선언한다. 「지금 사람들이 집착하며 이치를 알고자 하는 것은…비유컨대 (누군가가 흙덩이를 던지면) 사자는 (그것을 던진) 사람을 찾아가서 물 것이지만, 미친개는 (수준이 낮아 물지 말아야 할 그) 돌덩어리를 물려고 달려드는 것과 같다」[25]는 비유처럼, 고정된 이치를 상정하여 쫓아다니는 것은 수고로운 착각일 뿐이라 본다. 결국 모든 가치 및 도덕체계는 마음(=주

---

23) 예컨대, 양명은 양지와 천도를 설명하면서 「양지가 곧 천도이다. 그것을 (卽이라 하지 않고) 亦이라 한다면 양자를 둘로 나누어 버리는 것이다(良知卽天道, 謂之亦, 則猶二之矣)」라고 말한다[曾才漢, 『陽明先生遺言錄』, 정지욱 번역·해설, 소나무, 2009, 90쪽.]

24) 『晦庵先生朱文公文集』卷38, 「答黃叔張維之」

25) 今人拘泥認理…獅子嚙人, 狂狗逐塊[曾才漢, 『陽明先生遺言錄』, 정지욱 번역·해설, 소나무, 2009, 152쪽.] '獅子嚙人, 狂狗逐塊'라는 말은 『五燈會元』에 나오는 '한로축괴(韓盧逐塊)'라는 고사를 활용한 것이다. 전국시대에 한(韓)나라에서 난 검은 사냥개인 한로(韓盧)는 사람이 숨어서 흙덩이를 던지면 굴러가는 그것을 쫓아가 물지만, 수준이 높은 사자는 흙덩이를 던진 사람을 찾아 문다는 뜻이다. 수준의 높고 낮음을 비유한 것이다.

체)이 만들어낸 것(=구조물)이 된다. 이러한 자각으로 주자의 '정리론(定理論)'은 파탄하고 만다. 마치 독일 철학자 니체(Nietzsche, 1844-1900)가 '신은 죽었다'(Got Ist Tott)고 선언한 것처럼, 왕양명은 '(선험적인) 이치[理]는 죽었다!'고 선언한다. 이것은 중국사상사에서 일대 성과로 평가해도 좋다.

심즉리 자각 이후 왕양명은 자연과 인간, 그리고 사회와 정치의 장에서 통용되는 모든 이치는 '나의 마음(吾心)'에 근거한 것임을 전제하고 논의를 펼친다. 우리 마음 즉 주체 내부에 모든 이치를 갖추고, 여기서 온갖 사건, 사태, 행위가 나온다고 본다.

> 마음은 텅 비고 영명하여 어둡지 않으니, 모든 이치가 갖추어져 있고 온갖 일이 나온다. 마음 밖에 이치가 없고, 마음 밖에 일이 없다.[26] (밑줄은 인용자, 이하 같음)

그러므로 마음(주체) 밖에, 나의 행위를 벗어나서 존재하는 선험적인 불변의 이치도 사태도 없다고 한다. 관련된 몇 가지 주요한 대목을 들어보자.

> 서애가 "지극한 선을 단지 마음에서만 구한다면 온 천하 사물의 이치를 구하지 못할까 염려됩니다." 라고 말하였다.
> 선생이 말하기를, "마음이 곧 리(理)인데 천하에 다시 마음 밖의 일과 마음 밖의 이치가 있겠느냐?"[27]

---

26) 「伝習錄」上: 虛靈不昧, 衆理具而万事出. 心外無理, 心外無事.
27) 「伝習錄」上: 愛問, 至善只求諸心, 恐於天下事理有不能盡, 先生曰, 心卽理也, 天下

"마음 밖에 물(物)이 없다. 예컨대 내 마음에서 부모에게 효도하려는 생각이 떠올랐다면, 부모에게 효도하는 것이 바로 물이다."[28]

천하에 또 마음 밖의 일이 있고, 마음 밖의 이치가 있겠는가.[29]

선생[양명]이 남진(南鎭)에서 노닐 때 한 친구가 바위 속에 피어 있는 꽃나무를 가리키며 이렇게 물었다. "[자네의 주장처럼] 천하에 마음밖에 사물(物)이 없다(天下無心外之物)"고 하는데, 이같이 꽃나무의 꽃은 [자네의 마음과 아무런 관계없이] 깊은 산 속에서 저절로 피었다가 저절로 떨어진다. 나의 마음과 무슨 상관이 있는가?"
선생이 다음과 같이 말했다. "자네가 아직 이 꽃을 보지 못했을 때는 이 꽃이 자네의 마음과 함께 고요함에 돌아가 있었다(歸於寂). 자네가 이 꽃을 보았을 때는 이 꽃의 색깔이 일시에 또렷해졌다. 이것을 보면 이 꽃이 자네의 마음 밖[儞的心外])에 있지 않음을 알 수 있다."[30]

이렇게 해서 양명은 마음=주체가 모든 것의 출발점이자 바로미터임을 말한다. 양명은 마음의 핵심을 다른 용어로 '양지(良知)'로 명명한다. 「양지를 노래하는」시에서 그는 인간 개개인의 내면에 확고부동하게 구비한 양지(良知)를 만물의 근원이라고 하였다.

又有心外之事, 心外之理乎.
28) 「伝習錄」上: 心外無物, 如吾心發一念孝親, 即孝親便是物.
29) 「伝習錄」上: 天下又有心外之事, 心外之理乎.
30) 「傳習錄」下: 先生遊南鎭, 一友指岩中花樹問曰, 天下無心外之物, 如此花樹, 在深山中自開自落, 於我心亦何相關, 先生曰, 你未看此花時, 此花與汝心同歸於寂, 你來看此花時, 則此花顏色一時明白起來, 便知此花不在你的心外.

모든 사람 스스로가 나침판(定盤針)을 갖추고 있어,

만물 변화의 일어남은 모두 나의 마음에서 근원하네.

따라서 웃노라, 종전에 거꾸로 사물을 보려고 했고,

바깥의 지엽적인 것에서 구했던 것을.[31]

　내 마음의 양지는 자기 자신의 '준칙'이며, 행위의 모든 방향을 제시하는 '나침판'(定盤針)이기에 개개인은 양지가 내리는 판단대로 행하면 된다. 결국 기성의 권위-표준-전통은 나라는 주체의 흔적-그림자에 불과하다. 그래서 「뭇 성현이라는 권위도 '양지'의 그림자이다. 양지가 곧 나의 스승이다(千聖皆過影, 良知乃吾師)」[32]라고 말한다.

　양지가 나의 스승[師]이라면 전통문화와 교육의 지침인 텍스트(経書)는 주체를 설명하는 하나의 형식에 불과하다. 결국 텍스트라는 권위는 나의 마음(良知)에 종속된다. 양명은《사서》,《오경》은 마음의 본래 모습을 설명한 것(四書五経, 不過說這心體)[33], 내 마음의 활동 기록=주체가 써낸 말씀의 리스트=목록(記籍)이라고 한다. 물론 '경서=내 마음의 기록'으로 본 것은 반드시 왕양명의 독창이 아니다. 「《六經》은 모두 나(我)의 주석(footnote)이다」(六經皆我註脚)[34]라고 말한 상산(象山) 육구연(陸九淵. 1139-1192)이 선구이다.

　경(經)이라는 것은 상도(常道)이다. [……]《육경》이란 요컨대 내 마

---

31) 『陽明全書』卷22,「居越詩」,「詠良知」: 人人自有定盤針, 萬化根緣總在心, 却笑笑前顚倒見, 枝枝葉葉外頭尋.
32) 『陽明全書』卷20,「兩廣詩」「長生」
33) 「傳習錄」上.
34) 『陸象山全集』卷34,「語錄」.

음의 상도이다. [……] 무릇 성인이 《육경》을 잘 정리하여 이것을 후세
에 남긴 것은, 비유해서 말하자면 다음과 같다. '재산이 많은 사람이 있
었는데, 그는 그의 아들이나 손자에 이르러 부동산이나 창고에 쌓여 있
는 재화를 없애고 끝내는 가난해져 생활마저 할 수 없는 것이 아닌가
하는 걱정을 하였다. 그래서 그는 집안의 재산 목록을 만들었다. 아들
이나 손자가 이것을 이용해서 그의 부동산이나 재화를 잘 지키게 하여
가난한 생활에 대한 걱정을 시키지 않고자 하였다.' 즉 《육경》은 나의
마음의 재산 목록이다. 그 내실은 나의 마음속에 있다. 비유해서 말하
면 그것은 그 집에 부동산이나 여러 가지 재화로 가득한 창고가 있고,
재산 목록은 다만 명칭과 형상 그리고 수량을 기록한 것에 지나지 않는
것과 같다. 그러나 학문에 뜻을 두는 세간 사람들은 《육경》의 내용을 자
신의 마음에서 구해야 하는 것을 알아채지 못하고 다만 외형만을 구하
고 훈고(訓詁) 등의 지엽말절에 끌려서 이것이 《육경》이라고 완고하게
주장하고 있다. 이것은 비유해서 말하면 다음과 같다. 부자의 아들이나
손자가 자기 집의 부동산이나 창고에 축적된 재산을 소중히 지켜서 그
것을 생활에 이용하려는 노력을 기울이지 않고 나날이 그것을 잃어버
리고, 그로 인하여 가난해져 거지가 된다 하더라도, 자기 집의 재산 목
록을 남에게 펼쳐 보이며 이것이 내 집의 부동산이며 재산이라고 말하
는 것과 조금도 다름이 없다.[35]

---

35) 『陽明全書』卷7, 「稽山書院尊經閣記」: 經常道也, ……六經者非他吾心之常道也,
……聖人之扶人極, 憂後世而述六經也, 猶之富家者之父祖, 慮其産業庫藏之積, 其
子孫者, 或之於遺忘散失, 卒困窮而無以自全也, 而記籍其家之所有, 以始之, 使之世
守其産業庫藏之實積, 而享用焉, 以免於困窮之患, 故六經者, 吾心之其籍也, 而六經
之實, 則具於吾心, 猶之産業庫藏之實積, 種種色色, 具尊於其家, 其記籍者, 特名狀
數目而已, 而世之學者, 不知求六經之實於吾心, 而徒考索於影響之間, 牽制於文義
之末, 硜硜然以爲是六經矣, 是猶富家之子孫, 不務守視享用其産業庫藏之實積, 日
遺忘散失, 至於竄人丐夫, 而猶囂囂然指其記籍, 曰斯吾産業庫藏之實積也, 何以異

양명은 인간 마음속에 내재한 양지를 「예나 지금[古今]이나, 성인처럼 뛰어난 자와 어리석은 자[聖愚]를 막론하고 모두 동일한 것」[36]이라 본다. 여기서 주체의 공적인 영역 즉 공감과 보편성을 확보할 수 있다.

3. 양명학의 공공성 인식: 공학, 공도, 천하공공, 대공지심

1) 나(양지=주체)는 공공성의 근거

양명학은 나라는 주체에서 출발한다. 아울러 그 주체를 '양지'로 규정한다. '양지'는 무엇인가? '천연의 시비지심(天然是非之心)'이고 진지(眞知)'이며[37], '천도'(良知卽天道)[38]라고 한다.

그런데 양지의 본래 모습은 '텅빈 것'으로(本体要虛)[39] 견문(見聞)에 의해 보완되거나 확장되지 않는다. 오히려 견문이 많으면 많을수록 그것이 은폐, 상실된다고 한다.[40] 그래서 이 마음은 미리 정해진 견해(선입견) 없이 '텅텅 빈 것(空空的)'[41]이다. 양지가 천리에 따르도록

於是, ……嗚呼, 六經之學, 其不明於世, 非一朝一夕之故矣, ……, 嗚呼, 世之學者, 得吾說, 而求諸其心焉, 其亦庶乎知所以以爲尊經也矣.

36) 「伝習錄」中,「答顧文蔚」

37) 曾才漢, 『陽明先生遺言錄』, 정지욱 번역 · 해설, 소나무, 2009, 106쪽.

38) 曾才漢, 『陽明先生遺言錄』, 정지욱 번역 · 해설, 소나무, 2009, 90쪽.

39) 曾才漢, 『陽明先生遺言錄』, 정지욱 번역 · 해설, 소나무, 2009, 96쪽.

40) 良知見聞益多, 覆蔽益重[曾才漢, 『陽明先生遺言錄』, 정지욱 번역 · 해설, 소나무, 2009, 178쪽.]

41) 其心只是空空的[曾才漢, 『陽明先生遺言錄』, 정지욱 번역 · 해설, 소나무, 2009,

텅텅 비워서 한 생각(私念 뿐만 아니라 좋은 생각)도 머물러 있게 해
서는 안 된다.[42] 머물러 있는 것이 양지의 활동을 방해한다. 사람의 마
음이 일각(一刻)동안 천리에 따라 순수하다면 일각의 성인(聖人)이
고, 종신토록 천리에 순수하다면(純乎天理) 곧 종신의 성인이다.[43] 천
하공공을 실현할 수 있는 성인의 마음이 그것은 바로 누구나 가지고
있는 양지이다. 양명은 그렇게 단언한다. 성인의 공적[功]의 근본은
오직 이 마음이 천리에 순수한가(純乎天理) 하는 점에 있을 뿐 재능에
있지 않다. 천리에 종사하면 자연히 그 속에 재능이 들어 있다.[44] 사사
로운 마음(私意)이 싹틀 때 그것을 아는 것이 양지인데[45], 만일 사람
들이 이 마음의 양지를 자각한다면 바깥세상이 송두리째 공공의 영역
에 들어온다.[46] 즉 산하대지는 모두 황금이고, 온 세계가 약물(藥物)
이다.[47] 다시 말해 공공의 마음인 양지가 발휘된다면(致良知) 세상은
모두 공공성을 획득하고 '공공재'로 변한다는 말이다.

　양지를 벗어난 마음의 활동은 없다. 발현된 '인정(人情)'은 '일반적

170쪽.]
42) 心體上着不得一念留滯…這一念不但是私念, 便好的念頭亦着不得些子[曾才漢,
　『陽明先生遺言錄』, 정지욱 번역·해설, 소나무, 2009, 148쪽.]
43) 人心一刻純乎天理, 便是一刻的聖人, 終身純乎天理, 便是終身的聖人[曾才漢, 『陽
　明先生遺言錄』, 정지욱 번역·해설, 소나무, 2009, 82쪽.]
44) 蓋聖功之本, 惟在於此心純乎天理, 而不在於才能, 從事於天理, 有自然之才能[曾才
　漢, 『陽明先生遺言錄』, 정지욱 번역·해설, 소나무, 2009, 110쪽.]
45) 私意萌時, 分明自心得之…你萌時, 這一知處, 便是你的命根[曾才漢, 『陽明先生遺
　言錄』, 정지욱 번역·해설, 소나무, 2009, 138쪽.]
46) 만일 사람이 마음을 깨닫는다면 너른 대지에 조그마한 땅덩어리도 없게 된다(若
　人識得心, 大地無寸土). [曾才漢, 『陽明先生遺言錄』, 정지욱 번역·해설, 소나무,
　2009, 94쪽.]
47) 山下大地盡是黃金, 滿世界皆藥物者也[曾才漢, 『陽明先生遺言錄』, 정지욱 번역·
　해설, 소나무, 2009, 94쪽.]

으로 공통된' 것이며 그런만큼 공공성을 갖는다고 양명은 본다. 즉 사람의 마음은 예나 지금이나 마찬가지이다. 예컨대 예(禮)를 각자의 마음에 돌이켜보아 불편하고 어색하다면 현재 시점에서 맞지 않는 점이 있음을 말한다. 그래서 예의 실현도 인정(人情)에 따르라고 한다.

> 예나 지금[古今]이나 천하의 인정(人情)은 한 가지이다. 선왕(先王)이 제정한 예는 모두 인정에 근거하여 절도의 아름다움[節文]이 있다. 이 때문에 만세에 걸쳐 행해지는 규준이 되었다. 그것[예]이 나의 마음에 돌이켜 보아[反之吾心] 편치 아니함이 있는 것은, 그 기록이 잘못되었거나 결여되어 있지[訛闕] 않다면, 예와 지금[古今]의 기풍·풍속[風氣習俗]이 달라 적합하지 않기 때문이다. [……] 그러나 사람 마음에 있는 양지는 언제까지나 하나의 태양[万古一日]과 같다. 진실로 나의 마음의 양지에 따라서[順吾心之良知] 예를 실현하면, "발[足]을 모르고 신발[履]을 만들더라도 내가 [신발보다 훨씬 큰] 삼태기[簣]를 만들지 않을 것임을 알고 있다"[『맹자』「고자 상」편] 는 것과 같은 것이 된다.[48]

양명의 표현 방식대로 하면, 인정-사람의 마음-양지는 컴퍼스[規]·자[矩]와 같이 일상생활의 바로미터이며, 길의 방향을 제시하는 나침반이니, 그 소리·명령·끌림에 귀를 잘 기울여 행위 하면 예

---

48) 王守仁, 『陽明全集』卷6, 「寄鄒謙之二」: 蓋天下古今之人, 其情一而已矣. 先王制禮, 皆因人情而爲之節文, 是以行之萬世而皆准, 其或反之吾心而有所未安者, 非其傳記之訛闕, 則必古今風氣習俗之異宜者矣, 此雖先王未之有, 亦可以義起, 三王之所以不相襲禮也, 若徒拘泥於古, 不得於心, 而冥行焉, 是乃非禮之禮, 行不著而習不察者矣, 後世心學不講, 人失其情, 難乎與之言禮, 然良知之在人心, 則萬古如一日, 苟順吾心之良知以致之, 則所謂不知足而爲履, 我知其不爲簣矣.

에 맞도록 되어 있다는 것이다.[49]

왕양명이 치양지의 가르침에 열중하고 있을 때 조정에서는 큰 사건이 일어났다. 무종武宗이 죽자 그의 뒤를 이을 자식이 없었기 때문에, 효종(孝宗: 무종의 아버지)의 비(妃)인 자수황태후(慈壽皇太后)와 태학사 양정화(楊廷和)는 효종의 동생인 흥헌왕(興獻王)의 아들을 양자(養子)하여서 세종(世宗)으로 삼았다. 세종은 효종, 즉 자신의 큰 아버지를 양아버지로 하여 뒤를 이었지만, 그것에 개의치 않고 자신의 친아버지인 흥헌왕을 황고(皇考: 제사 때 쓰는 말로 '돌아가신 아버지'의 경칭)라 부르며 제사를 지내려고 하였다. 요컨대 양아버지를 모실까 아니면 자기를 낳아준 친아버지를 모실까 하는 두 가치 간의 대립 상황인데, 예를 관장하는 신하[禮臣]들은 효종을 황고(皇考)로 하고 그 동생인 흥헌왕을 황숙부(皇叔父: 돌아가신 작은아버지)로 하여야 한다고 주장했다. 황제의 자리에 오른 이상, 직접적으로 피는 통하지 않았더라도, 앞의 황제를 자신의 친아버지처럼 존중하는 것이 인간의 도리라는 주자학적인 해석에 따른 것이다. 인정(人情)이라는 사적인 가치보다 의리(義理)와 질서라는 공적인 가치가 앞선다는 말이다. 하지만 세종은 이것을 인정하려 들지 않았다. 정덕 16년(1521년, 양명 50세) 10월, 세종은 친아버지 흥헌왕(興獻王)을 흥헌제(興獻帝)라 부르고 친어머니 흥헌비(興獻妃)를 흥헌후(興獻后)라 불러 왕(王)과 비(妃)인 자신의 친부모를 황제(皇帝)와 황후(皇后)로 격상시켜 숭앙하기에 이르렀다. 문제는 이러한 세종의 행위가 과연 예(禮)에 적합한가 그렇지 않은가 인데, 이에 대한 논쟁은 오래 지속될 수밖에 없었다.

---

49) 최재목,『왕양명의 삶과 사상: 내 마음이 등불이다』, 이학사, 2003, 322쪽 참조.

가정 3년(1524년) 정월에 계악(桂萼)은 황제 세종의 뜻에 영합하여
효종을 황백고(皇伯考: 돌아가신 큰아버지)로 호칭할 것을 주장하였
다. 이에 반대한 양정화(楊廷和)는 관직에서 물러났다. 4월에는 세종
이 그의 친어머니에게는 '본생성모장성황태후(本生聖母章聖皇太后)'
란 명예롭고 긴 이름을, 그의 친아버지에게는 '본생황고공목헌황제
(本生皇考恭穆獻皇帝)'란 이름을 붙인다. 양명의 제자 추동곽(鄒東廓.
이름은 守益, 자는 謙之, 1491-1562)은 이때, 정칠품(正七品)인 한림
원편수(翰林院編修)로 있었는데, 세종이 양아버지를 황고(皇考)로 부
르지 않고 자신의 친아버지를 그렇게 부른 데 대해 반대하다가 결국
투옥되고 말았다. 그 후에도 반대 의견을 낸 신하 수천 명이 투옥되고,
16명이 매 맞는 형벌[廷杖]을 받고 죽었다. 그런데도 양명은 이 문제
에 관해 제자들에게 아무런 말을 하지 않았다. 이 대목을 양명의 양지
론(良知論)의 입장에서 추론을 해본다면, 양명은 주자학적인 이(理)
의 외적 · 형식적인 판단에서가 아니라 내면적 · 인정(人情)적 판단
에 따라 세종의 입장을 지지했던 것 같다. 주자학이 군주의 형식과 계
통의 절대화 · 신성화, 고정불변하는 이치 · 질서 · 명분의 확립을 중
시했다면, 양명은 그것을 그렇게 만드는 '주체'를 중시했다. 다시 말해
이(理)는 이미 주어진 것이 아니라 부모에 대한 자식된 자의 양지가
발한 진실된 효(孝)의 심정을 벗어난 것이 아니었다. 더욱이 공과 사
를 따지자면, 황실 내부의 호칭 문제는 그것이 국가 · 인민의 현실적
인 복리와 직접 관계된 공적인 문제가 아닌 황실 내부의 사적인 문제
에 속한다.[50]

---

50) 최재목, 『왕양명의 삶과 사상: 내 마음이 등불이다』, 이학사, 2003, 276-279쪽 참조.

양명이 황실 내부의 사적인 사안에 직접 관여하지 않고 침묵한 것
은 이미 주어진 이치보다도 개개인의 내면에서 발동하는 효(孝)의 심
정 쪽을 지지한 점이라 생각된다.

양명은 양지=주체가 곧 공공성 창출의 근거임을 분명히 말한다.

> 대저 세부 항목과 때의 변화에 대한 양지의 관계는 컴퍼스(規矩)와
> 자막대기(尺度)로 방원(方圓: 원형)과 장단(長短)을 재는 것과 같다.
> 세부 항목 및 때의 변화를 미리 정할 수 없는 것은 방원과 장단을 이루
> 다 궁구할 수 없는 것과 같다. 그러므로 컴퍼스가 완전히 세워지면 사
> 각형과 원형으로 속일 수 없어서 천하의 사각형과 원형을 이루 다 사용
> 할 수 없다. 척도가 완전히 베풀어지면 장단으로 속일 수 없어서 천하
> 의 장단을 이루 다 사용할 수 없다. 양지가 완전히 실현되면 세부 항목
> 과 때의 변화로 속일 수 없어서 천하의 세부 항목과 때의 변화에 이루
> 다 응할 수 없다. 털끝만한 것이 결국 천리만큼의 큰 차이를 가져오는
> 오류를 내 마음 양지의 미세한 한 생각에서 살피지 않는다면 또 장차
> 어디에다가 그 학문을 사용할 것인가? 이것은 컴퍼스와 자막대기를 사
> 용하지 않고 천하의 둥근 것이나 장단을 재려고 하는 것이며, 자막대기
> 를 사용하지 않고 천하의 장단을 재고자 하는 것이다. 나는 그것이 어
> 긋나고 사리에 어긋나서 날마다 노력하여도 이루어지는 결과가 없다는
> 것을 보았을 뿐이다.[51]

---

51) 『傳習錄』 中, 「答顧東橋書」: 道之大端易於明白, 此語誠然. 顧後之學者忽其易於明
　　白者而弗由, 而求其難於明白者以爲學, 此其所以道在邇而求諸遠, 事在易而求諸難
　　也, 孟子云, 夫道若大路然, 豈難知哉, 人病不由耳, 良知良能, 愚夫愚婦與聖人同, 但
　　惟聖人能致其良知, 而愚夫愚婦不能致, 此聖愚之所由分也, 節目時變, 聖人夫豈不
　　知, 但不專以此爲學, 而其所謂學者, 正惟致其良知, 以精察此心之天理, 而與後世之
　　學不同耳, 吾子未暇良知之致, 而汲汲焉顧是之憂, 此正求其難於明白者以爲學之弊

　세상에 존재하거나 일어나는 만사만물과 양지의 관계는 컴퍼스(規
矩)와 자막대기(尺度)에서 방원(方圓: 원형)과 장단(長短)이 창출되
어 나오는 것과 같다. 하나의 바로미터에서 수많은 세부 항목 및 때의
변화가 생겨나는 것이다. 결국 이치는 양지에서 생겨난다는 말이다.
　양지에서 이치가 생겨나니 그 귀결은 '자신의 마음에서 옳고 그름
을 구하라'는 것이다. 그래서 양명은 말한다. 「대저 학문이란 나의 마
음에서 얻는 것을 중시합니다. 내 마음에 구해서 잘못된 것은 비록 그
말이 공자에게서 나왔다고 하더라도 감히 옳다고 할 수 없습니다. 하
물며 공자가 아닌 사람에 있어서야 더 말할 것도 없습니다. 마음에 비
추어서 옳다면 비록 그 말이 범상한 사람에게서 나왔다고 하더라도
감히 잘못된 것이라고 할 수 없습니다. 하물며 공자에게서 나온 것이
야 더 말할 것도 없습니다.」[52]라고. 아울러 그는 모든 문제는 내가 납
득하는 것이 최우선이며 정해진 룰대로 할 수 없다고 본다. 「군자가
학문을 논하는 데는 자신의 마음이 납득하는 것이 중요하다. 사람들
이 모두 옳다고 해도 그것을 자기 마음속에 물어봐서 이해되지 않으
면 옳다고 하지 않는다. 사람들이 모두 옳지 않다고 해도 자기 마음에

也. 夫良知之於節目時變, 猶規矩尺度之於方圓長短也, 節目時變之不可豫定, 猶方
圓長短之不可勝窮也, 故規矩誠立, 則不可欺以方圓, 而天下之方圓不可勝用矣, 尺
度誠陳, 則不可欺以長短, 而天下之長短不可勝用矣, 良知誠致, 則不可欺以節目時
變, 而天下之節目時變不可勝應矣, 毫釐千里之謬, 不於吾心良知一念之微而察之,
亦將何所用其學乎, 是不以規矩而欲定天下之方圓, 不以尺度而欲盡天下之長短, 吾
見其乖張謬戾, 日勞而無成也已.
52) 『伝習錄』中,「答羅整菴少宰書」: 夫學貴得之心. 求之於心而非也, 雖其言之出於孔
子, 不敢以爲是也, 而況其未及孔子者乎, 求之於心而是也, 雖其言之出於庸常, 不敢
以爲非也, 而況其出於孔子者乎.

물어봐서 납득이 간다면 옳지 않다고 하지 않는다.」[53] 공공성의 근거
는 '나'이지 나 밖에 정해진 기준이 있는 것이 아니다.

2) 公學, 公道, 天下公共, 大公之心

왕양명은 그의 저서 속에서 공학(公學), 공도(公道), 천하공공(天下
公共), 대공지심(大公之心)이라는 개념을 사용한다. 우선 이 용례들을
들어보기로 한다.

대저 학문이라는 것은 고금(古今) 성현의 학문이며, 천하 공공의 것
이지(天下之所公共) 우리 세 사람[주자 · 육상산 · 양명]의 사유물이
아니다. 천하의 학문은 천하를 위해서 이를 공공의 것으로서 논해야 하
는 것(當爲天下公言之)이다.[54]

무릇 도는 천하의 공적인 도(公道)이고, 학문은 천하의 공적인 학문
(公學)입니다. 주자가 사사로이 행할 수 있는 것이 아니며, 공자가 사사
로이 행할 수 있는 것이 아닙니다. 천하에 공개되어 있는 것(天下之公)
은 공개적으로 논의(公言)할 따름입니다. 그러므로 논의하는 것이 옳
다면 (견해가) 자기와 다를지라도 결국은 자기에게 보탬이 되며, 논의
하는 것이 그르다면 (견해가) 자기와 같을 지라도 당연히 자기에게 손

53) 王守仁,「答徐成之 · 2」,『陽明全集』卷21: 夫君子之論學, 要在得之於心, 衆皆以爲
是, 苟求之心而未會焉, 未敢以爲是也, 衆皆以爲非, 苟求之心而有契焉, 未敢以爲非
也.
54) 王守仁,「答徐成之 · 2」,『陽明全集』卷21: 夫學術者, 今古聖賢之學術, 天下之所公
共, 非吾三人者所私有也,天下之學術, 當爲天下公言之.

해가 됩니다. 자기에게 보탬이 되는 것이라면 자기는 반드시 그것을 기뻐하며, 자기에게 손해가 되는 것이라면 자기는 반드시 그것을 싫어합니다. 그렇다면 지금의 저의 이론이 혹 주자와 다를지라도 그가 꼭 기뻐하지 않는다고 말할 수 없습니다. 공자는 '군자의 허물은 일식이나 월식과 같아서 (그것을) 고치면 사람들이 모두 우러러 본다'[55]고 하였으나, '소인은 허물이 있으면 반드시 꾸민다'[56]고 하였습니다. 저는 비록 못났지만 감히 소인의 마음으로 주자를 섬기지는 않습니다. [57]

공공에 근거하기에 성급한 일반화도 허용되지 않는다. 내 마음이 크게 공평한 마음(大公之心)이 되어야 한다.

한 가지 예로써 모든 것을 미루어서는 안 된다. 대체로 다른 사람의 말을 살필 때 만약 선입견을 가지고 있다면 마땅함을 지나치게 된다. '부유하게 되면 어질지 못하다'[58]는 말은 맹자가 양호(陽虎)에게서 취한 것이다. 이것은 성현의 크게 공평한 마음(聖賢大公之心)을 보여주는 것이다.[59]

---

55) 『論語』, 「子張篇」
56) 『論語』, 「子張篇」
57) 「伝習錄」中, 「答羅整菴少宰書」: 夫道, 天下之公道也, 學, 天下之公學也, 非朱子可得而私也, 非孔子可得而私也, 天下之公也, 公言之而已矣, 故言之而是, 雖異於己, 乃益於己也, 言之而非, 雖同於己, 適損於己也, 益於己者, 己必喜之, 損於己者, 己必郡之, 然則某今日之論, 雖或與朱子異, 未必非其所喜也, 君子之過, 如日月之食, 其更也, 人皆仰之, 而小人之過也必文, 某雖不肖, 固不敢以小人之心事朱子也.
58) 『孟子』, 「滕文公篇」
59) 『伝習錄』卷上: …然不可一例吹毛求疵, 大凡看人言語, 若先有箇意見, 便有過▓處. 爲富不仁之言, 孟子有取於陽虎, 此便見聖賢大公之心.

3) 사회적 공공성의 확보

왕양명은 아픈 세상에 대해 아파하지 않는 사람은 시비지심을 가지고 있지 않으니 이미 사람이 아니라고 한다.

> 무릇 사람이란 천지의 마음입니다. 천지만물은 본래 나와 한몸(一體)이니, 백성들의 곤궁함과 고통이 어느 것인들 내 몸의 절실한 아픔이 아니겠습니까? 내 몸의 아픔을 모른다면 시비지심(是非之心)이 없는 사람입니다. 시비지심은 사려하지 않아도 아는 것이고, 배우지 않아도 가능한 것으로 이른바 양지입니다. 양지가 사람 마음에 있는 것은 성인과 어리석은 자의 구분이 없으며, 천하 고금이 다 같습니다. 세상의 군자가 오직 양지를 실현하는데 힘쓰기만 한다면 저절로 시비(是非)를 공유하고 호오(好惡)를 함께 하며, 남을 자기와 같이 보고 나라를 한 집안처럼 보아서 천지만물을 한몸으로 여길 수 있습니다. 그러면 천하가 다스려지지 않기를 구할지라도 얻을 수 없을 것입니다.[60]

왕양명의 경세 중심의 행위적 만물일체론은 명덕(양지)을 출발점으로 하여, 점차 친민으로 확대하여, 최종적으로 『예기』「예운편」의 "천하를 한 집안으로 삼고, 중국을 한 사람으로 여기는"[61] 대동사회(大同社會)라는 이상세계를 이루는 것을 목표로 한다.

---

60) 「傳習錄」中,「答聶文蔚」: 夫人者, 天地之心, 天地萬物, 本吾一體者也, 生民之困苦荼毒, 孰非疾痛之切於吾身者乎, 不知吾身之疾痛, 無是非之心者也, 是非之心, 不慮而知, 不學而能, 所謂良知也, 良知之在人心, 無間於聖愚, 天下古今之所同也, 世之君子惟務致其良知, 則自能公是非, 同好惡, 視人猶己, 視國猶家, 而以天地萬物爲一體, 求天下無治, 不可得矣.

61) 『禮記』,「禮運篇」: 以天下爲一家, 以中國爲一人.

왕양명은 개개인의 마음을 다하면[盡心] 이상사회가 이룩된다고 생
각하였다. 더불어 그 이상사회를 실현하기 위해서는 천하의 모든 이들
이 도덕(오륜)의 확립, 만족할 수 있는 의식주의 확보, 법제와 정치조직
의 설비, 예악 · 교화의 시행이 이루어져야 한다고 생각하였다.[62]

4. '나'로부터 시작하는 공공성

1) '나'부터의 실천

양명은 학생을 가르침에 있어서도, 이론으로서가 아니라 실천적으

---

62) 성인(聖人)이 그 마음을 다하는 것[盡其心]을 원하는 것은, 천지만물로 일체를 이
루고자 함이다. 우리 부자는 친하나, 천하에 아직 친하지 못한 이가 있다면, 내 마
음이 아직 다하지 않은 것이리라. 우리 군신은 의가 있으나, 천하에 아직 의롭지 않
은 이가 있다면, 내 마음이 아직 다하지 않은 것이리라. 우리 부부는 분별이 있고,
어른과 아이에게는 차례가 있고, 붕우에게는 믿음이 있지만, 천하에 아직 분별과
차례와 믿음이 없는 이가 있다면, 내 마음이 아직 다하지 않은 것이리라. 우리 집
안이 배부르고 따뜻하며 안락지게 지내지만, 천하에 아직 배부르고 따뜻하며 안
락지게 지내지 못하는 집안이 있다면, 그 어찌 친(親) · 의(義) · 별(別) · 서(序) ·
신(信)이 있을 수 있겠는가? 나의 마음이 다하지 않은 것이라. 그러므로 이에 기강
과 정사를 설치하고, 예악교화의 시행이 있어야, 무릇 '과도함을 억제하고 부족함
을 보충', '자신을 이루고 만물을 이룸'으로서 나의 마음을 다하기를 구해야 하니,
마음을 다하면 집안이 가지런해지고, 나라가 다스려지며, 천하에 평안해진다. 그러
므로 성인의 학문은 마음을 다하는 것에서 벗어나지 않는다.[『陽明全集』7, 文錄四,
「重修山陰縣學記」: 聖人之求盡其心也, 以天地萬物爲一體也, 吾之父子親矣, 而天
下有未親者焉, 吾心未盡也, 吾之君臣義矣, 而天下有未義者焉, 吾心未盡也, 吾之夫
婦別矣 · 長幼序矣 · 朋友信矣, 而天下有未別 · 未序 · 未信者焉, 吾心未盡也, 吾之
一家飽暖逸樂矣, 而天下有未飽暖逸樂者焉, 其能以親乎, 義乎, 別 · 序 · 信乎, 吾心
未盡也, 故於是有紀綱政事之設焉, 有禮樂教化之施焉, 凡以裁成輔相 成己成物, 而
求盡吾心焉耳, 心盡而家以齊, 國以治, 天下以平, 故聖人之學不出乎盡心.]

로 자신이 모범을 보이면서 학생들을 감동시켰던 것 같다. 이것은 '교조(教條)를 용장(龍場)의 여러 학생에게 보여주다'라는 뜻의 글 「교조시용장제생(教條示龍場諸生)」(『양명전집』권26)에 잘 나타나 있다. 이 「교조시용장제생」은 네 조목의 평이한 교육 원리, 즉 (1) 입지(立志), (2) 근학(勤學), (3) 개과(改過), (4) 책선(責善)으로 되어 있는데, 아래의 문장은 그 가운데 제일 마지막 조목인 '책선'의 끝 부분에 나온다.

나는 도(道)에 대해서 아직 얻은 바가 없다. 학문도 조잡할 뿐이다. 잘못하여 여러분들이 서로 따르기에 [스승이 되어] 밤이면 밤마다 "나는 아직 악(惡)마저도 벗어나지 못했다. 물론 과오[過]는 말할 것도 없다"라는 것을 생각한다.

어떤 사람은 "스승을 받드는 데는 무례하지 않고 숨기지 않는 법이다"라고 말하고서, 마침내는 "스승에게는 간언할 만한 것이 없다"라고 말하는데 이것은 잘못된 것이다. 스승에게 간언하는 길은 정직하되 무례하지 않도록 하고, 완곡하지만 숨기지 않도록 해야 하는 것이다. 만약 나에게 옳은 바가 있다면 여러분의 간언에 의해 그 옳음이 분명해질 것이고, 만일 나에게 그른 바가 있다면 여러분의 간언에 의해 그 그름이 제거될 것이다.

대저 가르침과 배움은 서로 커가는 것이다. 내가 여러분에게 선한 일을 하도록 권하기 위해서는 마땅히 나부터 시작해야 한다.[63]

63) 王守仁, 『陽明全書』卷26, 「教條示龍場諸生」: 責善, 朋友之道, 然須, 忠告而善道之, 悉其忠愛, 致其婉曲, 使彼聞之而可從, 繹之而可改, 有所感而無所怒, 乃爲善耳, 若先暴白其過惡, 痛毁極詆, 使無所容, 彼將發其愧恥憤恨之心, 雖欲降以相從, 而勢有所不能, 是激之而使爲惡矣, 故凡訐人之短, 攻發人之陰私, 以沽直者, 皆不可以言責

왕양명 나아가서 양명학은 이처럼 무엇인가를 '나'부터 시작하라고
한다. 왕양명은 자신부터 잘잘못을 교정하는 모습을 보여준다. 스승은
위, 학생은 아래가 아니라 교학상장(敎學相長)을 분명히 한다. 양지는
동등하기에 이러한 평등한 차원에서 누구나 '나'로부터 실천하자는
것이다.

2) 조명 : '나로부터의 새로운 질서' 건립

왕양명의 제자 왕간(王艮. 자는 여지汝止, 호는 심재心齋. 1483-
1541)은 심즉리를 적극적으로 해석하여 자기의 운명을 자기가 창조
한다는 이른바 '조명(造命)'론을 제시한다.

왕간은 "대인은 운명을 창조한다[大人造命]"[64]고 하고 "나는 지금
고질병에 걸려 있다. 나의 운명이 비록 하늘에 있다고 해도 운명을 만
드는 것은 나로부터 연유한다"[65]고 단언한다. 즉 운명은 하늘에 있다
고 해도 자신의 운명은 자신이 창조하고 개척한다는 대담한 의지를
표명한다. 왕간의 이러한 '조명(造命)' 사상은 '혼란의 사회'(=無)에
공공적 '질서'(=有)를 부여하는 유명한 꿈 체험에 잘 드러나 있다.

善, 雖然, 我以是而施於人, 不可也, 人以是而加諸我, 凡攻我之失者, 皆我師也, 安可
以不樂受而心感之乎, 某於道未有所得, 其學鹵莽耳, 謬爲諸生相從於此, 每終夜以
思, 惡且未免, 況於過乎, 人謂事師無犯無隱, 而逐謂師無可諫, 非也, 諫師之道, 直不
至於犯, 而婉不至於隱耳, 使吾而是也, 因吾以明其是, 吾而非也, 因吾以去其非, 蓋
敎學相長也, 諸生責善, 當自吾始.

64) 王艮, 『王心齋全集』卷1, 「語錄」: 王艮曰, 孔子之不遇於春秋之君, 亦命也.而周流天
下, 明道以淑斯人, 不謂命也. 若天民則聽命矣. 故曰, 大人造命.

65) 王艮, 『王心齋全集』卷2, 「尺牘密證」, 「再與徐子直 · 2」: 我今得此沉屙之疾, 我命雖
在天, 造命卻由我.

왕간 선생이 어느 날 저녁에 꿈꾸기를, 하늘이 무너져 (사람들의) 몸
을 누르고, 수많은 사람들이 구해 달라고 소리 지르자, 선생 홀로 팔을
뻗어 하늘을 밀고 일어나, 해와 달과 별들의 질서가 흐트러진 것을 보
고는 또 손수 원래대로 정리해놓으니, 수많은 사람들이 춤을 추고 기뻐
감사하였다. 꿈에서 깨니 땀이 비 오듯 하였고, '느닷없는 깨달음[頓覺.
즉 大人造命]'이 심체(心体)를 뚫고나니, 만물이 일체라서 우주가 나에
게 있다는 생각을 더욱 진정으로 용납하지 않을 수 없었다.[66]

왕간은 꿈에서 깬 후 "정덕(正德) 6년에 3개월 반이나 인(仁)에 머
물렀다"라고 벽에 기록하였다.[67] 그의 꿈에서 '무너져 내려 (만인万人
의) 몸을 누르는' 천(天)은 인간이 '밀어 세워야 하는' 혼란한 상황을
관념화한 것이다. 게다가 그 상황은 '만인들이 소리 지르며 구해달라
고 요청할 만큼'의 절박한 위기이다. 여기서 왕기가 '해와 달과 별들의
질서가 흐트러져있는[日月列宿失序]' 혼란한 하늘을, '손수 원래대로
정리해놓는다[手自整布如故]'. 이것은 무(無)=천(天)의 혼란 가운데
유(有)=질서의 정비를 상징하는 것이다. 자신의 손으로 천하의 공공
적 질서를 건립하겠다는 자력적·적극적 의지를 천명하는 것이다.

양명학적 공공사회 건립의 열정은 위의 왕간이 말한 「수많은 사람
들이 구해 달라고 소리 지르자, 선생 홀로 팔을 뻗어 하늘을 밀고 일어
나, 해와 달과 별들의 질서가 흐트러진 것을 보고는 또 손수 원래대로
정리해놓」는 '나로부터의 새로운 질서' 건립이었다.

66) 王艮, 『王心齋全集』卷3, 「年譜」29세조: 先生一夕, 夢天墜壓身, 萬人奔號求救, 先生
獨奮臂托天而起, 見日月列宿失序, 又手自整布如故, 萬人歡舞拜謝, 醒則汗溢如雨,
頓覺心體洞徹, 萬物一體, 宇宙在我之念益眞切不容已.
67) 王艮, 『王心齋全集』卷3, 「年譜」29세조: 正德六年間, 居仁三月半.

왕간의 '땀'에서 읽을 수 있는 공공적 구제 의식, 나아가서 '나로부터의 새로운 질서' 건립은 다음의 「추선부(鰍鱔賦)」에서도 잘 확인할 수 있다.

　도인(道人)이 한가롭게 시장을 거닐다가 우연히 어느 가게 앞에 드렁허리[鱔]를 키우는 항아리를 보았는데, (드렁허리들이) 포개지고 뒤얽히고 짓눌려서 마치 숨이 끊어져 죽을 것 같았다. 이 때 홀연히 미꾸라지 한 마리가 나와서 상하 · 좌우 · 전후로 쉬지 않고 끊임없이 움직이니 마치 신룡처럼 보였다. 그 드렁허리들은 미꾸라지로 인해 몸을 움직이고 기가 통하게 되어, 생명력[生意]을 되찾을 수 있었다. 이제 드렁허리들이 몸을 움직이고 기운을 통하게 하여 살 수 있게 한 것은 모두 미꾸라지의 공로[功]이다. 비록 그렇다 하더라도 이는 또한 미꾸라지의 즐거움이기도 하니, 결코 이 드렁허리들을 가련히 여겨 그렇게 한 것이 아니고, 또 이 드렁허리들의 보답을 받자고 그러한 것도 아니다. 다만 그 (미꾸라지 자신의) 본성에 따른 것일 뿐이다. 이에 도인은 감동하여 탄식하며 말하길 "내가 동류(同類)와 천지 사이에 함께 살고 있음은, 드렁허리들과 미꾸라지가 이 항아리에 함께 살고 있는 것과 같지 않을까? 나는 '대장부란 천지만물을 일체로 삼고, 천지를 위해 마음을 세우며, 생민을 위해 명(命)을 세우고자 한다'고 들었는데, 그것은 거의 여기 (같은 항아리 속에 살고 있는 미꾸라지와 드렁허리들과) 같은 게 아닐까?"라 하였다. (그 도인은) 마침내 수레를 정비하고 여장을 꾸려 흔쾌히 사방을 주유[周流]하려는 뜻을 지니게 되었다. 잠깐 사이에 홀연히 바람과 구름, 비와 번개가 함께 일어나니, 그 미꾸라지가 기세를 타고 천하(天河)에 뛰어 들어, 대해(大海)로 몸을 던져, 여유 있게 가는 모습이, 자기가 하고 싶은 맘대로 하니, 그 즐거움이 끝이 없었다. (이

미꾸라지가) 갇혀 있는 드렁허리들을 돌아보고, 그들을 구해야겠다고
생각해서, 몸을 떨쳐 일으켜 용으로 변하여, 다시 번개와 비를 일으키
니, 드렁허리가 있던 항아리가 빗물이 가득 차 넘어지니, 이에 포개지
고 뒤얽히고 짓눌려있던 드렁허리들이 모두 기뻐하면서 생명력[生意]
을 지니게 되었다. 미꾸라지는 드렁허리들이 정신을 차릴 때까지 기다
려, 장강대해로 함께 돌아갔다. 도인이 기뻐하면서 길을 나서려 하자,
누군가 도인에게 "장차 속세로 들어갈 생각이시오?"라고 묻자, 도인은
"아니요, 내가 어찌 뒤웅박과 같으리? 어찌 매달린 채 먹지 않을 수 있
으리?"[68]라 하였다. 그러자 "장차 (속세를 벗어나) 높고 멀리 가려하시
오?"라고 묻자 도인은 "아니요, 내가 이 사람의 무리가 아니고 누구와
더불어 지낼 수 있겠으리오?"라고 답하였다. 이에 "그렇다면 어떻게 한
다는 것이오?"[69]라고 묻자, "비록 사물(物)에서 떨어져 있지도 않지만,
또한 사물에 얽매이지도 않으리다"라고 답하였다.[70]

---

68) 『論語』, 「陽貨篇」: 子路曰, 昔者由也聞諸夫子曰:親於其身爲不善者, 君子不入也. 佛
肸以中牟畔, 子之往也, 如之何, 子曰, 然, 有是言也. 不曰堅乎, 磨而不磷, 不曰白乎,
涅而不緇, 吾豈匏瓜也哉, 焉能繫而不食.

69) 『論語』, 「微子篇」: 鳥獸不可與同群, 吾非斯人之徒與而誰與, 然則如之何.

70) 王艮, 『王心齋全集』권2, 詩文雜著: 道人閑行於市, 偶見肆前育鱔一缸, 覆壓纏繞, 奄
奄然若死之狀. 忽見一鰍從中而出, 或上或下, 或左或右, 或前或後, 周流不息, 變動
不居, 若神龍然. 其鱔因鰍得以轉身通氣, 而有生意. 是轉鱔之身, 通鱔之氣, 存鱔之
生者, 皆鰍之功也. 雖然, 亦鰍之樂也, 非專爲憫此鱔而然, 亦非爲望此鱔之報而然,
自率其性而已耳. 於是道人有感, 喟然歎曰, 吾與同類並育於天地之間, 得非若鰍鱔
之同育於此缸乎, 吾聞大丈夫以天地萬物爲一體, 爲天地立心, 爲生民立命, 幾不在
茲乎, 遂思整車束裝, 慨然有周流四方之志. 少頃, 忽見風雲雷雨交作, 其鰍乘勢躍入
天河, 投于大海, 悠然而逝, 縱橫自在, 快樂無邊. 回視樊籠之鱔, 思將有以救之, 奮身
化龍, 復作雷雨, 傾滿鱔缸, 於是纏繞覆壓者, 皆欣欣然有生意. 俟其蘇醒精神, 同歸
于長江大海矣. 道人欣然就道而行, 或謂道人曰, 將入樊籠乎, 曰, 否, 吾豈匏瓜也哉,
焉能系而不食, 將高飛遠擧乎, 曰, 否, 吾非斯人之徒與而誰與, 然則如之何, 曰, 雖不
離於物, 亦不囿於物也.

포개지고 뒤얽히고 짓눌려서 마치 숨이 끊어져 죽을 것 같은 드렁
허리(=논메기)를 홀연히 나타난 미꾸라지 한 마리가 상하 · 좌우 · 전
후로 쉬지 않고 끊임없이 움직여서 드렁허리들에게 몸을 움직이고 기
가 통하게 하여 생명력을 되찾도록 하였다. 이처럼 미꾸라지 한 마리
가 드렁허리를 살려내는 정신은 양명학이 지향하는 '나'로부터 새롭
게 공공질서를 건립하려는 정신을 적나라하게 보여주고 있다.

4) '나'의 혁명적 실현

일본에서 전개된 양명학에서도 '오시오츄사이(大塩中齋)의 난(亂)'
을 통해 '나'로부터 실천하는 혁명적 공공의식을 살펴볼 수 있다.

오시오 츄사이(大塩中齋. 1794-1837)는 일본 양명학의 개조 나카
에 토쥬(中江藤樹. 1608 - 1648)의 양명학을 계승하는 사상가이다.
1833년(天保4년) 이래 기근이 점차 심화되어, 1886년에는 전에 없던
전국적인 대기근 상황에 이르게 되었다. 곡식 가격은 거침없이 오르
고 오사카에서도 수백 명의 사람들이 굶어죽는 참상이 발생하게 되었
다. 당시에 전임 오사카 마치부교(大阪町奉行)의 요리키(与力)[71]였던
츄사이는 자신의 사숙인 세심동(洗心洞)에서 주재하고 있었는데, 이
러한 대기근 상황에 대한 구제책을 몇 차례에 걸쳐 진언을 올렸었다.
하지만 당시 신임 부교奉行였던 오토베 요시스케(跡部良弼)는 이러
한 진언에 조금도 귀기울이지 않았다. 이에 츄사이는 1837년에 더 이

---

71) 요리키는 에도 막부시대에 마치부교町奉行라는 지방장관의 아래에 있는 관직이
다.

상 신임 부교가 이러한 기근 상황을 해결할 수 없다고 판단하여 거상 (巨商)들에게 권유하여 구제책을 강구하고자 했으나 실패한다. 결국 츄사이는 그 해 2월 자신의 세심동(洗心洞) 장서(藏書) 5만권을 팔아 그 책값인 육백수십금으로 궁핍한 백성들을 구제하는 데 사용한다. 그런데도 당시 신임 부교인 요시스케는 오사카의 백성들을 돌보기는 커녕, 거상 키타카제(北風) 가문에게서 구입한 쌀을 새로 쇼군(將軍) 이 된 도쿠가와 이에요시(德川家慶) 취임 축하 선물로 에도로 보낸다. 이에 츄사이는 자신의 자산을 모두를 매각하여 궁핍한 백성을 구제하 고 나머지를 의병 거병 준비 자금으로 활용한다. 이 달 17일 츄사이는 장문의 격문을 작성하고 이를 각지에 돌려 관료들의 실정(失政)을 규 탄한다. 이 격문에는 하늘의 뜻에 따라 탐관오리들을 벌하겠다는 그 의 분명한 선언이 담겨있다. 츄사이의 격문은 '만물일체의 인(仁)'의 관점에서 오사카의 부교와 관료들을 '불인(不仁)'으로 규탄하는 내용 이다. 더욱이 그가 난을 일으킨 것은 '만물일체의 인'을 실천하기 위한 것이었다. 츄사이는 19일 이른 아침 자신의 저택에 불을 질러 거병을 단행한다. 주요 문하생들과 지역의 민초들 삼백여명이 가세한다. 하지 만 부교우소(奉行所)의 저항을 받아 그날 오후 부득이 해산하고 만다. 이것을 오사카(大阪)의 '덴만소동(天滿騷動)' 또는 '오시오의 난'이라 부른다. 거사에 실패한 다음 츄사이는 체포될 상황에 이르자 양자인 오시오 카쿠노스케(大塩格之助)와 함께 화약을 터트려 자결하게 된 다.[72]

---

72) 이에 대해서는 後藤基已,「大鹽中齋」, 安岡正篤 等 監修,『日本の陽明學(上)』, 明 德出版社, 1972, 89쪽 참조.

5. 맺음말

지금까지 양명학과 공공성을 살펴보았다. 양명학의 공공성은 기본적으로 '나'로부터 공공을 실현하는 것이었다.

먼저, 「선험적 이치[定理]의 해체와 '주체'의 확립」에서는 양명학의 학문적, 사상적 기획을 살펴보았다. 양명학은 주자학에서 제시하는 정리론(定理論) 부정, 해체하는 데서 그의 학문적 테제를 확립한다. 그것이 심즉리(心卽理)였다. 이렇게 '사물과 인간에 앞서서 존재하는 고정불변의 이치(理)는 죽었다!'는 선언을 통해서 과감하게 진리의 선험성(先驗性)을 허물어버리고 출발한다. 모든 이치는 '심(心)'에서 구성·창출되어 나온다는 것이다. 그의 공공성 담론의 출발점은 바로 "'나(주체)'로부터!"라는 메시지이다.

이어서 「양명학의 공공성 인식: 공학(公學), 공도(公道), 천하공공(天下公共), 대공지심(大公之心)」에서는 양명학이 보여주는 공공성의 인식을 살펴보았다. 양명은 양지=주체가 곧 공공성 창출의 근거임을 분명히 말한다. 세상에 존재하거나 일어나는 만사만물과 양지의 관계는 컴퍼스(規矩)와 자막대기(尺度)에서 방원(方圓: 원형)과 장단(長短)이 창출되어 나오는 것과 같다. 하나의 바로미터에서 수많은 세부 항목 및 때의 변화가 생겨나는 것이다. 결국 이치는 양지에서 생겨난다는 말이다. 양지에서 이치가 생겨나니 그 귀결은 '자신의 마음에서 옳고 그름을 구하라'는 것이다. 이런 차원에서 전개하는 것이 공학(公學), 공도(公道), 천하공공(天下公共), 대공지심(大公之心)이다. 누구 하나의 마음=사심에 의해 학문과 진리는 소유되거나 독점될 수 없다는 것이다. 학문과 진리는 천하 공공물이며, 그것을 인식하고 실현하는 마음이 대공지심이다.

마지막으로 「'나'로부터 시작하는 공공성」에서는 양명학의 전개선 상에서 보여지는 공공성의 예들을 통해서 살펴보았다. 왕양명은 무엇이든 '나'부터 시작하라고 한다. 왕양명의 제자 왕간(王艮. 자는 여지汝止, 호는 심재心齋. 1483-1541)은 심즉리를 적극적으로 해석하여 자기의 운명을 자기가 창조한다는 이른바 '조명(造命)'론을 제시한다. 왕간의 '조명' 사상은 '혼란의 사회'(=無)에 공공적 '질서'(=有)를 부여하는 유명한 꿈 체험에 잘 드러나 있다. 그것은 「수많은 사람들이 구해 달라고 소리 지르자, 선생 홀로 팔을 뻗어 하늘을 밀고 일어나, 해와 달과 별들의 질서가 흐트러진 것을 보고는 또 손수 원래대로 정리해놓」는 '나로부터의 새로운 질서' 건립이었다. 왕간의 '땀'에서 읽을 수 있는 공공적 구제 의식, 나아가서 '나로부터의 새로운 질서' 건립은 그의 「추선부(鰍鱔賦)」에 잘 드러났다. 포개지고 뒤얽히고 짓눌려서 마치 숨이 끊어져 죽을 것 같은 드렁허리(=논메기)를 홀연히 나타난 미꾸라지 한 마리가 상하·좌우·전후로 쉬지 않고 끊임없이 움직여서 드렁허리들에게 몸을 움직이고 기가 통하게 하여 생명력을 되찾도록 하는 장면이다. 이처럼 미꾸라지 한 마리가 드렁허리를 살려내는 정신은 양명학이 지향하는 '나'로부터 새롭게 공공질서를 건립하려는 정신을 적나라하게 보여주고 있다. 이런 대목은 일본 양명학에서도 발견된다. 나카에 토쥬의 사상을 잇는 오시오츄사이는 민초를 구제하기 위해 반란을 일으킨다. 이러한 예들을 통해서 '나'로부터 실천하는 혁명적 공공의식을 살펴볼 수 있었다.

이러한 논의를 통해서 양명학에서는 모든 것이 '나'부터 시작하며, 공공성의 논의도 예외가 아님을 살펴볼 수 있었다.

자연과 양명학
─'자연(自然)'에 대한 왕양명의 시선(視線)─

1. '자연의 위기'─너무나 낡은 논의를 시작하며

과거 어느 일간지에서 「산모의 초유(初乳: 출산후 처음 나오는 젖)에서 발암 물질인 다이옥신이 허용기준치의 평균 30배나 검출되었다」[1]는 기사를 읽고 나서 문득 다음의 최승호 시인의 시 「공장지대」가 떠올랐다 : 무뇌아를 낳고 보니 산모는/몸 안에 공장지대가 들어선 느낌이다./젖을 짜면 흘러내리는 폐수와/아이 배꼽에 매달린 비닐끈들./저 굴뚝들과 나는 간통한 게 분명해!/자궁 속에 고무인형 키워온 듯/무뇌아를 낳고 산모는/머릿속에 뇌가 있는지 의심스러워/정수리 털을 하루종일 뽑아댄다.(강조는 인용자)

'산모의 초유에서 발암 물질인 다이옥신이 허용기준치의 평균 30배나 검출'되었다는 보도나 '젖을 짜면 흘러내리는 폐수'를 노래한 시는,

---

1) 『중앙일보』2000년 2월 16일자.

지금 우리가 자연과 어떤 관계 속에 있는가를 웅변해주고 있다. 우리들이 자연에 엄청나게 쏟아내 버린 폐수가 업보가 되어 우리들의 몸으로 그대로 흘러 들어와 우리 몸을 송두리째 병들게 하면서 윤회한다는 것은 이제 현대를 살아가는 우리들에게는 하나의 상식처럼 되어 있다. 이것은 우리가 자연을 지배하고 수탈하여 자연 위에 '인간의 왕국'을 건설하는데 골몰하면 할수록 자연, 지구, 그리고 생물의 '공생계(共生系)'를 기형화하여 파탄 지경으로 몰고 간다는 증거이기도 하다.

어쩌면 이러한 논의 자체가 진부하기 조차하다. 왜냐하면 지금, 지구촌의 자연, 환경, 생태(계)의 위기에 관한 한 온갖 이론과 처방들이 제시되고 있고. 그것들은 이미 약장(藥欌)의 빈칸들을 가득 채워 필요할 때마다 얼마든지 꺼내서 치료약을 제조할 만큼 '고상하고' '현란한', 그래서 '풍성한' 눈앞의 그림의 떡처럼 보이기 때문이다. 그 담론들은 이자가 붙고, 자산을 증식하여 복잡해지고 세련되어 가고 있다. 그런데도 세상은 이런 목소리에 아랑곳없이 먹고살기에 바쁘고, 목구멍에 풀칠하기 급급하다보니 지구의 자연, 환경, 생태계의 위기는 뒷전이어서 도랑에 고기 잡다가 큰물에 제 몸이 떠내려가는 줄도 모르는 격이다. 진리와 지혜가 없어서 세상이 거꾸로 가는 것은 아닐 것이다. 그럼 무엇이 문제란 말인가? 앎(지식), 식견, 학문이 모자라는가? 사람들의 의식이 모자라는가? 사회와 국가권력의 시스템이라는 차원에 문제가 있는가? 전지구적 차원의 고리로 연결된 문제를 어떻게 한 개인, 한 사회만이 영웅적으로 풀 수 있을 것인가? 철학이, 아니 동양철학이 그것을 어떻게 해결할 수 있을 것인가? - 등등의 많은 생각들[2]

---

2) 이 부분은 김용헌, 「생태학적 위기와 전통철학」, 『제4회 한국학 국제학술대회: 인간

이 떠오르고 있다.

심각한 자연의 위기에도 우리의 논의는 어쩐지 너무나 낡은 듯 하다. 그렇지만 우리들의 논의와 대응은 또 계속되어야 한다. 자연의 위기에 관한 한, '이론적 논의(知/言)에서 실천(行)으로' 가는 길은 험난하지만, 그것은 '희망사항'이 아니라 어디까지나 '발등의 불'(긴급상황)이다. 낡은 논의라도 다시 계속해 가서 산업혁명, 디지털 혁명 등의 개념과 대응할 수 있는 '자연환경혁명'이란 말이 통용될 날을 희구해 볼만하다.

2. '자연', 왕양명과 자연

이 글의 주제는 「자연과 양명학」이다. 먼저 본론에 들어가기 전에 여기서 사용할 '자연(自然)'이라는 용어[3]에 대해서 언급해두기로 한다.

'자연(自然)'이라는 것은 두 글자로 된 한자어(漢字語)이다. 그런

과 자연이 함께 하는 국학』, (안동대학교 국학부, 1999.10.29)에 대한 논평의 일부 참조.
3) 최재목, 『나의 유교 읽기』, (소강, 1997), 260-261쪽을 참조. 특히, 자연이라는 말의 용법에 대해서는 다음을 참조바람.
  (1) 한국도교문화학회편, 『道敎와 自然』, (동과서, 1999)
  (2) 三枝博音, 「"自然"という呼び名の歷史」, 『思想』404號, (岩波書店, 1958.2)
  (3) 坂本賢三, 「總論 - '自然'の自然史」, 『自然と反自然』, 田島節夫 編, (弘文堂, 1977)
  (4) 柳父 章, 「自然: 飜譯語の生んだ誤解」, 『飜譯語成立事情』, (岩波書店, 1996) 그리고 '日本漢語와 中國'에 대해서는 鈴木修次, 『日本漢語と日本』, (中央公論社, 1981)가 좋은 참고가 될 것임.

데 지금 우리가 일상적으로 쓰고 있는 '자연보호', '자연환경' '자연파
괴' '자연자원' '자연세계' 등등에서의 '자연'이라는 말은 중국의 고대
에 쓰이던 것과는 달리 매우 새로운 것으로, 이것을 사용하기 시작한
것은 백년 정도를 경과했다. 다시 말하면, 지금 쓰는 '자연'이라는 말,
즉 영어의 'nature'를 번역한 말은 라틴어의 'natura'에서 왔다. 'natura'
는 '태어날 때부터의 성질'(本性)이라든가 '타고난 그대로의 것'(自然)
이라는 의미로 'nascor'(태어나다)의 완료분사 'natus'에서 왔다. 동양
에서 '자연(自然)'이란 말을 본격적으로 사용하기 전까지는 「천지(天
地)」라든가 「천연(天然)」이라는 말이 쓰이고 있었다. 그러나 이들이
'nature'의 번역어로서 사용되고 있었지만 「자연(自然)」과는 다른 뉘
앙스를 가지고 있다. 「천지(天地)」는 중국 고대로부터 있었던 말이며,
「자연(自然)」도 "nature"의 번역어로서 사용되기 이전부터 있었던 말
이다. 원래 자연이란 말은 '스스로 그러하다'(『노자(老子)』)는 개체적
의미와 '저절로 그러하다'(『장자(莊子)』)는 전체적 의미의 두 뜻을 모
두 가지고 있다. 「본디, 자연(自然)의 자(自)는 '저절로' '스스로' 이외
에 원자(原自)·본자(本自)·고자(固自)라는 결합어에서도 알 수 있
는 것처럼 '본래' '원래'의 뜻을 가지고 있다. 따라서 자연이란 '이렇
게 되어 있는' 자연적 상태임과 동시에 '이렇게 될 수밖에 없는' 본래
적 상태이기도 한 것이다.」[4] 이것은 주자가 「이(理)는 능히 그러함(能
然), 반드시 그러함(必然), 마땅히 그러함(當然), 저절로 그러함(自然)
의 뜻을 겸하고 있다.」[5]고 말하는 것에서도 잘 드러나 있다.

---

4) 미조구찌 유조, 『중국전근대 사상의 굴절과 전개』, 김용천 옮김, (동과서, 1999),
   33-34쪽.
5) 『朱子大全』57, 「答陳安卿」(3) : 理有能然, 有必然, 有當然, 有自然處, 皆須兼之.

어쨌든 중국 고대의 자연이란 말은 현대의 자연물, 자연현상의 의
미에 가까웠던 것이 아니었지만 그것이 차츰 현대적 의미의 자연에
가까워지는 것은 위진(魏晉) 이후의 일이다.[6] 우리말의 경우에는 자
연의 자(自)는 '스스로' 보다는 '저절로'로 쪽에 익숙해 있는 것 같다.
예컨대 김인후(金麟厚. 호는 河西. 1510~1560)의 작품이라고 전해지
는 자연가(自然歌)[7]에서, 「청산도 절로 절로 녹수도 절로 절로/산 절
로 수 절로 산수간에 나도 절로/아마도 절로 난 몸이라 늙기조차 절로
절로(青山自然自然綠水自然自然/山自然水自然山水間我亦自然/已
矣哉自然生來人生將自然自然老)」라고 할 때 「산 절로 수 절로」의 '절
로(=저절로)'='자연히'에 해당하며 '인공, 인위가 가해지지 않은 것'을
형용한 것이라 볼 수 있다. 지금 자연에 대해 이런 저런 말을 많이 하
고 있지만, 지금 우리가 쓰는 '자연'이라는 말에는 번역어 특유의 이른
바 「카세트(cassette) 효과」가 작동하고 있는 것, 다시 말하면 「의미를
잘 알 수는 없지만 거기엔 틀림없이 중요한 의미가 들어있다」는 식으
로 생각하고 거기서 연역적으로 심원한 의미가 도출되고, 논리를 이
끌어간다는 지적[8]이 적절하다.

왕양명(王陽明, 1472~1528)의 주저인 『전습록(傳習錄)』에는 '자
연(自然)'이란 말이 34회 정도 나오는데,[9] 예컨대 「心自然會知(마음

6) 이에 대해서는 日原利國 編, 『中國思想辭典』, (研文出版, 1984), 171쪽을 참조. 보
   다 구체적인 것은 小尾郊一, 『中國文學과 自然美學』, 윤수영 옮김, (도서출판 서울,
   1992)을 참조바람.
7) 정재도 엮음, 『산 절로 수 절로 - 河西 金麟厚 略傳 -』, (河西出版社, 1981), 70쪽에
   서 재인용.
8) 柳父 章, 「自然: 飜譯語의 生んだ誤解」, 『飜譯語成立事情』, 142쪽.
9) 荒木見悟 編, 『傳習錄索引』, (研文出版, 1994), 87쪽 참조.

이 자연히=절로 알게 된다)」[10], 「自然明白簡易(자연히=절로 명백 간이하다)」[11], 「只順其天則自然[다만 그 천칙(=하늘의 법칙)의 자연=저절로 그러함에 따른다]」[12]와 같이 '자연히'='절로'에 해당한다.

그런데 이 글의 주제에서 말하는 자연은 'nature'의 번역어인 '자연'이라고 보아야 할 것이다. 그렇다면 이 글에서는 왕양명이 '자연물'과 '자연현상'에 대해서 '어떻게 생각하였는가?'하는 것을 밝히는 것이 주된 목적이 될 것이다. 동시에 '그의 생각이 현대 우리사회의 자연을 이해하는데 어떤 의미와 시사를 갖는가?'하는 점도 포함될 것이다. 물론 왕양명에게서 현대적 의미의 자연에 해당하는 것은 개념을 든다면 산천(山川), 초목(草木), 와석(瓦石)과 같은 생물 및 무생물을 포함하여 동물, 인간을 포괄적으로 지칭하는 것이며, 한마디로 말하면 '천지만물(天地萬物)'이다.[13] 그런데 '자연'이란 말이 나온 이상, 이 주제 내에서도 환경과 생명과도 많은 관련이 되고 또 중복되는 내용이 언급될 것이지만, 이미 「양명학과 생명, 환경」이라는 주제의 논문발표가 예정되어 있기에 가능한 한 양명학을 '자연(nature)'에 초점을 맞추어서 논의하게 될 것이다.

다만 우리가 왕양명의 자연에 대한 시선을 살펴보는 것은 단순히 '고고학적인 발굴(archaeological digging)'의 작업처럼 그의 말을 이리저리 끄집어내어 단순 나열해보자는 것이 아니다. 미래에 대한 그의 어떤 '예언자적인(prophetic)', 한 때 칼 야스퍼스(Karl Jaspers.

---

10) 『傳習錄』上.
11) 『傳習錄』中, 「答歐陽崇一」.
12) 『傳習錄』下.
13) 주 28)과 31) 참조.

1883~1969)를 감동시키기도 했을[14], 언설들이 우리에게 '지금' '여기'서 어떤 점이 어떻게 실천적으로 음미될 것인가에 관심을 모아야 할 것이다. 적어도 왕양명의 '자연'에 대한 시선은 목가적(牧歌的)인 속 편한 독백(獨白)을 넘어서서 '以天地萬物爲一體(천지만물을 한몸으로 한다)'[15]라는, 자연에 대한 인간의 협조와 협력, 공생 - 이것은 현대적인 의미로 바꾼다면 지구와 인류에 공헌할 수 있는 공공적(公共的)인 보편적 가치 실현이라고 할만하다 - 의 당위성을 선언하는 것이기 때문이다. 왕양명에 따르면 이 당위성은 아무런 노력 없이, 그저 공짜로 이뤄지는 것이 아니다.

> 시시각각으로 몽둥이와 주먹에 맞아 피가 솟아나고 몸에 자국이 질 때처럼 긴장을 하고 있어야 내 말을 듣고 한 구절 한 구절이 씨앗이 되는 것이다. 만일 그렇지 않고 아무 하는 일없이 멍청하게 날을 보낸다면 내 말을 들었다 하더라도 마치 때려도 아픔을 느끼지 못하는 한 덩어리의 죽은 고깃덩어리와 같이 아무 것도 이루지 못할 것이다.[16]

---

14) 그 구체적인 내용은 잘 알 수 없지만, 야스퍼스는 일본의 한 젊은 철학자 野田又夫에게 양명에 대한 깊은 감동을 다음과 같이 말한 적이 있다 : 「나는 나치의 탄압 하에서 침묵할 수밖에 없을 때 성경이나 동양의 철학을 읽고 인간성의 이어짐을 거기서 밖에 구할 수가 없었다. … 왕양명이라는 사람이 있는데, 그 사람한테는 얻어맞았다. 왕양명은 중국의 고대 이후 형이상학자로서 최후의 사람이 아닌가? … 왕양명 이후는 중국류의 실증주의가 되어버리는데 유교 가운데서 혁명적인 활력을 강하게 보여주었던 것은 왕양명의 학파이다.」[野田又夫, 『自由思想の歷史』, (河出書房, 1957), 176쪽 참조].(강조는 인용자. 그리고 참고로 현존재와 왕양명의 사상의 핵심인 치양지와의 관련성에 대한 연구는 김홍호, 「현존재와 치양지」, 『신학과 세계』제15호, (1987·가을)을 참조 바람).
15) 『傳習錄』中, 「答顧東橋書」와 『陽明全書』26, 「大學問」참조.
16) 『傳習錄』하 : 先生曰, 諸公在此, 務要立箇必爲聖人之心, 時時刻刻, 須是一棒一條痕, 一摑一掌血, 方君聽君說話, 句句得力, 若茫茫蕩蕩渡日, 譬如一塊死肉, 打也不

왕양명의 이러한 경고처럼, '말(앎)의 잔치'와 머리와 가슴, 그리고 온몸을 움직이는 '행함(실천)의 빈곤' 사이에 있는 간극을 채우려고 할 때, '자연'에 대한 왕양명의 시선이 우리에게 보다 절실하게 음미될 수 있을 것이다.

3. 생태 지향적 심성 – 인간과 자연, 그 희미한 옛 '사랑'의 그림자

동아시아의 전통철학에서는 천지인(天地人)을 삼재(三才)로 보고 "인간은 만물의 영장이다(惟人萬物之靈)"[17]거나 "인간은 오행의 빼어난 기운을 얻어서 태어났기에 가장 영특하다(惟人也得其秀而最靈)"[18]고 하여, 만물 가운데서 인간을 그 영장으로서 지위를 부여하고 있다. 거기에는 만물에 대한 인간의 '자유'와 동시에 '책임'이 암시되어 있다. 하지만, 인위로써 자연을 돕지 못하니(不以人助天)[19] 인위로써 자연을 망치지 말고(無以人滅天)[20], 인위로써 자연에 끼어 들지 아니할 것(不以人入天)」[21]을 경고한 『장자(莊子)』의 언설들은 인간의 '앎'의 한계성을 경고하고 있는 부분이다. 인간(人)이 폐쇄된 '나'(자아)를 벗어나 천(天) 즉 '저절로 그러한 것'(자연)에 따라야 한다는 말이다. 이

知得痛 , 恐終不濟事, 回家只尋得舊時伎倆而已, 豈不惜哉.
17) 『書經』,「泰誓 上」.
18) 주렴계, 『太極圖說』(『近思錄』,「道體篇」).
19) 『莊子』,「大宗師」.
20) 『莊子』,「秋水」.
21) 『莊子』,「徐無鬼」.

것은 결국 인간이 '자기 해석'과 '자기 규정'을 새롭게 해야한다는 절박한 요청으로, 특히 현대에 시사하는 바가 크다.

'저절로 그러한 것'은 – 계절이 바뀌고 밤낮이 교체되듯이, 봄에 싹이 나서 꽃피고 가을에 열매 맺고 다시 시들어 말라버렸다가 그 이듬해에 다시 싹을 틔우듯이 – 인간과 사물의 작용이 음(陰)이 되었다가 양(陽)이 되었다(一陰一陽) 하는 도리(道)이다. 이 도리는 자연 만물의 생리(生理)이자 생태(生態)의 기본 유형(pattern)을 말한 것이다. 사람과 만물이 이러한 도리를 이어받아 그 작용을 계속해 가는 것이 '선(善)'이다. 또한 그 도리를 – 마치 자석(磁石) 조각들이 사물을 밀고 끌어당기는 힘=자력(磁力)을 지니듯이 – 자신 속에 각기 온전히 지녀 버린(이룬) 상태를 본성(性)이라고 말한다. 여기서 본성이라는 것은 달리 표현하면 만물이 지닌 '생태적 심성(마음/감성)'이라고 표현할 수 있다.[22] 그렇다면 인간은 물론 모든 사물은 애당초 자기 이외의 어떤 것(타자)과 폐쇄되고 고립된 이기적인 존재가 아니라 '함께(=협동적으로) 더불어 살(=연대할) 수 있는 능력을 이미 지닌 존재'라는 뜻이 된다.

이러한 생태적 심성을 계승해 가는 '선'한 존재로서 인간과 만물을 바라보는 한, 마치 아리스토텔레스가 「모든 기술과 탐구, 또 모든 행동과 추구는 어떤 선을 목표 삼는 것이라 생각한다. 그러므로 선이란 모든 것이 목표 삼는 것이라고 한 주장은 옳은 것이라 하겠다.」[23]고 말

---

22) 『周易』「繫辭傳上」에 「음이 되었다가 양이 되었다가 하는 것을 도라고 한다. 도를 이어받아 그 작용을 계속하는 것을 선이라 한다. 도를 이어받아 이룬 상태가 성이라고 한다(一陰一陽之謂道, 繼之者善也, 成之者性也)」는 말을 필자가 문맥에 맞춰 재해석한 것이다.
23) 아리스토텔레스, 『니코마코스 윤리학』, 최명관 옮김, (서광사, 1984), 31쪽

했듯이, 우리가 여기서 논의할 왕양명도 그것(인간·만물의 선에 대한 지향성)에 대해서는 예외가 아니다. 그는 사실 '양지 심학(良知心學)'을 제창함으로써 중국 성선론 전통(낙관적 인간론)의 최고봉을 장식한 사람이라 할만하다.

왕양명은 인간과 만물이 생태적 감성으로 공명(共鳴)하면서 움직이고 있음을 지극히 일상적인 사실을 예로 하여 보여준다.

> 밤이 되면 쉬게 되며 밤에 천지의 모습이 어둠 속으로 자취를 감출 때 눈과 귀 또한 보거나 듣는 것이 어려워지게 되며 드디어는 모든 감각기관이 더불어 쉬게 된다. 동시에 만물이 제 모습을 드러낼 때 사람의 눈과 귀 또한 보고 듣게 되어 마침내는 모든 감각기관이 활동을 시작한다. 사람의 마음(人心)과 천지(天地)는 한몸(一體)이다. 그래서 상하(上下)와 천지(天地)는 흐름을 같이 한다(同流).[24]

왕양명에 앞서서 인간이 지닌 생태적 감성을 북송(北宋)의 정명도(程明道)는 인(仁)이란 개념으로 표현하였다. 그는 「맥을 짚어 보면 가장 잘 인(仁)을 체험할 수 있다」(切脈最可體仁)[25]고 말했다. 맥을 '짚어 보는 것'(切脈)은 의사가 환자의 맥을 짚어 진찰하는 것, 즉 진맥(診脈)을 말한다. 인(仁)이란 불인(不仁)에 반대되는 개념이다. 그럼 불인이란 무엇인가? 정명도는 다음과 같이 말한다 : 의학 책(醫書)에

(1094a).

24) 『傳習錄』下 : 晦宴息, 此亦造化常理, 夜來天地混沌, 形色俱泯, 人亦耳目無所睹聞, 衆竅俱翕, 此卽良知收斂凝一時, 天地旣開, 庶物露生, 人亦耳目有所睹聞, 衆竅俱闢, 此卽良知妙用發生時, 可見, 人心與天地一體, 故上下, 與天地同流.

25) 『河南程氏遺書』3, 「語錄」.

서 손발이 저린 것을 불인(不仁)이라 하는데 이 말은 가장 잘 표현한 것이다. '인'(仁)은 '천지만물을 일체로 삼는 것'(仁者以天地萬物爲一體)이다. 그러니 자기 아닌 것이 없다. 자기임을 깨달으면 어느 곳엔들 이르지 않겠는가? 만약 (만물이) 자기에게 있지 않으면 저절로 자기와 관련이 없게 된다. (의학 책에서 말하는 불인처럼) 손발이 저려서 기가 이미 통하지 않으면 모두 (그것이) 자기 것이 아닌 것과 같은 것이다.[26] 여기서 본다면, 불인은 손발이 마비된 것처럼 사람과 천지만물이 기(氣)가 막혀 한 몸의 상태를 유지하지 못하고 있는 상태, 즉 한 몸과 같은 생명의 온전한 상호소통이 단절된 상태를 말한다. 그렇다면 인(仁)은 정명도가 '천지만물을 일체로 삼는'(以天地萬物爲一體) 원리로 정의한 것처럼, 천지만물이 기가 잘 통하여 한 몸처럼 생명의 온전한 상호소통을 이루고 있는 상태이다. 인은 바로 '천지만물이 크게 하나되는 생명의 원리'를 가리킨다. '하나되는 생명', '하나되는 자연'의 관념은 동양뿐만이 아니다. 서양의 경우에도 — 예컨대 플라톤의 『티마이오스』에 「이 우주는 자기자신 속에 모든 살아있는 것을 포함하고 있는 하나의 생명체이다.」[27]라는 생각이 드러나 있듯이 — 일찍부터 존재했던 것이긴 하지만, 중국의 유학 사상사에서는 그것이 보다 근원적이고 포괄적이며 지속적으로 논의되어 왔다고 생각된다. 앞서서 정명도는 온몸에 기가 통하여 하나로 유지되고 있는 상태를 진맥할 때 인(仁)을 가장 잘 체험할 수 있다고 했다. 또한 그것은 나와 천

---

26) 『近思錄』, 「道體篇」: 明道先生曰, 醫書言手足痿痺爲不仁, 此言最善名狀, 仁者以天地萬物爲一體, 莫非己也, 認得爲己何所不至, 若不有諸己, 自不與己相干, 如手足不仁, 氣已不貫, 皆不屬己.

27) 플라톤, 『티마이오스』, 박종현 · 김영균 공동 역주, (서광사, 2000), 85-86(30d 3-33a 1) 참조.

지만물이 기가 통하여 막힘이 없다는 것을 체험하는 것이다.

이러한 정명도의 사상적 입장은 기본적으로 왕양명에게도 계승되고 있다. 정명도의 인(仁)은 왕양명에게서는 양지(良知)라는 말로 표현된다.

4. 사랑의 철학: 천지의 마음, 양지(良知), 인(仁)

정명도는 인, 불인의 상태를 '절맥(切脈)'으로 체득할 수 있다고 했다. 왕양명은 인간에게는 양지라는 것이 있어, 마치 마음이 인간 자신의 온몸의 상태를 느끼듯이 마찬가지로 천지만물의 고통을 느낄 수 있는 것으로 보았다. 그러므로 그러한 양지를 가진 인간은 '천지의 마음'이 된다. 양지는 천지만물의 '옳고 그름을 가리는' 위대한 마음인 것이다.

> 대저 인간은 천지의 마음(天地之心)이며 천지만물은 본래 나와 한몸(一體)이다. 따라서 생민(生民)의 고통은 어느 한가지라도 내 몸에 절실하지 않은 것이 있겠는가? (이러한 천지만물의 고통이) 내 몸의 고통임을 알지 못한다면 '옳고 그름을 가리는 마음'(是非之心)이 없는 사람이다. '옳고 그름을 가리는 마음'은 생각하지 않아도 알고 배우지 않아도 잘 하는 것이다. 이른바 양지(良知)이다.[28]

---

28) 『傳習錄』中,「答聶文蔚」: 夫人者, 天地之心, 天地萬物本吾一體者也, 生民之困苦荼毒, 孰非疾痛之切於吾身者乎, 不知吾身之疾痛, 無是非之心者也, 是非之心, 不慮而知, 不學而能, 所謂良知也.

이 양지는 사람의 마음속에 있지만 무한한 시간(萬古)과 무한한 공간(宇宙)에서 변치 않는 동일한 원리라고 한다. 그것은 생각하지 않아도 알기(不慮而知)에 항상 쉽게(易) 험난한 것(險)을 알고, 배우지 않아도 할 수 있기(不學而能)에 항상 간단하게(簡) 막혀있는 것(阻)을 알아내는 것이라고 한다.[29] 이 양지는, 그 근저에 있어서 「낮 동안의 양지는 (사물의 움직임에 따라) 순응하여 머무름이 없으나 밤 동안의 양지는 수렴하여 엉기게 된다. 꿈을 꾸는 것은 앞으로 있을 일의 조짐(先兆)이다.」[30]고 하듯이 천지만물과 끊임없이 교감하는 우주적인 생태적 심성을 바탕으로 한 것임에 틀림없다. 이러한 우주적으로 교감할 수 있는 인간의 생태적 심성을 왕양명은 대인(大人)의 마음으로 표현하지만 사실 그것은 소인은 물론 인간 누구나가 가진 '참된 나'의 다른 표현이라고 할 수 있다. 다음의 「대학문(大學問)」을 보자.

　　대인은 천지만물을 한몸으로 하는 사람이다. 천하를 한집안(一家)으로 보고 중국을 한사람(一人)으로 본다. 육체가 각각인 것으로 보고 나와 남을 나누는 것은 소인(小人)이다. 대인은 능히 천지만물을 일체로 한다고 해도 이것을 의도적으로 하는 것이 아니다. 마음의 인(心之仁)은 본래 이처럼 천지만물과 하나가 되는 것이다. 이것은 대인만이 아니고 소인의 마음도 그렇다. 다만 소인은 (이 광대한 마음을) 스스로 좁히고 있을 뿐이다.
　　어린아이가 우물에 빠지려고 하는 것을 볼 때(見孺子之入井), 누구

---

29) 『傳習錄』中,「答歐陽崇一」: 蓋良知在人心, 亘萬古, 塞宇宙, 而無不同, 不慮而知, 恒易以知險, 不學而能, 恒簡而知阻.
30) 『傳習錄』下 : 人心與天地一體, 故上下與天地同流,…知晝知夜矣, 日間良知, 是順應無滯的, 夜間良知, 卽是收斂凝一的, 有夢卽先兆.

든지 반드시 깜짝 놀라고 측은해 하는 마음을 가진다(必有怵惕惻隱之心), 이 사실은 어린아이와 일체라고 하는 이치(仁)를 그 사람이 가지고 있다는 것을 증명한다. 어린아이의 경우는 같은 인간(同類)이기 때문에 그렇다고 말할지도 모른다. 그러나 새와 짐승이 살해당하기 위하여 끌려갈 때 슬피 울거나 죽음을 두려워하는 것을 볼 때(見鳥獸之哀鳴觳觫), 사람은 반드시 차마 하지 못하는 마음을 가지게 될 것이다(必有不忍之心). 이 사실은 (인간이) 새나 짐승과 일체라고 하는 이치(仁)를 소유하고 있다는 것을 증명하는 것이다. 새와 짐승은 요컨대 (인간과 같이) 지각(知覺)을 가지고 있어서 그렇다고 말할지도 모른다. 그렇지만 (지각을 가지고 있지 않은) 풀·나무가 꺾이고 부러지는 것을 보면(見草木之摧折), 반드시 딱하게 여기는 마음이 있다(必有憫恤之心). 이것은 (인간이) 풀·나무와 일체가 되는 이치(仁)라는 것을 증명한다. 또한 풀·나무는 생명의 의지(生意)가 있는 것이라서 그렇다고 말할지도 모른다. 그러나 (순전히 무생물인) 기왓장이나 돌이 깨어지고 부서지는 것을 본다고 하더라도(見瓦石之毀壞), 반드시 애석하게 여기는 마음이 생긴다(必有顧惜之心). 이것은 (인간마음의) 사랑의 이치(仁)와 기왓장·돌이 일체를 이루고 있다는 것을 말해주는 것이다.[31]

이러한 생태적 심성은 왕양명이 민(民)=생민(生民)을 이해하는데

---

31) 『陽明全書』26,「大學問」: 陽明子曰, 大人者, 以天地萬物爲一體者也, 其視天下猶一家, 中國猶一人焉, 若夫間形骸而分爾我者, 小人矣, 大人之能以天地萬物爲一體也, 非意之也, 其心之仁本若是, 其與天地萬物而爲一也, 豈惟大人, 雖小人之心亦莫不然, 彼顧自小之耳, 是故見孺子之入井, 而必有怵惕惻隱之心焉, 是其仁之與孺子而爲一體也, 孺子猶同類者也, 見鳥獸之哀鳴觳觫, 而必有不忍之心焉, 是其仁之與鳥獸而爲一體也, 鳥獸猶有知覺者也, 見草木之摧折而必有憫恤之心焉, 是其仁之與草木而爲一體也, 草木猶有生意者也, 見瓦石之毀壞而必有顧惜之心焉, 是其仁之與瓦石而爲一體也.

도 잘 드러난다. 그가 말하는 '생민(生民)'은 피통치자인 인간만을 뜻
하진 않는다. 『대학문(大學問)』에서 왕양명은 '백성을 친애하는(親
民) 것이 무엇인가?'라는 물음에 대하여

　　밝은 덕을 밝힌다(明明德)는 것은 천지만물일체의 (仁의) 본체(體)
　를 세우는(立) 것이고, 백성을 친애한다(親民)는 것은 천지만물일체의
　(仁의) 작용(用)을 널리 이르도록 하는(達) 것이다. 그러므로 밝은 덕
　을 밝히는 것은 반드시 백성을 친애하는데 있으며, 백성을 친애하는 것
　은 밝은 덕을 밝히는 방법인 것이다. …… 군신, 부부, 붕우, 더욱이는
　산천, 귀신, 조수, 초목에 이르기까지 실로 이들을 친애하여 나의 일체
　의 인을 널리 이르도록 하지 않음이 없다. 그러한 뒤에 나의 밝은 덕이
　비로소 밝아지지 아니함이 없고 참으로 천지만물을 일체로 할 수가 있
　는 것이다.[32]

라고 말하고 있다. 다시 말하면 '부자 · 형제 · 군신 · 부부 · 붕우'에서
'산천 · 귀신 · 조수 · 초목'에 이르는 '인간을 포함한 천지만물'을 백성
(民)으로 보고 이들을 친애하는 것이 바로 친민인 것이다. 물론 그렇
다고 그에게서 아래에서 보듯이 인간과 자연이 무차별적으로 논의되
는 것은 아니다. 양지를 지닌 인간은 천지자연의 '주체(主體)'이다.
　여기서 주체는 '주관(主觀)'과는 다르다. 양명이 자연에 대해서 인

---

32) 『陽明全集』26,「大學問」: 曰, 然則何以在親民乎, 曰, 明明德者, 立其天地萬物一體
之體也, 親民者, 達其天地萬物一體之用也, 故明明德必在於親民, 而親民乃所以明
其明德也, …… 君臣也, 夫婦也, 朋友也, 以至於山川鬼神鳥獸草木也, 莫不實有以
親之以達吾一體之仁, 然後吾之明德始無不明, 而眞能以天地萬物爲一體矣. 그리
고 왕양명의「친민론」에 대해서는, 김길락, 『상산학과 양명학』, (예문서원, 1995),
284-288쪽을 참조바람.

간은 '주체적'인 입장이었다고 한다면 주자는 '주관적'이라고 하는 편이 옳을 것이다. 주자는 「천하의 사물에 이르면 반드시 '그러한 까닭의 이유(所以然之故)'와 '마땅히 그러한 바의 법칙(所當然之則)'이 있다. 이른바 리(理)이다」[33]라고 하여, 모든 일(事)과 것(物)에는 불변하는 이치가 내재해 있다고 보았다. '그러한 까닭의 이유(所以然之故)는 것(物)에 갖춰진 이치(物之理)이며, '마땅히 그러한 바의 법칙(所當然之則)'은 일(事)에 갖추어져 있는 이치(事之理)이다. 주자는 '마땅히 그러한 바의 법칙(所當然之則)'은, 예컨대 물이 높은 곳에서 낮은 곳으로 흐르는 것처럼, 일상의 행동 속에서 지적 · 이론적인 탐구의 노력이 없이도 바로 알 수 있는 자명한 것이라 본다. 이에 반해 '그러한 까닭의 이유(所以然之故)는 천명의 성(天命之性)에 기초한 것으로서 배우는 사람(學者)이라 하더라도 아직 잘 모르는 (그만큼 심오한) 이치이기에 더군다나 일반인에게서는 알 수가 없다고 보았다. 다시 말해서 '그러한 까닭의 이유(所以然之故)'는, 예컨대 왜 물은 높은 곳에서 낮은 곳으로 흐르는가라는 물음처럼, 지적 · 이론적인 탐구의 노력에 의해 비로소 가능하다는 것이다. 주자의 설명에 따른다면 '마땅히 그러한 바의 법칙(所當然之則)'(=事의 理)의 공부에 힘쓰는 가운데서 그것보다 더 심오한 이치인 '그러한 까닭의 이유(所以然之故)'(=物의 理)에 이르게 되고, 또 나아가서 이것(=所以然之故)이 결국 천명(天命)의 성(性) 즉 자연스러운 본성에 기초한 것이라는 사실을 깨닫게 된다는 것이다. 이것이 바로 그의 격물치지(格物致知)=즉물궁

---

33) 『대학혹문』 : 至於天下之物, 則必各有所以然之故, 與其所當然之則, 所謂理也.

리(卽物窮理)의 내용이기도 하다.[34] 이렇게 사람이 구체적인 '사물'
에 '이르는'(格. 至 혹은 卽) 것은 그는 『대학장구(大學章句)』에서 '명
덕(明德)'을 풀이하여, 「명덕(밝은 덕)이라는 것은 사람이 하늘에서
얻은 것으로서 텅 비었으면서도 영묘하고(虛靈) 어둡지 아니하다(不
昧). 온갖 이치를 갖추어서(具衆理) 수많은 일(萬事)에 응한다」[35]라는
곳의 '온갖 이치를 갖추어서 수많은 일들에 응하는' 것과 같다. 이것은
자기자신의 내부에 존재하는 이치도 인정하면서 동시에 외부에 존재
하는 수많은 일들(萬事)의 이치를 인정하는 객관적인 태도(=주관)를
보여준다. 그러므로 그는 「것(物)은 일(事)과 같다」(物猶事也)[36]고 하
고 「것(物)은 일(事)이다」(物, 事也)라고는 하지 않았던 것이다. 자신
의 행위·실천[=일(事)] 속에 '것'(物)이 속하면서도 그것(物)은 완전
히 나(주체)에 포섭된 것이 아니고 그 나름대로의 존재를 인정받고 있
는 것이다.

　그런데 왕양명은 「텅 비었으면서도 영묘하고 어둡지 아니하다. 온
갖 이치가 갖추어져서(衆理具) 수많은 일들이 나온다(萬事出). 마음
바깥에 이치가 없고, 마음 바깥에 일이 없다」[37]고 하였다. 여기서 왕양
명의 '온갖 이치가 갖추어져서 수많은 일들이 나오는' 것은 자기자신
으로부터 바깥의 일들이 창출(혹은 발출)되는 것을 의미한다. 그래서
그는 「것(物)은 일(事)이다」(物, 事也)[38]라고 하였다. '것'(物)이라는

---

34) 이에 대해서는 최재목, 「신유가의 인식론과 앎의 궁극 – 주희의 격물치지론을 중
　　심으로 – 」, 『나의 유교 읽기』을 참조 바람.
35) 明德者, 人之所得乎天而虛靈不昧, 以具衆理而應萬事者也.
36) 『大學章句』.
37) 『傳習錄』上 : 虛靈不昧, 衆理具而萬事出, 心外無理, 心外無事.
38) 『陽明全書』26, 「大學問」.

것은 나의 (마음의) 태도와 행위 · 실천으로서 생겨나는 것, 다시 말하
면 만물=만사의 이치는 주체가 창출하는 것이라고 본다. 그래서 주자
가 말하는 '사사물물의 정리(定理)(=所以然之故와 所當然之則)는 왕
양명에 의해 부정되고 만다. 이처럼 사물에 대한 주자의 주관적 태도
가 왕양명에서는 주체적인 것으로 전환된다. 세상의 이치는 지금 여
기서 사물과 관계할 때 나의 (마음의) 태도와 행위 · 실천의 어떠함에
따른 것이지, 나와 아무런 상관없이 영구 불변적으로 존재하는 어떤
것(定理)이 아니라는 것을 단언하는 데에는 '자연'에 대한 인간의 태
도가 어떠해야 하는가를 암시하고 있는 것 같다. 즉 자연의 이치라는
것은 지금 여기서 내가 천지만물(자연)과 구체적으로 관계할 때 나의
(마음의) 태도와 행위 · 실천이 어떠한가로서 결정된다는 말이며, 그
것은 바로 자연에 대한 모든 권한과 책임은 일단 인간에게 주어져 있
다는 사실의 명시(明示)이다.

> 선생이 말했다 : 양지(良知)는 조화(造化)의 정령(精靈)이다. 이 정
> 령은 하늘(天)을 낳고 땅(地)을 낳고 귀신(鬼)을 이루며 주재자(帝)를
> 이룬다. 모든 것이 여기(양지)서 나온다. 진실로 이것은 사물과 짝(對)
> 할 것이 없다.[39]

> 마음은 천지만물의 주인이다. 마음은 하늘이다(心則天). 그래서 마
> 음을 말하면 천지만물이 모두 거기에 들어있다.[40]

---

39) 『傳習錄』下 : 先生曰, 良知是造化的精靈, 這些精靈, 生天生地, 成鬼成帝, 皆從此出,
   眞是與物無對..
40) 『陽明全書』6,「答季明德」: 心者, 天地萬物之主, 心則天, 言心則天地萬物皆擧之矣.

　이렇게 되면, 인간의 존재로 해서 일어나는 모든 활동, 행위 등이 어떤 형태로든 천지만물에 영향을 미친다는 말이 된다. 그리고 인간이 자기통제가 불가능하거나 인간 자신의 욕망과잉과 도덕적 타락은 곧 자연의 황폐화, 몰락으로 이어져 간다는 이야기도 된다. 이에 대해서는 아래의 예문에서 또렷이 드러나 있다. 다시 말하면, 인간이 '천지의 마음'이자 '만물의 영장'이라는 이른바 만물 속에서의 가진 인간의 고유한 지위가 기본적으로 인정되고 있고(a) 또한 그만큼 천지자연(=만물)에 대한 인간의 책임(b)도 이야기되고 있다.

　　양명선생은 다음과 같이 말했다 : (a)기(氣)가 약간 정미(精)하면 해·달·별·바람·비·산·강(日月星宿風雨山川)이 되고, 이 보다 약간 더 정미하면 우레·번개·도깨비·꽃(雷電鬼怪草木花蘤)이 되고, 한층 더 정미하면 새·짐승·물고기·자라·곤충(鳥獸魚鼈昆蟲)의 무리가 된다. 지극히 정미하면 사람(人)이 되고, 지극히 영묘(靈)하고 지극히 밝은 것(明)은 마음(心)이 된다. (b)그러므로 만상(萬象)이 없으면 천지가 없고 나의 마음이 없으면 만상이 없다. 따라서 만상이라 하는 것은 나의 마음이 만드는 것이다. 천지란 것은 만상이 만드는 것이다. 천지만상은 나의 마음의 찌꺼기(糟粕)이다. 그 극치를 요약하면, 천지는 마음이 없으며 사람이 그(천지의) 마음 됨을 볼 수 있다. 마음이 그 올바름을 잃어버리면 나는 또한 만상(萬象)일 뿐이요, 마음이 그 올바름을 얻으면 사람이라고 말한다. 이와 같이 '천지를 위하여 마음을 세우고 생민(生民)을 위하여 사명감(命)을 세우는' 것이 오직 나의 마음에 있는 것이다. 여기서 마음 바깥에 이치가 없고 마음 바깥에 사물이 없다는 것을 알 수 있다. 이른바 마음이라는 것은 곧 한 덩이의 피와 살로 된 것(一團血肉之具)이 아니고 지극히 영묘(靈)하고 지극히 밝

아서(明) 능히 움직이고 아는 것을 가리키는 것이니, 이것이 이른바 양
지이다. 그러나 (이것은) 소리도 없고, 냄새도 없고, 방향도 없고 형체
도 없다. 이것은 '도심(道心)은 오직 미미하다'라고 일컬어지는 것이다.
이것은 대인(大人)의 학문으로 천지만물과 일체가 되는 것이다. 한가
지(一物)라도 빠뜨리게 되면 곧 이것은 나의 마음이 다한 것이 아니니
(대인의) 학문이라 말하기에 부족하다.[41]

  그렇다면 그가 '친민'의 친(親)이 「교(敎)와 양(養)의 의미를 겸한
다」[42]고 한 것은 의미가 있다. 교양(敎養)은 '교화(敎化. 가르쳐 감화
시킴)'와 '안양(安養. 편안히 길러줌)'의 의미이다. 「대저 성인(聖人)
의 마음은 천지만물을 일체로 보기 때문에, 천하를 볼 때에는 내외원
근의 구별이 없고, 모든 살아서 살려고 하는 것은 그 어떤 것에게도 자
식과 형제라는 마음으로 친애하고, 그들의 「안전(安全)」을 도모하고
교화·안양(敎養)하여 만인이 갖추고 있는 만물일체의 마음(念)을 완
수시킨다」[43]고 할 때처럼 '안전'과 '안양'은 만물일체에 대한 사랑(=친
민)의 근간을 이룬다. 앞선 인용문에서 「마음이 그 올바름을 잃어버리

---

41) 『明儒學案』25[朱近齋(得之)의 語錄]：陽明先生曰, 其氣之稍精則日月星宿風雨山
   川, 又稍精則爲雷電鬼怪草木花蘤, 又精爲鳥獸魚鼈昆蟲之屬, 至精而爲人, 至靈至
   明而爲心, 故無萬象則無天地, 無吾心則無萬象矣, 故萬象者, 吾心之所爲也, 天地
   者, 萬象之所爲也, 天地萬象, 吾心之糟粕也, 要其極致, 乃見天地無心, 而人爲之心,
   心失其正, 則吾亦萬象而已, 心得其正, 乃爲之人, 此所以爲天地立心, 爲生民立命,
   惟在於吾心, 此可見心外無理, 心外無物, 所謂心者, 非今一團血肉之具也, 乃指其至
   靈至明能作能知, 此所謂良知也, 然無聲無臭無方無體, 此所謂道心惟微也, 此大人
   之學, 所以與天地萬物一體也, 一物有外, 便是吾心未盡處, 不足謂之學.
42) 『傳習錄』上：說親民便是兼敎養意.
43) 『傳習錄』中, 「答顧東橋書」：夫聖人之心, 以天地萬物爲一體, 其視天下之人無內外
   遠近, 皆其昆弟赤子之親, 莫不欲安全而敎養之, 以遂其萬物一體之念.

면 나는 또한 만상(萬象)일 뿐이요, 마음이 그 올바름을 얻으면 사람」
이라고 보았듯이, 천지의 마음(天地之心)인 인간이 인간은 물론 생물,
무생물을 포함한 만물을 '옳은 길로 인도하고' 동시에 '사랑으로 감싸
주는' 두 역할을 함께 하는 것이 친민이다. 그리고 위에서 「이른바 마
음이라는 것은 곧 한 덩이의 피와 살로 된 것이 아니고 지극히 영묘
(靈)하고 지극히 밝아서(明) 능히 움직이고 아는 것을 가리키는 것이
니, 이것이 이른바 양지이다.」라고 하듯이, 양지는 만물을 '주재'할 뿐
만 아니라 만물의 움직임을 '느끼는(知覺하는)' 역할을 한다. 그리고
양지의 핵심적인 내용은 만물에 대한 사랑=인(仁)이다.[44] 그래서 그
는

　　나의 평생의 강학은 다만 이 치양지(致良知) 세 자 뿐이다. 사랑의
　　원리(仁)란 사람의 마음(人心)이다. 양지의 '참으로 남을 사랑하거나
　　가엾게 여기어 슬퍼하는 것'(良知之誠愛惻怛處)이 곧 仁이다. '참으로
　　남을 사랑하거나 가엾게 여기어 슬퍼하는 마음'(誠愛惻怛之心)이 없으
　　면 또한 양지를 실현할 수가 없다.[45]

고 말한다. 여기에 그의 만물에 대한 「사랑의 철학」의 본질이 잘 드러
나 있다.
　　그런데 그의 이러한 「사랑의 철학」이 현실적으로 어떻게 가능할

---

44) 張立文은 왕수인의 마음의 본체인 양지가 천지만물의 주체(主)라는 항목에서 (1)
　　心者天地萬物之主, (2)知覺處便是心, (3)心謂之仁으로 나누어 설명하고 있다[張
　　立文,『心』, (中國人民大學出版部, 1993), 247-249쪽].
45)『陽明全書』26,「寄正憲男手墨二卷」(其一) : 吾平生講學, 只是致良知三字, 仁, 人心
　　也, 良知之誠愛惻怛處, 便是仁, 無誠愛惻怛之心, 亦良知無可致矣.

까?[46] 정명도의 만물일체론도 그랬지만 왕양명이 만물일체론을 주장했을 때 묵적(墨翟)의 겸애(兼愛) 사상과 유사성이 지적되었다. 이에 대해서 왕양명은 예컨대 「묵씨의 겸애론에는 차등이 없다. 자신의 부모 자식과 형제를 길을 지나가는 사람과 동등하게 보기 때문에 (사랑을 베푸는) 스스로 단서를 발하는(發端)하는 곳을 없애서 싹을 내지 않는다」[47]고 말한다. 이 생각은 기본적으로 일생동안 변치 않는다. 만물에 대한 '참으로 남을 사랑하거나 가엾게 여기어 슬퍼하는 것'(良知之誠愛惻怛處)='참으로 남을 사랑하거나 가엾게 여기어 슬퍼하는 마음'(誠愛惻怛之心)에는 차등이 없다. 그러나 그것을 실제로 시행하는 데에는 차등(=순서와 차례)이 있는데, 그 발단을 그는 육친애(肉親愛)로 보았다. 그러므로 이 왕양명의 「사랑의 철학」을 선진제자(先秦諸子) 가운데서 그 유형을 구하면 맹자(孟子)도 아니고 묵자(墨子)도 아니며, 차라리 「사랑에는 차등이 없다. 베푸는 것은 어버이로부터 시작될 것이다」[48]라고 주장한 묵자이지(墨者夷之: 묵자의 도를 따르는 '이지'. 이는 성. 지는 이름)에 가깝다고 할 것이다. 사실 왕양명의 만물일체론을 두고 그 당대의 이지(夷之)라고 논평한 사람이 있었다고 한다.[49]

이렇게 보면, 위에서 언급된 만물의 층구조[50]에서도 보듯이, 왕양명

---

46) 이에 대해서는 吉田公平, 「文錄續編 解說 : (二)王陽明晩年の思想」, 『王陽明全集 第八卷·續編』, (明德出版社, 1984), 27-28쪽을 참조하였음.

47) 『傳習錄』上 : 墨氏兼愛無差等, 將自家父子兄弟與途人一般看, 便自沒了發端處不抽芽.

48) 『孟子』「滕文公篇上」: 徐子以告夷子, 夷子曰, …… 以爲愛無差等, 施由親始.

49) 黃綰의 『明道篇』, 顧應祥의 『惜陰錄』, 雲川弘毅의 『心學弁』을 참조.

50) 각주 41)의 (a)와 각주 31)을 참조.

의 만물에 대한 사랑도 결국은 만인(그 가운데 특정한 한 사람)을 평등하게 사랑한다는 발상은 인정될 수 없다. 물론 이것은 만물일체론의 현실적 유효성, 실천의 타당성을 배려한 생각인지도 모른다. 그의 사랑의 철학에는 정확히 말하면 인간을, 예컨대 군신(君臣) 부자(父子)와 같은 '사회적 혈연적 신분관계'를 벗어나 하나의 '인격'으로서 평등하게 보는 기본적 인권(人權)의 발상이 없는 것이다.[51] 물론 그렇다고 하여 왕양명의 '만물일체론'을 근저로 하는 사랑의 철학이 나쁘다거나 심각한 결함이 있다는 평가를 쉽게 내라는 것은 좀 경솔하다는 생각이 든다. 더욱이 '현대'를 통해서 '과거'를, '서구적 관점'에서 '동아시아 전통사상'을 무리하게 그것도 획일적으로 재단해내는 것도 여러 측면에서 고려해보아야 할 것이 있는 것이다. 그렇지만 어쨌든 천지만물을 한몸(일체)으로 보는 것도 절차와 방법, 그리고 내용에 있어서 일정한 '한계'가 있다는 것은 분명하다. 다만, 만물에 대한 사랑이 핸들을 잃은 엔진처럼 폭발적이고 열광적인 것이 아니라 구체적인 상황(현실)에 맞게, 다시 말하면 왕양명이 적어도 「사랑에는 차등이 없다. 베푸는 것은 어버이로부터 시작될 것이다」라는 노선에 서 있는 한, 한때 유행했던 "Thinking globally, acting locally"(지구차원에서 생각하고 지역 차원에서 행동하라)라는 구호와도 매우 닮아 있다. 자연에 대한 왕양명의 시선도 「만물의 사랑에는 차등이 없지만, 베푸는 것은 인간에서부터 시작되어 생물, 무생물로 나아갈 것」이라는 사고를

---

51) 그래서 吉田公平은 劉師培가 왕양명의 양지 심학 – 만물일체론 속에서 루소의 천부인권설(天賦人權說)을 읽어내고 있는데 대해, 그것은 좀 「무리한 해석」이라고 보는 것은 타당하다.(吉田公平, 「文錄續編 解說 : (二)王陽明晩年의 思想」, 『王陽明全集第八卷·續編』, 27쪽 참조)

근간으로 하고 있음을 알 수 있다. 이것은 이미 「대학문」등에서도 명시된 바 있다. 그렇다고 하더라도 만물 속에서의 가진 '인간의 고유한 지위'와 '천지자연(=만물)에 대한 인간의 책임'이 약화되는 것은 아니다.

5. 자연의 양지 – 인간과의 '교감(交感)', '공동존재성'의 근거

왕양명이 모든 사람이 가지고 있다고 한 양지는 인간을 인간답게 만드는 의미(가치) 근거이다. 그리고 양지는 (인간은 물론) 자연만물을 자연만물이게끔 하는 것이다. 그래서 (1) 양지는 인간에게만 있는 것이 아니고 자연에게도 있다고 본다. 이 말은 자연도 스스로 느끼고 생각하며 자기를 만들어 가는 자기조직계(自己組織系)를 이루고 있다는 말이다. 그리고 (2) 자연은 인간과 그리고 자연 그 자신과 감응, 교감하는 능력을 갖고 있다고 보는 것이다. 그뿐만 아니라 (3) 인간과 자연의 존재의미는 '독립적'이지 않고 '상호 관계로서만이 존재'하는 이른바 공동존재성에 있다고 본다. 이와 관련한 내용을 나열해보면 다음과 같다.

① 양지의 허(虛)는 곧 천(天)의 태허(太虛)이며, 양지의 무(無)는 곧 태허의 무형(無形)이다. 해 · 달 · 바람 · 우레(日月風雷)와 산 · 시내 · 사람 · 물건(山川民物)과 같이 무릇 모양과 색깔(貌象形色)이 있는 것은 모두 태허의 무형 속에서 발용 유행한다. … 천지만물은 모두 나의 양지의 발용 유행 속에 있다. 어찌 일찍이 또

한가지라도 양지의 바같으로 뛰쳐나와 장애 됨이 있을 수 있겠는
가.[52]

② 주본사(朱本思)가 물었다 : 사람에게는 허령(虛靈)함이 있기 때
문에 바로 양지(良知)가 있다고 하겠습니다만, 풀ㆍ나무ㆍ기와ㆍ
돌(草木瓦石)과 같은 종류에도 역시 양지가 있을까요?
　선생(=왕양명)이 말했다 : 사람의 양지는 곧 풀ㆍ나무ㆍ기와ㆍ돌
(草木瓦石)의 양지이다. 만약 풀ㆍ나무ㆍ기와ㆍ돌이 사람의 양
지가 없다면 풀ㆍ나무ㆍ기와ㆍ돌일 수가 없다. 어찌 단지 풀ㆍ나
무ㆍ기와ㆍ돌만이 그렇다고 하겠는가? 천지도 사람의 양지가 없
다면 역시 천지일 수가 없다. 생각건대 천지만물과 인간은 원래
한몸(一體)인 것이다. (이목구비와 같은) 감각기관의 발동(發竅)
이 가장 정묘한 것, 이것이 사람 마음의 한점 영명(靈明, 양지)인
것이다. 바람ㆍ비ㆍ이슬ㆍ우레(風雨露雷), 해ㆍ달ㆍ별(日月星
辰), 짐승ㆍ풀ㆍ나무(禽獸草木), 산ㆍ시내ㆍ흙ㆍ돌(山川土石)은
사람과 원래 한몸(一體)이다. 그러므로 오곡(五穀)ㆍ짐승(禽獸)
과 같은 종류는 모두 사람을 기를 수 있고, 약석(藥石)과 같은 종
류는 모두 질병을 치료할 수 있는 것이다. 이 하나의 기운(一氣)
을 같이 하기 때문에 서로 통할 수 있는 것이다."[53]

---

52) 『傳習錄』下 : 良知之虛, 便是天之太虛, 良知之無, 便是太虛之無形, 日月風雷, 山川
民物, 凡有貌象形色, 皆在太虛無形中發用流行, … 天地萬物, 俱在我良知的發用流
行中, 何嘗又有一物超於良知之外, 能作得障碍.
53) 『傳習錄』下: 朱本思問, 人有虛靈, 方有良知. 若草木瓦石之類, 亦有良知否, 先生曰,
人的良知, 就是草木瓦石的良知. 若草木瓦石無人的良知, 不可以爲草木瓦石矣. 豈
惟草木瓦石爲然, 天地無人的良知, 亦不可爲天地矣. 蓋天地萬物與人原是一體, 其
發竅之最精處, 是人心一點靈明. 風ㆍ雨ㆍ露ㆍ雷ㆍ日ㆍ月ㆍ星ㆍ辰ㆍ禽ㆍ獸ㆍ草
ㆍ木ㆍ山ㆍ川ㆍ土ㆍ石, 與人原只一體, 故五穀禽獸之類, 皆可以養人, 藥石之類, 皆

③ (제자가) 물었다 : 사람 마음(人心)과 사물(物)은 동체(同體)라고 하는 말씀을 들었습니다. 만약 내 몸이라면 원래 혈기(血氣)가 유통(流通)하는 것이므로 이것을 동체라고 말할 수 있겠습니다. 그런데 남일 것 같으면 몸을 달리하며, 짐승(禽獸)이나 풀/나무(草木) 같은 경우는 더더욱 (관계가) 멀어집니다. 그런데도 어찌 동체라고 합니까?

선생(왕양명)이 말했다 : 자네는 (사람의 마음과 사물이) 감응하는 기미(感應之幾)에서 생각해보아라. 어찌 단지 짐승/풀/나무(禽獸草木) 뿐이겠는가? 하늘/땅(天地)이라 하더라도 나와 동체인 것이며 귀신(鬼神)이라 하더라도 나와 동체인 것이다.

(제자가) 물었다 : 왜 그렇습니까?

선생이 말했다: 자네는 이 천지 사이에서 무엇이 '천지의 마음'(天地的心)이라고 생각하는가?

(제자가) 대답했다 : 일찍이 사람이 천지의 마음이라고 들었습니다.

(선생이 다시) 물었다 : 사람에게는 또 무엇이 마음이 된다고 생각하는가?

(제자가) 대답했다 : 단지 이 하나의 영명(一箇靈明)일 뿐입니다.

선생이 말했다 : 하늘(天)로 차고 땅(地)으로 메운 가운데에는 단지 이 영명 뿐이라는 것을 알 수 있다. 사람은 다만 형체 때문에 스스로 (천지만물과) 간격이 생겨나 있는 것이다. 나의 영명은 천지 귀신의 주재이다. 하늘은 나의 영명이 없다면 그 높음을 누가 우러러 볼 것인가? 땅도 나의 영명이 없으면 누가 그 깊음을 굽어 볼 것인가? 귀신도 나의 영명이 없으면 누가 그 길흉(吉凶)과 재

可以療疾, 只爲同此一氣, 故能相通耳.

상(災祥)을 분별할 것인가? 나의 영명을 떠나서는 천지, 귀신, 만물은 존재할 수 없는 것이다. 나의 영명 또한 천지, 귀신, 만물을 벗어나서는 존재할 수 없는 것이다. 이와 같이 (사람과 천지 귀신 만물은) 일기(一氣)가 유통(流通)하는 것이다. 어찌 남과 간격이 있겠는가?

(제자가) 또 물었다 : 천지 귀신 만물은 아주 예로부터 지금까지 존재하는 것이다. 나의 영명이 없으면 그것들도 함께 없어진다고 하는 것은 무엇입니까?

(선생이) 말했다 : 지금 죽은 사람을 생각해 보아라. 그 사람의 정령(精靈)은 흩어져(游散)버렸다. 너의 천지만물(天地萬物)은 또한 어디에 존재해 있겠는가?[54)]

④ 선생(=양명)이 남진(南鎭)에서 노닐 때 한 친구가 바위 속에 피어있는 꽃나무를 가리키며 이렇게 물었다. "(자네의 주장처럼) 천하에 마음밖에 物이 없다(天下無心外之物)"고 하는데, 이같이 꽃나무의 꽃은 (자네의 마음과 아무런 관계없이) 깊은 산 속에서 저절로 피었다가 저절로 떨어진다. 나의 마음과 무슨 상관(相關)이 있는가?"

---

54) 『傳習錄』下 : 問, 人心與物同體, 如吾身原是血氣流通的, 所以謂之同體, 若於人便異體了, 禽獸草木益遠矣, 而何謂之同體, 先生曰, 儞只在感應之幾上看, 豈但禽獸草木, 雖天地也與我同體的, 鬼神也與我同體的, 請問, 先生曰, 儞看這箇天地中間, 甚麼是天地的心, 對曰, 嘗聞人是天地的心, 曰, 人又甚麼教做心, 對曰, 只是一箇靈明, 可知充天塞地中間, 只有這箇靈明, 人只爲形體自間隔了, 我的靈明, 便是天地鬼神的主宰, 天沒有我的靈明, 誰去仰他高, 地沒有我的靈明, 誰去俯他深, 鬼神沒有我的靈明, 誰去辯他吉凶災祥, 天地鬼神萬物卻我的靈明, 便沒有天地鬼神萬物了, 我的靈明離卻了天地鬼神萬物, 亦沒有我的靈明. 如此, 便是一氣流通的, 如何與他間隔得, 又問, 天地鬼神萬物, 千古見在, 何沒了我的靈明, 便俱無了, 曰, 今看死的人, 他這些精靈游散了, 他的天地萬物尙在何處.

선생이 다음과 같이 말했다. "자네가 아직 이 꽃을 보지 못하였을
때는 이 꽃이 자네의 마음과 함께 고요함에 돌아가 있었다(歸於
寂). 자네가 이 꽃을 보았을 때는 이 꽃의 색깔이 일시에 또렷해졌
다. 이것을 보면 이 꽃이 자네의 마음 밖(儞的心外)에 있지 않음
을 알 수 있다."[55]

  왕양명은 여러 가지의 표현방식을 빌어, 천지자연의 만물[해 · 달 ·
별 · 바람 · 비 · 산 · 강, 우레 · 번개 · 귀신 · 도깨비 · 꽃, 새 · 짐승 ·
물고기 · 자라 · 곤충]과 사람(人)이 상호 교감과 작용에 의해 '공생'
하는 방식을 보여주고 있다. 여기서 우리는 무생물, 동물, 식물, 인간
은 거대한 '공생의 마을'을 이루는 「대학문(大學問)」의 세계[56]가 어떻
게 해서 도출되었는지도 알 수 있게 된다. 결국 그러한 공생의 방식은
만물 속에서의 가진 인간의 고유한 지위에 바탕한 것이고, 따라서 천
지자연(=만물)에 대한 인간의 책임이 얼마나 무거운 가를 일깨워주기
도 한다.
  인간의 지위와 책임이 자연과의 교감(交感), 그리고 그 상호 관계성
에서 성립하는 공동존재성을 확보할 수 있다는 것은, 인간의 본체 즉
마음(양지)은 원래 안과 바같이 없는 것(本體原無內外)[57]을 말한다.
그래서 나와 남, 안과 바같을 일제히 함께 깨달아(人己內外, 一齊俱透

55) 『傳習錄』下 : 先生遊南鎭, 一友指岩中花樹問曰, 天下無心外之物, 如此花樹, 在深
山中自開自落, 於我心亦何相關, 先生曰, 儞未看此花時, 此花與汝心同歸於寂. 儞來
看此花時, 則此花顏色一時明白起來. 便知此花不在儞的心外.
56) 이에 대한 논의는 최재목, 「유교의 환경윤리 - 왕수인의 萬物一體論을 통하여 본
- 」, 『나의 유교 읽기』와 최재목, 「공생의 원리로서의 심」, 『양명학과 공생 · 동
심 · 교육의 이념』, (영남대학교 출판부, 1999)을 참조바람.
57) 『傳習錄』下.

了)[58], 인간의 느낌과 생각이 자기자신에게만 갇혀있지 않고 늘 만물을 향해 열려 있는 것이다. 「우리의 몸은 천지만물 가운데 있으며 내가 사사로이 할 수 있는 것이 아니다. 마음은 천지만물의 바깥을 포용하므로 하나의 꺼풀로서 제한할 수 있는 것이 아니다. 천지만물을 두루 하여 한 마음으로 하니, 따로 안 바깥이라고 말할 수 없다. 천지만물을 체인하여 하나의 근본으로 삼으니 따로 근본을 찾을 수 없다.」[59]는 유종주(劉宗周. 호는 念臺 혹은 蕺山. 1578~1645)[60]의 말은 왕양명이 지향하는, 우주와 교감하는 인간의 이상향을 잘 표현해주고 있는 것처럼 보인다.

다만, 왕양명은 이러한 자연과 인간의 상호 교감과 작용이라는 것은 '인간 멋대로, 마음 내키는 대로'가 아니라, 당연히 인간 마음(양지)의 '옳고 그름(是非)'에 의해 이루어져야 함을 말한다.

> 눈은 주체(體)가 없고 만물의 색깔을 주체로 한다. 귀는 주체가 없고 만물의 소리를 주체로 한다. 코는 주체가 없고 만물의 냄새를 주체로 한다. 입은 주체가 없고 만물의 맛을 주체로 한다. 마음은 주체가 없고 천지만물(天地萬物)이 감응(感應)하는데 있어 그 옳고 그름(是非)을 주체로 한다.[61]

---

58) 『傳習錄』下.

59) 『劉宗周全集』(臺灣 中央研究員 中國文哲研究所籌備處, 民國85)2, 「語類12/學言3」「體認親切法」, 463쪽 : 身在天地萬物之中, 非有我之得私 ; 心包天地萬物之外, 非一膜之能囿 ; 通天地萬物爲一心, 更無中外可言 ; 體天地萬物爲一本, 更無本之可覓.(『明儒學案』62, 「蕺山學案」에도 보임)

60) 유종주는 정주와 육왕을 절충하고, 특히 왕양명 심학을 발전시켜 독특한 학설을 전개한 학자임.

61) 『傳習錄』하 : 目無體, 以萬物之色爲體, 耳無體, 以萬物之聲爲體, 鼻無體, 以萬物之

6. '쪼갬과 나눔' 혹은 '양지가 죽은 인간사회'에 대한 탄원

왕양명은 주자가 『대학혹문(大學或問)』에서 "사람이 학문하는 까닭은 심(心)과 리(理)에 있을 뿐이다(人之所以爲學, 心與理而已矣)"라고 한 말에 대하여 「심(心)이 곧 성(性)이며 성(性)이 곧 리(理)이다. 심(心)과 리(理)라고 할 때의 '과(與)'라는 글자는 심(心), 리(理)를 두 가지로 하는 것을 면할 수가 없다.」[62]고 하였다. 우리가 일상적으로 'A와 B', '이것과 저것'이라고 할 때의 '와/과(與)'에 대해 왕양명은 주요한 문제제기를 하고 있다. 다시 말하면 와/과(與)를 씀으로 하여 결국 나눌 수 없는 어떤 것을 둘로 나누고(이원화하고)만다는 점을 지적하고 있다. 이러한 관점은 자연을 보는 데에도 그대로 적용되었다. '천지만물을 나와 한몸(一體)으로 한다'는 큰 우주적 마음을 지닌 위대한 인간(大人)=공공적(公共的) 인간의 이상은 『대학문』에서 드러나듯이, 「육체가 각각인 것으로 보고 나와 남을 나누는(間形骸而分爾我) 마음」(즉, 개인적 욕망에 사로잡힌 좁은 나(小人)의 마음), 「본래 천지만물과 하나가 되는 (이러한 광대한 마음을) 스스로 좁히고 있는(自小之) 나」를 철저하게 벗어나는 것이다. 또한 그것은 「시시각각으로 몽둥이와 주먹에 맞아 피가 솟아나고 몸에 자국이 질 때처럼 긴장을 하」여 「때려도 아픔을 느끼지 못하는 한 덩어리의 죽은 고깃덩어리와 같이 아무 것도 이루지 못」하는 인간이 되지 않도록 하는 것

臭爲體, 口無體, 以萬物之味爲體, 心無體, 天地萬物感應之是非爲體.
62) 『傳習錄』上 : 心卽理, 性卽理, 下一與字, 恐未免爲二.

이다. 그럴 때 자연은 비로소 내 삶의 총체적 의미(가치) 연관 속에서 '살아 움직이는' 참다운 존재로 거듭나게 되는 것이다. 그렇다면, 왕양명이 말하는, 만물일체가 가능해질 수 있는 '각자의 양지의 발견과 그 실현'이라는 것은, 특히 자연과의 관계에서 볼 때, '인간이 각자의 삶에서 자신이 이제부터 그 자신에게 무엇을 기대할 수 있는가?' 라는 궁극적인 물음과 깊이 관련되어 있다. 자연에 대한 인간의 지위와 책임이 그만큼 큰 것이기 때문이다.

인간과 자연, 그 희미한 옛 '사랑'의 그림자(=생태 지향적 심성)는, 그야말로 우리들이 미래로 걸어나갈 터널에 비상등 역할을 해줄 것이다. 그 비상등은 각자의 내면에 이미 켜져 있다. 그리고 그것은 자연 속에도 켜져 있다. 그것을 서로 비추며 우리는 미래로 가야 할 것이다. 그것이 바로 양지(良知)이다. 인간이 자연과 '따로'라는 생각에서 '한 몸과 공생'을 느낄 때[63] 이미 양지의 교감과 감응은 시작되고 있는 것이다.

'자연의 위기' '환경의 위기' '생태계의 위기'라는 말이 낡을 대로 낡고, 온갖 그럴듯한 담론만 흘러 넘치는 지금, 마지막으로 양명이 21세기를 살아가는 우리들에게 던지는 마지막 '탄원서'처럼 보이는 다음의 말을 다시 한번 반복해두자.

대저 인간은 천지의 마음(天地之心)이며 천지만물은 본래 나와 한 몸(一體)이다. 따라서 생민(生民)의 고통은 어느 한가지라도 내 몸에 절실하지 않은 것이 있겠는가? (이러한 천지만물의 고통이) 내 몸의

---

63) 이러한 방식으로 사유를 전환해갈 것에 대한 논의는 최재목, 「체인지학, 온몸으로 하는 철학을 위하여」 · 「인문학의 위기에 대한 철학적 성찰」, 『시인이 된 철학자』, (청계, 2000)를 참조바람.

고통임을 알지 못한다면 '옳고 그름을 가리는 마음(是非之心)'이 없는 사람이다. '옳고 그름을 가리는 마음'은 생각하지 않아도 알고 배우지 않아도 잘 하는 것이다. 이른바 양지(良知)이다.[64]

---

64) 각주 28) 참조.

王守仁의 心學에서 식물과 광물 비유의 의의

1. 서언

흔히 왕수인(王守仁. 호는 陽明. 1472-1528)의 사상을 양명학(陽明學)이라 하고, 또 양명학을 심학(心學)이라고 한다. 심학이란 말은 다른 신유학자(新儒學者)들, 예컨대 정주학(程朱學)의 이(理) 중심이나 기철학자(氣哲學者)들의 기(氣) 중심의 논의와 달리 심(心)에 바탕한 학문을 전개했다는 특징 때문에 붙여진 것이다.

그런데 보통 왕수인의 심학에서는 인간의 내면에 중점이 놓여 있어 생물에 대한 관심이 약화되어 있다고 생각하기 쉽다. 물론 왕수인의 생명철학에 대한 논의는 지속적으로 있어왔다.[1] 하지만 왕수인이 어떤 관점에서 생물이나 식물을 이해했는가에 대해 별도의 연구는 국내

---

[1] 왕양명이 생명, 생명체에 대해 어떤 입장을 가지고 있었는지에 대해서는 김세정(2008), 『왕양명의 생명철학』, (수원: 청계(휴먼필드)과 최재목의 연구(1999, 2000a, 2001)를 참고 바람.

외를 막론하고 시도된 적이 없다.

실제 왕수인의 저작을 통해서 보면 그는 식물, 광물과 같은 자연물
에 대해서도 일정한 관심을 가지고 있었고, 또한 그것을 자신의 사상
을 전개하는데 매우 긍정적으로 활용하고 있었다는 점을 발견할 수
있다.[2]

이학(理學) 사상가로 잘 알려진 남송(南宋)의 주희(朱熹. 호는 晦庵
등. 1130-1200)가 자연에 대한 깊은 관심을 보였듯이[3] 신유학자들의
식물과 광물에 대한 관찰과 이해는 일상생활의 영위에서 빼놓을 수
없는 과정이라 볼 수도 있다. 실제 신유학자들의 삶에서 음식, 건강유
지, 병의 치유, 산천 유람 등에서 식물과 광물과의 접촉 및 연관을 빼
놓을 수는 없을 것이다. 물론 그렇다고 그들이 식물이나 광물에 대해
본격적인 연구를 했다는 말은 아니다. 신유학자들은 식물과 광물을
자신의 학적(學的) 논리 전개에 필요한 대목마다 적절한 은유나 비유
로써 활용하고 있다. 다만 다른 신유학자들과 다른 점은, 그의 학문체
계를 수립함에 있어 논의의 핵심이라 할 만큼 비중 있게 식물, 광물의
비유를 활용하고 있다는 점이 특징이다.

이 논문에서는 왕수인의 주저(主著)『전습록(傳習錄)』을 중심으로
초목(草木)과 같은 식물, 그리고 금(金)과 같은 광물에 대한 그의 관
점이 어떠했으며, 그리고 그것이 어떤 방향에서 인용되고 있었는지를

---

2) 왕양명의 자연에 대한 관점은 최재목(2000), 「자연과 양명학」, 『양명학』제4호(한국
   양명학회)을 참고 바람. 아울러 한국의 대표적 양명학자인 하곡 정제두에게서 자연
   에 대한 인식이 어떻게 나타났는가에 대해서는 최재목(2001), 「하곡 정제두의 자연
   학에 대한 예비적 고찰」, 『양명학』제6호(한국양명학회)를 참고 바람.
3) 이에 대해서는 山田慶兒(1992), 『주자의 자연학』, 김석근 옮김(서울: 통나무)을 참
   고할 것.

살펴 볼 것이다.[4] 구체적인 논의는 〈식물을 매개로 한 사상 전개〉, 〈草木 生長의 비유 - 윤리론, 수양 · 공부론의 모형 - 〉, 〈금의 순도 비유를 통한 인간 덕성의 설명〉 순서로 진행될 것이다.

서두에서 미리 언급해 둘 것은, 전후 맥락 파악 등 논의전개를 위해서 인용문에 각 장별로 일련번호를 붙여두었고, 인용문의 길이가 길다 하더라도 필요할 경우 그대로 실어둔 경우가 많음을 밝혀둔다.

2. 식물을 매개로 한 사상 전개

1) 대나무[竹] · 1

왕수인의 경우 가장 이른 시기부터 그의 사상 전개와 맞물려 대나무[竹]에 대한 관심을 보인다.

왕수인은 21세 되던 해(『연보』의 내용으로 추정. 정확한 시기는 모름) 주희(朱熹)의 저서를 널리 읽던 중 「모든 사물에는 반드시 겉과 속, 정미함과 거침이 있고, 풀한 포기 나무 한그루에도 모두 지극한 이치를 갖추고 있다(衆物必有表裏精粗, 一草一木皆含至理)」(『양명전집(陽明全集)』「연보(年譜)」21세조)라는 언설[5][이것은 「一草一木, 亦皆

---

4) 이 논문에 나오는 『전습록』의 번역문은 왕수인(2007), 『전습록』1 · 2, 정인재 · 한정길 옮김(수원: 청계)를 주로 참고하였음을 밝혀둔다.

5) 「年譜」 21歲條, "是年爲宋儒格物之學, 先生始待龍山公于京師, 徧求考亭遺書讀之, 一日思先儒爲衆物必有表裏精粗, 一草一木皆含至理, 官署中竹多, 卽取竹格之, 沈思其理不得, 遂遇疾." 아울러 「전습록」 하권에도 유사한 내용이 보인다. 「衆物必有表裏精粗, 一草一木皆含至理」라는 내용은 『朱子語類』 권2, 「大學 4 · 或問 下」에 보

有理」⁶⁾, 「事事物物, 皆有定理」⁷⁾, 「天地之間, 自有一定不易之理」⁸⁾ 등으로도 표현됨]는 주자학의 외적 공부 방법인 격물궁리설(格物窮理說)(=格物致知說)을 접한다. 여기서 왕수인은 풀한 포기 나무 한 그루(一草一木)에도 고정불변한 일정한 이치[定理]가 있다는 주희의 언설을 그대로 믿었다.

그래서 그는 그것을 실험해보기 위해 당시 북경에서 관리로 있던 부친의 관사에 자라는 대나무[竹](→ 物)를 잘라 와서 친구와 며칠 동안이나 눈앞에 놓아두고 바라보면서 그(대나무) 속에 갖추어진 이치[竹의 理=一木의 理 → 物理]를 발견하고자 철야로 노력하였다. 하지만 끝내 별다른 성과를 얻지 못하고 노이로제에 걸리고 만다.⁹⁾ 이 이야기는 다음과 같이 「연보」21세조보다 상세하게 『전습록(傳習錄)』에 실려 전한다.

〈예문 1〉 선생께서 말씀하시기를, "사람들은 오직 격물은 주자에 의거해야 한다고 말하지만, 어찌 일찍이 그의 말을 실행한 적이 있었던가? 나는 착실하게 실행해 보았다. 젊었을 때 나는 전씨(錢氏) 친구와 함께 성현이 되려면 천하 사물을 궁구해야 하는데 어떻게 하면 그와 같이 커다란 역량을 얻을 수 있을까를 논의하다가 정자 앞의 대나무를 가리키며 궁구해 보았다. 전(錢) 군은 밤낮으로 대나무의 도리를 궁구하

인다.

6) 『朱子語類』 卷2, 「大學 5 · 或問 下」, 徐萬錄.
7) 『朱子語類』 卷2, 「大學 4 · 或問 上」, 葉賀孫錄.
8) 『晦庵先生朱文公文集』 卷上, 「答黃叔張」
9) 『陽明全集』, 「年譜」21세조 "是年爲宋儒格物之學, 先生始待龍山公于京師, 徧求考亭遺書讀之, 一日思先儒爲衆物必有表裏精粗, 一草一木皆含至理, 官署中竹多, 卽取竹格之, 沈思其理不得, 遂遇疾."

려고 마음과 사려를 다하다가 3일이 되어서는 그만 지쳐서 병이 나고
말았다. 처음에는 그가 정력이 부족하기 때문이라 말하고는 나 자신이
직접 궁구해 나갔다. 밤낮으로 궁구해도 그 이치를 얻지 못하다가 7일
이 되어서는 나도 역시 지쳐서 병이 나고 말았다. 결국 우리는 성현은
될 수 없으며, 사물을 궁구할 만한 커다란 역량이 없다고 함께 한탄하
였다. 그 뒤 용장에 3년을 머물면서 그 의미를 얻고 나서야 천하의 물에
는 본래 궁구할만한 것이 없으며, 격물 공부는 오직 몸과 마음에서 한
다는 것을 알게 되었다. 그리고 성인은 누구나 도달할 수 있으며, 자신
도 감당할 수 있다고 확고하게 생각하였다. 이러한 생각을 그대들이 알
수 있도록 말해 주겠다."10)

그러나 왕수인은 별다른 성과를 얻지 못하고 좌절하고 만다. 그의
결론은 사물 속에 이치가 있는 것이 아니라 내 마음이 사물에 이치를
부여한다는 것이었다. 즉 사물은 사물 그 자체로서 가치중립적으로
존재하며 그것의 가치, 의미, 목적은 인간이 주체적으로 만들어낸다고
보았다. 왕수인이 내린 결론을 아래와 같다.

〈예문 2〉 선생께서 말씀하시기를, "정이천과 주자는 격물을 '천하의
사물을 궁구하는 것'으로 해석했는데, 천하의 사물을 어떻게 궁구할 수

---

10) 先生曰, 衆人只說格物要依晦翁, 何曾把他的說去用, 我著實曾用來. 初年與錢友同,
論做聖賢, 要格天下之物, 如今安得這等大的力量, 因指亭前竹子, 令去格看. 錢子早
夜去窮格竹子的道理, 竭其心思, 至於三日, 便致勞神成疾. 當初說他這是精力不足,
某因自去窮格. 早夜不得其理, 到七日, 亦以勞思致疾. 遂相與嘆聖賢是做不得的, 無
他大力量去格物了. 及在夷中三年, 頗見得此意思乃知天下之物本無可格者. 其格物
之功, 只在身心上做, 決然以聖人爲人人可到, 便自有擔當了. 這裏意思, 卻要說與諸
公知道(『전습록』하권).

있겠느냐? 또 '한 포기의 풀과 한 그루의 나무에도 모두 이치가 있다'
고 했는데 이제 어떻게 궁구하겠느냐? 설령 풀과 나무를 궁구할 수 있
다 하더라도 어떻게 되돌려서 자신의 뜻을 성실하게 하겠는가? 나는
'격'(格: 이르다, 다다르다)을 '정'(正: 바로잡다)의 의미로 '물'(物)을
'사'(事: 행위, 사건)의 의미로 풀이한다.[11]

    사물에 이치가 있는 것이 아니라 내가 사물에 이치를 부여한다는
것이다. 그래서 '사물에 이르다'(=格物)는 것을 '사물을 (내 마음 속에
서) 바로잡다'(=正事)'로 보게 된다.
    양일부(梁日孚)가 "선유(先儒)[12]는 '한 포기 풀, 한 그루의 나무도
모두 리(理)가 있으니 살피지 않을 수 없다'(『二程遺書』권18)고 말했
는데 어떻게 생각하십니까?"라고 물었을 때 왕수인은 「나는 한가하지
않다. 너는 먼저 자기의 본성과 감정[性情]을 이해해야 할 것이다. 반
드시 먼저 사람의 본성을 다 할 수 있어야 사물의 본성을 다 할 수 있
을 것이다.」[13]라고 대답했다. 사물에 이(理)가 있는 것이 아니니 개별
사물에서 살필 필요가 없고, 각자의 마음[본성과 감정. 性情]에서 사
물의 이치가 발현한다는 사실을 명확히 하고자 함이었다.
    일찍이 왕수인은 주희가 '물(物)' 속에는 반드시 '이(理)'가 들어 있
다고 주장하는 이론을 실제로 '대나무[竹]'를 통해서 스스로 경험해봄

---

11) 先生曰, 先儒解格物爲'格天下之物, 天下之物如何格得. 且謂一草一木亦皆有理, 今
    如何去格. 縱格得草木來, 如何反來誠得自家意. 我解格作正字義, 物作事字義(『전
    습록』하권).
12) 여기서는 정이(程頤)를 말하지만, 주희를 포함하는 이른바 정주학의 격물궁리=격
    물치지설을 염두에 둔 언급이라 할 수 있다.
13) 日孚曰, 先儒謂一草一木, 亦皆有理, 不可不察', 如何. 先生曰, 夫我則不暇. 公且先
    去理會自己性情, 須能盡人之性, 然後能盡物之性(『전습록』상권).

으로써 사물에는 이(理)가 없고 인간의 주체적 행위가 그것[理]을 규정할 뿐이라는 결론에 도달하였다. 그래서 풀한 포기 나무 한그루와 같은 식물은 원래 가치중립적이며, 그것에 대한 본질적 의미와 가치의 부여는 인간이 한다는 사실을 확인한다. 주희가 말하는 식으로 식물에 그 자체로 고정된 불변의 이치가 있는 것이 아니고, 인간의 마음[性情]의 여하(태도, 자세, 관점 등)에 따라 식물의 이치가 그대로 부여된다(생성된다)는 점을 확신하게 된다. 이것은 식물(나아가서는 사물 일반)에 대한 인간의 도덕적 위치(moral status, moral standing), 그리고 인간의 만물에 대한 인간의 사명감이나 의무감을 분명히 하는 대목이기도 하다.[14]

그러면 왕수인이 파악한 대나무는 어떤 특성 때문일까?

2) 대나무[竹]·2

왕수인에게서 대나무의 예는 자주 등장하는 것은 아니다. 하지만 그는 위의 예문 (1)에 이어서 대나무의 예를 들고 있는데, 그것은 대나무의 마디, 줄기와 같은 것을 매우 구체적인 예를 통해서 '양지의 동일성(良知一/良知同)'을 설명하기 위해서였다. 즉,

〈예문 3〉 여쭈었다. "양지(良知)는 하나일 따름입니다. 그런데 문왕은 괘사(卦辭)를 짓고, 주공은 효사(爻辭)를 붙이고, 공자는 「십익」(十翼)을 지어 『주역』의 의미를 밝혔는데 각자 이치를 살핀 것이 다른 이

---

14) 물론 식물, 무생물의 도덕적 위치에 대해 그가 어떻게 생각하고 있었는가도 흥미로운 주제이지만 여기서는 구체적인 서술을 피한다.

유는 무엇입니까?"

선생께서 말씀하시기를, "성인이 어찌 죽은 격식에 구애받을 수 있 겠느냐? 대체적인 요지가 똑같이 양지에서 나왔다면 각자 자기 학설 을 지었다고 해서 무슨 해가 되겠느냐? 마치 정원에 있는 대나무와 같 으니, 가지와 마디를 갖고 있기만 하면 크게 보아 같은 것이다. 만약 가 지나 마디 하나하나에 구애되어 높낮이와 크기가 모두 똑같기를 요구 한다면 그것은 조화의 묘수가 아니다. 그대들은 오직 양지를 배양해야 한다. 양지만 같다면 다른 점이 있어도 무방하다 그대들이 만약 기꺼이 공부하려고 하지 않는다면 죽순조차도 돋아날 수 없을 것인데 어디서 가지와 마디를 논하겠느냐?"[15]

왕수인은 제자들에게 '양지는 인간 누구나 동일할 뿐이다(良知一而 已)'고 교육하였다. 그러자 제자 중에서 〈문왕은 괘사(卦辭)를 짓고, 주공은 효사(爻辭)를 붙이고, 공자는 「십익」(十翼)을 지어 『주역』의 의미를 밝혔다〉는 것은 이상하지 않은가 즉, 양지가 동일하기에 동일 한 이론이 나와야 하지 않는가라는 질문이었다. 여기서 왕수인은 정 원의 대나무가 가지와 마디를 가지고 있다면 모두 대나무이며 각각의 가지와 마디 하나하나를 비교할 필요는 없다고 보았다.

왕수인은 인간의 양지는 하나이므로 그 발현은 각기 표면적으로는 차이를 보인다 하더라도 본질적으로는 차이가 있는 것이 아님을 예증

---

15) 問, 良知一而已, 文王作象, 周公繫爻, 孔子贊易, 何以各自看理不同. 先生曰, 聖人 何能拘得死格. 大要出於良知同, 便各爲說何害. 且如一園竹, 只要同此枝節, 便是大 同. 若拘定枝枝節節, 都要高下大小一樣, 便非造化妙手矣. 汝輩只要去培養良知. 良 知同, 更不妨有異處. 汝輩若不肯用功, 連笋也不曾抽得, 何處去論枝節(『전습록』하 권).

하는 것으로 '대나무[竹]'를 활용하고 있다.

> 양지의 배양
> 마치 정원에 있는 대나무와 같으니, 가지와 마디를 갖고 있기만 하면
> 크게 보아 같은 것이다. 만약 가지나 마디 하나하나에 구애되어 높낮이
> 와 크기가 모두 똑같기를 요구한다면 그것은 조화의 묘수가 아니다. 그
> 대들은 오직 양지를 배양해야 한다. 양지만 같다면 다른 점이 있어도
> 무방하다 그대들이 만약 기꺼이 공부하려고 하지 않는다면 죽순조차도
> 돋아날 수 없을 것인데 어디서 가지와 마디를 논하겠느냐?"

3) 초목의 싹, 생장

왕수인은 「아동 교육의 대의를 교사 유백송(劉伯頌) 등에게 보이다
(訓蒙大意示教讀劉伯頌等)」(『전습록』중권)라는 글에서 아동의 정서
를 초목이 싹을 틔우는 것에 비유하고 있다. 다시 말해서 당시의 교사
유백송 등에게 '식물의 자연스런 본성'을 살려서 키워가야 하는 것처럼
인간의 유년기인 '아동의 정서교육'에 유념할 사항을 피력하고 있다.

> 〈예문 4〉(전략) 대체로 어린아이의 정서는 놀기를 좋아하고 구속받
> 기를 꺼려한다. 이것은 마치 초목이 처음 싹을 틔울 때 그것을 펼쳐 주
> 면 가지가 사방으로 뻗어가지만, 꺾거나 휘어 버리면 쇠하여 시들어 버
> 리는 것과 같다. 이제 어린아이들을 가르칠 때는 반드시 그들의 취향을
> 고무시켜서 속마음이 즐겁도록 해주어야 한다. 그러면 스스로 그치지
> 않고 나아갈 것이다. 비유컨대 때맞춰 비가 내리고 봄바람이 불어 초목

을 적시면 싹이 움터 자라지 않을 수 없어서 자연히 나날이 자라나고 다달이 변화될 것이지만, 만약 얼음이 얼고 서리가 내린다면 생의(生意)가 쇠잔해져서 날마다 말라가는 것과 같다. 그러므로 시를 노래하도록 인도하는 것은 비단 그들의 뜻을 드러내게 만들 뿐만 아니라, 또한 그 뛰고 소리치고 휘파람부는 것을 노래를 통해 발산하고, 그 답답하게 억눌리고 막혀 있는 것을 음절을 통해 펼쳐내게 하는 것이다.[16]

왕수인은 아동을 초목의 생장과 동일시하고, 아동 교육의 방식에 하나의 좋은 예로서 초목에 주목하고 있는 것이다.

4) 풀[草]과 꽃[花]

왕수인은, 제자 설간(薛侃)이 꽃밭의 풀을 뽑으면서, 풀[草]=악(惡), 꽃[花]=선(善)으로 비유하는 것에 대해 천지의 '생명 의지'라는 차원에서 보면 꽃이나 풀이나 한가지이므로 선악의 구분이 불가능하다고 보았다.

즉, 왕수인은 설간이 꽃을 풀과 비교하여 '선'으로, 풀을 꽃과 비교하여 '악'으로 규정한 것은 '설간 자신이 그렇게 판단 · 평가한 것일 뿐'이며, '풀이나 꽃 자체에 선악이 본래 있는 것이 아니다'라고 보았다. 예컨대 필요한 경우 선으로 여기던 꽃이 악으로 될 수도, 악으로 여기던 풀이 선한 것으로 될 수도 있다는 것이다. 그렇다면 선악은 모

---

16) 大抵童子之情, 樂嬉遊而憚拘檢, 如草木之始萌芽, 舒暢之則條達, 摧撓之則衰痿. 今教童子, 必使其趨向鼓舞, 中心喜悅, 則其進自不能已. 譬之時雨春風, 霑被卉木, 莫不萌動發越, 自然日長月化, 若冰霜剝落, 則生意蕭索, 日就枯槁矣. 故凡誘之歌詩者, 非但發其志意而已, 亦所以洩其跳號呼嘯於詠歌, 宣其幽抑結滯於音節也.

두 인간 개개인의 취향에 따른 것이지, 자연물[풀/꽃] 자체에 선악이 본질적으로 내재해 있는 것이 아님을 명확히 한다.

〈예문 5〉 설간(薛侃)이 꽃밭의 풀을 뽑으면서 여쭈었다. "세상에서 어찌 선(善)은 기르기가 어렵고, 악(惡)은 제거하기 어렵습니까?"

선생께서 말씀하시기를, "기르지도 말고, 제거하지도 않았을 뿐이다."

조금 있다가 말씀하시기를, "그렇게 선악을 보는 것은 모두 사사로운 마음으로 생각을 일으킨 것이므로 곧 잘못될 수 있다."

설간이 이해를 하지 못하자 다시 말씀하셨다. "천지의 생명 의지는 꽃이나 풀이나 한가지인데 어찌 선악의 구분이 있겠느냐? 네가 꽃을 보고자 하기 때문에 꽃을 선한 것으로 생각하고, 풀을 악한 것으로 생각하는 것이다. 필요로 할 때는 풀도 선한 것으로 여기게 될 것이다. 이러한 선악은 모두 네 마음이 좋아하고 싫어하는 것에서 생겨난 것이니, 잘못되었음을 알 수 있다."

설간이 여쭈었다. "그렇다면 선도 없고 악도 없다는 것입니까?"

선생께서 말씀하시기를, "선도 없고 악도 없는 것은 '리'(理)의 고요함이고, 선도 있고 악도 있는 것은 '기'(氣)의 움직임이다. '기'에 의해 움직여지지 않으면 선도 없고 악도 없으며, 이것이 바로 지극한 선이다."

설간이 여쭈었다. "불교 역시 선도 없고 악도 없는데, 어떻게 다릅니까?"

선생께서 말씀하시기를, "불교는 선도 없고 악도 없다는 것에 집착하여 일절(一切) 상관하지 않기 때문에 천하를 다스릴 수 없다. 성인에게 선도 없고 악도 없다는 것은 단지 일부러 좋아하거나 싫어하지 않아서

'기'(氣)에 의해 움직여지지 않는다. 그러나 선왕의 도(道)를 따라 그 법도에 합치하니 곧 저절로 천리를 따르게 되고, '천지의 도를 재단하고 천지의 마땅함을 돕게 된다'"

설간이 여쭈었다. "풀이 이미 나쁜 것이 아니라면 풀을 제거할 필요가 없습니까?"

선생께서 말씀하시기를, "그것은 오히려 불교나 노자의 생각이다. 풀이 만약 장애가 된다면 뽑아 버린들 무슨 문제가 있겠느냐?"

설간이 말했다. "그렇게 하는 것은 또한 일부러 좋아하고 일부러 싫어하는 것입니다."

선생께서 말씀하시기를, "일부러 좋아하거나 싫어하지 않는 것은 전혀 좋아하거나 싫어하지 않는 것이 아니다. 그것은 오히려 지각이 없는 사람이다. 하지 않는 것은 다만 좋아하고 싫어함이 한결같이 천리에 따른다는 것이고, 자기의사를 조금이라도 덧붙이지 않는 것이다. 이와 같으면 곧 좋아하고 싫어한 적이 없는 것과 마찬가지이다."

설간이 여쭈었다. "풀을 뽑을 때 어떻게 하는 것이 한결 같이 천리를 따르고 자기 의사를 덧붙이지 않는 것입니까?"

선생께서 말씀하시기를, "풀이 방해가 된다면 마땅히 뽑아내는 것이 이치이므로, 그것을 뽑아낼 뿐이다. 우연히 뽑아내지 못했더라도 역시 마음에 거리낄 것이 없다. 만약 조금이라도 자기 생각을 덧붙인다면 마음의 본체에 누를 끼치게 되고, 기운을 움직이는 곳이 많이 생길 것이다."

설간이 여쭈었다. "그렇다면 선과 악은 사물에 전혀 있지 않은 것입니까?"

선생께서 말씀하시기를, "단지 네 마음에 있을 뿐이다. '리'를 따른 것이 바로 선이고, '기'에 움직이는 것이 바로 악이다."

설간이 여쭈었다. "결국 사물 자체에는 선악이 없는 것입니까?"

선생께서 말씀하시기를, "마음에서 그와 같으니, 사물에서도 역시 그러하다. 세상의 유학자들은 오직 이것을 알지 못하여 마음을 버리고 사물을 쫓아 격물의 학문을 잘못 이해하여 종일 밖에서 추구하였다. 단지 우연히 의로운 행위로 말미암아 갑자기 엄습하여 취해지는 것을 행할 뿐이니, 평생 동안 행하면서도 밝게 알지 못하고 익히면서도 살피지 못한다."

설간이 여쭈었다. "'아름다운 여색을 좋아하듯이 하고, 악취를 싫어하듯이 한다'는 것은 어떻게 하는 것입니까?"

선생께서 말씀하시기를, "이것은 바로 한결 같이 천리에 따르는 것이다. 천리는 마땅히 그와 같으니, 본래 사사로운 뜻에 따라 일부러 좋아하거나 일부러 싫어하지 않는다."

설간이 여쭈었다. "'아름다운 여색을 좋아하듯이 하고, 악취를 싫어하듯이 하는 것'이 어떻게 뜻이 아닐 수 있습니까?"

선생께서 말씀하시기를, "이것은 성실한 뜻이지 사사로운 뜻이 아니다. 성실한 뜻은 단지 천리에 따를 뿐이다. 비록 천리를 따른다고는 하지만 역시 조그만 뜻도 덧붙여서는 안 된다. 그러므로 성내거나 좋아하고 즐거워하는 것이 있으면 그 올바름을 얻지 못한다. 반드시 확 트여 크게 공정해야 비로소 마음의 본체가 된다. 이것을 아는 것이 바로 감정이 아직 발하지 않은 중(中)을 아는 것이다."

백생(伯生)이 여쭈었다. "선생님께서는 '풀이 방해되면 뽑아내야 하는 것이 이치이다'라고 하셨는데, 풀을 뽑아버리는 것이 어째서 또 신체가 생각을 일으킨 것이라고 하십니까?"

선생께서 말씀하시기를, "이것은 반드시 네 마음이 스스로 체득해야 한다. 네가 풀을 뽑으려는 것은 무슨 마음이냐? 주돈이가 들창 앞의 풀을 뽑지 않은 것은 무슨 마음이냐?"[17]

　이렇게 왕수인과 제자 사이에 선악의 문제를 설명하는데 풀과 꽃을 활용하고 있다. 이러한 정원의 풀의 비유는 위 인용문의 마지막에 나오듯이, 북송(北宋)의 신유학자 주돈이(周惇頤. 자는 茂叔, 호는 濂溪. 1017~1073)의 예, 즉 「창 앞의 풀을 제거하지 않았다. (누군가) 그 까닭을 물어보니, "내 뜻과 한 가지이기 때문이다"라고 대답하였다(周茂叔窓前草不除去. 問之. 云, "與自家意思一般." 卽好生之意, 與天地生意如一)」(『二程遺書』, 권3)라는 고전적인 논의를 기초로 한 것이다.

　어쨌든 왕수인은 풀과 꽃 자체에 선과 악의 이(理), 즉 그 본질적인 가치나 의미가 있는 것이 아니라 인간의 주관적인 규정과 가치부여에

---

17) 侃去花間草, 因曰, 天地間, 何善難培, 惡難去. 先生曰, 未培未去耳. 少間曰, 此等看善惡, 皆從軀殼起念, 便會錯. 侃未達. 曰, 天地生意, 花草一般, 何曾有善惡之分. 子欲觀花, 則以花爲善, 以草爲惡. 如欲用草時, 復以草爲善矣. 此等善惡, 皆由汝心好惡所生, 故知是錯. 曰, 然則無善無惡乎. 曰, 無善無惡者理之靜, 有善有惡者氣之動. 不動於氣, 卽無善無惡, 是謂至善. 曰, 佛氏亦無善無惡, 何以異. 曰, 氏着在無善無惡上, 便一切都不管, 不可以治天下. 聖人無善無惡, 只是無有作好, 無有作惡, 不動於氣. 然遵(王之道, 會其有極, 便自一循天理, 便有箇裁成輔相. 曰, 草卽非惡, 卽草不宜去矣. 曰, 如此卻是佛老意見. 草若有碍, 何妨汝去. 曰, 如此又是作好惡. 曰, 不作好惡, 非(是全無好惡, 卻是無知覺的人. 謂之不作者, 只是好惡一循於理, 不去又着一分意思. 如此, 卽是不曾好惡一般. 曰, 去草如何是一循於理, 不着意思. 曰, 草有妨礙, 理亦宜去, 去之而已. 偶未卽去, 亦不累心. 若着了一分意思, 卽心體便有貽累, 便有許多動氣處. 曰, 然則善惡全不在物. 曰, 只在汝心. 循理便是善, 動氣便是惡. 曰, 畢竟物無善惡. 曰, 在心如此, 在物亦然. 世儒惟不知此, 舍心逐物, 將格物之學錯看了, 終日馳求於外, 只做得箇義襲而取, 終身行不著, 習不察. 曰, 如好好色, 如惡惡臭, 則如何. 曰, 此正是一循於理, 是天理合如此, 本無私意作好作惡. 曰, 如好好色, 如惡惡臭, 安得非意. 曰, 卻是誠意, 不是私意. 誠意只是循天理. 雖是循天理, 亦着不得一分意. 故有所忿懥好樂, 則不得其正. 須是廓然大公, 方是心之本體. 知此, 卽知未發之中. 伯生曰, 先生云草有妨礙, 理亦宜去. 緣何又是軀殼起念. 曰, 此須汝心自體當. 汝要去草, 是甚麼心. 周茂叔窓前草不除, 是甚麼心(『전습록』상권).

따라 그렇게 인식될 뿐임을 분명히 하고 있다.

이처럼 왕수인은 '풀[草]'과 '꽃[花]'을, 선악을 대항적으로 파악해 내는 인식의 관점을 교정하고 지양하는 예로써 활용하고 있다.

5) 꽃[花], 꽃나무[花樹]

왕수인은 친구와 남진(南鎭) 즉 중국 절강성 소흥(紹興)에 있는 회계산(會稽山) 속을 거닐고 있었는데, 왕수인은 친구로부터 「심즉리(心卽理)」론의 본질이 뭐냐고 추궁을 당하여 즉석에서 답변을 하게 된다. 일반적으로 「암중화(岩中花)」의 비유로 일컬어지는 유명한 구절이 이것이다. 왕수인은 「심외무물(心外無物: 마음 밖에 사물이 없다)」·「심외무리(心外無理: 마음 밖에 이치가 없다)」라는 명제를 '바위 사이에 핀 꽃'을 가리키며 설명한다.

〈예문 6〉 선생께서 남진(南鎭)을 유람할 때 한 친구가 바위 가운데 꽃나무를 가리키며 여쭈었다. "천하에 마음 밖에 사물이 없다고 하셨는데, 깊은 산 속에서 저절로 피었다 지는 이 꽃나무와 같은 것은 내 마음과 무슨 상관이 있는가?"

선생께서 말씀하시기를, "그대가 이 꽃을 보지 못했을 때는 이 꽃과 그대의 마음은 함께 적막한 곳으로 돌아간다. 그대가 이 꽃을 보았을 때는 이 꽃의 색깔이 일시에 분명하게 드러나기에 이 꽃은 그대의 마음 밖에 있지 않음을 알 수 있다."[18]

---

18) 先生遊南鎭, 一友指岩中花樹問曰, 天下無心外之物, 如此花樹, 在深山中自開自落, 於我心亦何相關. 先生曰, 你未看此花時, 此花與汝心同歸於寂. 你來看此花時, 則此

나와 상관없이 나의 마음 밖에서, 즉 나에게 인식되거나 되지 않거나 간에, 저 홀로 피고지는 꽃이 있는데, 당신은 왜 「심외무물」·「심외무리」라고 하고 있느냐는 것이다. 이에 대해 왕수인은 '꽃은 꽃대로 나와 상관 없이 어딘가에 존재하고 있다'는 것을 인정하고서, 자신이 말하는 「심외무물」·「심외무리」는 꽃이 나(주체)의 의식이 지향함을 통해서 '관계 맺음'이 생겨난 뒤 지금·여기서 어떤 구체적인 의미·가치를 갖게 됨을 명확히 한다. 어딘가에 그냥 나와 관련 없이 존재하는 것이 아니라 현재 나와 관련 맺고 있는 현존(現存)·현전(現前)의 것에 대해서 논의하는 것이다. 왕수인의 입장에서 현존·현전이란 예문에서 들고 있는 내 마음 속에 와 있는 살아 있는 '꽃'처럼 어떤 구체적 사물이 우리의 현재 마음에 뚜렷한 '인상(印象)'을 지니면서 살아 움직이고 있는 것을 말한다.[19] 앞선 논의와 마찬가지로 왕수인은 여기서도 꽃, 꽃나무를 가치중립적인 것으로 보고, 그것에다 인간이 가치, 의미를 부여함으로써 그(꽃, 꽃나무) 이치[理]가 생겨난다는 것을 환기시켜준다.

왕수인은 '나와 상관 없이 그냥 존재하는 것'(존재)(ⓐ)과 '나의 심(주체)과 직접 관련 맺어 지금 존재하는 것'(현존)(ⓑ)의 구별을 통해, 자신의 「심외무물」·「심외무리」이라는 주장이 전자(ⓐ))가 아니라 후자(ⓑ)의 맥락에서 논의되는 것임을 꽃, 꽃나무의 비유를 통해서 확인한다(최재목(2003), 255-264 참조).

花顏色一時明白起來. 便知此花不在你的心外(『전습록』하권).

19) 이 점에서 양명학은 마치 유럽의 인상파에서 보여주는 실제의 정밀한 사실 묘사보다도 현재 나의 주관에 남는 '인상'에 주목함과도 통한다고 할 수 있다. 양명학의 인식과 표현의 경향이 유럽의 인상파와 유사함에 대해서는 추후 별도의 논고로 돌리고자 한다.

6) 天地萬物 – 若草木瓦石, 風 · 雨 · 露 · 雷 · 日 · 月 · 星 · 辰 · 禽 · 獸 · 草 · 木 · 山 · 川 · 土 · 石 –

왕양명은 기본적으로 인간이 사물에 의미, 가치를 부여한다고 하였다. 그러나 그의 만년기에 가까워질수록 인간 뿐만이 아니라, 풀 · 나무 · 기와 · 돌(若草木瓦石), 나아가서 바람과 비, 이슬과 우레, 일월성신과 금수초목, 산천토석(風 · 雨 · 露 · 雷 · 日 · 月 · 星 · 辰 · 禽 · 獸 · 草 · 木 · 山 · 川 · 土 · 石)과 같은 천지만물 모두에 '영명(靈明)'이 있다고 보았다. 그는 영명함을 '양지(良知)'로 규정한다. 따라서 사물은 각기 양지를 갖고 있다고 보는 것이다. 이 양지가 천지만물을 천지만물답게 하고, 또한 인간과 천지만물을 일체로 묶는 근거가 된다고 보았다. 아래 인용문 내에서 살펴보면 '영명(靈明)=양지'는 '하나의 기운(一氣)'으로 다시 규정되고 있다. '하나의 기운'이란 마치 자석의 자장(磁場) 같이 모든 것에 내장되어 있는 것으로서 만물 각각이 서로 소통 · 상응할 수 있는 '힘'이자 '원리'인 것이다.

〈예문 7〉 주본사(朱本思)가 여쭈었다. "사람에게는 텅 비고 영명함이 있기 때문에 비로소 양지가 있습니다. 풀 · 나무 · 기와 · 돌 같은 것도 양지가 있습니까?"

선생께서 말씀하시기를, "사람의 양지가 바로 풀 · 나무 · 기와 · 돌의 양지이다. 만약 풀 · 나무 · 기와 · 돌에 사람의 양지가 없다면 풀 · 나무 · 기와 · 돌이 될 수 없다. 어찌 풀 · 나무 · 기와 · 돌만 그러하겠느냐? 천지도 사람의 양지가 없다면 역시 천지가 될 수 없다. 천지 만물은 사람과 원래 일체이며, 그것이 발하는 가장 정밀한 통로가 바로 사람

마음의 한 점 영명(靈明)이다. 바람과 비, 이슬과 우레, 일월성신과 금
수초목, 산천토석은 사람과 원래 일체이다. 그러므로 오곡과 금수의 종
류가 모두 사람을 기를 수 있고, 약과 침의 종류가 모두 질병을 치료할
수 있다. 오직 이 하나의 기운을 공유하기 때문에 서로 통할 수 있는 것
이다."[20]

천지만물은 '영명=양지'에 전적으로 의존해 있다. '영명=양지'가 없
다면 존재가 없고, 존재가 없다면 '영명=양지'도 없다고 본다. 그래서
천지만물이 존재하는 한 '영명=양지'는 존재한다는 말이다.

〈예문 8〉(제자가) 물었다 : 사람 마음[人心]과 사물[物]은 동체(同
體)라고 하는 말씀을 들었습니다. 만약 내 몸이라면 원래 혈기(血氣)가
유통(流通)하는 것이므로 이것을 동체라고 말할 수 있겠습니다. 그런데
남일 것 같으면 몸을 달리하며, 짐승[禽獸]이나 풀·나무[草木] 같은 경
우는 더더욱 (관계가) 멀어집니다. 그런데도 어찌 동체라고 합니까?
선생이 말했다 : 자네는 (사람의 마음과 사물이) 감응하는 기미[感應
之幾]에서 생각해보아라. 어찌 단지 짐승·풀·나무[禽獸草木] 뿐이겠
는가? 하늘·땅[天地]이라 하더라도 나와 동체인 것이며 귀신(鬼神)이
라 하더라도 나와 동체인 것이다.
(제자가) 물었다 : 왜 그렇습니까?

---

20) 朱本思問, 人有虛靈, 方有良知. 若草木瓦石之類, 亦有良知否. 先生曰, 人的良知, 就
是草木瓦石的良知. 若草木瓦石無人的良知, 不可以爲草木瓦石矣. 豈惟草木瓦石爲
然. 天地無人的良知, 亦不可爲天地矣. 蓋天地萬物與人原是一體, 其發竅之最精處,
是人心一點靈明. 風·雨·露·雷·日·月·星·辰·禽·獸·草·木·山·川·
土·石, 與人原只一體. 故五穀禽獸之類, 皆可以養人, 藥石之類, 皆可以療疾. 只爲
同此一氣, 故能相通耳(『전습록』하권).

선생이 말했다: 자네는 이 천지 사이에서 무엇이 '천지의 마음'[天地的心]이라고 생각하는가?

(제자가) 대답했다 : 일찍이 사람이 천지의 마음이라고 들었습니다.

(선생이 다시) 물었다 : 사람에게는 또 무엇이 마음이 된다고 생각하는가?

(제자가) 대답했다 : 단지 이 하나의 영명[一箇靈明]일 뿐입니다.

선생이 말했다 : 하늘[天]로 차고 땅[地]으로 메운 가운데에는 단지 이 영명뿐이라는 것을 알 수 있다. 사람은 다만 형체 때문에 스스로 (천지만물과) 간격이 생겨나 있는 것이다. 나의 영명은 천지 귀신의 주재이다. 하늘은 나의 영명이 없다면 그 높음을 누가 우러러 볼 것인가? 땅도 나의 영명이 없으면 누가 그 깊음을 굽어볼 것인가? 귀신도 나의 영명이 없으면 누가 그 길흉(吉凶)과 재상(災祥)을 분별할 것인가? 나의 영명을 떠나서는 천지, 귀신, 만물은 존재할 수 없는 것이다. 나의 영명 또한 천지, 귀신, 만물을 벗어나서는 존재할 수 없는 것이다. 이와 같이 (사람과 천지 귀신 만물은) 일기(一氣)가 유통(流通)하는 것이다. 어찌 남과 간격이 있겠는가?

(제자가) 또 물었다 : 천지 귀신 만물은 아주 예로부터 지금까지 존재하는 것이다. 나의 영명이 없으면 그것들도 함께 없어진다고 하는 것은 무엇입니까?

(선생이) 말했다 : 지금 죽은 사람을 생각해 보아라. 그 사람의 정령(精靈)은 흩어져[游散]버렸다. 너의 천지만물(天地萬物)은 또한 어디에 존재해 있겠는가?[21]

---

21) 問, 人心與物同體, 如吾身原是血氣流通的, 所以謂之同體, 若於人便異體了, 禽獸草木益遠矣, 而何謂之同體, 先生曰, 儞只在感應之幾上看, 豈但禽獸草木, 雖天地也與我同體的, 鬼神也與我同體的, 請問, 先生曰, 儞看這箇天地中間, 甚麼是天地的心, 對曰, 嘗聞人是天地的心, 曰, 人又甚麼教做心, 對曰, 只是一箇靈明, 可知充天塞地

　이렇게 '영명=양지'라는 고유한 '힘'·'원리'를 가진 천지만물(若草木瓦石, 風·雨·露·雷·日·月·星·辰·禽·獸·草·木·山·川·土·石)에 대한 규정은 존재하는 것들의 사실에 대한 규정이기에 당위(가치)론적이 아니라 당연히 존재론적인 언표이다. 「해와 달과 바람과 우레를 곧 하늘[天]이라고 말한다면 옳지 않으며, 사람과 사물, 풀과 나무를 하늘[天]이 아니라고 말해도 옳지 않을 것이다. '도(道)'가 바로 하늘[天]이다(謂日月風雷卽天, 不可. 謂人物草木不是天, 亦不可. 道卽是天)」(『전습록』상권)이라는 왕수인의 언표처럼, 그는 천지만물 자체가 모두 도(道)(=근본원리)에 지탱해 있고, 이 근본 원리가 최종적으로 천(天)에 근거한다고 본다. 이 도(道)와 천(天)이 왕수인에게서는 바로 '영명=양지'인 것이다.

　이러한 만물일체의 존재론적 논의를 바탕 위에 왕수인은 가치론적인 '인(仁)' 개념을 끌어들여 다음의 「대학문(大學問)」(『陽明全書』권26)에서처럼 '인간-동물-식물-무생물이 하나 되는 세계'를 구상한다. 이것이 그의 만물일체의 인[萬物一體之仁]의 철학이다.

　〈예문 9〉 대인은 천지만물을 한몸[一體]으로 하는 사람이다. 천하를 한집안[一家]으로 보고 중국을 한사람[一人]으로 본다. 육체가 각각인 것으로 보고 나와 남을 나누는 것은 소인(小人)이다. 대인은 능히 천지

中間, 只有這箇靈明, 人只爲形體自間隔了, 我的靈明, 便是天地鬼神的主宰, 天沒有我的靈明, 誰去仰他高, 地沒有我的靈明, 誰去俯他深, 鬼神沒有我的靈明, 誰去辯他吉凶災祥, 天地鬼神萬物離卻我的靈明, 便沒有天地鬼神萬物了, 我的靈明離卻了天地鬼神萬物, 亦沒有我的靈明. 如此, 便是一氣流通的, 如何與他間隔得, 又問, 天地鬼神萬物, 千古見在, 何沒了我的靈明, 便俱無了, 曰, 今看死的人, 他這些精靈游散了, 他的天地萬物尙在何處(『전습록』하권).

만물을 일체로 한다고 해도 이것을 의도적으로 하는 것이 아니다. 마음
의 인[心之仁]은 본래 이처럼 천지만물과 하나가 되는 것이다. 이것은
대인만이 아니고 소인의 마음도 그렇다. 다만 소인은 (이 광대한 마음
을) 스스로 좁히고 있을 뿐이다.

　어린아이가 우물에 빠지려고 하는 것을 볼 때[見孺子之入井], 누구
든지 반드시 깜짝 놀라고 측은해 하는 마음을 가진다[必有怵惕惻隱之
心]. 이 사실은 어린아이와 일체라고 하는 이치[仁]를 그 사람이 가지
고 있다는 것을 증명한다. 어린아이의 경우는 같은 인간[同類]이기 때
문에 그렇다고 말할지도 모른다. 그러나 새와 짐승이 살해당하기 위하
여 끌려갈 때 슬피 울거나 죽음을 두려워하는 것을 볼 때[見鳥獸之哀
鳴觳觫], 사람은 반드시 차마 하지 못하는 마음을 가지게 될 것이다[必
有不忍之心]. 이 사실은 (인간이) 새나 짐승과 일체라고 하는 이치[仁]
를 소유하고 있다는 것을 증명하는 것이다. 새와 짐승은 요컨대 (인간
과 같이) 지각(知覺)을 가지고 있어서 그렇다고 말할지도 모른다. 그렇
지만 (지각을 가지고 있지 않은) 풀·나무가 꺾이고 부러지는 것을 보
면[見草木之摧折], 반드시 딱하게 여기는 마음이 있다[必有憫恤之心].
이것은 (인간이) 풀·나무와 일체가 되는 이치[仁]라는 것을 증명한다.
또한 풀·나무는 생명의 의지[生意]가 있는 것이라서 그렇다고 말할
지도 모른다. 그러나 (순전히 무생물인) 기왓장이나 돌이 깨어지고 부
서지는 것을 본다고 하더라도[見瓦石之毀壞], 반드시 애석하게 여기는
마음이 생긴다[必有顧惜之心]. 이것은 (인간마음의) 사랑의 이치[仁]
와 기왓장·돌이 일체를 이루고 있다는 것을 말해주는 것이다.[22]

---

22) 陽明子曰, 大人者, 以天地萬物爲一體者也, 其視天下猶一家, 中國猶一人焉, 若夫間
形骸而分爾我者, 小人矣, 大人之能以天地萬物爲一體也, 非意之也, 其心之仁本若
是, 其與天地萬物而爲一也, 豈惟大人, 雖小人之心亦莫不然, 彼顧自小之耳, 是故
見孺子之入井, 而必有怵惕惻隱之心焉, 是其仁之與孺子而爲一體也, 孺子猶同類者

왕수인은 '인간-동물-식물-무생물의 하나 되는 세계'를 인(仁)이
란 궁극적 가치를 토대로 엮어(짜)낸 공생의 이상세계를 구상한다. 즉
천지자연의 만물[해 · 달 · 별 · 바람 · 비 · 산 · 강, 우레 · 번개 · 귀
신 · 도깨비 · 꽃, 새 · 짐승 · 물고기 · 자라 · 곤충]과 사람[人]이 '인
(仁)'을 토대로 만들어 낸, 사랑[仁]을 그물망으로 한 공생의 우주상
(宇宙像)인 것이다. 이 속에서 인간의 고유한 지위, 나아가서 천지자
연(=만물)에 대한 인간의 사명(의무)과 책임을 확정해낸다.[23]

위와 같이 왕수인은 생물, 나아가서는 자연만물을 존재론적 비유
내지 설명의 근거로 하여 자신의 가치(당위)론적 이상세계를 구축해
가고 있다.

3. 草木 生長의 비유 - 윤리론, 수양 · 공부론의 모형 -

왕수인은 인간의 윤리론, 수양 · 공부론의 모형으로서 초목의 생장
을 적절하고도 합리적인 비유로 삼는다. 이러한 초목을 통한 기본 설
명 모형은 그의 주저인 『전습록』에서 자주 발견되는 특징 있는 설명
방식이기도 하다. 여기서 그의 유목적(遊牧的) 사유가 아닌 농경(農

也, 見鳥獸之哀鳴觳觫, 而必有不忍之心焉, 是其仁之與鳥獸而爲一體也, 鳥獸猶有
知覺者也, 見草木之摧折而必有憫恤之心焉, 是其仁之與草木而爲一體也, 草木猶有
生意者也, 見瓦石之毀壞而必有顧惜之心焉, 是其仁之與瓦石而爲一體也.
23) 이에 대한 논의는 최재목(1997), 「유교의 환경윤리 - 왕수인의 萬物一體論을 통하
여 본 -」, 『나의 유교 읽기』(부산: 소강출판사); 최재목(1999), 「공생의 원리로서
의 심」, 『양명학과 공생 · 동심 · 교육의 이념』(경산: 영남대학교 출판부); 최재목
(2000), 「자연과 양명학」, 『양명학』제4호(한국양명학회)을 참조 바람.

耕)에 바탕한 초목성적(草木性的) 사유의 단면을 살필 수도 있다.

아래의 예문(1-10)을 보기로 하자.

〈예문 1〉 선생께서 말씀하기를, "(중략) 이것은 모두 효성스러운 마음이 발현되어 나온 조목이다. 그러나 반드시 이 효성스러운 마음이 있어야만 그러한 조목들이 발현되어 나올 수 있다. 나무에 비유하면, 효성스러운 마음은 뿌리이고, 수많은 조목들은 가지나 잎이다. 반드시 먼저 뿌리가 있은 뒤에 가지나 잎이 있는 것이지, 가지나 잎을 먼저 찾은 뒤에 뿌리를 심는 것이 아니다."[24]

이것은 '효성스런 마음'을 '나무의 뿌리'에, '효의 수 많은 조목들'을 '(나무의) 가지나 잎'에 비유한 것이다. 효성의 근원과 구체적 발현을 '(나무의) 뿌리-가지-잎'이라는 본말(本末) 식의 모형을 통해서 설명하고자 한다.

〈예문 2〉 선생께서 말씀하시기를, "네 병이 또 일어났구나." 그리고는 그를 일깨워서 말씀하셨다. "그것은 그대 일생의 커다란 병근(病根)이다. 비유하자면 사방 한 장(丈)의 좁은 땅에 이와 같이 커다란 한 그루의 나무를 심은 것과 같다. 비나 이슬의 자양분과 토양의 기름진 힘은 오직 이 큰 뿌리를 무성하게 할 뿐이다. 주변에 가령 좋은 곡물을 심는다 하더라도 위로는 이 나뭇잎에 가리고 아래로는 이 나무의 뿌리에 덮여 있으니, 어떻게 성장할 수 있겠느냐? 반드시 이 나무를 베어 버리

---

24) 先生曰, (中略) 却是須有這誠孝的心, 然後有這條件發出來. 譬之樹木, 這誠孝的心便是根, 許多條件便是枝葉, 須先有根然後有枝葉, 不是先尋了枝葉然後去種根(『전습록』상권).

고 잔뿌리조차 남겨 두지 않아야 비로소 좋은 곡물을 재배할 수 있다.
그렇지 않으면 그대가 아무리 밭을 갈고 김을 매고 북돋아 주고 비료를
주더라도 이 뿌리만 무성하게 키울 뿐이다."[25]

이것은 사유에서 생긴 장애를 '병(病)'으로 보고, 그 병근(病根)을
제거하는 것이 무엇보다도 중요함을 깨우치고자 한다. 즉 좁은 땅에
나무를 두고 아무리 곡물을 잘 키우고자 해도 그렇게 할 수 없듯이 먼
저 '나무 뿌리'='병근'을 제거해야 마땅함을 비유한 것이다. 마음의 병
을 치유하는 데 나무뿌리와 곡식의 관계를 설정하고, 그것을 본말론
적 설명 방식을 택하고 있다.

〈예문 3〉 육징이 상달(上達)의 공부에 관해 여쭈었다. 선생께서 말씀
하셨다. "(중략) 예컨대 나무를 재배하고 물을 주는 것(栽培灌漑)은 하
학이며, 밤낮으로 자라서 가지가 뻗고 잎이 무성해지는 것(條達暢茂)
은 바로 상달이다."[26]

즉, 하학과 상달이라는 고전적 주제를 나무를 재배하는 방식에 비
유하여, 〈하학-나무를 재배하고 물을 주는 것(栽培灌漑)〉, 〈상달-밤
낮으로 자라서 가지가 뻗고 잎이 무성해지는 것(條達暢茂)〉으로 설명

---

25) 先生曰, 爾病又發. 源色變, 議擬欲有所辨. 先生曰, 爾病又發. 因喩之曰, 此是汝一生
大病根. 譬如方丈地內, 種此一大樹. 雨露之滋, 土脈之力, 只滋養得這箇大根. 四傍
縱要種些嘉穀, 上面被此樹葉遮覆, 下面被此樹根盤結, 如何生長得成. 須用伐去此
樹, 纖根勿留, 方可種植嘉種. 不然, 任汝耕耘培壅, 只是滋養得此根(『전습록』상권).
26) 問上達工夫. 先生曰, (中略) 如木之栽培灌漑, 是下學也. 至於日夜之所息, 條達暢
茂, 乃是上達(『전습록』상권).

하고 있다.

　〈예문 4〉 또 말씀하시기를, "뜻을 세워 공부에 힘쓰는 것(立志用功)
은 나무를 심는 것(種樹)과 같다. 어린 싹이 돋아날 때는 아직 줄기가
없고, 줄기가 뻗어나올 때는 아직 가지가 없으며, 가지가 생긴 뒤에 잎
이 생기고, 잎이 생긴 뒤에 꽃을 피우고 열매를 맺는다. 처음 식물의 씨
가 발아했을 때는 다만 북돋아 주고 물을 주기만 할 뿐, 가지나 잎, 꽃이
나 열매를 생각해서는 안 된다. 헛된 상상이 무슨 보탬이 되겠는가? 오
직 기르려는 노력을 잊지 않는다면 어찌 가지나 잎, 꽃과 열매가 생기
지 않겠느냐?"[27]

　여기서는 '뜻을 세워 공부에 힘쓰는 것(立志用功)'을 '나무를 심는
것(種樹)'에 비유한다. '처음 식물의 씨가 발아했을 때는 다만 북돋아
주고 물을 주기만 할 뿐, 가지나 잎, 꽃이나 열매를 생각해서는 안 된
다.'는 것을 나무를 심어서 재배하여 결실을 맺는 방식[씨앗 → 어린
싹(발아) → 줄기 → 가지 → 잎 → 꽃 → 열매] 즉 「천연(天然)의 순서
와 질서」에 비유하여(陳立勝(2005), 244 참조) 뜻을 세워 학문에 힘
쓰는 것은 '점진적'이고 '성실해야 함'을 일상생활에서 누구나 알고
있는 일상적인 비근한 예를 들어 확인시키고 있다. 이러한 논의는 결
국 '성실함[誠]'의 덕목을 중시하는 방향을 잡고 있다. 즉 왕수인은 일
관되게 성(誠)·성의(誠意)를 중시하며, 「'성의'를 중심으로 삼는다

---

27) 又曰, 立志用功, 如種樹然. 方其根芽, 猶未有幹. 及其有幹, 尚未有枝. 枝而後葉, 葉
而後花實. 初種根時, 只管栽培灌漑, 勿作枝想, 勿作葉想, 勿作花想, 勿作實想. 懸想
何益. 但不忘栽培之功, 怕沒有枝葉花實(『전습록』상권).

면 '경'자를 첨가할 필요가 없다(以誠意爲主, 卽不須添箇敬字)」(『전습록』상권)고 하여 정주학에서 중시하는 '경(敬)'을 사족으로 본다.[28] 성실함은 농경사회의 농사나 초목의 생육에 근본적인 덕목이다. 농경은 추상적, 비약적이 아니라 구체적, 단계적인 작업에서 얻어진다. 농사에서는 성실하지 않으면 아무것도 얻어낼 수 없다. 사람을 기르는 일도 마찬가지이다. 이러한 자연의 지혜를 왕수인은 입지용공(立志用功)에 활용한다.

〈예문 5〉"오직 점진적[漸]이기 때문에 하나의 발단처(發端處)가 있게 되고, 하나의 발단처가 있기 때문에 생겨나게[生] 되며, 생겨나기 때문에 끊임이 없는 것[不息]이다. 나무에 비유하면 처음에 싹이 돋는 것이 바로 나무의 생명이 시작되는 곳[生意]이다. 싹이 돋은 뒤에 줄기가 나오고, 줄기가 나온 뒤에 가지와 잎이 생기며, 그런 뒤에 끊임없이 낳고 낳는다. 만약 싹이 없다면 어떻게 줄기가 생기고 가지와 잎이 생기겠느냐? 싹이 돋아날 수 있다면 반드시 아래에 뿌리가 있다. 뿌리가 있어야 비로소 살고, 뿌리가 없으면 곧 죽게된다. 뿌리가 없다면 어디서 싹이 돋아나겠느냐? 부자와 형제간의 사랑은 바로 사람 마음의 생명이 시작되는 곳으로 나무가 싹을 틔우는 것과 같다. 그래서 백성을 어질게 대하고 사물을 사랑하는 것은 바로 줄기가 나오고 가지와 잎이 생기는 것이다. 묵자(墨子)의 겸애(兼愛)는 차등이 없어서 자신의 부자 형제를 길거리의 사람과 똑같이 여기니,[29] 그것은 스스로 발단처를 없애버

---

28) 이에 대한 상세한 논의는 최재목, 『왕양명의 삶과 사상: 내 마음이 등불이다』, 158-161쪽 참조.
29) 『孟子』, 「滕文公篇·下」에 「양주가 자신만을 위하는 것은 임금을 없앤 것이고, 묵자의 겸애는 아비를 없앤 것이다. 아비도 임금도 없애버린 것은 금수이다(楊氏爲

린 것이다. 싹이 트지 않으니 그것에 뿌리가 없음을 알 수 있다. 그것은
곧 끊임없이 낳고 낳는 것이 아니다. 어떻게 그것을 '인'(仁)이라고 말
할 수 있겠느냐? 효제(孝弟)는 '인'을 행하는 근본이며, 인의 이치는 거
기서 생겨 나온다."[30]

    왕수인은 여기서도, 유가의 '별애(別愛)' 즉 '차등적(=점진적=원근
법적=점층적) 사랑의 방식'을 식물의 재배·결실의 자연스런 행태,
즉 〈뿌리 → 나무의 생의(生意)=어린 싹(발아) → 줄기 → 가지 → 잎
(→ 꽃 → 열매)〉에 비유하여 설명하면서 묵자의 겸애(兼愛) 즉 무차
별적=평등적 사랑의 방식을 비판하고 있다. 묵자의 그것은 식물 생장
에서 보여주는 바처럼 사물의 자연을 무시한 것이라고 본다. 이에 반
해, 별애(別愛)는 인(仁)의 실현 방식으로서 '하나의 발단처(發端處)'
에서 '점진적[漸]으로 진행됨' → '생겨남[生]' → '(이러한 활동이) 끊
임없이 반복 지속됨[不息]'이라는 생생(生生)의 우주적 생명활동에
기반한 것임을 확인한다.

    〈예문 6〉 선생께서 말씀하시기를, "하나로 꿰뚫(一貫)는 도는 공자
    께서 증자가 아직 공부하는 요점을 얻지 못한 것을 보았기 때문에 알

    我, 是無君也. 墨氏兼愛, 是無父也. 無君無父, 是禽獸也)」라고 나온다.
30) 惟其漸, 所以便有箇發端處. 惟其有箇發端處, 所以生. 惟其生, 所以不息. 譬之木, 其
    始抽芽, 便是木之生意發端處. 抽芽然後發幹. 發幹然後生枝生葉. 然後是生生不息.
    若無芽, 何以有幹有枝葉? 能抽芽, 必是下面有箇根在. 有根, 方生. 無根, 便死. 無根
    何從抽芽? 父子兄弟之愛, 便是人心生意發端處, 如木之抽芽. 自此而仁民而愛物,
    便是發幹生枝生葉. 墨氏兼愛無差等, 將自家父子兄弟, 與途人一般看, 便自沒了發
    端處. 不抽芽, 便知得他無根, 便不是生生不息, 安得謂之仁? 孝弟爲仁之本, 卻是仁
    理從裏面發生出來.(『전습록』상권).

려준 것이다. 배우는 사람이 진정 충(忠)과 서(恕)에서 공부할 수 있다
면, 어찌 하나로 꿰뚫는 도가 아니겠는가? '일'(一)은 나무의 뿌리와 같
고, '관'(貫)은 나무의 가지나 이파리와 같다. 뿌리를 아직 내리지도 않
았는데 어떻게 가지와 잎새가 생길 수 있겠느냐? 본체와 작용은 근원
을 같은데 본체가 아직 세워지지도 않았는데 작용이 어디서 생겨나겠
느냐?"[31]

왕수인은 여기서 공자의 '일이관지(一以貫之)'를, '일(一)'='나무의
뿌리[樹之根本]', '관(貫)'='나무의 가지나 잎새[樹之枝葉]'라는 설명
방식을 택하여 전자를 '체(體)', 후자를 '용(用)'으로 보고 일원(一源)
적 관점에서 논의한다. 식물이 〈근본(根本)=체 → 지엽(枝葉)=용〉이
라는 자연의 법칙을 고전 해석에 도입하여 이해를 돕고 있다.

〈예문 7〉 (선생께서 말씀 하시기를) "나무를 심는 사람은 반드시 그
뿌리를 북돋아 주어야 하며, 덕을 심는 사람은 반드시 그 마음을 길러
야 한다. 나무가 성장하기를 바란다면 반드시 처음 자랄 때 그 번잡한
가지를 잘라 주어야 한다." 덕이 왕성해지기를 바란다면 반드시 처음
배울 때 외적인 허영심을 제거해야 한다. 예컨대 밖으로 시문(詩文)을
좋아하면 정신이 날마다 점차 시문에 옮겨가게 된다. 무릇 온갖 외적인
허영심은 모두 그러하다."
또 말씀하시기를, "내가 여기서 학문을 논하는 것은 무(無) 가운데서
유(有)를 생기게 하는 공부이다. 여러분들은 반드시 믿음을 가지고 오

---

31) 先生曰, 一貫是夫子見曾子未得用功之要, 故告之. 學者果能忠恕上用功, 豈不是一
貫. 一如樹之根本, 貫如樹之枝葉. 未種根, 何枝葉之可得. 體用一源, 體未立, 用安從
生(『전습록』상권).

직 뜻을 세워야 한다. 학문하는 사람이 한결같은 마음으로 선을 행하려
는 뜻은 마치 나무를 심는 것과 같다. 다만 돕지도 말고 잊어버리지도
말고 오직 북돋아 주어 자라도록 한다면 자연히 밤낮으로 자라나고, 생
기(生氣)가 날로 충만하게 되며, 가지와 잎이 날로 무성해진다. 나무가
처음 자랄 때에는 곧 번잡한 가지가 뻗어 나오는데 반드시 잘라 버려야
한다. 그런 뒤에야 뿌리와 줄기가 크게 자랄 수 있다. 처음 학문할 때도
역시 그러하다. 그러므로 뜻을 세우는 것은 오로지 한군데 집중하는 것
을 귀하게 여긴다."[32)]

덕성과 학문을 함양하는 데에는 근본을 튼튼히 하는 데 주력하고
말단적 요소를 제거해야 함을 나무를 심어서[種樹]서 배양해가는 방
식에 비유하여 설명한다. 왕수인은 앞서서와 마찬가지로 '나무를 심
어서 배양하는 것'을 '덕을 심어서 배양하는 것', 나아가서 '처음 학문
하는[初學] 것', '뜻을 세우는[立志] 것'과 등치시켜 논의하고 있다. 그
는 나무를 키우듯이 점진적[漸]으로, 성실[誠]하게 학문과 덕성함양
에 주력할 것을 제자들에게 주문하고 있는데 아마도 이런 설명 방식
이 당시에 가장 유효했다고 볼 수 있다.

〈예문 8〉 선생님께서 말씀하시기를, "우리가 양지를 실현하는 것은
오직 각자의 능력이 미치는 정도에 따를 뿐이다. 오늘 양지가 이만큼
나타나 있으면 다만 오늘 아는 것에 따라서 끝까지 확충하며, 내일 또

---

32) 種樹者必培其根, 種德者必養其心. 欲樹之長, 必於始生時删其繁枝. (中略) 又曰,
   "我此論學是無中生有的工夫. 諸公須信得及, 只是立志. 學者一念爲善之志, 如樹
   之種, 但勿助勿忘, 只管培植將去, 自然日夜滋長, 生氣日完, 枝葉日茂. 樹初生時, 便
   抽繁枝, 亦須刊落, 然後根幹能大. 初學時亦然. 故立志貴專一(『전습록』상권).

양지가 깨달은 것이 있으면 내일 아는 것을 좇아서 끝까지 확충한다. 이와 같아야 비로소 마음을 순수하게 하고 한결 같이 하는 공부이다. 다른 사람과 학문을 논할 때도 반드시 다른 사람의 능력이 미치는 정도에 따라야 한다. 이것은 나무에 어린 싹이 조금 돋아나면 물을 조금만 주고, 싹이 다시 자라나면 물을 더 주는 것과 같다. 손으로 움켜잡을 만한 굵기의 나무로부터 한아름 크기의 나무에 이르기까지 물을 주는 일은 모두 그 나무의 능력이 미치는 정도에 따른다. 만약 조그마한 어린 싹에 한 통의 물이 있다고 해서 다 부어 준다면 흠뻑 젖어들어 죽어버릴 것이다."[33]

여기서는 양지(良知)의 확충 · 실현[致知(=致良知)]을 개개인의 능력, 입지에 맞게 점진적으로 수행해 가야함을 말한다. 특히 여기서는 나무의 생육 상태에 맞게 물을 조절해 주는 것[=灌漑와 加水]을 치지=치양지의 방식으로 택하고 있다. 학문을 논의하는 데에도 상대방에 맞는 적절한 방식이 필요한데 그것이 바로 '나무에 물주기'와 같은 것이라 왕수인은 본다.

〈예문 9〉 선생께서 말씀하시기를, "내가 사람들에게 양지를 실현하여 물을 바로잡는데서 힘써 공부하라고 가르친 것은 근본이 있는 학문이다. 날마다 진보하여 오래될수록 더욱 마음이 순수하고 밝아짐을 느

---

33) 先生曰, 我輩致知, 只是各隨分限所及. 今日良知見在如此, 只隨今日所知擴充到底; 明日良知又有開悟, 便從明日所知擴充到底. 如此方是精一功夫. 與人論學, 亦須隨人分限所及. 如樹有這些萌芽, 只把這些水去灌漑. 萌芽再長, 便又加水. 自拱把以至合抱, 灌漑之功皆是隨其分限所及. 若些小萌芽, 有一桶水在, 盡要傾上, 便浸壞他了(『전습록』하권).

낄 것이다. 세상의 유학자들은 사람들에게 각각의 사물에서 탐구하도
록 가르치는데, 이것은 도리어 근본이 없는 학문이다. 젊었을 때는 비
록 잠시 겉으로 꾸며서 잘못을 드러내지 않을지라도 늙어서 정신이 쇠
약해지면 결국 무너질 것이다. 비유컨대 뿌리가 없는 나무를 물가에 옮
겨 심으면 잠시 동안은 싱싱하고 좋을지라도 마침내 오래되면 시들해
지는 것과 같다."[34]

　여기서도 예문(8)과 마찬가지로 치양지를 '나무의 생육'과 '물의 조
절'로 비유하고 있다. 다만 치양지의 학문과 정주학파의 격물치지의
학문을 대비하여 전자를 근본으로, 후자를 말단에 비유하려는데 특징
이 있다. 나무의 생육에서 뿌리가 중요하듯이, 자신이 주창한 치양지
의 공부가 공부의 뿌리임을 강조한 것이다.

　〈예문 10〉"공자는 기백이 대단히 크고, 여러 제왕의 사업도 하나하
나 이해하지 못하는 것이 없는데, 이것은 오직 그의 마음에서 나온 것
이다. 커다란 나무에 비유하면 가지와 잎이 무성한 것은 다만 뿌리를
배양하는데 힘썼기 때문에 자연히 그와 같을 수 있었던 것이지, 가지와
잎으로부터 힘써서 뿌리를 만들 수 있었던 것은 아니다. 배우는 자가
공자를 본받을 때 마음에서 공부하지 않고 급급하게 그 기백을 배우려
고 한다면 도리어 거꾸로 공부하는 것이다."[35]

---

34) 先生曰, 吾教人致良知在格物上用功, 却是有根本的學問. 日長進一日, 愈久愈覺精
明. 世儒教人事事物物上去尋討, 却是無根本的學問. 方其壯時, 雖暫能外面修飾, 不
見有過, 老則精神衰邁, 終須放倒. 譬如(無根之樹, 移栽水邊, 雖暫時鮮好, 終久要憔
悴)(『전습록』하권).

35) 孔子氣魄極大, 凡帝王事業, 無不一一理會, 也只從那心上來. 譬如大樹, 有多少枝
葉, 也只是根本上用得培養功夫, 故自然能如此, 非是從枝葉上用功, 做得根本也. 學

이것은 위의 여러 예들과 마찬가지로 공자의 학문 방식을 '뿌리=근본[根本]의 배양'에 힘씀에서 '가지와 잎[枝葉]의 무성함'을 얻어낸 것으로 보고, 자신이 주장하는 학문함, 입지, 덕성 함양을 공자라는 위인의 고전적 권위를 끌고 와서 설득력을 얻고자 한다. 어쨌든 왕수인은 나무 생육, 성장의 비유를 그의 제자들을 설득하는 매우 유효한 하나의 논증방식으로 일관 되게 활용하고 있다. 이것은 다음과 같이 인간 내면의 '선(善)의 지향성'을 키우려는 노력에서 발원한 것이다. 즉,

〈예문 11〉 선생께서 말씀하시기를, "선한 생각을 보존하고 있을 때가 바로 천리이다. 이 생각이 곧 선한데, 다시 무슨 선을 생각하겠느냐? 이 생각이 악이 아닌데, 다시 무슨 악을 제거하겠느냐? 이 생각은 마치 나무의 어린 싹과 같다. 뜻을 세운다는 것은 이 선한 생각을 오랫동안 세우는 것일 뿐이다. '마음이 하고자 하는 것을 좇아도 법도를 어기지 않는다'(『論語』, 「爲政篇」)는 말은 다만 뜻이 완숙한 경지에 도달한 것이다."[36]

아울러 왕수인이 나무의 뿌리 → 줄기 → 지엽의 비유를 즐겨 사용하는 것은 학문함, 입지, 덕성 함양이라는 긍정적, 적극적 측면에서만이 아니었다. 그는 사욕, 악으로 향하는 '한 생각의 싹이 발동[一念萌動]하자마자' 바로 제거하고자 하였다. 예컨대 그의 「발본색원론(拔本塞源論)」(『전습록』중권, 「答顧東橋書」에 수록)에서 보듯이, '올바른

者學孔子, 不在心上用功, 汲汲然去學那氣魄, 卻倒做了(『전습록』하권).

36) [唐詡問, 立志, 是常存箇善念, 要爲善去惡否.] 曰, 善念存時, 卽是天理. 此念卽善, 更思何善. 此念非惡, 更去何惡? 此念如樹之根芽. 立志者, 長立此善念而已. 從心所欲不踰矩, 只是志到熟處.(『전습록』상권).

정치와 교육을 해치는 사욕, 욕망과 같은 폐해, 악의 근원을 뿌리째 뽑아버린다'[37]는 엄격하고도 강력한 실천성을 보여주기도 한다(최재목(2003), 298 참조).

〈예문 12〉 선생이 말씀 하시기를 (중략) "고양이가 쥐를 잡듯이 언제나 정신을 집중하여 눈으로 살피고 귀로 들어서 한 생각의 싹이 발동(一念萌動)하자마자 곧바로 제거해야 한다. 못을 끊고 쇠를 자르듯이 단호하여 잠시라도 그것을 방편으로 허용해서도 안 되고 몰래 간직해서도 안 되며 그것에 출로를 내주어서도 안 된다. 그래야만 비로소 참되고 착실한 공부이다."[38]

왕수인이 이렇게 사욕, 악으로 향하는 '한 생각의 싹의 발동'을 제거하려는 것도 어디까지나 인간 마음의 선의 근거인 '양지' – 그는 이것을 「하늘이 심어준 신령한 뿌리[天植靈根]」(『전습록』하권)라고 한다 – 를 명확히 지적하고 그것을 적극 배양, 확충, 실현하는 목적에서이다.
왕수인은 「맹자가 말하는 '밤의 기운(夜氣)'도 양심(良心)을 잃은 사람을 위해 양심의 싹이 움트는 곳을 지적하고, 그들이 여기서부터 양심을 배양해 나가도록 한 것이다. 자기의 양지를 이미 명백히 알고 항상 양지를 실현하는 공부를 한다면 밤의 기운을 더 이상 말할 필요

---

37) 「발본색원론」에 대해서는 최재목, 『왕양명의 삶과 사상: 내 마음이 등불이다』, 298쪽을 참조.
38) 先生曰, (中略) 常如猫之捕鼠, 一眼看着, 一耳聽着, 纔有一念萌動, 卽與克去, 斬釘截鐵, 不可姑容與他方便, 不可窩藏, 不可放他出路, 方是眞實用功. 方能掃除廓淸, 到得無私可克, 自有端拱時在. 雖曰'何思何慮', 非初學時事. 初學必須思省察克治. 卽是思誠. 只思一箇天理, 到得天理純全, 便是何思何慮矣(『전습록』상권).

가 없다」[39](「육원정에게 다시 답하는 글[又(答陸原靜書]」, 『전습록』중권)라고 명언한 바 있다.

이러한 양지의 확충 배양은 다음과 같이 『서경(書經)』, 「대우모(大禹謨)」에 나오는 '유정유일((惟精惟一)'의 '정일(精一)'의 의미와 같이 내면의 참됨의 순도를 극도로 높여가는 부단하고도 치열한 실천적 노력을 동반한다.

〈예문 13〉 육징이 여쭈었다. "'오직 순수하게 하고 오직 한결같게 하는 것(惟精惟一)'(『書經』, 「大禹謨」)은 어떻게 힘쓰는 것입니까?"
  선생께서 말씀하시기를, "오직 한결같게 하는 것은 오직 순수하게 하는 목적이고, 오직 순수하게 하는 것은 오직 한결같게 하는 공부이니, 순수하게 하는 것 밖에 다시 한결같게 하는 공부가 있는 것이 아니다. 정(精)이라는 글자는 쌀 미(米)자를 부수로 삼으니 잠시 쌀을 가지고 비유로 하겠다. 쌀을 완전히 깨끗하고 희게 만들려는 것이 바로 '유일'(惟一)의 의미이다. 그러나 벼를 찧고 키로 까부르고 채로 치고 뉘를 골라내는 '유정'(惟精)의 노력을 기울이지 않는다면 완전히 깨끗하고 희게 만들 수 없다. 찧고 까불고 치고 골라내는 것은 '유정'의 공부이지만, 그것 역시 이 쌀을 완전히 깨끗하고 희게 하려는 것뿐이다."[40]

왕수인은 정과 일을 쌀 미(米)자를 비유로 하여 설명한다. 즉 '쌀을

---

39) 孟子說'夜氣, 亦只是爲失其良心之人, 指出箇良心萌動處, 使他從此培養將去. 今已知得良知明白, 常用致知之功, 卽已不消說夜氣..
40) 問, 惟精惟一, 是如何用功. 先生曰, 惟一是惟精主意, 惟精是惟一工夫, 非惟精之外, 復有惟一也. 精字從米, 姑以米譬之. 要得此米純然潔白, 便是惟一意. 然非加春簸篩揀, 惟精之功, 則不能純然潔白也. 春簸篩揀, 是惟精之功. 然亦不過要此米到純然潔白而已(『전습록』상권).

완전히 깨끗하고 회게 만들려는 것'이 '유일(惟一)'의 의미이고, '벼를 찧고 키로 까부르고 채로 치고 뉘를 골라내는 것'이 '유정(惟精)'의 의미로 본다. 따라서 '유정유일'은 마음을 '완전히 깨끗하고 회게 만들어 가는' '부단한 노력' 즉 공부론, 수양론을 비유한 것이다. 이처럼 마음의 '미세한 발동', '움트는 곳'(근본)에서부터 참되게 하라는 비유를 '精米' 작업과 같은 식물적인 데서 끌어온다.

이렇게 해서 왕수인은 나무 등의 식물의 비유를 통해서 그가 궁극적으로 구축하고자 했던 윤리론, 수양·공부론의 얼개를 짜 나갔던 것이다. 그만큼 왕수인에게서 식물의 비유는 실효성이 있는 설명방식이었다. 마치 '신(神)의 이름으로' 우리의 삶의 방식과 도덕성 등 세상을 설명해내는 방식을 찾았듯이[41] 그는 나무와 같은 식물과 같은 '자연 혹은 자연물의 이름'으로 그의 사상을 구축하고자 하였다. 그의 사상 구축에서 일상에서 발견할 수 있는 자연물을 예로 들어 누구나 일반적으로 쉽게 이해하고 동의하는 방식을 택한 것이다.[42]

4. 금의 순도 비유를 통한 인간 덕성의 설명

위에서 왕수인이 나무 등의 식물의 비유를 통해서 그의 윤리론, 수양·공부론의 얼개를 짜 나갔던 것처럼, 마찬가지로 금과 같은 광물의

---

41) 이에 대해서는 존 티한 지음, 『신의 이름으로』, 박희태 옮김, (서울: 이음, 2011)을 참조할 것.

42) 이 점에서 이것은 '권위를 이용하는 논증(argumentum ad verecundiam)'과는 다르다.

비유를 통해서 인간 덕성이 본질적인 면에서는 성인과 범인의 차등·
간극이 없고 현상적 차이(Difference)만이 존재한다는 사실을 명확히
하고자 하였다. 나무와 마찬가지로 일상에서 누구나 확인 가능하고, 신
뢰할 수 있는 '금(金)'을 예로 들어 이해와 동의를 얻어내고 있다.

　물론 이러한 '금'과 같은 금속에 대한 관심은 아마도 그가 도교적 신
체 수련의 시기[43]에 가졌던 도교적 연단술(煉丹術)[44] 지식에서 비롯
되었다고 볼 수 있다.

　　〈예문 1〉 선생께서 말씀하시기를, "사람이 만약 이 양지의 비결을 안
　　다면, 아무리 그에게 사악한 생각과 바르지 못한 의념이 많다고 하더라
　　고, 여기서 양지를 한번 깨달아서 모두 저절로 사그러들게 할 수 있다.
　　이것은 참으로 '영단(靈丹) 한 알을 쇠에 떨어뜨려 금으로 만드는 것'이
　　다."[45]

　즉, 왕수인은 양지의 '비결(秘訣)' 즉 '세상에 잘 알려져 있지 않지만
자신이 터득한 인간 누구나가 갖추고 있는 능력'을 알고, 여기서 그것

43) 이에 대해서는 최재목, 「왕양명과 道敎의 회통문제」, 『유학연구』제19집, (충남대
　　유학연구소, 2009)를 참조.
44) 연단술은 불로장생을 목적으로 도가(道家)적 수련 방술의 하나인데, 진사(辰砂,
　　cinnabar) 등의 금속에서 추출한 액상수은(=丹)을 먹어서 불로불사의 선인(神仙)
　　이 되거나 비금속을 금으로 바꾸는 영약(靈藥) 즉 선단(仙丹)을 만드는 기술이다.
　　비금속을 귀금속으로 바꾸려는 연금술과는 통하는 부분이 많다. 그러나 연금(금
　　제조)를 목적으로 하는 서양의 연금술과 대조적으로, 연단술은 불로불사를 주목
　　적으로 한다는 점에서 연금술과 구분된다.(〈위키백과〉(http://ko.wikipedia.org/
　　wiki/%EC%97%B0%EB%8B%A8%EC%88%A0)(2010년5월1일자 검색) 참조.
45) 先生曰, 人若知這良知訣竅, 隨他多少邪思枉念, 這裏一覺, 都自消融. 眞個是'靈丹
　　一粒, 點鐵成金(『전습록』하권).

(양지)를 한번 깨닫는다면 '사악한 생각과 바르지 못한 의념(邪思枉念)'이 모두 사그러들게 만들 수 있다는 것을 '영단(靈丹) 한 알을 쇠에 떨어뜨려 금으로 만드는 것'에 비유한다.

영단이란 도교의 도사들이 사용하는 '신령스러운 효험이 있는 약' 즉 단약(丹藥)을 말한다. 다시 말해서 도사들은 일종의 연금술(鍊金術)로서 각종 금속이나 광물류에 화학적인 조작을 가하여 단약(丹藥)이라는 것을 만들었는데, 이 단약을 사용하면 인간은 불로장생하여 승천할 수 있고, 또 비금속(卑金屬)을 귀금속(貴金屬)으로 바꿀 수도 있다고 믿었다.[46)

이처럼 왕수인은 자신이 개발한 양지라는 비결이 '사악한 생각과 바르지 못한 의념(邪思枉念)'을 선하고 바른 사념으로 바로 바꾸는 것임을, 마치 도사들이 사용하는 영단=단약이 비금속을 귀금속으로 바꾸는 것에 비유한 것이다. 양지는 바로 도사들이 소중히 여기는 영단=단약에 해당하는 것이라 한다.

이어서 아래의 예문, (2)와 (3)에서는 연단술의 비유를 확대하여 금을 단련(鍛鍊)하는 연금술(鍊金術)의 비유를 든다. 즉 왕수인은 배우는 사람들이 성인이 되기를 배우는 것[學聖人]은 '인욕을 버리고 천리를 보존하는 것'뿐이며, 이것은 마치 연금(鍊金)하여 충분한 순도를 구하는 것과 같다고 본다.

〈예문 2〉 희연(希淵)이 여쭈었다. "성인은 배워서 누구나 될 수 있다고 합니다. 그러나 백이(伯夷)와 이윤(伊尹)은 공자와 비교해보면 재능

---

46) 〈네이버 백과사전〉(http://100.naver.com/100.nhn?docid=90988)(2011년5월1일자 검색) 참조.

과 역량이 같지 않는데도 그들을 모두 성인이라 일컫는 이유는 어디에 있습니까?"

선생께서 말씀하시기를, "성인이 성인인 이유는 오직 그 마음에 순수한 천리가 있고, 인욕이 섞이지 않았기 때문인데, 마치 순금이 순수한 이유가 오직 그 성분이 충분하고 구리나 아연이 섞이지 않았기 때문인 것과 같다. 사람은 순수한 천리에 이르러야 비로소 성인이 되고, 금은 성분이 충분해야 비로소 순금이 된다. 그러나 금의 무게에 가볍고 무거움이 있는 것처럼, 성인의 재능과 능력도 역시 크고 작은 차이가 있다. 요(堯)와 순(舜) 임금은 1만 일(鎰)[47]과 같고, 문왕과 공자는 9천 일과 같고, 우(禹)·탕(湯)·무왕(武王)은 7·8천 일과 같고, 백이와 이윤은 4·5천 일과 같다. 재능과 능력은 같지 않으나 순수한 천리를 가진 것은 같기 때문에 모두 성인이라고 할 수 있다. 무게가 비록 다르더라도 성분이 같다면 모두 순금이라고 말하는 것과 같다. 5천일의 금을 1만일 가운데 놓아도 그 성분은 동일하다. 백이와 이윤을 요임금과 공자 사이에 놓아도 그 순수한 천리는 같다. 순금이 되는 까닭은 순도에 있는 것이지, 무게에 있는 것이 아니다. 그들이 성인이 되는 까닭도 순수한 천리에 있는 것이지 재능과 능력에 있는 것이 아니다. 그러므로 비록 보통 사람이라도 배워서 마음을 순수한 천리에 이르면 성인이 될 수 있다. 마치 한냥의 금을 일만일과 비교한다면 무게는 비록 매우 심하게 차이가 나지만 그 순도에 관해서는 부끄러움이 없는 것과 같다. 맹자가 '사람은 모두 요·순임금과 같은 성인이 될 수 있다'(『孟子』, 「告子 下」)고 말한 것도 이 때문이다.

배우는 사람들이 성인이 되기를 배우는 것은 인욕을 버리고 천리를 보존하는 것뿐이다. 마치 연금(鍊金)하여 충분한 순도를 구하는 것과

---

47) 금의 무게 단위. 1鎰은 12兩이나 40兩.

같다. 금의 성분이 순금과 별로 차이나지 않는다면 제련하는 공정이 줄어들어서 결과가 쉽게 이루어진다. 성분이 떨어지면 떨어질수록 제련은 더욱 더 어렵게 된다. 사람의 기질도 맑거나 흐리고 순수하거나 혼잡하여 보통 이상의 사람과 보통 이하의 사람이 있다. 도(道)에 관해서도 태어날 때부터 알고 편안히 실천하는 사람이 있는가 하면, 배워서 알고 이롭게 여겨서 실천하는 사람이 있다. 자질이 낮은 사람은 반드시 남이 한번에 할 수 있다면 자신은 백 번을 노력하며, 남이 열 번에 할 수 있다면 자신은 천 번을 노력해야 하지만 그 이루어진 결과는 동일하다. 후세 사람들은 성인이 되는 근본이 순수한 천리에 있다는 것을 알지 못하고, 오히려 지식과 재능에서만 성인을 추구한다. 그래서 성인은 모르는 것이 없고, 못하는 것이 없어서 자신도 반드시 성인의 수많은 지식과 재능을 하나하나 이해해야만 비로소 성인이 될 수 있다고 생각한다.

그러므로 천리에 나아가 공부하는 데 힘쓰지 않고 헛되이 정력을 낭비하여 책만 연구하고 사물의 명칭만 고증하며 형체와 흔적을 본뜬다. 지식이 넓어지면 넓어질수록 인욕은 점점 자라고, 재주와 능력이 많으면 많을수록 천리는 더욱 가려진다. 이것은 마치 다른 사람에게 일만 일의 순금이 있는 것을 보고는 자신의 순도를 단련하여 다른 사람의 순수함에 부끄럽지 않도록 하는데 힘쓰지 않고, 헛되이 분량만 추구하는 것과 같다. 다른 사람의 1만 일과 같아지는 데 힘써서 주석 · 아연 · 구리 · 철을 섞어 넣어 분량이 많아질수록 순도는 더욱 떨어져 끝내 더 이상 금이 되지 못하게 되는 것과 같다.”

이때 서애가 옆에서 말하였다. “선생님의 이 비유는 세상 유학자들이 지루한 유혹을 깨뜨리는 데 충분합니다. 후학들에게 큰 도움이 될 것입니다.”

선생께서 다시 말씀하시기를, “우리가 공부하는 것은 오직 날마다 줄어드는 것을 추구하는 것이지, 날마다 늘어나는 것을 추구하지 않는다. 한푼의 인욕을 줄이면 곧 한푼의 천리를 회복할 수 있다. 이 얼마나 경쾌하고 깨끗하며, 간단하고 쉬우냐!"[48]

그리고 이어서 왕수인은 '만약 육체에서 생각을 일으키지 않는다면'(='존천리거인욕'한다면) '금의 순도'에는 별 차이가 없다고 본다. 요순의 것(=1만일)이든 공자의 것(=9천일)이든 내용-본질면에서 같은 것이고, 분량의 차이가 문제될 것이 아니라고 본다. 그래서 그들을 모두 '성인'이라 부른다고 한다. 후세의 유학자들이 단지 분량에서 무게를 비교하기 때문에 공리(功利)적인 생각으로 흘러들어 간 것이며,

---

48) 希淵問, 聖人可學而至. 然伯夷伊尹於孔子才力終不同, 其同謂之聖者安在. 先生曰, 聖人之所以爲聖, 只是其心純乎天理, 而無人欲之雜, 猶精金之所以爲精, 但以其成色足, 而無銅鉛之雜也. 人到純乎天理方是聖, 金到足色方是精. 然聖人之才力, 亦有大小不同, 猶金之分兩有輕重. 堯舜猶萬鎰, 文王孔子猶九千鎰, 禹湯武王猶七八千鎰, 伯夷伊尹猶四五千鎰. 才力不同, 而純乎天理則同, 皆可謂之聖人, 猶分兩雖不同, 而足色則同, 皆可謂之精金. 以五千鎰者, 而入於萬鎰之中, 其足色同也. 以夷尹, 而厠之堯孔之間, 其純乎天理同也. 蓋所以爲精金者, 在足色而不在分兩. 所以爲聖者, 在純乎天理而不在才力也. 故雖凡人而肯爲學, 使此心純乎天理, 則亦可爲聖人. 猶一兩之金, 比之萬鎰, 分兩雖懸絶, 而其到足色處, 可以無愧. 故曰, 人皆可以爲堯舜'者, 以此. 學者學聖人, 不過是去人欲, 而存天理耳. 猶(鍊金而求其足色, 金之成色所爭不多, 則煅鍊之工省而功易成. 成色愈下則煅鍊愈難. 人之氣質淸濁粹駁, 有中人以上中人以下. 其於道, 有生知安行學知利行. 其下者, 必須人一己百, 人十己千, 及其成功則一. 後世不知作聖之本, 是純乎天理, 卻專去知識才能上求聖人. 以爲聖人無所不知, 無所不能, 我須是將聖人許多知識才能, 逐一理會始得. 故不務去天理上着工夫, 徒弊精竭力, 從冊子上鑽硏, 名物上考索, 形迹上比擬. 知識愈廣而人欲愈滋, 才力愈多而天理愈蔽. 正如見人有萬鎰精金, 不務煅鍊成色求無愧於彼之精純, 而乃妄希分兩, 務同彼之萬鎰, 錫鉛銅鐵雜然而投, 分兩愈增, 而成色愈下, 卽其梢末無復有金矣. 時曰仁在旁曰, 先生此喩, 足以破世儒支離之惑, 大有功於後學. 先生又曰, 吾輩用功, 只求日減不求日增. 減得一分人欲, 便是復得一分天理, 何等輕快脫洒! 何等簡易.(『전습록』하권)

만약 '분량을 비교하는 마음을 제거'한다면 각 사람은 각자 '자기의 역량과 정신'을 모두 발휘할 것이다. 각자 자기의 위치에서 완성될 수 있기에 '밖을 부러워할 필요도 없이' 모두 '넉넉하게 갖추어져 있음'을 지적한다.

〈예문 5〉 유덕장(劉德章)이 여쭈었다. "듣건대 선생님께서는 순금으로 성인을 비유하셨고, 무게로 성인의 재능과 능력의 크기를 비유하셨으며, 단련으로 학자의 공부를 비유하셨습니다. 이러한 것들은 매우 깊고도 절실한 가르침인데 다만 요·순임금은 1만일(鎰)의 무게이고, 공자는 9천 일의 무게라고 말씀하신 것은 타당하지 않은 것 같습니다."

선생님께서 말씀하시기를, "이것도 역시 육체로부터 생각을 일으켰기 때문에 성인을 놓고 무게를 비교하게 된 것이다. 만약 육체에서 생각을 일으키지 않는다면 요·순임금을 1만일의 무게라고 말한 것도 적은 것이 아니다. 요·순임금의 1만일은 오직 공자의 것일 뿐이고, 공자의 9천일은 오직 요·순임금의 것일 뿐이니, 원래 네 것과 내 것이 없다. 그래서 그들을 성인이라고 부르는 것이다. 오직 순수하고 한결같음을 논한 것이지, 많고 적음을 논한 것이 아니다. 단지 이 마음이 모두 천리를 순수하게 간직하고 있다면, 다같이 그들을 성인이라고 말할 수 있다. 그들의 역량과 기백이 어떻게 모두 같을 수 있겠느냐? 후세의 유학자들은 단지 분량에서 무게를 비교하기 때문에 공리(功利)적인 생각으로 흘러들어 간다. 만약 분량을 비교하는 마음을 제거한다면 각 사람은 자기의 역량과 정신을 모두 발휘할 것이다. 단지 이 마음이 순수한 천리 위에서 공부한다면, 곧 사람마다 스스로 넉넉하고 하나하나 모두 원만하게 완성되어 크게 될 수 있는 사람은 크게 되고 작게 될 수 있는 사람은 작게 되어, 밖을 부러워할 필요도 없이 넉넉하게 갖추어지지 않음

이 없을 것이다. 이것이 바로 착실하고 참되게 선을 밝히고 몸을 성실하게 하는 일이다.[49]

왕수인은 순금의 비유를 통해서 '순금의 존재와 순도'가 중요한 것이지 분량이 문제될 것은 없다는 점을 분명히 한다. 물론 금의 분량은 능력의 정도를 좌우하지만, '금'의 존재 자체로서 '동질성'의 근거를 갖기에 분량이 본질적으로 문제될 수는 없다.

왕수인이 말하는 '순금'이란 인간에게 보편적으로 내재하는 '양지-덕성'을 의미한다. 따라서 인간 누구나 양지-덕성의 면에서 순금의 비유에서처럼 '분량적인 차이'(=양지-덕성의 '차이')는 있다 하더라고 순금 자체의 '존재'와 '순도' 즉 '본질적인 차이'(=양지-덕성의 등차 · 차별)는 없다고 본다.

그래서 왕수인은 그의 양지-치양지론을 전개하는 시점부터 양지-덕성 면에서 '성우(聖愚)의 차별이 없고' 인간은 누구나 평등하며 또한 자기완성이 가능하다는 '만가성인론(滿街聖人論: 온 거리의 사람들이 모두 성인이다)' 등의 사상을 적극 전개해 가고 있다.

---

49) 德章曰, 聞先生以精金喩聖, 以分兩喩聖人之分量, 以鍛鍊喩學者之工夫, 最爲深切. 惟謂(堯舜爲萬鎰, 孔子爲九千鎰, 疑未安. 先生曰, 此又是軀殼上起念, 故替聖人爭分兩. 若不從軀殼上起念, 卽堯舜萬鎰不爲多, 孔子九千鎰不爲少. 堯舜萬鎰只是孔子的, 孔子九千鎰只是堯舜的, 原無彼我. 所以謂之聖, 只論精一, 不論多寡. 只要此心純乎天理處同, 便同謂之聖. 若是力量氣魄, 如何盡同得. 後儒只在分兩上較量, 所以流入功利. 若除去了比較分兩之心, 各人儘著自己力量精神, 只在此心純天理上用功, 卽人人自有, 箇箇圓成, 便能大以成大, 小以成小, 不假外慕, 無不具足. 此便是實實落落, 明善誠身的事(『전습록』하권).

5. 결어

지금까지 살펴본 대로 왕수인은 초목(草木)과 같은 식물, 그리고 금(金)과 같은 광물에 대한 예를 주로 운용하면서 자신의 사상의 얼개를 짜거나 그 구체적 내용을 전개하고 있었다. 草木 生長의 비유를 통해서는 윤리론, 수양·공부론을, 금의 순도 비유를 통해서는 인간 덕성을 설명하려 하였다.

먼저, 왕수인은 나무를 심어서 재배하여 결실을 맺는 방식[씨앗 → 어린 싹(발아) → 줄기 → 가지 → 잎 → 꽃 → 열매]과 식물의 재배·결실의 자연스런 행태[뿌리 → 나무의 생의(生意)=어린 싹(발아) → 줄기 → 가지 → 잎(→ 꽃 → 열매)]에 주목하여 윤리론, 수양·공부론을 설명하고자 하였다. 그 이유는 윤리의 실천, 수양·공부의 문제는 ①천연(天然)의 순서와 질서에 입각해야 하고, ② 점진적이어야 하며, ③ 성실해야 함을 예증하기 위한 것이었다. 여기에는 그의 농경적 사유 혹은 식물적 사유가 많이 노출·반영되어 있음을 알 수 있었다.

왕수인은 '인간은 자연과 하나[一體]'로 보았다.[50] 이러한 자연의 법칙성을 잘 알고 따르는 삶은 '흐리멍텅하게[懵懵·昏昏] 꿈틀대며

---

50) 예컨대, 「밤이 되면 쉬게 되며 밤에 천지의 모습이 어둠 속으로 자취를 감출 때 눈과 귀 또한 보거나 듣는 것이 어려워지게 되며 드디어는 모든 감각기관이 더불어 쉬게 된다. 동시에 만물이 제 모습을 드러낼 때 사람의 눈과 귀 또한 보고 듣게 되어 마침내는 모든 감각기관이 활동을 시작한다. 사람의 마음[人心]과 천지(天地)는 한몸[一體]이다. 그래서 상하(上下)와 천지(天地)는 흐름을 같이 한다[同流]」(晦晏息, 此亦造化常理, 夜來天地混沌, 形色俱泯, 人亦耳目無所睹聞, 衆竅俱翕, 此卽良知收斂凝一時, 天地旣開, 庶物露生, 人亦耳目有所睹聞, 衆竅俱闢, 此卽良知妙用發生時, 可見, 人心與天地一體, 故上下, 與天地同流)(『전습록』하권) 언급처럼, 자연의 법칙을 벗어나 있지 않음을 인정한다.

[蠢蠢] 잠듦[夢]'의 상태가 아니라 '지성이 활동하며 깨어있음[知(=良知)]'의 상태이며, 이것을 왕수인은 '낮과 밤의 이치, 삶과 죽음의 이치를 아는[知晝夜卽知死生] 경지로 간주한다. 그래서 그는 '숨을 쉴 때에도 본성을 함양하고, 눈 깜짝할 사이에도 마음을 보존하는(息有養, 瞬有存)'[51] 것처럼 '정신이 대낮과 같이 항상 깨어있어야 함'을 강조한다.[52] 자연의 측면에서 보면 낮과 밤의 순환이 있듯이 삶과 죽음의 진행도 자연스런 현상이다. 이러한 추론에서 왕수인은 '죽음에 대한 초탈(超脫)'의 자세를 보여준다(馮滬祥(2002), 174-181 참조). 이것도 자연을 따른다는 농경적 사유 또는 식물성적 사유에서 나온 것이다. 그에게 자연은 인간의 거울이자 삶의 모범이었던 것이다.

　　다음으로, 왕수인은 금과 같은 광물의 비유를 통해서 인간 덕성이

---

51) 이 말은 張載, 『正蒙』, 「有德篇」의 것임.
52) 이에 대해서는 『전습록』상권의 다음 내용을 참조 바람.
　　소혜가 죽음과 삶의 도리를 여쭈었다.
　　선생께서 말씀하시기를, "낮과 밤을 알면 죽음과 삶을 알게 된다."
　　소혜가 낮과 밤의 도리를 여쭈었다.
　　선생께서 말씀하시기를, "낮을 알면 밤을 알게 된다."
　　소혜가 여쭈었다. "낮에도 알지 못하는 것이 있습니까?"
　　선생께서 말씀하시기를, "너는 낮을 알 수 있느냐? 멍청하게 일어나서 느리게 꿈틀거리듯 밥을 먹고, 행하면서도 분명하게 알지 못하고, 익히면서도 살피지 못하고, 하루 종일 흐리멍텅하게 보내는 것은 꿈속에서 낮을 보내는 것이다. 오직 '숨을 쉴 때에도 본성을 함양하고, 눈 깜짝할 사이에도 마음을 보존하여' 이 마음이 밝게 깨어 있어서 천리가 한순간이라도 끊어지지 않아야 비로소 낮을 알 수 있게 된다. 이것이 바로 하늘의 덕(德)이고, 낮과 밤의 도(道)에 통하여 아는 것이 되니, 다시 무슨 죽음과 삶이 있겠느냐!"
　　(蕭惠問死生之道. 先生曰, 知晝夜卽知死生. 問晝夜之道. 曰, 知晝則知夜. 曰, 晝亦有所不知乎. 先生曰, 汝能知晝, 懵懵而興, 蠢蠢而食, 行不著, 習不察, 終日昏昏, 只是夢晝. 惟息有養, 瞬有存, 此心惺惺明明, 天理無一息間斷, 才是能知晝. 這便是天德, 便是通乎晝夜之道而知, 更有甚麼死生.)

본질적인 면에서는 성인과 범인의 차등·간극이 없음을 명확히 하고
자 하였다. 인간은 덕성-구체적으로는 '양지'를 근거로-의 면에서 평
등하며 또한 자신이 지닌 덕성을 바탕으로 모두 자기완성이 가능함을
명시하고자 하였다. 금의 분량이 아닌 순도(純度)를 강조하면서 그는
덕성은 질의 문제이지 양의 문제가 아님을 주장한다.

　이처럼 왕수인은 그의 사상을 전개하는 데서 나무와 풀과 같은 식
물, 금과 같은 광물을 예로 들었다. 이것은 왕수인이 활동하던 당시 일
상생활과 습속을 통해서 '누구나가 인정하는' 공인된 사물의 예를 통
해 논의의 설득력을 얻기 위한 것으로, 그가 자주 사용한 설명방식이
었다.

　말하자면 '풀·나무와 금의 이름으로' 자신의 주장의 주요한 근거로
삼았던 것은 그의 이론 정립에서 자연, 자연물만큼 분명한 논거가 없
었다는 것을 말해주기도 한다. 그러나 그가 기대고자 했던 자연, 자연
물은 의지나 힘을 가진 것이 아닌 가치중립적인 것이었다. 그래서 그
는 인간의 자연에 대한 무한한 책임·사명감을 명확히 한다. 인간이
비록 자연에서 탁월한 위치를 갖지만, 인간 자체가 자연에 토대를 두
고 있기에 그 토대를 잃어버린다면 스스로의 존립의 근거를 상실하고
만다는 점을 말이다.

王陽明 良知論에서 '靈明'의 意味

이 글은 王守仁(호는 陽明. 1472-1528)(이하 왕양명)의 '良知'論을 그(양지) 핵심적 성격인 '영명' 개념을 재검토하는 형태로 논의하는데 목적이 있다.

왕양명 철학의 본질은, 心卽理論의 완성으로서 전개되는 良知論에서 볼 수 있다. 良知는 '性善'의 근거이자, 능동적-자율적 인간의 존재론·인식론적 기초이다. 良知의 실천인 致良知의 '致'는 양지의 능동성-자율성을 실현하는 인간의 선천적 능력이다.

왕양명은 良知의 성격을 다양한 측면에서 규정하고자 시도하지만, 간단히 말하면 良知는 '靈明'이란 개념에 함축되어 있다. 즉, 王陽明의 『伝習錄』에는 良知의 성격과 관련한 설명에서, 예컨대 「良知之明」, 「天理之昭明靈覺」, 「虛靈明覺之良知」, 「一點靈明」, 「本來自明」, 「自然明覺」 등의 여러 용어들을 사용하고 있다. 여기서 보듯이, 良知의 성격은 '明', '昭明靈覺', '虛靈明覺', '明覺' '虛靈不昧' '靈昭不昧' 등으로 표현되고 있지만, 그 핵심을 간추리면 '靈'과 '明'(=靈明) 두 글자로 축약할 수 있다. '靈'·'明'은 王陽明 良知의 독자적 성격을 잘 표현하고 있다.

이 글에서는 〈天 → 靈(虛靈) → 明(明覺·不昧)〉라는 왕양명의 논의 내용을 밝히면서, 靈明 개념을 재검토하였다. 그 결과 왕양명은 양지를 〈ⓐ虛靈+ⓑ明覺〉, 〈ⓒ虛靈+ⓓ不昧〉, 〈ⓔ靈+ⓕ明〉 등으로 표현하였다는 것을 알 수 있었다. 즉, 이것을 다시 정리하면 ⓐ=ⓒ →〈ⓔ〉, ⓑ=ⓓ →〈ⓕ〉로 요약되었다. 前者(ⓐ=ⓒ → ⓔ)는 良知 활동이 自由自在·無限'하다는 것, 즉 良知의 '存在 樣相·方式'을 명시한 '존재론적' 규정이었다. 後者(ⓑ=ⓓ → ⓕ)는 良知의 활동이 細微(=精微)하여 万事万物의 우여곡절을 다 밝혀내므로 그 작용이 정미·탁월함을 말한 것이다. 이것은 良知의 '認識의 樣相·方式'을 명시한 '인식론적' 규정이었다. 다시 말해서, 良知의 존재론적 특성을 '靈'으로, 인식론적 특징을 '明'으로 규정하고, 이 둘을 절묘하게 결합시킨 것이 '靈明' 개념이었다.

왕양명에게서 '진정한 인식'은 곧 '진정한 실천'이었다(=知行合一). 그것은 '天'의 '靈'(天之靈)을 근거로 하여 그 존재론적 근거를 획득하고(→ 虛·靈), 여기서 획득한 만물의 靈長으로서의 인간의 지위에 따른 것이다. '인식'(=良知)과 '실천'(=良能)의 합일체인 양지는 '靈明'이란 개념으로 재규정됨으로써 당시에 통용되던 도교나 불교 영역의 '영명'과도 소통할 수 있는 '사상적 소통의 폭'을 넓힌다. 그것은 주자학에서 논의하던 '虛(理)-靈(氣)'라는 이기론적인 틀을 허무는 것이었으며, 그럼으로써 삼교합일적 지평을 넓히는 것이기도 하였다. 이렇게 함으로써 그의 修身·處世, 修己·治人의 自律性·能動性·卽時性을 확보하여 대중적이고도 역동적인 철학을 만들어 갈 수 있었다.

1. 序言

이 글은 王守仁(호는 陽明. 1472-1528)(이하 왕양명)의 '良知'論을
그(양지) 핵심적 성격인 '靈明' 개념을 재검토하는 형태로 논의하는데
목적이 있다.[1]

왕양명의 양지론은 그가 살았던 일생동안의 修身과 處世라는 실천
적 경지와도 깊은 관련이 있다. 그의 修身의 과제는 중국유학이 지향
한 修己治人이라는 맥락을 벗어나지 않는다. 다시 말해서 '獨善'을 넘
어서서 '개체의 心身'을 '공동체'(治人; 治國 · 平天下)로 확대=전개하
기 위한 일종의 假想現實 게임(simulation)이었다. 그리고 處世는 修
身의 사회적, 정치적 실천이었다. 그것은 心身의 접힘(屈)과 펼침(伸)
으로 이해할 수 있다. 사회적 · 정치적 장으로 드러나지 않은 心身의
'未發의 고요함(靜)'에서 한 치의 흔들림도 없이 至善한 행동-실천
을 이행하려는 손짓-몸짓을 인식하고, 그것을 身体化 · 內面化하려고
'實際'에 앞서 평소 부단히 가상현실 게임을 하는 것이 修身이었다. 修
身의 '수'는 우리말로 '닦다'고 읽는다. 즉, 닦다는 ① 〈때, 먼지 녹 따위
의 더러운 것을 없애거나 윤기를 내려고 거죽을 문지르다.〉, ② 〈길 따
위를 내다.〉, ③ 〈건물 따위를 지을 터전을 평평하게 다지다.〉, ④ 〈학
문이나 기술을 배우고 익히다〉, ⑤ 〈품행이나 도덕을 바르게 다스려
기르다.〉, ⑥ 〈기초를 마련하다.〉, ⑦ 〈치밀하게 따져 자세히 밝히다.〉

---

1) 이 논문은 第4回 中國 國際陽明文化祭 學術討論會 發表要旨文(2009.5.6, 於貴州
   省 · 修文縣)「王陽明 良知論에서 '靈明'의 意味」를 대폭 수정 보완하여 '중국인
   민대학/한국고등교육재단'이 주최한『國際儒學論壇2011: 儒家的修身處世之道』
   (2011.12.4, 中國:人民大學)에서 〈論王陽明思想中修身處世之能動性之根据—良知
   之"灵明"〉라는 제목으로 발표한 것을 다시 수정, 보완한 것이다.

등등의 뜻이다. 여기서 은유적으로는 ①, ②와도 통하지만, 유교적 윤리의 맥락에서 보면 ⑤에 해당한다. 다시 말해서 수신은 스스로를 위해서 '닦달(Gestell)'하는 것(爲己)이며, 밖을 향한 '관찰'(=theoria)과 달리 끊임없이 내면적 垂直的 '깊이'를 가지려는 것이다. 이처럼 왕양명의 良知論, 致良知論 또한 궁극적으로 유학의 이상인 수기치인의 틀 속에서 '인간이란 무엇인가?', '우리는 무엇을 할 것인가?'에 대한 하나의 해결책을 제시하고자 했던 것이다.

주지하다시피 왕양명 철학의 본질은, 心卽理論의 완성으로서 전개되는 良知論에서 볼 수 있다. 良知는 '性善'의 근거이자, 능동적-자율적 인간의 존재론 · 인식론적 기초이다. 良知의 실천인 致良知의 '致'는 양지의 능동성-자율성을 실현하는 인간의 선천적 능력이다.

왕양명은 良知의 성격을 다양한 측면에서 규정하고자 시도하지만, 간단히 말하면 良知는 '靈明'이란 개념에 함축되어 있다. 즉, 王陽明의 『伝習錄』에는 良知의 성격과 관련한 설명에서, 예컨대 「良知之明」, 「天理之昭明靈覺」, 「虛靈明覺之良知」, 「一点靈明」, 「本來自明」, 「自然明覺」등의 여러 용어들을 사용하고 있다. 여기서 보듯이, 良知의 성격은 '明', '昭明靈覺', '虛靈明覺', '明覺' '虛靈不昧' '靈昭不昧'[2] 등으로 표현되고 있지만, 그 핵심을 간추리면 '靈'과 '明'(=靈明) 두 글자로 축약할 수 있다. '靈' · '明'은 王陽明 良知의 독자적 성격을 잘 표현하고 있다.

종래의 王陽明 연구에서도 良知를 언급할 때는 반드시 이 '靈明'을 언급하곤 한다. 하지만 대부분의 연구에서는 '良知=靈明'처럼 그 명확

---

2) 『王陽明全集』(이하 『陽明集』)卷26, 「大學問」.

한 의미를 규정하지 않고 논의를 전개하고 있다.[3] 따라서 良知의 성격 또한 분명히 드러내지 못하고 있을뿐더러 어떻게 영명이란 논리가 생생되어 나오는가를 밝히지 못한다. 그러나 실제로 왕양명은 그의 良知의 靈明을 논의할 경우 〈天 → 靈(虛靈) → 明(明覺 · 不昧)〉이라는 일련의 논리적 연관을 갖고 있음을 알 수 있다.

이 글에서는 〈天 → 靈(虛靈) → 明(明覺 · 不昧)〉라는 왕양명의 논의 내용을 밝히면서, 靈明 개념을 재검토하게 될 것이다. 여기서 왕양명 사상의 실천적인 주요 과제인 修身 · 處世의 능동적 근거가 밝혀질 것이다.

2. 天 → 靈(虛靈) → 明(明覺 · 不昧)의 논리

1) 중국에서 '虛靈'의 문제: '虛(理)-靈(氣)'

중국사상사에서 사람을 '만물의 靈長'으로 보는 것[4]은 기본적으로

---

3) 예컨대, 陳來는 그의 『有無之境』속에서 「(왕양명은) 양지를 明覺으로 해석하게 되면서 이를 또한 『대학』삼강령 첫머리 '明德'과 연결하기에 이르렀다. (중략) 왕양명의 철학은 『대학』의 범주를 아주 중시했다. 따라서 치양지 학설이 나온 뒤 양지와 명덕을 연계시킨 것은 필연적인 추세였다.」(陳來, 『양명철학(원제: 有無之境)』, 전병욱 옮김, (서울: 예문서원, 2003), 304쪽)처럼 '양지를 明覺으로 해석'한 사실이나 '양지와 명덕을 연계'시킨 사실은 지적하고 있지만 '明覺', '靈明'에 특별히 주목하거나 그 의미에 대해서 구체적으로 분석하지 않고 있다. 그리고 張學知는 『明代哲學史』에서 왕양명 양지의 의미를 '天理之昭明靈覺', '是非之心' 등으로 나누어서 설명하고 있지만 '天理之昭明靈覺' 부분에서도 '昭明靈覺'의 의미를 구체적으로 설명하고 있지 않다((北京大學出版社, 2000),(張學知, 『明代哲學史』, (北京大學出版社, 2000), 104쪽)).

4) 『尙書』,「泰誓上」"惟天地萬物之母, 惟人萬物之靈."

天地人 三才/三極사상에 근거를 둔다. 그 존재론적 근거는 『中庸』제 1장의 '天命之謂性'처럼 '天命' → '性'이라는 도식이다. 다만, 노자는 '四大'라고 하여 人-地-天-道를 제시하여 三才사상을 넘어서고자 하고, 도를 '자연을 법 받은 것'(道法自然)이라 하여 도의 본질을 자연으로 규정하기도 하였다.[5)

송대에 이르러 周敦頤(1017-1073)는 『太極圖說』에서 天에서 얻은 '영특함(靈)'에서 정신(神)과 인식능력(知)이 생겨남을 밝혔다.[6) 이 것은 인간의 존재론적+인식론적 두 전통을 결합한 것이라 볼 수 있다. 즉, 만물의 靈長이라는 인간의 인간다움을 보증하는 '존재론적' 근거, 그리고 『大學』첫머리의 三綱領 八條目 중 '明明德'과 『孟子』의 '良知'라는 인간의 인간다움을 보증하는 '인식론적' 근거를 통합한 것이다. 물론 '虛靈'이란 말은 朱熹가 『大學章句』에서 「明德者, 人之所得乎天, 而虛靈不昧, 而具衆理而応万事者也(명덕이란 것은 사람이 하늘에서 얻어서 (마음이) 텅 비고 신령하고 어둡지 아니하여 여러 이치를 갖추어 만사에 응하는 것이다)」라고 하여, 명덕의 해석을 '虛靈不昧'라 하였다. 허령불매는 '허령'과 '불매'의 결합이다. 허령은 마음의 존재론적 형용 내지 규정이고, 불매는 인식론적인 규정이다. 주희의 제자로 黃榦과 쌍벽을 이루는 남송의 陳淳은 『性理字義』[7)를 편집하였는데, 「心」이 항목에서 이렇게 말한다.[8) 「心之靈至妙, 可以爲堯舜, 參天

---

5) 『老子』(王弼本),「25장」, "人法地 地法天 天法道 道法自然."
6) 周敦頤, 『太極圖說』"惟人也得其秀而最靈, 形旣生矣, 神發知矣."
7) 이 책은 周(주돈이) → 程(二程. 정호 · 정이) → 張(장재) → 朱(주희)로 이어지는 성리학의 주요 개념을 편집하여 해설한 책이다.
8) 아래의 해석은 陳淳, 『北溪字義』, 김영민 옮김, (서울: 예문서원, 1993), 94-96쪽 참조.

地, 格鬼神, 雖万里之遠, 一念便到(마음은 지극히 영묘하고 지극히 오묘하다. 그래서 요순과 같은 성인이 될 수도 있고, 천지의 일에 참여할 수도 있고, 귀신을 불러올 수도 있다.)」즉, 심은 활동성의 규모가 우주적임을 지적한다. 그리고 그는 또 말한다.「心含理与氣. (....) 心是箇活物, (...) 心之活處, 是因氣成, 便會活, 其靈處, 是因理与氣合, 便會靈. 所謂妙者, 非是言其至好, 是言其不可測(마음은 이와 기를 품고 있다. 마음은 살아있는 것이다. 마음이 살아있는 것은 기 때문인데, 이로 인해 마음이 활성화 되는 것이다. (마음이 영명한 것은) 리와 기가 함께 있기 때문이며, 이로 인해 마음이 영묘한 것이다. 이른바 '묘'하다는 것은 지극히 좋다는 것을 말하는 것이 아니라 예측할 수 없다는 것을 의미한다)」다시 말해서, 心이 理·氣의 合이니, 그 활발한 활동의 '靈(신묘한 활동)'한 부분 역시 理·氣의 合 때문이라고 본다. 그렇다면 주희가 말한 虛靈不昧의 '허령'이 陳淳의『性理字義』에서 '虛'는 '理', '靈'은 '氣'의 맥락에서 재정의 되고 있다. '허'는 마음의 본체-본래성(=理)을, '령'은 현상-작용성(=氣)을 문자적으로 표현한 것이다. 심의 허령을 불교의 虛無, 寂滅이라는 틀에 귀속시키지 않기 위해 理氣論的 도식에서 명확히 재해석 해내고 있는 것이다.

왕양명은 理를 '氣之條理'로, 氣를 '理之運用'으로 보고 있기에[9], '靈' 속에 '虛'가 내재하여 靈의 운용으로 드러나는 것으로 파악했다고 볼 수 있다. 왕양명이 良知를 '一点靈明'으로 규정하는 경우 이미 '靈明'이라는 두 자 속에 '虛靈不昧'의 뜻을 압축적으로 표현한 것이 된

---

9)『傳習錄』卷中,「答陸原靜書」. "理者氣之條理, 氣者理之運用; 無條理則不能運用, 無運用則亦無以見其所謂條理者矣."

다. 다시 말하면 '靈'에 '虛靈'이 '明'에 '不昧'을 집약한 것이다. 靈明의
중시는 '現成'(=現在完成. 現在 發現)의 '一念'을 중시하는 것으로. 현
상의 너머에 있는 고정불변의 원리인, 이른바 주자학적인 '定理'(物之
理=所以然之故와 事之理=所當然之則)를 부정하고, 양지의 즉각적인
지시에 따른 실천을 중시하는 왕양명의 학문적 경향과 맞물려 있다.
'一念'의 '念'은 '今(=지금·여기)'의 '心(=마음)'이다. 왕양명의 '心卽
理'는 이러한 '지금 여기에 살아 움직이는 생생한 마음', 指南針의 바
늘같이 떨리는 예민한 마음이 원리-규범을 창출해낸다는 것을 선언
한 것이다. 내 마음 속의 양지는 자기 자신의 '준칙'이며, 행위의 모든
방향을 제시하는 이른바 '나침판'(定盤針)과 같으므로[10] 그 양지가 내
리는 판단대로 행하면 된다. 그렇게 되면「뭇 성현이라는 권위도 '양
지'의 그림자(千聖皆過影, 良知乃吾師)」[11]에 지나지 않게 된다.

주자는『大學章句』에서 '명명덕'의 '明德'에「사람이 하늘에서 얻은
것인데, 텅 비었으나 영묘하고 어둡지 않아서 衆理를 갖추어서 만사
에 응하는 것이다(人之所得乎天而虛靈不昧, 以具衆理而応万事者也)」
라고 주석을 붙였다. 그런데, 왕양명은「마음은 텅 비고 영묘하여 어
둡지 않으니, 모든 이치가 갖추어져 있고 万事가 나온다. 마음 밖에 이
치가 없고, 마음 밖에 일이 없다(虛靈不昧, 衆理具而万事出. 心外無理,

---

10) 왕양명은「양지를 노래하는(詠良知)」詩(『陽明集』권22,「居越詩」)에서는 다음과
같이 良知가 만물의 근원이라는 자신의 사상을 표현하고 있다. 모든 사람 스스로
가 나침판(定盤針)을 갖추고 있어, 만물 변화의 일어남은 모두 나의 마음에서 근
원하네. 따라서 웃노라, 종전에 거꾸로 사물을 보려고 했고, 바깥의 지엽적인 것에
서 구했던 것을. 人人自有定盤針, 萬化根緣總在心. 却笑笑前顚倒見, 枝枝葉葉外
頭尋.
11)『陽明集』卷20,「兩廣詩」「長生」.

心外無事)」[12](밑줄은 인용자. 이하 같음)고 보았다. 주희가 '虛靈不昧, 以具衆理而応万事'라 했고, 양명이 「虛靈不昧, 衆理具而万事出」할 경우 얼핏보기에 양자 사이에는 사상 내용상 별 차이가 없는 듯이 보인다. 그러나 실제로는 큰 차이가 있다. 주희가 '衆理를 갖추어서 万事에 応한다'고 하는 것은 마음이 외부 대상에 갖춰진 이치를 일일이 탐구하는(=格物窮理하는) 작업을 통해 거기에 마음을 비추어서 '맞춰나가는' '수동적'인 대응을 뜻한다. 이에 반해 왕양명의 '衆理를 갖추어서 万事가 나온다(=만사를 발출해낸다)'는 것은, 주희가 외부대상에 이미 있다는 이치(=定理)를 부정하고, '나의 마음'이 새롭게 이치를 창출하여 외부대상에 그것을 '부여한다'는 '능동적'인 의미가 된다. 그래서 「마음 밖에 이치가 없고, 마음 밖에 일이 없다(心外無理, 心外無事)」라고 하였다. 이렇게 万事万物에 理를 창출하여 부여하는 활동의 중심은 바로 良知의 새로운 규정으로서의 '靈明'이다. '靈明'은 氣의 작용이다. 그런데 양명에게서 氣란 '理의 運用'(理之運用)이다. 그리고 理는 '기의 조리'(氣之條理)이다.[13] 따라서 영명에는 理와 氣가 일원화된 채로 움직이고 있다고 보아야 하지 氣가 표면에서 理는 근저에서 움직이고 있다고 보는 것은 타당하지 않을 것이다.

한국 유학사에서도 虛靈의 문제는 주자학적인 맥락에서 이뤄지고 있었다. 예컨대, 李滉이 『天命圖說』제5절 「論人物之殊」에서 「우리의 심은 虛(理)하고 靈(氣)하여 理氣의 집(舍)이 된다(吾人之心, 虛(理)而且靈(氣), 爲理氣之舍)」라 하여, 心이 '虛(理)-靈(氣)의 합'으로 되어 있음을 밝히고 있다. 이후 '虛(理)-靈(氣)의 합일'이라는 주자학의 이기론적 틀은 기본적으로 유지된다.[14] 그리고 1910년대 초반에 등장한[15] 『參佺戒経』제17조에서는 「허는 무물이다. 령은 심령이다(虛, 無物也, 靈, 心靈也)」라 하여, 전통적인 이기론의 문맥을 유지하면서도 '신비주의적 측면'이 강화되고 있다.[16]

2) 王陽明에서 '靈根', '一点靈明'의 의미

어쨌든 중국의 사상사적 맥락에서 본다면 왕양명의 良知-靈明 논의는 중국 고대 이후 송명대로 이어지는 天命論-인간의 만물영장론-맥락 위에서 논의하는 것이다. 그렇다면 왕양명에게서 天 → 靈(虛靈) → 明(明覺 · 不昧)으로 진행되는 논리적 연관은 어떤 것일까?

우선 여기서 양명이 37세 되던 해 그가 左遷되어 居住하였던 貴州省 龍場에서 체험하는, 그의 大悟와 관련된 꿈(夢) 이야기를 살펴보자.

홀연히 한밤중에 格物致知의 본지를 大悟하였다. 꿈에서 누군가가 말을 하는 것 같았다. 자신도 모르게 소리를 치며 펄쩍 뛸 지경이었다. 성인의 도는 자신의 본성(性) 속에 자족한 것이다, 이전에 마음 밖의 사물에서 이치를 구한 것은 잘못이라는 것을 비로소 알게 되었다. 이에

---

14) 沙溪 金長生은 『經書疑問』(『愚伏先生文集』권14)에서 心이 '虛(理)-靈(氣)의 합'이라는 陳淳의 기본입장을 따르면서 사계, 율곡, 퇴계를 평가하고 있다.
15) 그러나, 고조선 또는 桓雄 시대 이전에 존재했다는 桓國 시대 때부터 전해진다고 본다.
16) 무속에서 '虛靈하신 별성님' 등 신령의 칭호 앞에 '허령'을 붙인다. 이것은 천이 몸에 강림한 것을 虛靈(=神明)으로 본 것이다.

묵묵히 五経의 말을 기록하여 증명해보니 맞지 않는 것이 없었다. 그래
서 『五経臆說』을 지었다.

> 忽中夜大悟格物致知之旨, 夢寐中若有人語之者, 不覺呼躍, 從者皆驚,
> 始知聖人之道, 吾性自足, 向之求理於事物者誤也, 乃默記五経之言証之,
> 莫不脗合, 因著五経臆說.[17]

이 부분은 사실 왕양명의 독창적인 철학이 탄생하는 광경을 리얼하
게 묘사한 부분이기도 하다.

이에 관련한 이야기는 朴殷植(1859-1925. 호는 謙谷·白巖)의 『王
陽明先生實記』속에는 「或伝此夢中, 孟子告以良知之旨, 或曰聞天聲
云」[18]라고 하여, '聞天聲云(하늘에서 소리가 들려서, (무언가) 말하는
것을 들었다)' 부분을 언급하고 있다. 아울러, 천성(하늘에서 들리는
소리)은, 東學의 창시자 崔濟愚(호는 水雲. 1824-1864)가 '仙語'(='天
語', 한울님=上帝=天主의 말씀)가 귀에 들려서(「有何仙語, 忽入耳
中」)[19] 이것을 듣고 득도했다고 한 바 있다. 이처럼 양명도 꿈에서 누
군가가 말을 하는 것(夢寐中若有人語之者)를 듣고 「格物致知之旨」를
大悟하여, 「성인의 도는 자신의 본성(性) 속에 자족한 것이다」라고 하
였다. 그래서 양명은, 「이전에 마음 밖의 사물에서 이치를 구한 것은
잘못이라는 것을 비로소 알게 되었다」고 고백한다. 이후 양명은 「이에

---

17) 『陽明集』卷32, 「年譜」37歲條.
18) 一夕夢寐間에 忽悟格物致知之奧旨ᄒ야不覺呼躍而起ᄒ니從僕이皆驚이라是其豁
然大悟處也라或傳此夢中에孟子ㅣ告以良知之旨라ᄒ고或曰聞天聲云이라於是에
先生이始知聖人之道ㅣ吾性自足이어늘向之求理於心外之事物者는誤也라ᄒ고乃
默記五經之言ᄒ야證之ᄒ니無不脗合이라因著五經臆說ᄒ다.
19) 『東經大全』「布德文」

묵묵히 五經의 말을 기록하여 증명해보니 맞지 않는 것이 없었다. 그
래서 『五經臆說』을 지었다」이라고 하였다. 앞서 언급한 崔濟愚의 경
우도 마찬가지로 「仙語(=天語)의 말씀)를 듣는 신비체험을 겪고 나서
한울님의 지시로 종이를 펼쳤고, 그러자 그 종이 위에 靈符가 보여 그
것을 그렸다」[20]고 하였다. 어쨌든 신비체험이 서로 통한다. 이점에서
왕양명의 사상을 '신비주의(mysticism)' 계통으로 해석하는 시도는 타
당하다고 본다.[21]

어쨌든, 양명의 꿈 이야기는 '꿈속에서 신비한 소리를 들음'(夢寐中
聞天語)=神秘体驗 → '깨달음'(覺悟) → '(깨달음과 관련한 내용을)
著述·表現'이라는 식의 패턴을 갖고 있다. 이후 王陽明은, 37세 때의
이런 꿈 체험에서 양지의 학문을 체득한 것을 염두에 두고, 자신의 '良
知之學'이 '天之靈'에서 유래하였음을 밝힌다. 기본적인 문구가 「하늘
의 靈에 힘입어」「良知의 學을 얻었다.」는 것이다. 이에 관한 기록은

---

20) 즉, 『東經大全』「布德文」: 不意四月에 心寒身戰하여 疾不得執症하고 言不得難狀
之際에 有何仙語 忽入耳中하여 驚起探問則 曰勿懼勿恐하라 世人이 謂我上帝어늘
汝不知上帝耶아 問其所然하니 曰余亦無功 故로 生汝世間하여 敎人此法하노니 勿
疑勿疑하라 曰 然則西道以敎人乎이까 曰不然하다 吾有靈符하니 其名은 仙藥이오
其形은 太極이오 又形은 弓弓이니 受我此符하여 濟人疾病하고 受我呪文하여 敎
人爲我則 汝亦長生하여 布德天下矣리라. 吾亦感其言 受其符하여 書以呑服則 潤
身差病이라 方乃知仙藥矣러니 到此用病則 或有差不差故로 莫知其端하여 察其所
然則 誠之又誠하여 至爲天主者는 每每有中하고 不順道德者는 一一無驗하니 此非
受人之誠敬耶아.

21) 예컨대 함석헌은, 「우리 사상이야말로 우주를 한 몸으로 보는 것이었다. 崔致遠이
國有玄妙之道라고 한 것은 그것이다. 玄妙라니 요샛말로 하면 신비주의인데 왕양
명도 신비주의요, 노자도 신비주의다. (중략) 우리나라 옛날의 선비, 온달이, 처용
이, 검도령, 원효, 모든 화랑 하는 사람들이 다 우주는 하나로 살았다는 것을 믿었
다. (중략) 이름을 '한'이라 할진대, 한을 이상으로 삼았기 때문일 것이다. 그 잃어
버린 것을 찾아야 하지 않을까」(함석헌, 『함석헌전집20: 씨알의 옛글풀이』, (한
길사, 1990), 249쪽. 일부 인용자 수정)라고 한 바 있다.

모두 네 곳(아래①-④참조)이나 된다.

먼저, 왕양명은 꿈 체험 이후 9년 뒤인 46세(正德六年壬申, 1511) 때의 글인 「別湛甘泉」(『陽明集』卷7)에서 '하늘의 靈에 힘입어(賴天之靈)' 양지의 학을 얻게 되었다는 경위를 밝힌다.

① 某幼不問學, 陷溺於邪辟者二十年, 而始究心於老釋, 賴天之靈, 因有所覺, 始乃沿周程之說求之, 而若有得焉.

그리고 54세 때(嘉靖四年乙酉, 1525)의 글인 「書魏師孟卷」[22]에서도 '하늘의 靈에 힘입어' 양지의 학을 얻게 되었음을 언급한다.

② 自孔孟旣沒, 此學失傳, 幾千百年, 賴天之靈, 偶█有見, 誠千古之一快, 百世以俟聖人而不惑者也.

아울러, 55세 때(嘉靖五年丙戌, 1526)의 두 글, 즉 「寄鄒謙之」4)[23](→ ③)와 「答聶文蔚」[24] (→ ④)에서도 「하늘의 靈에 힘입어, 우연히 良知의 學을 얻었다」는 것을 분명히 밝히고 있다.

③ 若某之不肯, 蓋亦嘗陷溺於其間者幾年, 悵悵然旣自以爲是矣, 賴天之靈, 偶有悟於良知之學, 然後悔其向之所爲者固包藏禍機, 作僞於外, 而心勞日拙者也.

---

22) 『陽明集』卷8.
23) 『陽明集』卷6.
24) 『伝習錄』卷中.

④ 僕誠賴天之靈, 偶有見於良知之學, 以爲必由此而後天下可得而治, 是以每念斯民之陷溺, 則爲之戚然痛心, 忘其身之不肖, 而思以此救之, 亦不自知其量者.

위의 인용에서 말하는 '天之靈'의 '靈'을 일반 번역서에서 '은덕'이나 '은총'으로 번역하곤 한다. 그러나 여기서는 '靈'은 神靈·神明의 줄인 표현으로 보아야 할 것이다. 왜냐하면 왕양명 자신이 '良知'를 「하늘이 심어놓은 신령스런 뿌리(天植靈根)」로 규정하고 있기 때문이다.

양지는 '하늘이 심은 신령한 뿌리'이기에 스스로 그 이어받은 생명활동을 계속해간다
(良知卽是天植靈根, 自生生不息.)[25]

'천식영근'의 '靈根'이란 도교계통의 서적(예컨대 『黃庭內経』과 같은)에 보이는 용어로, 하늘이 사람에게 '내려 준' 사람이 사람답게 되는 '정신적 근원=靈(天之靈)'을 '심어놓은' 것을 말한다. '靈根'은 '하늘로부터 받은' 능력으로서 구체적으로는 양지를 가리킨다. 양지는 '天之靈'이 내 마음 속에 살아 있는 것(活潑潑) 즉 '人之靈'인 셈이다. 이처럼 양지는 '하늘이 내린'='하늘로부터 얻은' 신령한 뿌리이기에, 그 뿌리가 간직한 생명활동을 이어받아 자기전개를 계속해 가면 된다.

---

25) 『傳習錄』卷下. (이하 『傳習錄』의 한글번역은 정인재·한정길 옮김, 『傳習錄』1·2, (수원: 청계, 2001)을 참조)

이와 같이 왕양명의 「天之靈 → [人之]靈根=良知」의 도식은 『中庸』 首章의 「天命之謂性, 率性之謂道, 修道之謂敎」에서 보여주는 「天命之 謂性」의 「天命(=天의 命令) → 性」의 구조와 닮아 있다. 그리고 郭店 에서 출토된 楚簡 자료 『性自命出』에서는 '性自命出, 命自天降(성은 명으로부터 나오고, 명은 천으로부터 내려온다)'이라고 한 바 있다.[26] 이들 자료에 따른다면, 자연스레 〈천(天) → 명(命) → 성(性)〉의 계보 가 구성되는데, '命'은 하늘[天] 쪽에서 人·物을 본 것이고 '性'은 人 ·物 쪽에서 하늘[天]을 본 것이 된다.[27] 어쨌든 『性自命出』의 '性自 命出'(①)과 '命自天降'(②)을 합하면(①+②) 『中庸』의 '天命之謂性' 이 되는데[28] 이것은 왕양명이 '꿈(夢)' 체험을 통해서 자각한 내용 즉, 〈良知(=靈根)가 자신의 내부에 – 마치 磁石의 磁性처럼 – 이미 존재해 있다는 것〉과 같은 이론 도식을 보여준다. 다시 말하면 왕양명이, 〈'天 =絶大他力'의 힘에 의해, 天之靈이 나(인간)에게 良知라는 형태로, 수 동적·타력적으로 '부여된(植) 것'(→ 靈根)〉이라 간주한 것은, 『中 庸』이나 『性自命出』의 「天命(=天의 命令) → 性」과 흡사한 구도라 하 겠다.

---

26) 『性自命出』: 性自命出, 命自天降, 道始於情, 情生於情(荊門市博物館 편, 『郭店楚墓 竹簡』, (北京: 文物出版社, 1998), 179쪽)

27) 이것을 도표화하면 다음과 같다.(이것은 최재목, 「동양철학에서 '생명(生命)' 개 념」, 『인간·환경·미래』6호, (인제대학교 인간환경미래연구원, 2011.4), 38쪽에 서 재인용 함.)

[표 1] 天, 命, 性

天 → 人·物	⇒ 命·性 ⇐	天 ← 人·物

28) 『性自命出』은 『漢書』 「芸文志」에 儒家 문헌으로 목록이 등재된 『子思』23편 중 의 한 편일 가능성이 높다는 견해가 현재 학계의 통론이다.(김용옥, 『중용 인간의 맛』, (서울: 통나무, 2012), 68쪽 참조).

『中庸』 『性自命出』	天	→ (命)	性
陽明	天	→ (植)	靈(=天之靈)根
	天(天之靈)	→	良知

[그림 1] 天之靈과 良知=靈明의 관계

　양지는 천지의 활동을 그대로 드러내는 것이므로, 우리는 바로 양지에 기대고, 그 활동에 따르면 된다. 그것이 바로 占卜에 해당한다. 그래서 왕양명은 양지가 천지우주의 변화와 동일한 리듬에서 활동하는 것으로 『易』과 같다고 본다(良知卽是易)[29]. 따라서 양지가 내리는 명령에 따라 그 활동을 잘 실현하면 되는데 이것이 '致良知'이다.

　양명이 그의 체험을 통해 파악해낸 靈根=良知의 활동은, 중국 고대 이래 응축되어 흘러 온「오랜 옛날부터 聖人에서 聖人으로 전해 내려오는(千古聖聖相伝)」(「年譜」30世條)「古今 · 聖愚에 동일한」[30] 인간 본래 생명력의 활동이었다. 이것이 꿈으로 나타났을 때, 靈根=良知의 활동은 그 메시지 - 앞서 말한 '하늘의 소리'[天聲] · '하늘의 말씀'[天語] - 를 直覺하고 하게 된다. 여기서 왕양명의 龍場悟道(大悟)와 같은 이른바 '신비체험'이 가능하게 된다. 이것을 図示하면 다음과 같다.[31]

---

29) 『伝習錄』卷下.

30) 왕양명은 『傳習錄』卷中,「答聶文蔚」에서는 이렇게 말한다 :「시비지심은 사려하지 않아도 아는 것이고, 배우지 않아도 가능한 것으로 이른바 양지입니다. 양지가 사람 마음에 있는 것은 성인과 어리석은 자의 구분이 없으며, 천하 고금이 다 같습니다(是非之心, 不慮而知, 不學而能, 所謂良知也. 良知之在人心, 無間於聖愚, 天下古今之所同也)」

31) 이 부분의 내용 및 도표는 최재목,「동아시아 陽明學者들에게 있어 꿈[夢]과 철학적 깨달음[覺悟]의 문제」, 『陽明學』29號, (한국양명학회, 2011.8)를 참조.

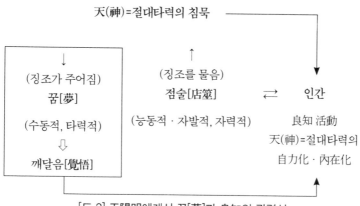

[도 2] 王陽明에게서 꿈[夢]과 良知의 관련성

　결국 왕양명에게서 보이는 天 → 靈(虛靈)의 구도는 인간이란 '존재 근거(존재론적 토대) 획득'이라고 할 수 있다. 인간이 왜 존재하게 되었고, 우주적 지위는 무엇이며, 무엇을 할 수 있는가를 규정해내는 일이었다.

　이어서 '靈根' 즉 '靈(虛靈) → 明(明覺 · 不昧)'의 이행 구조는 '인식 근거(인식론적 토대) 획득'으로 이해할 수 있다. 왕양명은 良知를 '一点靈明'으로 규정하고, 이것을 '천지의 마음(天地的心)'으로 본다. '一点靈明'이나 '天地的心'은, 비유하자면, 대궁에서 갓 피어난 꽃한송이나 촛대에 타오르는 불꽃, 아니면 바깥을 응시하고 있는 인간이 밝은 눈알처럼, 세상을 밝고 또렷하게 응시하며 주재하는 '주재적(초월적)' 성격[32]을 의미한다. 이것은 인간의 인식 범위와 가치창조의 무한

---

32) 마치 다산 정약용이 하늘(天)을 〈蒼蒼有形之天〉과 〈靈明主宰之天〉으로 구분한 것처럼(이에 대해서는 김선희, 「천학의 지평과 지향」, 『시대와 철학』제20권 4호(통권49호), (한국철학사상연구회, 2009 · 겨울) 참조) 靈明은 물리적 자연과 구분되는 정신-영혼-가치와 관련되는 용어이다.

한 근거를 확정하는 개념이다. 물론 '일점영명'이란 중국의 도교나 불교에서도 일반적으로 사용하는 용어이며, 왕양명은 그 당시 도교계, 불교계 등에서 사용해오고 있던 개념을 자신의 철학정립을 위해 유교적 관점에서 새롭게 '領有'(appropriation)하였던 것이다. 우리나라 불교계[33] 혹은 仙道계통의 종교, 한의학에서는 최근에도 '一点靈明'이나 '靈明'이란 말을 사용하고 있다.

3. '靈明'으로서 良知의 再定義

앞서 살펴본 '一点靈明'이나 '天地的心'의 용어를 良知에 은유적으로 사용한 것은 王陽明이 자신의 궁극개념인 양지가 도덕적 인식 및 실천의 탁월한 근거이자 무한한 가능성, 잠재력을 가졌음을 강조하기

---

33) 예컨대, 靈明이란 말은 도교 서적인 『玉樞寶經』등에서도 사용된다. 그리고 불교에서도 예컨대, 普照國師 知訥(1158~1210)의 『眞心直說』15, 「眞心無知」에서도 「或曰, 何名平常心也, 曰, 人人具有一點靈明, 湛若虛空, 偏一切處, 對俗事, 假名理性, 對行識, 權號眞心, 無分毫分別, 遇緣不昧」라고 하고, 최근의 우리 불교계에서도 「세주당 묘엄 명사 영결식 열리던 날」(『불교신문』2775호, 2011년12월10일자)이란 기사 속에 실린 조계종 종정(도림 법전)의 법어에서도 '일점영명'이란 말이 등장한다. 「명사(明師)의 입적(入寂)은 본처(本處)로 환귀(還歸)함이요, 본분(本分)의 참모습을 나툰 것입니다. 그러나 명사(明師)가 이룩한 적멸(寂滅)속에는 생사(生死)를 따르지 않고 오고 감이 없는 일점영명(一點靈明)이 있습니다. 이 일점영명(一點靈明)은 중생(衆生)과 부처의 근본(根本)이요, 명사(明師)의 본분(本分)입니다. 일점영명(一點靈明)이 인연(因緣) 따라 형상(形象)을 의지하면 묘엄명사(妙嚴明師)요 견문각지(見聞覺知)를 거두면 공적(空寂)하고 응연(凝然)할 뿐입니다. 이렇게 소소(昭昭)하고 영명(靈明)한 이 자리에 누가 생사(生死)를 말할 수 있겠습니까. 오늘 명사(明師)는 적멸(寂滅)을 통(通)해 해탈(解脫)의 자유(自由)를 얻어 임운자재(任運自在)하게 되었습니다.」)(http://www.ibulgyo.com/news/articleView.html?idxno=115143).

위한 것이었다. 그야말로 양지는 마음속의 천리이며, '영원히 빛나는 하나의 태양'처럼 '밝음[明]'을 가진 것이다.

> 天理가 人心에 있는 것을 없앨 수 없으며, 良知의 밝음[明]은 영원히 빛나는 하나의 태양이다.
>
> (所幸天理之在人心, 終有所不可泯, 而良知之明, 万古一日)[34]

하늘에 태양이 있듯이 내 마음에도 태양이 있다는 표현은 '天植靈根'의 또 다른 은유적 표현이다. 「사람의 마음은 본래 天然의 理로서 정결하고 밝아 조금도 물든 것이 없으니, 하나의 사적인 자아가 없을(無我) 따름이다. 가슴 속에 절대로 사적인 자아가 있어서는 안 된다」[35]라고 할 때의 光明正大함을 비유한 것이다. '天之靈'이 인간 속에 내재화되어 '人之靈'이 되고, 천의 태양(日)의 밝음(明)(=天之明)이 인간 속에 내재화되어 내 마음의 밝음(=良知之明)(=人之明)이 된 것이다.

天之靈	→	人之靈
天之明	→	人之明
天之靈明	→	人之靈明

[그림 3] 天之靈明에서 人之靈明으로의 구조

여기서 보듯이 '天之靈明'을 '人之靈明'으로 이전시켜서 내재화하고

---

34) 『傳習錄』卷中, 「答顧東橋書」.
35) 『傳習錄』卷下, "人心本是天然之理, 精精明明, 無纖介染着, 只是一無我而已. 胸中切不可有."

이점을 명확히 부각시키는 왕양명의 전략은 양지라는 개념을 자신의 사상체계에서 재규정, 재해석해내는 것이었다. 여기에는 중국 고대 이후 송대 주자학에서 천의 합리적 이해를 통해 거의 소거되어 버렸던 천의 주재성을 살려내고 그것을 인간 내면으로 再領有化가 이루어지고 있었다.

화이트헤드(Alfred North Whitehead, 1861-1947)는 서양의 학문 (철학사)를 플라톤에 대한 각주의 축적(a series of footnotes to Plato)에 지나지 않는다고 지적한 바 있지만, 동양의 학문은 어쩌면 『논어』에 붙인 주석의 集積이라 할만하다.[36] 왕양명은 주자가 이뤄놓은 공자에 대한 天의 해석의 주석을 재해석함으로써 자신의 입지를 넓히고 다져간다. 야마시타 류지(山下龍二)가 「陽明學의 宗教性」이라는 논문에서 언급한 대로, 왕양명은 공자 이래 전승되어오던 종교성을 합리성이란 명분으로 배제시킨 주자학과 달리 '宗教性'을 다시 부활한 측면이 있다. 야마시타 류지는 이렇게 지적한다.

주자학은 공자의 가르침에다 철학적인 이론을 덧붙인 것으로 기독교 신학과 유사하다. 기독교 신학이 성서의 가르침을 전제로 그 올바름을 증명하기 위해서 머리를 짜내어 철학적으로 논리를 도입한 것과 같이 주자학은 禪宗의 脫洒, 解脫이나 伝灯의 사상으로부터 脫然貫通, 道統의 이론을 도출하고 또 理事의 사상을 흉내내어 理氣의 이론을 형성하였다. 道統, 理氣의 이론은 물론 経書의 가르침을 전제로 하여 그것을 정당화 한 것으로 유교신학이라고 해도 좋다.
양명학은 주자학과 다른 이론을 제공한 것이었는데, 역시 유교의 경

---

36) 加藤 徹, 『本當に危ない『論語』』, (東京: NHK出版新書, 2011), 10-11쪽 참조.

서를 전제로 하고 理事無碍, 理事不二와 같은 사상을 도입하여 그것을
致良知라는 개념에다 집약하였다. 왕양명이 도교나 불교쪽에 경사해가
는 것을 벗어나 유교로 회귀했다고 하는 경우, 그것을 일반적으로 종교
의 부정으로 보는 것은 정당하지 않을 것이다. 양명은 그 생애를 통해서
종교적인 심정을 계속 유지해왔고, 그것은 구체적인 행위로써 드러났
다. 종교적인 문제는 생사, 영혼, 신, 하늘 등이었는데 이들 문제를 어떻
게 해결할까가 양명의 생애를 건 과제였다. (공자가) 怪力亂神을 피하
고 일부러 말하지 않은 것을 종교적 관심의 결여로 해석하고 유교를 倫
理教의 圈內에 가두어두려는 이론은 주자학에서 시작된다. 공자는 천
을 믿고 조상신을 받드는 사람이었다. 유교가 가지고 있는 고유의 종교
성을 부활한 것이 양명학이다. 良知는 內在하는 神의 관념에 가깝다.[37]

　왕양명이 '天之靈'이 '人之靈'에 부여되어 내재한 것이 良知=靈明이
라 보는 것은 사람이 '天之靈'을 대신하여 천지 · 우주 속에서 주된 역
할을 해갈 수 있음을 뜻함과 동시에 인간 속에 하늘의 주재성이 위임
되어 있다는 것을 의미한다. '사람이 천지의 마음(人是天地的心)'이라
는 표현도 그런 것이다.
　왕양명은 靈明이 天地 · 鬼神 · 万物을 주재한다고 본다. 인간의 영
명이 없으면 天地 · 鬼神 · 万物도 없다. 왕양명은 하늘과 땅 사이에
靈明으로 가득 차 있다고 한다. 人間과 天地 · 鬼神 · 万物의 靈明은
'一氣의 流通'이라는 방식으로 有機的 感応을 하면서 存在한다고 본
다. 그러므로 만일 天地 · 鬼神 · 万物이 없다면 인간의 靈明도 없다.

---

37) 山下龍二, 「陽明學の宗教性」, 『陽明學』第7號, (二松學舍大學陽明學研究所, 1995),
　　2-3쪽.

'靈明 - 一氣流通'에 의해 '一体化된 世界'를 만들어낸다. '一氣流通'이
므로, 모든 것은 間斷없이 하나로 연결되어 있다. 나의 靈明이 없으면
事物도 없고, 반대로 事物이 없으면 나의 靈明도 없다.[38] 이 말은 나에

---

38) 이에 대해서는 다음을 참고 바란다.

　　"황이방이 여쭈었다. "사람의 마음은 만물과 한 몸이라고 하셨습니다. 내 몸이라
　　면 원래 혈기가 흘러 통하기 때문에 한 몸이라고 말할 수 있으나 다른 사람과는 몸
　　이 다릅니다. 또한 금수(禽獸)와 초목(草木)과는 더욱 멀어지는데 어떻게 한 몸이
　　라고 말할 수 있습니까?" 선생께서 말씀하시기를, "그대가 다만 감응(感応)하는
　　기미에서 본다면, 어찌 금수초목뿐이겠느냐? 비록 천지라고 하더라도 나와 한 몸
　　이며, 귀신도 나와 한 몸이다."
　　가르침을 청하니 선생께서 말씀하시기를, "그대는 이 천지 가운데서 무엇이 천지
　　의 마음이라고 생각하느냐?"
　　대답하기를, "일찍이 사람이 천지의 마음이라고 들었습니다.")『禮記』, 「禮運」, 26
　　절 : "사람이란 천지의 마음이며, 오행(五行)의 근본이다." (人者, 天地之心也, 五
　　行之端也).
　　선생께서 말씀하시기를, "사람은 또 무엇을 마음으로 삼느냐?"
　　대답하기를, "오직 하나의 영묘하고 밝은 것을 마음으로 삼습니다."
　　선생께서 말씀하시기를, "하늘과 땅 사이에 가득찬 것은 오직 하나의 영명이라는
　　것을 알 수 있다. 사람은 단지 형체 때문에 스스로 사이가 떨어져 있을 뿐이다. 나
　　의 영명이 바로 천지 귀신의 주재이다. 나의 영명이 없다면 누가 하늘의 높음을 우
　　러러 보겠느냐? 나의 영명이 없다면 누가 땅의 깊음을 굽어보겠느냐? 나의 영명
　　이 없다면 누가 귀신의 길흉과 재앙의 상서로움을 변별하겠느냐? 천지 · 귀신 · 만
　　물이 나의 영명을 떠난다면 천지 · 귀신 · 만물은 존재하지 않을 것이다. 나의 영
　　명이 천지 · 귀신 · 만물을 떠난다면 또한 나의 영명도 존재하지 않을 것이다. 이
　　처럼 하나의 기운이 흘러서 통하는 것이니, 어떻게 그들 사이를 격리시킬 수 있겠
　　느냐?"
　　또 여쭈었다. "천지 · 귀신 · 만물은 아주 오랜 옛날부터 존재하고 있습니다. 그런
　　데 어째서 나의 영명이 없다면 모두 없어지게 됩니까?"
　　선생께서 말씀하시기를, "지금 죽은 사람을 보면 그의 정령이 흩어져 버렸는데, 그
　　의 천지 만물이 또 어디에 있겠느냐?"
　　(問, "人心与物同体, 如吾身原是血氣流通的, 所以謂之同体. 若於人便異体了. 禽獸
　　草木益遠矣, 而何謂之同体?" 先生曰, "你只在感応之幾上看, 豈但禽獸草木, 雖天
　　地也与我同体的, 鬼神也与我同体的." 請問. 先生曰, "你看(這箇天地中間), 甚麼是
　　天地的心?" 對曰, "嘗聞人是天地的心." 曰, "人又甚麼教做心?" 對曰, "只是一箇靈
　　明." (先生曰,) "可知(充天塞地中間, 只有這箇靈明), 人只爲形体自間隔了. 我的靈

게 靈明이 있다면 사물에도 靈明이 있다는 말이다. 이 양자 간의 상호
관계성에 의해 우주 만물은 공동적으로 존재(공동존재)하는 것이다.
이처럼 靈明은 인간과 사물 존재의 공동적 '근거'가 된다. 내가 사물을
본다는 것은 사물이 내게 들어와 있다는 말이고, 내가 사물을 보지 않
을 때는 사물이 내게 들어와 있지 않다는 말이다. 내가 있으므로 사물
이 있는 것이고, 사물이 있으므로 내가 있다는 상호의존적인 공동존
재성을 피력한 것이다.[39] 이러한 '万物一体'의 성향이 강하다는 것은
동양철학 내에서 전승되어 오는 신비주의의 측면이다.[40]

  이러한 공동존재성의 근거는 – '(마음이 향하는 것인) '意'의 靈明을

明, 便是天地鬼神的主宰. 天沒有我的靈明, 誰去仰他高? 地沒有我的靈明, 誰去俯
他深? 鬼神沒有我的靈明, 誰去辯他吉凶災祥? 天地鬼神万物離卻我的靈明, 便沒有
天地鬼神万物了. 我的靈明離卻了天地鬼神万物, 亦沒有我的靈明. 如此, 便是一氣
流通的, 如何与他間隔得?" 又問, "天地鬼神万物, 千古見在, 何(沒了我的靈明, 便俱
無了)?" 曰, "今看死的人, 他這些精靈游散了, 他的天地万物尙在何處?")(『伝習錄』
卷下)

39) 이에 대해서는 다음의 일화를 볼 필요가 있다.
  "선생님께서 남진(南鎭)을 유람할 때 한 친구가 바위 가운데 꽃나무를 가리키며
여쭈었다. "천하에 마음 밖에 사물이 없다고 하셨는데, 깊은 산 속에서 저절로 피
었다 지는 이 꽃나무와 같은 것은 내 마음과 무슨 상관이 있습니까?"
  선생님께서 말씀하시기를, "그대가 이 꽃을 보지 못했을 때는 이 꽃과 그대의 마음
은 함께 적막한 곳(인식 이전의 상태)으로 돌아간다. 그대가 이 꽃을 보았을 때는
이 꽃의 색깔이 일시에 분명하게 드러나기에 이 꽃은 그대의 마음밖에 있지 않음
을 알 수 있다."
  先生遊南鎭, 一友指岩中花樹問曰, "天下無心外之物, 如此花樹, 在深山中自開自
落, 於我心亦何相關?" 先生曰, "你未看此花時, 此花与汝心同歸於寂. 你來看此花
時, 則此花顏色一時明白起來. 便知此花不在你的心外."
  아울러 공동존재성의 근거는 최재목, 「'자연'에 대한 왕양명의 시선」, 『중국철학』,
이승환·이동철 엮음, (서울: 책세상, 2007), 172-176쪽 참조.
40) 이에 대해서는 각주(21) 및 한성구, 「중국근대철학에 나타난 신비주의 경향 연
구」, 『中國學報』제56권, (한국중국학회, 2007)을 참조 바람.

가리켜서 知(=良知)라고 한다(指意之靈明處謂之知)'[41]라는 왕양명의 언급에서 알 수 있듯이 - 意의 영명한 활동으로서의 知=良知이다.

良知는 인간의 認識 活動 중에서도 가장 정밀하고도 탁월한 것이라서 양명은「인간의 인식기관 중에서도 가장 정미한 것이 人心의 一点靈明(=良知)이다(其發竅之最精處, 是人心一点靈明)」라고 확정한다.[42] '靈明'은 '虛靈'과 '不昧'의 두 측면을 결합하고 있다.

---

41) 『伝習錄』卷下.
42) 이에 대해서는 다음 두 예문을 보기로 하자.
"구천이 의심하며 말하기를, "사물은 밖에 있는데, 어떻게 몸·마음·뜻·앎과 한 가지일 수 있습니까?"
선생님께서 말씀하시기를, "귀와 눈과 입과 코와 사지는 몸이지만 마음이 아니라면, 어떻게 보고 듣고 말하고 움직일 수 있겠느냐? 마음이 보고 듣고 말하고 움직이고자 하더라도 귀와 눈과 입과 코와 사지가 없다면 역시 불가능하다. 그러므로 마음이 없다면 몸도 없고, 몸이 없다면 마음도 없다. 다만 그 가득 찬 곳을 가리켜 몸이라 하고, 그 주재하는 곳을 가리켜 마음이라 하며, 마음이 발하여 움직인 곳을 가리켜 뜻이라 하고, 뜻이 영명한 곳을 가리켜 知(良知)라 하고, 知가 가 닿아 있는 곳을 物이라 하니, 다만 한 가지일 뿐이다. 뜻은 허공에 매달려 있었던 적이 없으며, 반드시 사물에 부착되어 있다. 그러므로 뜻을 성실하게 하고자 한다면 뜻이 부착되어 있는 어떤 일에 따라서 그것을 바로잡고, 그 인욕을 제거하여 천리로 돌아간다면 그 일에 관련되어 있는 양지가 가려지지 않고 실현될 수 있다. 이것이 바로 뜻을 성실하게 하는 공부이다."
나 구천은 드디어 수년 동안의 의심을 개운하게 떨쳐버리게 되었다.
(九川疑曰, "物在外, 如何与身心意知是一件?"先生曰, "耳目口鼻四肢, 身也, 非心安能視聽言動? 心欲視聽言動, 無耳目口鼻四肢亦不能, 故無心則無身, 無身則無心. 但指其充塞處言之謂之身, 指其主宰處言之謂之心, 指心之發動處謂之意, 指意之靈明處謂之知, 指意之涉着處謂之物: 只是一件. 意未有縣空的, 必着事物, 故欲誠意則隨事所在某事而格之, 去其人欲而歸於天理, 則良知之在此事者無蔽而得致矣. 此便是誠意的工夫." 九川乃釋然, 破數年之疑.(『伝習錄』卷下)
주본사(朱本思)가 여쭈었다. "사람에게는 텅 비고 영명함이 있기 때문에 비로소 양지가 있습니다. 풀·나무·기와·돌 같은 것도 양지가 있습니까?"
선생님께서 말씀하시기를, "사람의 양지가 바로 풀·나무·기와·돌의 양지이다. 만약 풀·나무·기와·돌에 사람의 양지가 없다면 풀·나무·기와·돌이 될 수 없다. 어찌 풀·나무·기와·돌만 그러하겠느냐? 천지도 사람의 양지가 없다면

우선 아래의 인용에서처럼 양지의 작용-활동은 우주를 주류하는데,
이것은 양지의 존재론적 측면 즉 '虛靈'의 내용을 명시하는 부분이다.

> (선생님께) 여쭈었다. "이 양지는 일정한 장소와 형체가 없는 것이기
> 때문에 모습을 파악하기가 매우 어려운 것 같습니다."
>
> 선생께서 말씀하시기를, "양지가 바로 '역'(易)이다. '그 도는 자주 바
> 뀌고 변동하여 한 군데 머물지 않으며, 육허(六虛)에 두루 유행하여 오
> 르고 내리는 데 일정함이 없으니, 오직 변화에 따른다'. 이 양지를 어떻
> 게 붙잡을 수 있겠느냐? 양지를 투철하게 깨달을 때가 바로 성인이다."
>
> 又曰, "此道至簡至易的, 亦至精至微的. 孔子曰, '其如示諸掌乎!' 且人
> 於掌何日不見? 及至問他掌中多少文理, 卻便不知. 卽如我良知二字, 一
> 講便明, 誰不知得. 若欲的見良知, 卻誰能見得." 問曰, "此知恐是無方體
> 的, 最難捉摸." 先生曰, "良知卽是易, 其爲道也屢遷, 変動不居, 周流六
> 虛, 上下無常, 剛柔相易, 不可爲典要, 惟変所適. 此知如何捉摸得? 見得
> 透時, 便是聖人."(『伝習錄』下)

아울러 왕양명은, 다음과 같이 양지의 인식론적 측면 즉 '不昧의 측

역시 천지가 될 수 없다. 천지 만물은 사람과 원래 일체이며, 그것이 발하는 가장
정밀한 통로가 바로 사람 마음의 한 점 영명(靈明)이다. 바람과 비, 이슬과 우레,
일월성신과 금수초목, 산천토석은 사람과 원래 일체이다. 그러므로 오곡과 금수의
종류가 모두 사람을 기를 수 있고, 약과 침의 종류가 모두 질병을 치료할 수 있다.
오직 이 하나의 기운을 공유하기 때문에 서로 통할 수 있는 것이다."
(朱本思問, "人有虛靈, 方有良知. 若草木瓦石之類, 亦有良知否?" 先生曰, "人的良
知, 就是草木瓦石的良知. 若草木瓦石無人的良知, 不可以爲草木瓦石矣. 豈惟草木
瓦石爲然? 天地無人的良知, 亦不可爲天地矣. 蓋天地万物与人原是一体, 其發竅之
最精處, 是人心一点靈明. 風·雨·露·雷·日·月·星·辰·禽·獸·草·木·
山·川·土·石, 與人原只一体. 故五穀禽獸之類, 皆可以養人, 藥石之類, 皆可以療
疾. 只爲同此一氣, 故能相通耳.")

면을 명시한다.

> 양지는 본래 저절로 밝다(良知本來自明)」[43)]

양지는 '本來自明(본래 저절로 밝음)'이기에『대학』의 '明明德'의 明德에 그 사상적 맥락이 닿아있다. 良知는「(우리 몸속에 들어 있는) '天理 自然의 明覺이 發見(=發現)한 곳(天理自然明覺發見處), 즉「知覺處」이자「心의 虛靈明覺」이다.

왕양명 死後 각지에서는 그를 추모하는 서원이 건립된다. 1550년(嘉靖 29년) 吏部主事 史際가 溧陽(江蘇省)에 嘉義書院을 세워서 양명을 추모하고 嘉義堂에「天成篇」을 바쳤다. 여기에 왕양명이 평소 진

---

43) 이에 대해서는 아래의 예문을 인용해둔다.

"보내온 편지에서 말하기를, "정명도는 '자질이 아름다운 사람이 밝음을 완전히 실현할 수 있다면 찌꺼기가 전부 정화될 것이다'고 했는데 어떻게 해야 밝음을 완전히 실현할 수 있으며, 어떻게 해야 찌꺼기가 모두 정화될 수 있습니까?"

[양명이 말하기를] 양지는 본래 저절로 밝다. 기질이 아름답지 못한 사람은 찌꺼기가 많고 가린 것도 두터워서 양지를 환하게 드러내기가 쉽지 않다. 기질이 아름다운 사람은 찌꺼기가 원래 적고 가린 것도 많지 않기 때문에 양지를 실현하는 공부를 대략 한다면 양지가 저절로 맑고 투명해져서 약간의 찌꺼기는 마치 끓는 물 가운데 떠 있는 누처럼 금방 사라질 것이니, 어떻게 가릴 수 있겠는가? 이것은 본래 이해하기 어렵지 않다. 그대가 이것에 대해 의심을 품는 까닭은 밝다[明]라는 글자를 분명히 이해하지 못했고, 또 급하게 이루고자 하는 마음이 있기 때문이다. 예전에 나는 일찍이 그대와 대면하여 '선을 밝힌다'의 함의를 논한 적이 있는데 '밝아지면 성실해진다'는 것은 후세의 유학자들이 말하는 선을 밝힌다는 것처럼 그렇게 천박한 것이 아니다.

(來書云, "質美者明得盡. 查滓便渾化. 如何謂明得盡? 如何而能便渾化?" 良知本來自明. 氣質不美者, 查滓多, 障蔽厚, 不易開明. 質美者, 查滓原少, 無多障蔽, 略加致知之功, 此良知便自瑩徹, 些少查滓如湯中浮雪, 如何能作障蔽? 此本不甚難曉. 原靜所以致疑於此, 想是因一「明」字不明白, 亦是稍有欲速之心. 向曾面論「明善」之義, 明則誠矣, 非若後儒所謂明善之淺也.)(『伝習錄』卷中,「答陸原靜(又)」)

술했던 '靈明'의 의미가 다시 피력되어 있다. 인간의 천지만물의 '靈'
이며, 그로 인해 천지만물을 주재할 수가 있다고 본다. 내 마음의 靈이
있으므로 천지만물의 聲-色-味-変化를 지각·인식하며(⇒ 聰-明-
嗜-神明), 그로 인해 천지만물을 '주재'한다는 것이다.[44] 양지의 주재
성을 靈明으로 확정한 것은, 주자에서 소거되었던 天의 종교성을 心
(良知) 속에 새롭게 領有하여 부각하고자 했던 양명의 사상적 전략이
양지를 靈明으로 규정하는 데서 잘 드러나는 것으로 볼 수 있다.

　양지는 자연적으로 發現하여 사물을 인식하는 활동(=인식활동)을
한다. 양지는 천리가 환하고 밝아서 영명하게 깨닫는 곳이다. 그러므
로 양지가 바로 천리이다. '만약 양지가 발하여 작용하는 생각이라면'
생각하는 것이 천리가 아님이 없다. 아래의 인용은 이러한 사실을 잘
드러내주고 있다.

　　"마음은 한 덩어리의 혈육이 아니라, 무릇 지각하는 곳이 바로 마음
　　이다. 예를 들어 눈과 귀는 보고들을 줄 알고, 손과 발은 아프고 가려운
　　것을 아는데, 이 지각이 바로 마음이다."
　　"心不是一塊血肉, 凡知覺處便是心, 如耳目之知視聽, 手足之知痛癢,
　　此知覺便是心也."[45]

　　"心은 身의 主(主宰)이며, 마음의 虛靈明覺이 이른바 本然의 良知이
　　다. 虛靈明覺의 良知가 感応하여 움직이는 것을 '意'이라 한다. 良知가

44) 이에 대해서는 山下龍二, 「陽明學の宗教性」, 『陽明學』第7號, (二松學舍大學陽明
　　學研究所, 1995), 15-21쪽 참조.
45) 『伝習錄』卷下.

있은 뒤에 意가 있고 良知가 없으면 意가 없으니 良知가 意의 本体가
아니겠느냐? 意가 작용하는 곳에는 반드시 그 物이 있으니 物이 곧 事
이다."

心者身之主也, 而心之虛靈明覺, 卽所謂本然之良知也. 其虛靈明覺之
良知応感而動者謂之意. 有知而後有意, 無知則無意矣. 知非意之体乎?
意之所用, 必有其物, 物卽事也.[46)

"생각해보니 양지는 단지 천리의 저절로 그러한 밝은 깨달음이 발현
하는 곳이며, 단지 진실하게 다른 사람을 측은히 여겨 아파하는 마음이
바로 본체입니다."

蓋良知只是一箇天理自然明覺發見處, 只是一箇眞誠惻怛, 便是他本
体.[47)

"양지는 천리가 환하고 밝아서 영명하게 깨닫는 곳이다. 그러므로 양
지가 바로 천리이다. 생각은 양지가 발하여 작용하는 것이다. 만약 양
지가 발하여 작용하는 생각이라면 생각하는 것이 천리가 아님이 없다.
양지가 발하여 작용하는 생각은 저절로 간단하고 쉬우며, 양지 역시 그
것이 양지가 발용된 생각임을 저절로 알 수 있다. 만약 사사로운 뜻으
로 안배하는 생각이라면 저절로 분주하고 수고롭고 어지러우며, 양지
역시 그것이 사사로운 뜻으로 안배된 생각임을 분별할 수 있다. 생각이
옳은지 그른지, 비뚤어졌는지 바른지를 양지는 스스로 알지 못하는 것
이 없다. 따라서 도적을 자식으로 오인하는 것은 바로 치양지의 학문에
밝지 못하여 양지에서 체득할 줄 모르기 때문이다."

---

46) 『伝習錄』卷中, 「答顧東橋書」.
47) 『伝習錄』卷中, 「答聶文蔚(二)」.

良知是天理之昭明靈覺處, 故良知卽是天理. 思是良知之發用. 若是良知發用之思, 則所思莫非天理矣. 良知發用之思, 自然明白簡易, 良知亦自能知得. 若是私意安排之思, 自是紛紜勞擾, 良知亦是會分別得. 蓋思之是非 · 邪正, 良知無有不自知者. 所以認賊作子, 正爲致知之學不明, 不知在良知上体認之耳.[48]

위의 언명들은「마음은 텅 비고 영명하여(虛靈) 어둡지 않으니(不昧), 衆理를 갖추어서 万事가 나온다(虛靈不昧, 衆理具而万事出)」[49]는 표현과 같은 종류이다.

이렇게 보면 왕양명은 그의 양지론을 통해서 '天 → 虛靈 → 不昧'로 이행되는 과정을 보여주면서 양지의 虛靈이라는 존재론적 측면과 明=不昧의 인식론적 작용을 명시하고 있다. 아래의 인용에서 보듯이 '나의 양지가 유행하여 쉬지 않는 것(吾良知的流行不息)'은 '虛靈+不昧'가 '靈明'으로 종합되어 표현된 것이다.

선생께서 말씀하시기를, "사람의 본체는 늘 적연하여 움직이지 않는 것이며, 항상 느껴서 마침내 통하는 것이다. '아직 응하지 않았다고 해서 먼저가 아니고, 이미 응했다고 해서 나중이 아니다'"

(先生曰, "人之本体, 常常是寂然不動的, 常常是感而遂通的. '未応不是先, 已応不是後.)[50]

황이방이 여쭈었다. "선대의 유학자는『시경』의 '소리개가 날고 물고

---

48)『伝習錄』卷中, 「答歐陽崇一」.
49)『伝習錄』卷上.
50)『傳習錄』卷下.

기가 뛰 논다'는 것과 『맹자』의 '반드시 일삼음이 있다'는 것은 똑같이
활발발한 것이라고 하였습니다."

선생께서 대답하시기를, "역시 옳다. 천지 사이에 활발발한 것은 이
치가 아닌 것이 없는데, 그것은 바로 나의 양지가 유행하여 쉬지 않는
것이다."

(問, "先儒謂「鳶飛魚躍」与「必有事焉」, 同一活潑潑地." 先生曰, "亦
是. 天地間活潑潑地無非此理, 便是吾良知的流行不息.)[51]

결국 왕양명의 양지론은 天 → 靈(虛靈) → 明(明覺·不昧)의 논리
에 기반하여 존재론적(→ 虛靈), 인식론적(→ 不昧=明覺) 근거를 가
지면서 靈明이란 개념에 이 두 가지 계통을 집약하는 형태로 양지의
의의를 再定義해내고 있다. 이 점이 중국사상사에서 큰 의의라고 하
겠다.

4. 結語

지금까지의 왕양명이 양지를 어떻게 '靈明'으로 재규정하여 개념을
새롭게 탄생시키는가를 살펴보았다.

왕양명은 양지를 〈ⓐ虛靈+ⓑ明覺〉, 〈ⓒ虛靈+ⓓ不昧〉, 〈ⓔ靈+ⓕ明〉
등으로 표현하였다. 이것을 다시 정리하면 ⓐ=ⓒ → 〈ⓔ〉, ⓑ=ⓓ →
〈ⓕ〉로 요약되었다. 前者(ⓔ)는 良知 활동이 '自由自在·無限'하다는
것, 즉 良知의 '存在 樣相·方式'을 명시한 '존재론적' 규정이었다. 後

---

51) 『傳習錄』卷下.

者(ⓕ)는 良知의 활동이 細微(=精微)하여 万事万物의 우여곡절을 다 밝혀내므로 그 작용이 정미·탁월하다는 것을 말한 것이다. 이것은 良知의 '認識의 樣相·方式'을 명시한 '인식론적' 규정이었다. 다시 말해서, 良知의 존재론적 특성을 '靈'으로, 인식론적 특징을 '明'으로 규정하고, 이 둘을 절묘하게 결합시킨 것이 '靈明' 개념이었다.

그래서 왕양명의 良知는 〈天 → 靈(虛靈)〉과 〈靈(虛靈) → 明(明覺·不昧)〉의 두 과정을 중층적으로 거치면서 '靈明'으로 재해석된다. 여기서 양지라는 탁월한 정신활동은 '實在-存在'하는 것임과 동시에 '인식 및 판단'의 특출한 능력이 지금 여기서 '作用-作動'하고 있음을 확정한다. 왕양명의 양지는 이렇게 해서 '靈明'의 내용을 領有하게 된다. 이 내용을 図示하면 다음과 같다.

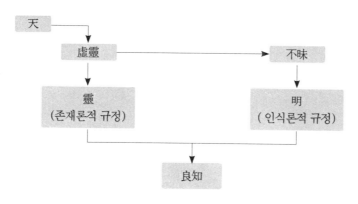

[그림 4] 왕양명의 良知의 '靈明'論的 해석 과정

왕양명에게서 '진정한 인식'은 곧 '진정한 실천'이었다(=知行合一). 그것은 '天'의 '靈'(天之靈)을 근거로 하여 그 존재론적 근거를 획득하고(→虛·靈), 여기서 획득한 만물의 靈長으로서의 인간의 지위에 따른 것이다. '인식'(=良知)과 '실천'(=良能)의 합일체인 양지는 '靈明'이란 개념으로 재규정됨으로써 당시에 통용되던 도교나 불교 영역의 '영명'과도 소통할 수 있는 '사상적 소통의 폭'을 넓힌다. 그것은 주자학에서 논의하던 '虛(理)-靈(氣)'라는 이기론적인 틀을 허무는 것이었으며, 그럼으로써 三敎合一의 지평을 넓힐 수 있었던 것이다. 이렇게 함으로써 그의 修身 · 處世, 修己 · 治人의 自律性 · 能動性 · 卽時性을 확보하여 역동적인 철학을 만들어 갈 수 있었다.

王陽明과 道敎의 관련성

1. 서언

이 글은 왕양명(王陽明. 1472~1528. 이름은 守仁)과 도교(道敎)의 관련성에 주목하면서 양명학(陽明學)과 도교(道敎)의 회통(會通)에 대해 논의하는 것이다. 여기서 사용하는 '도교'란 개념은 종교를 지칭하며 노자 · 장자의 도가사상 일반을 말하진 않는다. 아울러 '회통'이란 이치를 얻어서 막힘이 없거나 사물이 한데 모여 어울리며 두로 통한 것[1]을 말한다.

도가는 노자와 장자의 '사상'을 주축으로 하지만, 도교는 노자의 『도덕경』에 절대적인 권위를 부여하고 경전화하는 등 민간 신앙적 종교를 구축한다. 따라서 도가와 도교는 사상과 신앙의 관계로 맺어져 중

---

[1] '會通'이란 말은 『周易』「繫辭 · 傳 · 上」에 「성인이 천하의 움직임을 봄이 있어, 모여 통하는 것을 보고 그 典禮를 행한다(聖人有以觀天下之動, 以觀其會通以行其曲禮)」에 보인다.

국 사회의 근저를 이루고 있다.

동아시아 사회에서 유교와 불교 도교는, 정도의 차이가 있긴 있지만, 기본적으로는 혼합주의(Syncretism)의 성격을 띠는 형태로 전개한다. 불교가 중국에 전래한 이래, 기존의 도교와 유교가 합세하여 삼자(유불도)의 갈등, 대립, 화해, 상호침투가 자연스레 이뤄진다. 이러한 종교 간의 융합과 소통을 토대로 명대 중엽 양명 심학은 혼합주의 절정을 보여주게 된다.[2]

왕양명은 중국 역사상에서 그 어떤 다른 사상가보다도 유교와 다른 종교 즉 도교나 불교에 대해 개방적 태도를 가졌던 인물이다. 특히 그는 어린 시절부터 도교와 깊은 관련을 맺고, 성장 하면서 차츰 도교(道教) 수행(修行)에 관심을 가지며 나아가서 평생을 통해 도교와 깊은 관련을 가지게 된다. 양명의 도교 수행은 실제 신체적 단련이며 그의 신체적 병약(病弱)과도 연관된다. 이러한 도교 수행은, 오랜 기간 중국 전역의 수많은 사찰 방문 등을 통한 불교 수행[3]과 맞물려, 치양지학(致良知學)의 구축과 완성에 큰 영향을 미치게 된다. 왕양명은 도교든 불교든 궁극적으로는 모두 양지의 활동 가운데에 있으며, '양지를 벗어나 양지를 방해하는 것이 아니다'라고 말한다.[4] 이렇게 보면

---

2) 유불도 삼교 합일에 대해서는 임영효(진광), 『憨山의 三教合一思想 研究』, (영남대학교 대학원 박사학위논문, 2008.12), 32-45쪽 참조.
3) 왕양명은, 久須本文雄의 『王陽明の禪的思想研究』, (名古屋: 日進堂書店, 昭和33)의 5장 「陽明の遊歷禪刹とその禪的影響」(113-133쪽)을 보면, 중국 각 지역(각 부의 8개 省)의 40여 사찰을 방문하며 짧게는 半旬, 길게는 8개월 이상을 머문 것으로 보인다.
4) 「傳習錄」下 : 先生曰, 仙家說到虛, 聖人豈能虛上加得一毫實, 佛氏說到無, 聖人豈能無上加得一毫有, (중략)俱在我良知的發用流行中, 何嘗又有一物超於良知之外, 能作得障碍.(강조는 인용자)

치양지학은 왕양명의 사상이 도교 또는 불교와 얼마나 깊이 소통을
하고 있었는가를 보여주는 그 '심장'이라 해도 좋다.[5]

이 글에서는 왕양명의 생애와 저작에 나타난 도교와 관련된 주요
사항을 간추려서 서술하는 형태로 양명학과 도교의 회통 문제를 다루
고자 한다.

2. '會通'의 기저되는 것
−중국인의 문화적 전통과 풍속 · 습관−

우리가 중국, 나아가서는 동아시아 사상계에서 「유교(儒教)」가 놓
여있던 「자리」, 즉 기저(基底) 되는 것을 논의하고자 할 때, 그 기저되
는 것이 과연 「유교만의 것」이라고 주장할 수 있을까. 사상의 기저에
대한 영유권 주장은 그다지 간단하지 않은 문제이다. 왜냐하면 기저
되는 그 무엇이 먼저 있고서 유교가 전개되었는가, 유교가 전개되고
서 그것의 기저되는 것으로 보이는 것이 나중에 드러났는가(발견되었
는가)의 문제는 논란의 여지가 많기 때문이다.

그러나 기저되는 그 무엇 위에 유교가 전개되었다고 한다면, 그 기
저는 정확히 말해서 중국 지역의 문화나 습속, 즉 중국 지역에 살던 사
람들의 공유물(共有物)이지 유교 그것만의 기저되는 것(=유교의 본
질 · 특질)이라고는 규정할 수 없다. 이것을 도표화하면 다음과 같다.

5) 왕양명의 불교 이해와 소통의 문제는 김길락, 『양명학과 상산학』, (서울: 예문서원,
1995) 가운데 「양명학과 선학(禪學)」 부분(147-170쪽)을 참고 바람.

[표 1] 중국사상, 종교 '회통'의 기저되는 것

종교	儒敎, 佛敎, 道敎
기저되는 것	文化·習俗·習慣·風俗 등 = 共有物

예컨대 비록 중국의 유교에서 어떤 특질이 발견된다 하더라도, 그
것은 중국인의 문화적 전통과 풍속 · 습관 등이며 그런 점에서 중국인
모두의 것이지 「중국에서 성립한 유교만의 기저되는 것(특질, 본질)」
으로서 규정해낼 수는 없다는 것과 같다. 적어도 중국에서 유교와 도
교, 불교의 기저는 중국인들의 오랜 문화 · 습속 · 습관 · 풍속 등 = 기
저되는 것 = 공유물(共有物)을 분모(分母)로 한 것이다.[6] 이 공통분모
가 이른바 중국사상을 합일 → 융합 → 회통으로 이끄는 원동력이 되
었다고 생각한다.

중국에서 삼교의 융합은, 일찍이 구보타 료온(久保田量遠)이 그의
『지나유불도교섭사(支那儒佛道交涉史)』(한글번역판 『中國儒佛道三
敎의 만남』) 「서문」에서

무릇 삼교의 관계는 실로 광범위하여 불교와 유교, 유교와 도교, 도
교와 불교와 같은 대응적 교섭이 주류를 이루고 여기에 수반하여 허다
한 사항들이 파생하였으며, 형이상학적으로 또는 형이하학적으로 종횡
무진하게 교류를 하였다.[7]

---

6) 이에 대해서는 최재목, 「일본사상의 기저는 무엇인가?」, 『멀고도 낯선 동양』, (서울:
이문출판사, 2004), 203~06쪽 참조하여 정리하였음.
7) 구보타 료온, 『中國儒佛道三敎의 만남』, 최준식 옮김, (서울: 민족사, 1990), 3쪽.

고 하듯이, 장대한 파노라마를 연출한다. 이것은 삼교에 그치지 않는 다. 불교와 기독교, 경교(景教)와의 관계에서도 보인다. 정수일은 『고 대문명교류사』에서 이렇게 말한다.

> 불교, 특히 대승불교는 당대에 이르러서 동전한 기독교와 때로는 융 화하면서, 때로는 경쟁하면서 기독교 전파에 직·간접적으로 관련되 었다. (중략) 경교(景教)는 유입과 전도 및 정착 과정에서 불교를 비롯 한 타종교와 융화·타협하면서 자신의 활동 기반을 다져나갔다. 많은 역사적 사실이 입증하다시피 불교와 경교는 애당초 '앙숙 관계'가 아니 라 어울리는 이웃이었다. 경주 불국사 경내에서 기독교의 상징물인 석 십자가가 발견된 사실, 즉 불교와 기독교가 한 곳에서 어우러진 사실을 우리는 과연 어떻게 설명할 것인가? (하략)[8]

중국사상사에서 보이는 사상의 회통은 특이한 현상이 아니라 중국 인의 문화적 전통과 풍속·습관을 기저로 표출되는 이른바 유비쿼터 스적인 가능성의 한 현실화일 뿐이라 볼 수 있다.

3. 왕양명의 會通的 思想 구축의 로드맵: 五溺, 學三變 ·教三變

대부분의 신유가(新儒家. Neo-Confucian)들의 학문과 생애가 그렇 듯이, 명대 중엽의 대표적 사상가인 왕양명(王陽明. 名은 守仁. 1472-

---

8) 정수일,『고대문명교류사』, (서울: 사계절, 2002), 599쪽.

1528)도 도가(道家), 도교(道敎)와 관련이 깊다. 왕양명은 어린 시절
부터 당시 과거 급제의 수단이 되었던 주자학 공부에 열중했을 뿐만
아니라 유·불·도 삼가(三家)를 섭렵하였고, 이후 양지(良知)를 기
반으로 한 삼교합일(三敎合一)에 대한 견해를 피력하기도 한다.

　왕양명의 학문적 친구인 담약수(湛若水. 호는 甘泉. 1466-1560. 양
명보다 6세 年上)가 지은 「양명선생묘지명(陽明先生墓地銘)」[9]에는 오
닉(五溺)으로 왕양명의 생애적 문제의식을 분획하여 서술한다. 즉 양
명은 오닉(五溺) 즉 다섯 가지 영역에의 침잠이라는 정신적 편력(遍
歷)(=段階)을 갖는다.[10] 즉, 任俠 → 騎射 → 辭章(=文學) → 神仙(=道
敎) → 佛氏(=佛敎)가 그것이다.[11] 즉 첫 번째 단계는 약자를 돕고 강자
를 물리치는 의협심(義俠心)에 젖어 있던 시기, 두 번째 단계는 말 타
고 활 쏘는 일에 젖어 있던 시기, 세 번째 단계는 사장학(辭章學)에 젖
어 있던 시기, 네 번째 단계는 도가(道家), 도교(道敎)에 젖어 있던 시
기, 다섯 번째 단계는 불교(佛敎) 공부에 몰두하던 시기이다. 이 내용에
서 볼 때, 왕양명은 불교 공부보다 도교, 도가의 공부에 먼저 착수했던
것으로 보인다. 왕양명의 아버지 왕화(王華)가 왕양명이 신선(神仙)·
장생(長生)의 학설을 공부하는 데 반대했던 것으로 보이지만[12] 왕양명
의 가문은, 그의 6대조 왕강(王綱. 字는 性常)이 산중에서 도사(道士)

---

9)『王陽明全集』권38.

10)『王陽明全集』권38,「陽明先生墓誌銘」: "初溺於任俠之習, 再溺於騎射之習, 三溺
　　於辭章之習, 四溺於神仙之習, 五溺於佛氏之習."

11) 錢德洪,「刻文錄敍說」,『王陽明全集』권38: "居貴陽時, 首與學者爲 '知行合一'之說,
　　自滁陽後, 多敎學 者靜坐, 江右以來, 始單提 '致良知'三字, 直提本體, 令學者言下有
　　悟, 是亦三變也."

12) 柳存仁,「王陽明與道敎」,『陽明學論文集』, (臺北: 中華學術院, 民國66), 307쪽 참
　　조.

와 접촉하며 살았던 것처럼[13], 선대(先代)부터 도교와 긴밀한 관련이 있었던 것 같다.

양명의 제자 전덕홍(錢德洪 호는 緒山. 1496~1574)이 쓴 「각문록서설(刻文錄敍說)」(『陽明全書』「舊序」)[14]에서는 양명의 '교(敎)의 삼변(三變)' 즉 심즉리(心卽理, 37세) → 지행합일(知行合一, 38세) → 치양지(致良知, 49-50세)의 변천과정과 더불어 '학(學)의 삼변(三變)' 즉 사장(辭章) → 이씨(二氏)(=道·佛) → 성현(聖賢)(=儒學)의 변천과정을 지적하고 있다. 왕양명은 도가, 도교, 그리고 불교를 거친 후 정덕(正德) 병인(丙寅. 1507年) 35세 때 「성현(聖賢)의 학(學)」즉 유학(儒學)으로 돌아온다. 이런 인식 및 기술 방법은 당시의 공통된 것이었다고 생각된다.

다른 유학자들과 마찬가지로 왕양명도 일찍부터 유학 의 경전 및 성리학(특히 주자학) 관련 저서를 읽고, 나아가서는 그 속에 담긴 유학의 도를 체득하여 '성인(聖人)이 되는 것을 배움(學聖賢)'에 뜻을 두었다. 경서를 읽는 목적이 단순히 관리 등용 시험[科擧]에 합격하여 관료가 되는 것이 아닌, 자기의 인격을 스스로 완성시키는 데 있다는 자각은 이미 유년기(11세) 때부터 이루어진다.[15]

그는 성인이 되기 위한 방법으로써 당시 보편화된 학문 체계였던

---

13) 「世德紀 王性常先生傳」, 『王陽明全集』권38 참조.
14) 『王陽明全集』권38.
15) 「年譜」11歲條에 보면 「왕양명이 그의 가정교사[塾師]에게 '무엇이 제일 중요한 일입니까'하고 물었을 때, 가정교사는 '책[經書]을 읽고 과거에 급제하는 것이다'라고 대답했다. 그러자 왕양명은 '과거에 급제하는 것은 아마도 제일 중요한 일이 아닐 것입니다. 책을 읽고 聖賢을 배우는 것이라고 생각합니다'라고 말하였다(嘗問塾師曰, 何爲第一等事, 塾事曰, 惟讀書登第耳, 先生疑曰, 登第恐未爲第一等事, 或讀書學聖賢耳)」라고 있다.

주자학에 몰두하여 결국 두 번의 좌절을 체험한다. 이러한 체험은 이후에 그의 독창적인 사상 체계 수립의 중요한 토대가 된다. 즉, 먼저 그가 21세 되던 해 주자의 저서를 널리 읽고 "만물은 반드시 겉과 속 정밀함과 거침이 있고, 풀 한 포기 나무 한 그루도 모두 지극한 이치를 갖추고 있다"는 이른바 격물 궁리(格物窮理)에 대한 이론을 알고 뜰 앞에 무성하게 자라는 대나무[竹] 하나를 잘라 와서, 그 속에 갖춰져 있다는 이치를 발견하고자 심사숙고하였으나 결국 성과를 얻지 못하고(이치를 발견하지 못하고) 노이로제에 걸려버렸다는 이야기이다.[16]

22세 되던 해(弘治 6년) 봄 양명은 회시(會試)에 떨어지고, 다시 3년 뒤(弘治 9년. 25세)의 회시(會試)에도 떨어졌다. 그는 고향 여요(餘姚)에 돌아가 용천산사(龍泉山寺)에 시사(詩社)를 만들고 시작(詩作)에 몰두하였다.[17]

그리고 그는 27세에 경사(京師. 북경)에 있었는데 건강 탓인지 양생(養生)에 대해 관심을 갖고 담론하고(談養生) 있었던 것으로 보인다. 그는 스스로 사장예능(辭章藝能)이 '지극한 도(至道)'에 통하기에는 부족하다고 생각하고 있었다.[18] 여기서 말하는 사장예능(辭章藝能)이란 바로 이즈음에 그가 공부했을 고시문(古詩文)으로 보인다.[19]

---

16) 「年譜」21歲條: 是年爲宋儒格物之學, 先生始待龍山公于京師, 偏求考亭遺書讀之, 一日思先儒爲衆物必有表裏精粗, 一草一木皆含至理, 官署中竹多, 卽取竹格之, 沈思其理不得, 遂遇疾.

17) 「年譜」21歲條: 明年春下第, …及丙辰會試, …歸餘姚, 結詩社龍泉山寺詩作.

18) 「年報」27歲條: 寓京師, …是年先生談養生, 先生自念辭章藝能不足以通至道,

19) 최재목, 「王陽明의 思想에서 보이는 '古'의 이념」, 『民族文化論叢』제31집, (영남대 민족문화연구소, 2005), 145-146쪽 참조.

「연보」 30세조에는 구화산(九華山)에 들어가 소요하면서 구화산
(九華山)을 주제로 선경(仙境)에 관해 시를 짓는 듯 어느 정도 신선
(神仙)의 경지에 들어간 듯한 풍취를 보여준다. 그리고 도사 채봉두
(蔡蓬頭)를 만나 도가(道家)의 선경(仙境)에 관해 이야기를 주고받기
도 한다.[20] 「연보」31세조에 보면,

　　이 해에 선생은 점차 선석이씨(仙釋二氏)의 잘못을 깨달았다. … 경
　　중(京中)의 구유(舊游)[21]와 함께 재명(才名)으로써 서로 경쟁하며 고
　　시문(古詩文)을 배웠다. 선생이 탄식하여 "내가 어지 유한(有限)의 정
　　신으로써 무용(無用)의 허문(虛文)을 하겠는가?"라고 말했다. 마침내
　　병이 나서 고향[城]에 돌아가 양명동(陽明洞)에 집[室]을 짓고 도인술
　　(道引術)을 행하였다. 이것을 오래하고 나서 마침내 선지(先知)가 있
　　다.[22]

라고 있다. 이미 말했듯이 양명은 오닉(五溺)이라는 다섯 가지 영역에
의 침잠이라는 정신적 편력을 갖는다. 그 이후 「비로소 성현의 학(=유

---

20) 「年報」31歲條: 遂遊九華, 作遊九華賦, 宿無相化城諸寺, 是時道者蔡蓬頭善談仙.
　　그리고 『陽明全書』권19, 「九華山賦」에는 「列仙舞於晴昊, …共太虛而逍遙」라는 말
　　이 나온다.
21) 여기서 말하는 '舊游'는 黃綰이 지은 「陽明先生行狀」 속의 여러 인물들로 추정된
　　다. 따라서 그가 京師에 머물면서 古文辭派의 인물들과 어울려 古詩文을 배웠다
　　고 하는 분명한 記事는 여기뿐이다. 물론 이 「연보」의 기록은 「양명선생행장」에
　　기초하여 작성되었을 것이다. 그리고 인용문 속의 '京中의 舊游'는 그가 진사시에
　　급제한 후에 처음으로 사귄 인물들이라고 보아도 좋을 것이다.
22) 是年先生漸悟仙釋二氏之非, …京中舊游俱以才名相馳, 學古詩文, 先生嘆曰, 吾焉
　　能以有限精神爲無用之虛文也, 遂告病歸越, 築室陽明洞中, 行道引術, 久之, 遂先
　　知.

학)」으로 돌아온다. 양명에서 보이는 '사장(辭章)'(literature)에서 '심성의 학'(philosophy)으로의 전향은 '무익(無益)의 공담(空談)'에서 '제일등(第一等)의 덕업(德業)'으로 전환해가는 것이었다.

왕기(王畿. 호는 龍溪. 1498~1583)의 「증순징별언(曾舜徵別言)」[23]에는 이렇게 언급하고 있다.

> 홍치(弘治) · 정덕(正德) 연간에 경사(京師)에서는 활발히 사장(詞章)의 학(學)을 하는 상태였다. 이(李)(=夢陽) · 하(何)(=景明)은 그 중심[宗]을 차지하고 있었다. 양명(陽明) 선사(先師)는 (그들과) 시사(詩社)를 만들어 번갈아 가며 서로 화답하며 한 때를 풍동(風動)하였다. 마음의 움직임(意)을 다듬고 글(辭)을 꾸미며, 마침내 문단에 데뷔(登述作之壇)하여, 거의 그 진수에 들어갔다. 그렇게 된 뒤 갑자기 다음과 같이 뉘우쳤다. "유한(有限)의 정신(情神)을 가지고서 무익(無益)의 공담(空談)에 진력하는 것은 어찌 귀한 구슬(隋珠[24])로써 참새를 쏘는 것과 다르겠는가. 그것은 경중(輕重)을 가림에 어두움이 심하다." …사중(社中)의 사람들이 서를 그것(양명이 그렇게 지적 · 반성하고 있는 것)을 애석해 했다. …선사(先師)(=陽明)가 듣고서 웃으면서 이렇게 말했다. "제군(諸君)들은 스스로 품은 뜻(志)이 있다고 생각하는가. 학문(學)을 하여 (唐代의) 韓[愈] · 柳[宗元][25]과 같이 한다 하더라도 문인(文人)에 불과하며, 사장(辭)이 이백 · 두보[26]와 같이 한다하더라도 시

<hr>

23) 『王龍溪全集』권16.
24) 춘추시대의 隋侯가 뱀을 도왔는데, 뱀이 그 은혜에 보답하기 위해 그에게 예물로 귀한 구슬(寶玉. 즉 明月珠 · 夜光珠)을 주었다고 하는 이야기에서 유래한다(『淮南子』, 「說山篇」참조).
25) 唐代의 柳宗元과 韓愈는 함께 古文運動에 힘쓴 탓에 흔히 「韓柳」라 병칭한다.
26) 盛唐時代의 시인 李白과 杜甫를 李杜라고 병칭한다. 또 이 李杜를 中唐期의 白居

인에 불과하다. 감히 심성(心性)의 학(學)에 품은 뜻[志]이 있다면 (공
자의 훌륭한 제자로 덕행에 뛰어난) 안연·민자건이 되기를 기약하고
서야 함께 일할 수 있고 제일등(第一等)의 덕업(德業)을 꾀할 수 있을
것이다.[27]

양명은 스스로「유한의 정신을 가지고서 무익의 공담에 진력하는
것은 어찌 귀한 구슬로써 참새를 쏘는 것과 다르겠는가. 그것은 경중
을 가림에 어두움이 심하다」라는 생각 때문에 의식적, 자각적으로 버
렸을지도 모른다. 그가「심성의 학에 뜻[志]」을 두게 된 이상「안연·
민자건 되기를 기약」할 수밖에 없었고, 그렇다면 한유·유종원과 같
은 문인, 이백·두보와 같은 시인은 그의 목표가 될 수 없었다. 시작
활동은 바로「유한의 정신을 가지고서 무익의 공담에 진력하는 것」이
었기 때문이다.

이렇게 해서 왕양명은 문학, 그리고 도(道), 불(佛)의 사상적 편력
을 거치며 그 제반의 학술적 탐구(=philosophy)를 통해 '정학(正學)=
유학(儒學)'에 복귀하였다고 일컬어진다. 왕양명의 오닉(五溺), 학삼
변(學三變)·교삼변(敎三變)은 왕양명의 회통에 이르는 '로드맵'이라
할만하다.[28]

易와 韓愈와 더불어 '李杜韓白'으로 병칭하기도 한다.

27) 宏正間京師倡爲辭章之學, 李何擅其宗, 陽明先師結爲詩社, 更相倡和, 風動一時, 鍊
意繪辭, 寖登述作之壇, 幾入其髓, 旣而飜然悔之, 以有限之情神, 弊於無益之空談,
何異隋珠彈雀, 其眛於輕重亦甚矣, …社中人相與惜之, …先師聞而笑曰, 諸君自以
爲有志矣, 使學如韓柳, 不過爲文人, 辭如李杜, 不過爲詩人, 果有志於心性之學, 以
顏閔爲期, 當與共事, 圖爲第一等德業.

28) 최재목,「王陽明의 思想에서 보이는 '古'의 이념」,『民族文化論叢』제31집, 146-
150쪽 참조.

[표 2] 왕양명의 오닉(五溺), 學三變 · 敎三變 관련성

五溺	任俠→	騎射→	辭章→	神仙→	佛氏	⇒	儒學		
學三變			辭章→	二氏(道敎 · 佛敎)→					
敎三變							心卽理→	知行合一→	致良知

4. 왕양명과 도교의 관련성

1) 유년기 觀相家와의 만남과 '靜坐凝思'

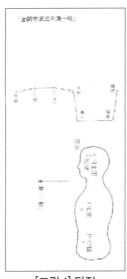

[그림 1] 단전

「연보(年譜)」에 의하면, 왕양명은 여요(餘姚)에서 태어나 10세까지 고향에서 살다가 11세에 아버지 용산공(龍山公)과 함께 조부 죽헌공(竹軒公)을 모시고 경사(京師)(=北京)에서 살게 되었다.

그 다음 해 12세가 되어서야 숙당(塾堂)에 정식으로 취학하였다. 그런데 어느 날 학생들과 함께 시내를 거닐다가 우연히 관상가(觀相家)를 만났다. 그 관상가가 어린 왕양명을 바라보고는 기이하게 생각하고 양명의 상(相)에 대해 말해 주었다. 그는 뒷날 내 말을 잊지 말고 잘 기억해 두라는 부탁과 함께 당신의 수염이 옷깃에 스칠 정도가 되면 '성(聖)'의 경지에 들어가게

되고, 수염이 상단대(上丹臺)에 이르게 되면 성태(聖胎. 神仙이 될 種子)를 맺게 된다고 하였다. 그리고 수염이 하단전(下丹田)에 이르게 되면 성과원(聖果圓. 成胎가 원숙하여 解脫에 이른, 이른바 結實의 경지)에 이르게 된다고 하였다.[29] 왕양명은 비록 어린 시절이었지만 상사(相士)의 말을 듣고 감격해서 그 뒤로는 항시 책을 읽을 때도 꼿꼿하게 고요히 앉아 사색에 열중하는(靜坐凝思) 등 도교적 방법을 취했다고 한다.[30]

2) 道觀 鐵柱宮에서 無爲道士와의 만남

양명이 17세 되던 해 결혼식 날의 일화(逸話)이다. 결혼식 때문에 집안사람들이 분주하게 일하는 틈을 타서 양명은 슬그머니 산책을 나가는데, 그 길로 그는 종적(蹤迹)을 감추어버린다. 얼마 후에 신랑이 없어진 것을 눈치 챈 신부가 아버지에게 말하자, 집안사람들은 크게 놀라 사방으로 일꾼을 풀어 그가 있을 만한 장소를 모조리 수색하였다. 그러나 밤이 되어도 여전히 그의 종적은 찾을 수가 없었다. 밤이

---

29) 단전은 흔히 제하(臍下:배꼽 밑) 3치(9cm쯤)의 부위를 말한다. 선경(仙經)에 의하면 뇌(腦)는 수해(髓海)로서 상단전(上丹田)이 되며, 심(心)은 강궁(絳宮)으로서 중단전(中丹田)이 되고, 제하 3치의 부위를 하단전(下丹田)이라고 한다. 하단전은 장정(藏精)의 부(府)이며, 중단전은 장기(藏氣)의 부이고, 상단전은 장신(藏神)의 부라고 하였다. 인신(人身)은 정(精) · 기(氣) · 신(神)이 주가 되는데, 신은 기에서 생기며, 기는 정에서 생기므로 정 · 기 · 신 3자는 항상 수련하여야 한다고 하였다. 동양의학적 측면에서 볼 때 양생(養生)의학상 중요한 부위이기도 한데, 특히 단전호흡법이라 하여 정기(精氣)를 이곳에 집중시키는 특수 호흡법은 양생에 의의가 있다.
(http://100.naver.com/100.nhn?docid=42836)
30) 「年譜」11-12歲條 참조.

지나고 날이 샐 무렵 수소문 끝에 사람들은 뜻밖에도 양명(陽明)이 근처 도교 사원[道觀]인 철주궁(鐵柱宮)에 있음을 발견하게 된다. 그는 철주궁에서 정좌 수행을 하는 어느 도사(道士)로부터 양생술(養生術)에 대해 듣고는 그와 함께 고목처럼 가부좌(跏趺坐)하여 道教 修行에 열중하고 있었던 것이다. 그는 눈을 감고 고요히 앉아서 호흡을 하며 기운을 모으는 정좌조식(靜坐調息)으로 침식도 잊은 상태였다.[31] 양명이 결혼식 날 몰래 빠져나와 만났던 그 도사는, 『왕양명출신정난록(王陽明出身靖亂錄)』[32]에 따르면, 촉(蜀), 즉 사천성(四川省) 사람으로 96세이고 이름은 알려지지 않았으며, 단지 '무위도자(無爲道者)'로 불려졌다고 한다. 무위자연(無爲自然)의 도(道)를 체득(體得)·실천(實踐)하는 사람이란 뜻이 그대로 드러나 있어, 도교(道教) 수련자(修鍊者)임을 짐작케 한다. 양명이 그 무위도자에게 양생술을 묻자, '정좌(靜坐)'가 제일이며, 노자(老子)의 '청정(清淨)'에서 장자(莊子)의 '소요(逍遙)'로 향하는 것이 좋다고 말하고, 심호흡(深呼吸)으로 대기(大氣)를 체내에 빨아들이는 방법인 도인법(導引法)을 가르쳐주었다고 한다. 도사는 정신과 신체가 모두 건강하였고 목소리는 대종(大鐘)과 같았기 때문에 양명은 그가 도를 깨달은 사람이라 믿고 그와 함께 정좌에 빠져들었다. 양명은 이 '무위도자(無爲道者)'를 正德 2년(1507

---

31) 「年譜」17歲條 참조.
32) 『王陽明出身靖亂錄』은 墨憨齋(본래의 성명은 馮夢龍, 자는 猶龍, 호는 墨憨齋·翔甫, 1574-1646)가 편집한 것이다. 이 책은 중국에는 없고 일본에만 남아 있는 佚存書이다. 『王陽明出身靖亂錄』은 왕양명의 '出身'과 그가 '亂을 平定한 것에 대한 記錄(靖亂錄)'이라는 뜻이다. 墨憨齋는 명나라 말기인 萬曆 2년에 태어나 청나라 초기 順治 3년에 죽은 文人이다. 묵감재는 그의 居所의 이름인데, 그것이 호가 되었다. 이 호가 본래의 성명인 馮夢龍보다도 더 잘 알려져 있다.

년), 36세 때 좌천지 용장(龍場)으로 향하는 도중 복건성(福建省) 근
처의 어느 산사(山寺)에서 다시 만나게 된다.[33]

3) 元神, 元氣, 元精 그리고 三關 · 七返 · 九還

기타 그의 저서 속에는 도교(道教)와 관련되는 사상적 요소들이 많
이 보이고 있다. 즉 양명이 53세 되는 해(가정 3년, 1524年) 월(越)에
서 쓴 「육원정(陸原靜)에게 답하는 글」(答陸原靜書)(『傳習錄』卷中)
에는 이렇게 있다.

> 보내온 편지에서 "원신(元神) · 원기(元氣) · 원정(元精)은 반드시
> 각기 의탁하여 갈무리하고 발생하는 곳이 있으며, 또 진음지정(眞陰之
> 精)과 진양지기(眞陽之氣)가 있다."등등으로 말하고 있다.

> 무릇 양지는 하나이다. 그것의 오묘한 작용으로 말하면 '신'(神)이라
> 하고, 그것의 유행으로 말하면 '기'(氣)라고 하고, 그것의 응취(凝聚)로
> 말하면 '정'(精)이라 한다. 어찌 형상과 장소로써 구할 수 있겠는가? 진
> 음지정(眞陰之精)은 진양지기(眞陽之氣)의 어미이며, 진양지기는 진
> 음지정의 아비이다. 음(陰)은 양(陽)에 뿌리를 두고 양은 음에 뿌리를
> 두니, 또한 두 가지가 있는 것이 아니다. 만약 양지의 학설이 밝혀진다
> 면, 이와 같은 종류는 모두 말하지 않아도 깨달을 수 있을 것이다. 그렇
> 지 않으면 그대가 보내온 편지에서 말한 삼관(三關) · 칠반(七返) · 구

---

33) 崔在穆, 『내 마음이 등불이다: 왕양명의 삶과 思想』, (서울: 이학사, 2004), 56~58
 쪽 참조.

환(九還) 등에 대해 오히려 의심한 만한 것이 끝없이 일어날 것이다.[34]

여기에 나오는 원신(元神), 원기(元氣), 원정(元精) 그리고 삼관(三
關)[35] · 칠반(七返) · 구환(九還)[36]은 모두 도교(道敎)의 주요 용어이다.
양명은 특히 원신(元神), 원기(元氣), 원정(元精)을 '양지는 하나(良
知一)'이라는 관념 속에 넣어서 이해하고 있다. 다시 말하면 양지의
작용 속에 도교의 개념을 포섭시켜, 그의 치양지론을 설명하는데 적
극 활용하고 있다.
　그의 생애 속에서 보이는 도교적 지식이나 도교적 수련은, 예컨대
「연보」31세조에 「마침내 병이 나서 고향[城]에 돌아가 양명동(陽明
洞)에 집[室]을 짓고 도인술(道引術)을 행하였다. 이것을 오래하고 나
서 마침내 선지(先知)가 있었다.」[37]라는 언급처럼, 그의 치양지학을
회통적 형태로 완성시키는데 큰 기여를 했던 것으로 이해할 수 있다.

---

34) 「答陸原靜書」, 『傳習錄』中: 來書云, 元神 · 元氣 · 元精, 必各有寄藏發生之處, 又有
眞陰之精 · 眞陽之氣, 云云.
　夫良知一也, 以其妙用而言謂之神, 以其流行而言謂之氣, 以其凝聚而言謂之精, 安
可以形象方所求哉? 眞陰之精, 卽眞陽之氣之母; 眞陽之氣, 卽眞陰之精之父; 陰根
陽, 陽根陰, 亦非有二也. 苟吾良知之說明, 則凡若此類皆可以不言而喩. 不然, 則如
來書所云 '三關 · 七返 · 九還'之屬, 尙有無窮可疑者也.
35) 뇌 뒤에 있는 것을 옥침관(玉枕關)이라 하고, 뺨 옆에 있는 것을 녹로관(轆轤關)
이라 하며 수화(水火)가 교류되는 곳을 미려관(尾閭關)이라고 한다. 모두 정과 기
가 오르내리며 왕래하는 길이다.(許浚, 『東醫寶鑑』, 「內景篇一 · 身形」: 仙經曰背
後有三關 腦後曰玉枕關 夾脊曰轆轤關 水火之際曰尾閭關 皆精氣升降往來之道路
也)
36) 九라는 수는 金의 成數이며, 七이라는 수는 火의 成數이다. 모두 陽에 속한다. 返
還이란 말은 순수한 陽이며 陰이 없는 자리로 되돌아간다는 뜻이다. 도교에서 道
를 닦는 것은 金과 火를 단련시켜서 이미 망가진 몸의 결함을 다시 온전하게 회복
시키는 일이다. 그래서 이것을 九還七返이라 한다.
37) 遂告病歸越, 築室陽明洞中, 行道引術, 久之, 遂先知.

[표 3] 양명 심학 계보도[38]

孟子		程明道		陸象山		王陽明
	▶		▶	朱子	▶	致良知學
		佛敎 · 道敎			▷	

4) '病弱'과 도교 수행에 의한 단련

위의 「연보」 21세조에서, 주자의 격물 궁리(格物窮理)의 설을 알고 뜰 앞에 무성하게 자라는 대나무[竹] 하나를 잘라 와서, 그 속에 갖춰져 있다는 이치를 발견하고자 심사숙고하였으나 결국 성과를 얻지 못하고(이치를 발견하지 못하고) 「마침내 노이로제에 걸려버렸다(遂遇疾)」는 이야기에서 알 수 있듯이, 애당초 그는 성격이 예민하고 약했음을 알 수 있다.

학문적 고뇌에 직면하여 노이로제 증세를 보이던 양명은, 홍치 12년(1499년) 28세에 마침내 제2차 국가고시인 회시에 합격하였다. 세 번째 도전만에 합격한 셈이다. 21세 때 국가고시의 예비 시험인 향시에 합격한 지 꼭 7년만의 일이었다. 생각해보면, 수험생으로서의 시간 치고는 참으로 긴 시간이었는지도 모른다.

28세 되던 해(홍치 12년, 1499년), 양명은 회시에 이어지는 제3차 국가고시인 전시에서도 상위권으로 합격하여 드디어 국가의 관리가 되었다. 관정공부(觀政工部) 즉 건설부에 배속되어 천자의 사자[欽次]로서, 준현(濬縣) 사람 위령백(威寧伯) 왕월(王越. 1423~1498)의 분묘 축조 공사 감독으로 임명되어 공사 지역인 준현에 부임하였다.

---

38) 이 표는 崔在穆, 『내 마음이 등불이다: 왕양명의 삶과 思想』, 429쪽에서 인용.

여기서 그는 이전에 익혔던 병학에서 행하는 진 치는 방법[陣法]을 응용하여 공사를 진행시켰다는 유명한 이야기가 있다. 즉 5명 또는 10명을 한 조로 하여 연대 책임을 묻는 '십오(什五)의 법(法)'을 쓰고, 간간이 『주역』 팔괘(八卦)의 방위로 진의 형태를 본 딴 '팔진(八陣)의 도(圖)'(제갈공명諸葛孔明이 창안했다고 함)를 시도하기도 했다. 그는 매일 공사장을 왕래했는데, 보통 가마를 타거나 아니면 산길을 가기 위해 목재를 실어 나르는 목마(木馬)를 사용하였다. 그러던 어느 날 그는 이런 것들을 이용하지 않고 승마술(乘馬術)을 익힐 생각으로 말을 타고 가는 도중에 실수로 그만 낙마한다. 이때 그는 가슴을 심하게 다쳐 피를 토하게 된다. 그래도 그는 여전히 그 말을 타고 현장을 왕래하였지만, 이때 다친 가슴이 뒷날 그의 삶의 근저를 그림자처럼 뒤따르며 괴롭혔던 폐병(肺病)의 원인이 되었다고 생각된다.[39]

[그림 2] 新建伯王文成公像   [그림 3] 新建伯王文成公守仁像

---

39) 최재목, 『내 마음이 등불이다: 왕양명의 삶과 思想』, 79쪽 참조.

양명의 기록을 보면, 특히 호흡 기관과 소화 기관 계통이 좋지 않았던 것 같다. 이런 탓에 그는 평생 병마와 싸워야 했다. 현재 남아 있는 왕양명의 초상 「신건백왕문성공상(新建伯王文成公像)」(明代의 것. 黃節氏所藏)(그림 2)과 「신건백왕문성공수인상(新建伯王文成公守仁像)」(王圻 編, 『三才圖會』[40])에 보면 병력이 완연하다. 양 볼이 쏙들어가고 변색이 완연하다. 그러나 눈빛은 정기가 넘쳐흐르며 내면에서 살아 움직이는 번득이는 양지(良知)의 기운을 느낄 수 있는 듯하다.[41]

낙마한 이듬해, 즉 30세 되던 때(홍치 14년, 1501년)에 그는 수도 북경에 있었다. 이때 몹시 무리했던 탓인지 피를 토하였다. 이후 그는 폐병의 재발을 걱정하게 된다. 이렇게 해서, 「연보」31세조에 「마침내 병이 나서 고향[城]에 돌아가 양명동(陽明洞)에 집[室]을 짓고 도인술(道引術)을 행하였다.」라고 있듯이, 그가 도교의 도인술(道引術) 수행을 하게 되는 직접적인 계기는 아마도 '병(病)'이었다. 그는 폐병의 재발로 인해 귀향하고 도사를 찾고, 또한 도인법에 몰두하게 된다.

이후 그가 죽을 때까지 그를 괴롭힌 것은 폐병과 소화기관의 부실

---

40) 王圻 編, 『三才圖會』는 백과사전의 일종이다.
41) 繼楠本正는 『宋明時代儒學思想의 研究』(千葉: 廣池學園出版部, 1985)의 책머리에 新建伯王文成公像(明代의 것, 黃節氏所藏)을 싣고서 다음과 같이 해설을 붙였다. 「일찍이 昭和 4년 가을부터 다음해 봄에 걸쳐서 저자는 북경에 체재하고 있었다. 이 사진은 그 때 友人 橋川時雄氏가 黃節氏가 조장하고 있는 것을 빌려서 보여준 서화 한 묶음 속에 들어있는 明畵에 의한 것이다. 양명의 초상으로서 유포되는 것은 謝廷傑이 刻한 王文成公全書의 卷頭에 게시된 것 외에도 없지는 않다. 그러나 哲人의 面影을 잘 전하는 것은 이 초상이 제일임을 저자는 믿어 의심치 않는다. 특히 기록하여 兩氏의 好意에 감사한다.」(밑줄은 인용자).
    기타 왕양명의 초상에 대해서는 최재목, 「近代 韓國 · 日本의 「陽明先生肖像」에 나타난 思想 戰略 - 崔南善의 『少年』誌와 東敬治의 『陽明學』誌를 중심으로 - 」, 『陽明學』제21호, (韓國陽明學會, 2008.12)을 참고바람.

이었다. 양명이 56세 되던 해(가정 6년, 1527년) 정월 「황종현에게 보내는 편지[與黃宗賢]」(『양명전집』 권6)에는 「재야에서 병으로 누워 나는 오직 약을 쓰며 구차하게 천식(喘息)을 지연시키고 있을 뿐이다.」라고 있다. 여기서 말하는 천식이란 것은 아마도 그가 오래전에 얻었던 폐병과 관련이 있는 것 같다. 다른 곳에서는, 예컨대 「기침 병[咳恙]이 아직 안정되질 않아서 근심이 많다」(『양명전집』 권6「답계명덕(答季明德)」, 55세)는 등, 천식을 걱정하는 표현이 부쩍 많아진다.[42] 젊은 시절부터 앓아온 폐병이 평생에 걸쳐 그를 위협하고 결국 이 병으로 그는 죽게 된다.

　그의 마지막 장면을 살펴보면 그가 병 속에서 생애를 마치는 마지막 광경을 볼 수가 있다. 즉, 양명이 57세 되던 해(가정 7년, 1528년) 11월 25일 양명은 광동성, 광성 그리고 증성을 거쳐 북쪽으로 이동하다가 광동성과 강서성의 경계에 위치한 대유령 매령관을 넘어 배편으로 강서성 남안(南安)으로 향하였다. 그곳의 관리로 있던 문하생인 주적이 배로 찾아오자 누워 있던 양명은 일어나 기침을 참으면서 「그래, 요즘 학문의 진척은 어떤가?」라고 물었다. 주적은 자신이 다스리고 있는 지방의 정치나 교육에 대한 이런저런 이야기를 하고 몹시 쇠약해진 스승의 모습을 안쓰러워하면서 스승의 병세에 대해서 물었다. 그러자 양명은 「병세는 위급하다. 아직 죽지 않고 버티고 있는 것은 원기(元氣)일 뿐이다.」라고 조용히 말했다. 주적은 얼른 의원을 불러 약을 짓게 하였으나 양명의 병은 너무 깊었다. 11월 28일 밤 양명은 배가 멈추자 「어딘가?」하고 물었다. 이에 주적이 「청룡포(靑龍鋪)

42) 최재목, 『내 마음이 등불이다: 왕양명의 삶과 思想』, 324쪽, 330쪽 참조.

입니다.」라고 대답을 했다. 다음 날 29일 새벽부터 양명의 병세는 더욱 악화되기 시작했다. 아침에 양명은 주적을 불러서 잠시 눈을 뜨더니 "나는 간다"라고 짧게 말했다. 주적이 엉엉 울면서 「무슨 유언은 없으십니까?」라고 물었다. 그러자 양명은 희미하게 입가에 웃음을 머금으면서, 「이 마음이 광명하구나. 다시 더 무슨 말이 있겠는가?(此心光明, 亦復何言)」라고 중얼거리고는 잠시 눈을 감았다가 조용히 숨을 거두었다. 유언으로 한 「이 마음이 광명하구나!」라는 말은 그가 55세 때 쓴 시 「중추(中秋)」의 「내 마음에 저절로 밝고 밝은 달이 있네. 천고에 걸쳐 만월[團圓]은 영원히 이지러짐이 없네(吾心自有光明月, 千古團圓永無缺)」라는 구절에도 보인다.[43]

5. 결어 – 會通學으로서의 '致良知學' –

왕양명의 사상적 핵심 개념은 양지설, 치양지설의 개화는 시기적으로 볼 때 50세 이후 그의 만년에 이루어진다고 할 수 있다.[44]

그런데 그는 양지 내지 치양지를 여러 개념들과 연관시켜 의미 내

---

43) 최재목, 『왕양명의 삶과 사상: 내 마음이 등불이다』, 386쪽 참조.
44) 「연보」50세조에 「이 해에 선생(=왕양명)이 처음으로 치양지교를 내세웠다.」(是年, 先生始揭致良知之敎) [『王陽明全集(이하 『양명집』)』하, (上海: 古籍出版社, 1992), 1278쪽](이하 『양명집』 속의 「전습록」은 「전습록」과 쪽수만 밝힘)고 하는 데 근거하여 일반적으로 왕양명이 50세에 치양지설을 제창하였다고 말해진다. 그런데 山下龍二는 「答羅整庵少宰書」(「전습록」중)와 「추추음」(「江西詩」)에 근거하여 왕양명이 치양지설을 제창한 것은 49세(1520년) 6월에서 9월 사이였다고 한다[山下龍二, 『陽明學の硏究』(成立編), (東京: 現代情報社, 昭和56), 192-94쪽 참조].

용의 폭을 확장시켜나가지만 '공허(空虛)'란 말은 사용하지 않고『장자(莊子)』(「知北遊」편) 정도에서 사용되기 시작한「태허(太虛)」란 말을 적극적으로 수용하여 사용하는 것이 특징이다.[45] 물론 여기서 '태허'는 장횡거의 태허론의 수용으로 보아야 할 것이다. 이것은 다음에 잘 드러나 있다.

> 선가(仙家)에서는 〈허(虛)〉라는 것을 설하는데, (유가의) 성인(聖人)이라고 해서 어떻게 이 허(虛) 위에 털끝만큼의 실(實)을 첨가할 수 있겠는가? 또 불가에서는 〈무(無)〉라는 것을 설하는데, 성인이라고 해서 어떻게 이 무 위에 털끝만큼의 유를 첨가할 수 있겠는가? 다만 선가에서는 양생의 위에서 허를 설하고 불가에서는 생사의 고해를 탈출하는 위에서 무를 설하는 것이다. 말하자면 이러한 것들은 본체상에서 그와같은 의사(意思. 위해서 하는 마음)를 더하고 있는 셈이므로 그들이 말하는 허무의 본색은 아닌 것이며, 따라서 본체상에서 장애를 초래하고 있는 것이다. 그러나 성인은 줄곧 양지의 본색 그대로 두고 조금의 의사(意)도 더하지 않는다. 양지의 허는 천(天)의 태허와 같고, 양지의 무는 태허의 무형과 같은 것이다. 일월풍뢰(日月風雷), 산천민물(山川民物)의 대저 모양이나 형체를 갖춘 것(貌象形色)은 모두 태허 무형 속에서 발용유행(發用流行)하면서도 아직 일찍이 천의 장애가 된 적이 없다. 마찬가지로 성인은 다만 그 양지의 발용에 따르니 천지만물은 모두 나의 양지의 발용유행 가운데에 있다. 어찌 일찍이 또 일물(一物)이

---

45) 왕양명의 사상을「佛性論의 중국적 전개」라는 관점에서 조명하며 특히 良知/太虛/明鏡의 세 개념이 훌륭히 결합하고 있다는 것을 보여주는 연구로서 福永光司, 「一切衆生と草木土石-佛性論の中國的展開」,『中國の哲學 · 宗教 · 藝術』, (京都: 人文書院, 1988), 94-113쪽을 참고바람.

이 양지 밖으로 벗어나서 장애가 된 적이 있겠는가?[46]

이와 같이 양명은 양지가 허/태허이며 무/무형이라고 하고, 왕양명은 「양지의 허는 천의 태허와 같고, 양지의 무는 태허의 무형과 같은 것이다. 일월풍뢰·산천민물의 대저 모양이나 형체를 갖춘 것은 모두 태허 무형 속에서 발용유행」한다고 했는데 이것은 분명히 장재(횡거)가 『정몽(正蒙)』속에서 「태허는 무형이며 기의 본래 상태이다. 그것(기)이 모이고 흩어지는 것은 변화의 객형(일시적인 모습)일 뿐이다.」[47]라고 말하는 데서 나온 것이라 추측된다.

여기서 우리가 주목할 것은 치양지학의 최종적 완성에 도교(도가 포함)는 물론 유교, 불교적 요인들이 융합, 회통되어 있다는 점이다. 이것은 유불도가 '양지(良知)'의 태허(太虛) 속에 모두 포섭되어 있는 형태이다.

이렇게 양지를 중핵으로 해서 다른 사상을 융합했던 양명학은 중국 사상사의 심학적 전통을 이어받으면서도 그것과는 매우 다른 새로운 심학의 길을 열고 주자학의 교조적, 배타적 성향과 전혀 다른 포용적 성향의 사상의 틀을 형성했던 것으로 평가할 수 있다. 이것은 그의 만

---

46) 「전습록」하, 106쪽 : 先生曰, 仙家說到虛, 聖人豈能虛上加得一毫實, 佛氏說到無, 聖人豈能無上加得一毫有, 但仙家說虛, 從養生上來, 佛氏說無, 從出離生死苦海上來, 却於本體上加却這些子意思在, 便不是他虛無的本色了, 便於本體有障碍, 聖人只是還他良知的本色, 更不着些子意在, 良知之虛, 便是天之太虛, 良知之無, 便是太虛之無形, 日月風雷山川民物, 凡有貌象形色, 皆在太虛無形中發用流行, 未嘗作得天的障碍, 聖人只是順其良知之發用, 天地萬物, 俱在我良知的發用流行中, 何嘗又有一物超於良知之外, 能作得障碍.

47) 『張載集』, (北京 : 中華書局, 1978), 「正蒙·太和篇」, 8쪽 : 太虛無形, 氣之本體, 其聚其散, 變化之客形爾.

물일체론(萬物一體論)으로 드러나며, 그 근저에는 이원론적 도식으로는 접근할 수 없는 '생명(生命)'의 혼일성[48], 일체성에 대한 왕양명의 깊은 통찰에서 비롯되었다고 할 수 있다. 아울러 그것은 '병약(病弱)'했던 자신의 '몸-신체(身體)'의 한계성에서 열린 지혜였다.

왕양명이, 도교의 개념인 원신(元神), 원기(元氣), 원정(元精)을 '양지는 하나(良知一)'이라는 관념 속에 넣어서 이해하던 방식은 바로 생명의 근저에는 늘 소통와 융합, 회통의 메시지가 들어있음을, 도교적 수행을 통해 얻어냈음을 짐작하게 하는 부분이다.

---

48) 이 문제에 대해서는 김세정, 『왕양명의 생명철학』, (수원: 청계(휴먼필드), 2006) 가 좋은 참고가 될 것이다.

咸錫憲과 陽明學
-「한 사람: 王陽明, 大學問」을 중심으로-

1. 서언 - '왜 함석헌과 양명학인가?'

지금까지 양명학과 기독교 사이의 연관성 · 친근성은 이미 기존의
'기독교와 양명학 관련 연구[1]'에서 잘 드러난다. 이에 대해 「'대한민국

---

1) 이와 관련된 연구로는 다음을 참조 바람.
  이병창 「동서양 사상의 친화성」『인간 · 환경 · 미래』제3호, (인제대학교 인간환경
  미래연구원, 2009년 가을)
  김흡영, 『道의 신학』, (서울: 다산글방, 2000)
  김흡영 「양명학을 통해 본 신학 : 왕양명과 칼바르트의 유교-그리스도교 대화」, 『양
  명학』제22호, (한국양명학회, 2009)
  박경미외 지음, 『서구 기독교의 주체적 수용-유영모,김교신,함석헌을 중심으로』,
  (이화여자대학교출판부, 2006)
  함석헌, 『함석헌저작집25: 함석헌과의 대화』, (서울: 한길사, 2009)
  이호군, 「양명의 양지개념에서 본 Wesley의 성화론 이해 : 양지의 개념을 통한 동양
  신학의 가능성」, 협성대학교 석사학위논문, 2001
  김인성, 「웨슬리와 왕양명과의 대화 : 하나님의 형상과 양지를 중심으로」, 감리교신
  학대학 석사학위논문, 2002 함석헌, 『함석헌전집20:씨올의 옛글풀이』, (서울: 한길
  사, 1990)

사상'에는 사회진화론과 어우러진 기독교 사상과 양명학 중심의 유교애국주의가 얽혀있다」[2]는 다소 부정적이고 비판적인 논조의 평가도 있다. 어쨌든 '양명학 +기독교'와 같은 東西 사상문화의 혼합주의(syncretism)의 경향은 한국기독교사에서만이 아니라 한국사상사 나아가서는 동아시아사상사에서도 주목하고 평가해볼 만한 대목이다.

하지만, 한국에서 기독교 신학과 양명학의 결합은 일찍이 西學 수용자들에게서 보인다. 다시 말해서 茶山 丁若鏞은 왕양명에서 수용한 '靈明之心=良知'를 매개로 인간과 上帝가 感応(상호소통)하는 길을 열었다.[3] 그러나, 이러한 유교적 에토스와 기독교정신과의 결합은 한국적 특수 현상이 아니다. 그 선구적이고도 전형적인 예는, 김교신(1901-1945)의 스승으로[4] 일찍이 무교회주의를 제창한 우치무라 칸죠(內村鑑三. 1861~1930)에서 발견된다. 즉, 그는 그의 『대표적일본인』이란 저서에서는 다섯 명의 대표적 일본인[5]을 들고 있는데, 그 가운데 일본 양명학의 開祖 나카에 토쥬(中江藤樹. 1608-1648)를 비중있게 다루고 있다. 실제로 나카에 토쥬는 王陽明(이름은 守仁. 陽明은

김흥호, 『양명학공부』(1,2,3), (서울: 솔, 1999)

김용준, 『내가 본 함석헌』, (서울: 아카넷, 2006)

2) 김종일,「'국사편찬위의 교과서팀'은 총사퇴하라!」,『올인 코리아』(2011.10.20) (http://www.allinkorea.net/sub_read.html?uid=23177)(검색일자: 2012.3.15)

3) 이에 대해서는 송석준,「조선조 양명학의 수용과 연구현황」,『양명학』제12호, (한국양명학회, 2004)와 송석준,「韓國 陽明學과 實學 및 天主敎와의 思想的 關聯性에 관한 연구」, 박사학위논문, (성균관대학교, 1993)을 참조.

4) 이에 대해서는 金正坤,「金敎臣のキリスト敎思想とその特質」, 博士學位論文, (國際基督敎大學校(ICU), 2010.12)을 참조.

5) ①사이고 다카모리(西鄕隆盛, 1827-1877), ②우에스기 요잔(上杉鷹山, 1751~1822), ③니노미야 손토쿠(二宮尊德, 1787~1856), ④나카에 토쥬(中江藤樹, 1608~1648), ⑤니치렌(日蓮, 1222~1282)을 드는

호. 1472-1528) 철학의 핵심 개념인 良知(인간 누구나가 평등하게 본
래 갖추고 있는 앎(知))를 '上帝'로 이해하고 그것(=양지)을 절대적으
로 믿고 거기에 '이른다(イタル)'[6]는 절대적인 양지 신뢰·신앙의 사
상을 만들었다. 양지=상제는 밖에서 나를 감시하고 통제하고 은혜를
베푸는 존재이면서 동시에 내 몸속에서 항상 나를 주시하고 있다는
절대타력적인 양지해석을 하였다.[7] 우치무라 칸죠가 직접 양명학 혹
은 일본양명학을 통해서 무교회주의를 주창했다는 직접적인 증거를
찾기는 어렵다. 하지만 나카에 토쥬의 양지-치양지 해석에서는 인간
개체의 몸 안에서 항상 자신을 주재하는 절대타자인 양지=상제를 모
시고 있으므로 자신의 양지를 畏敬하고 戒愼恐懼하는 것만으로 충분
하기에 별도의 교회가 필요하지 않게 된다.[8] 무교회주의의 정신적 바
탕과 기본이념은 이미 나카에 토쥬에게서 발견된다.

　咸錫憲(1901~1989)은 우리의 사상사에서 본다면 '전통'을 강조하
는 교조적인 주자학보다는 良知-致良知를 강조하여 '개성'을 존중하
고 새로운 이념의 능동적 창출을 주장하는 양명학에 가깝다. 그 한두
가지 예를 들어보자.

---

6) 致良知의 '致'에는 원래 '이루다'(실현-발휘하다, イタス)는 면과 '이르다'(內省-省
察하다, イタル)는 양면의 해석이 있다. 전자를 적극적인 면=본체(덕성)중시의 면
으로, 후자를 소극적인 면=공부(수양)중시의 면으로 해석할 수 있다. 이에 대한 구
체적인 논의는 崔在穆, 「致良知の二側面-積極的側面と消極的側面」, 『東アジア陽
明學の展開』, (東京: ぺリカン社, 2006), 30-45쪽 참조.
7) 이런 내용에 대해서는 崔在穆, 「日本における現成良知論の受容とその深化」, 『東ア
ジア陽明學の展開』 가운데 특히 「 (三) 致良知(= 良知にいたる)と良知信仰への傾
斜」부분(165-171쪽)을 참고바람.
8) 최재목, 『왕양명의 삶과 사상: 내 마음이 등불이다』, (서울: 이학사, 2003), 270쪽 참
조.

첫째: 1961년 8월 27일『조선일보』주최의 4인(金凡父 · 咸錫憲 · 崔錫采 · 李熙昇) 대담「우리 民族의 長短 -「自我批判」을 爲한 縱橫 談」[9]을 보면, 함석헌은 '백성-민중-데모크라시'를 중시하고, 당시 시 행되던 '국민체조'와 같은 집단적-타율적인 것 보다는 '志願兵'처럼 '독립정신'을 존중하려는 쪽이다.[10] 이것은 양명학이 애당초 心卽理,

---

9) 金凡父,『凡父金鼎卨 단편선』, 최재목 · 정다운 엮음, (서울: 선인, 2009), 64쪽-77 쪽.
10) 이 부분에 관련된 곳만 인용하면 아래와 같다.(밑줄은 인용자)

◀ 司會=咸先生께서 恒常품고계시는 생각을 말씀해주셨으면 합니다

◀ 咸錫憲=다 말씀하셔서더보텔것이없는데 저는우리民族이 상기도 韓國을類見 못했다고생각합니다 이얼굴만해도 요렇게 다듬어질때까지는 적어도 五千年은걸 렸을텐데 우리民族이 이만큼 살아왔다는데는「그무엇」이 있는탓일거야 分明히 무엇인가 있어요 地理的조건이나쁘고 歷史的으로 不幸했고 부족한것도 많았지 만 그래도 죽지않고살아왔던 남의나라의 壓迫을當하기도하고 佛敎가들어오고 基督敎가 들어오고했지만 韓國사람은 韓國사람대로있어서 變하지않았어요 宗敎 가다르고 얼굴이다르고 살림형편이 다르지만 한사람한사람 따져보게되면 다 一 脈相通하는 그무엇이있어요그걸우리國民이 發見해야되겠단말이예요 얼마전「네 루」의 著書에서 산歷史는 民衆에있으니까 자주 接觸을해야된다는 句節을봤는데 그 무엇을 찾아내려면 不斷히 民衆과 接觸을 해야한다고 생각해요 그래 자주 時 間만있으면 시골로가서 여러사람을 만나보는데「그무엇」이있는것은 틀림없어요 요새와서보면 몹시 마음이 답답한것을 느껴요 길목에서 國民體操를시키는데 그 것을가지고 어떻게하자는건지 體操自體가 나쁠것이없지만 그보다도 깊이 그무엇 을찾을생각을해야지

◀ 司會=아직「그무엇」인韓國을 發見하지못하셨습니까

◀ 咸錫憲=아직

◀ 司會=그輪郭이라고 말씀해주셨으면

◀ 咸錫憲=아니아직말할수가없어요

◀ 崔局長=그러던 問題는나쁜點을 어떻게 고쳐나가겠는가하는...方法論으로話題 를 옮겨주셨으면 어떻습니까

◀ 咸錫憲=나는 늘말하고있지만 志願兵으로 나가자는거예요 모두 志願兵으로 나 가란말이예요 한둥리에 망나니가있는데 이망나니를 올바르게 만들려면軍人으로 나가는 길밖에 없어요 軍隊에가서 이기고오면 獨立精神이 강해지거던요그다음에 나타난 망나니가그뒤를 따르고...이제 世界가 하나가되자는 마당에는「데모크라

致良知, 四民平等, 滿街聖人 등의 내면(심-양지)-자율-능동-실천-
개성을 존중하는 성향과 맥을 같이한다.

둘째: 함석헌은 1928년 東京高等師範學校(→ 東京文理科大學 →
東京敎育大學 → 현筑波大學)[11] 文科를 졸업했고, 1927년 東京에서
金敎臣 등과『聖書朝鮮』을 창간한다. 특히 함석헌은 우찌무라 칸죠의
무교회주의의 영향을 입는다.[12] 우찌무라 칸죠는 일본 양명학의 開祖
인 中江藤樹의 良知-上帝說의 무교회주의와 정신적으로 맥락이 닿는
다. 이런 흐름에서 함석헌은 이미 일본 양명학-무교회주의 흐름과 닿
고 있다.

셋째: 양명학에서 말하는 良知(=明德)은, 양명이「我此良知二字, 實
千古聖聖相伝一点滴骨血也」[13]이라 했듯이, '피'(골수) 속으로 흘러 전
하는 것이다. 불교의 '如來藏'(tathagatagarbha. 여래의 씨앗 · 種子)처
럼, 중생 누구에게나 갖춰져 있는 種子이고, 爲堂 鄭寅普(1892-?)가
그의『陽明學演論』에서 '양지'를 '본밑 마음'이라하여 '얼'로 해석했듯
이, 백성, 민중의 가장 밑바닥에 들어 있는 사람됨-사람임-사람다움
의 '씨앗' '알갱이' '알맹이'이다. 함석헌은「한 사람: 王陽明, 大學問」[14]
에서 인간의 '얼'에 해당하는 것을 '속씨'라 하고, 明德을 '밝은 속알'이

시」밖에 없지요 그것을왜 자꾸 鼓吹하지않는지몰라 그속에아주 뛰어드는 志願兵
    이 되자는거예요
11) 이에 대해서는 다음을 참조: http://ja.wikipedia.org/wiki/%E6%9D%B1%E4%BA
    %AC%E9%AB%98%E7%AD%89%E5%B8%AB%E7%AF%84%E5%AD%A6%E6
    %A0%A1
12) 金正坤,「金敎臣のキリスト敎思想とその特質」, 博士學位論文, (國際基督敎大學
    校(ICU), 2010.12)을 참조.
13)『王陽明全集』卷34,「年譜2」
14) 함석헌,『함석헌전집20: 씨올의 옛글풀이』, (서울: 한길사, 1990), 242-249쪽.

라 표현한다. 씨올 사상에 입각하여 해석한다. 이러한 良知, 明德의 이해는, 그야말로 '씨올의 자리'에서 피어난 개성 있는 고전 해석[15]으로, 일상의 평범한 인간(愚夫愚婦)의 지평[16]에서 '良知'의 평등성을 기점으로 자신의 개성있는 사상을 펼쳐나갔던 왕양명의 대중주의적 행보와도 깊이 통하는 바가 있다. 주자학의 性卽理-定理론의 권위와 도그마를 타파하고 心卽理-致良知로서 새로운 시대적 조류를 열었던 왕양명의 학설이 조선시대에는 斯文亂賊-異端邪說로 비판을 받았지만, 일제강점기에는 박은식에게 새롭게 주목받아 최남선의 『소년』誌 終刊号에 『王陽明先生實記』라는 英雄伝記 형식으로 한국에서 재탄생되어 나오고[17], 해방 이후 박정희 독재정권 시기[18]에는 함석헌에게 다시

---

15) 전호근 · 김시천, 「씨올의 자리에서 피어난 노장 이야기」, 『번역된 철학 착종된 근대우리 시대의 동아시아 고전 읽기』, (서울: 책세상, 2010), 115-122쪽 참조.

16) 왕양명은 어떤 사람이 이단(異端)에 대해 물었을 때, 「보통 사람(愚夫愚婦)와 같은 것을 同德이라 하고, 보통 사람과 다른 것을 異端이라고 한다.(或問異端. 先生曰, "與愚夫愚婦同的, 是謂同德. 與愚夫愚婦異的, 是謂異端.")라고 하였다. 그리고 전덕홍(錢德洪)이 황정지(黃正之), 장숙겸(張叔謙), 왕여중(王汝中)과 병술년(1526)의 회시(會試)를 보고 돌아와서 왕양명에게 도중에 학문을 강의했는데, 믿는 자도 있었고 믿지 않는 자도 있었다고 하였다. 그러나 왕양명은 "자네들이 聖人인양 하며 다른 사람에게 학문을 강의했으니 사람들은 성인이 온 것으로 여겨서 모두 두려워 달아난 것이다. 그래서야 어떻게 제대로 강의할 수 있겠느냐? 반드시 일상의 평범한 사람(愚夫愚婦)이 될 수 있어야 비로소 사람들에게 학문을 강의할 수 있다"라고 하였다(洪與黃正之 · 張叔謙 · 汝中, 丙戌會試歸, 爲先生道塗中講學, 有信有不信. 先生曰, "你們拏一箇聖人去與人講學." 人見(聖人來), 都怕走了, 如何講得行? 須做得箇愚夫愚婦, 方可與人講學).

17) 이에 대해서는 최재목, 「일제강점기 정다산 재발견의 의미 - 신문 · 잡지의 논의를 통한 시론」, 『다산학』제17집, (다산학술문화재단, 2010.12), 99-101쪽 참조.

18) 물론 박정희 정권 초기에는 재건국민운동 중앙위원회 위원50명의 명단에 속하기도 한다. 재건운동 중앙위원 50명을 위촉-오장관 포함 · 기성정치인은 제외(《東亞日報》1961.11.12))
재건국민운동 본부장 유달영씨는 11일 하오 재건국민운동 중앙위원회 위원50명

주목받아 씨올의 관점에서 재해석되기에 이른다. 함석헌의 고난 체험
은 왕양명의 貴州省 龍場에서의 좌천 등 '백사천난(百死千難: 수많은
죽을 고비와 난관) 드라마틱한 삶과 공명하는 바가 있다.

의 명단을 발표했다. 재건국민운동의 기본사업, 기타 중요한 안건을 심의 결정하
는 이 중앙위원회는 위원 30명 내지 50명으로 구성하게 되어 있으며 위원은 본부
장의 제청으로 최고회의 의장이 위촉하도록 되어 있는데 유본부장은 이날 박최고
회의의장의 위촉 절차를 끝마친 후 위원들의 명단을 발표한 것이다. 이들 50명의
중앙 위원은 각계각층의 인사들을 거의 망라하고 있으며 이른바 기성 정치인이라
불리는 사람은 제외 되었다. 유본부장은 이를 발표하면서 인물 본위로 각계각층
을 통틀어 국민의 존경과 신뢰를 받는 사람들의 제청, 위촉 했으며 기성정치인을
많이 포함하는 것은 좋지 않다는 여론이 있어 이를 존중했다고 말하였다. - 정치
인 경력을 가진건 김범부 · 김정기 양씨 이들 위원 중에는 국민운동과 관계가 깊
은 문교 · 홍보 · 내무 · 농림 · 보사 등 오부 장관이 들어 있으며 정치인으로서의
경력을 짧으나마 가진 사람은 다같이 2대 국회의원 이었던 김범부 · 김정기 양씨
뿐이다. 유본부장은 중앙위원회의 첫 모임이 그가 21일 일본으로 떠나기 전에 열
리게 될 것이라고 말하였다. 법정인원 50명을 채운 중앙위원의 이름은 다음과 같
다.
중앙위원명단 ▲김기석(단국대학장) ▲김명선(가족계획협회장) ▲김범부(2대 국
회의원) ▲김사익(우유동업조합장) ▲김성식(고려대 교수) ▲김성수(사회사업
가) ▲김정기(2대 국회의원) ▲김재준(전 한국신학대학장) ▲김치열(변호사) ▲
김팔봉(경향신문 주필) ▲고황경(서울여자대학장) ▲고재욱(동양일보 주필) ▲마
해송(아동문학가) ▲문희석(문교부 장관) ▲박광(항일투사) ▲박종홍(서울문리
대 교수) ▲배민수(대전고금농민학원장) ▲오재경(공보부 장관) ▲오영진(문인)
▲유달영(재건국민운동 본부장) ▲유영모(전부산중학교장) ▲윤갑수(대한상공회
의소 부회장) ▲윤일선(전서울대 총장) ▲윤형중(신부) ▲이경하(항일투사) ▲이
관구(서울일일신문사장) ▲이규철(대한노총위원장) ▲이형석(예비군육군소장)
▲이태영(국민자각회장 · 농도원장) ▲이영춘(농촌위생연구소장) ▲이청담(불교
대표) ▲이항령(고려대 교수) ▲이홍렬(음악가) ▲이형익(광복동지회장) ▲이효
(대한체육회부의장) ▲이희호(YWCA총무) ▲이세기(4 · 19 학생대표,고려대학
원 학생) ▲장돈식(농업) ▲장돈순(농림부 장관) ▲장준하(사상계 사장) ▲장재갑
(변호사) ▲장세헌(서울문리대 교수) ▲정시태(한국교육연합회 사무국장) ▲정석
해(전 연세대 교수) ▲정희석(보사부 장관) ▲정춘량(여자 언론인) ▲조홍제(실업
가) ▲한신(내무부 장관) ▲함석헌(종교인) ▲홍종일(조선일보 회장)
재건운동 중앙위원 50명을 위촉. 1961. 11. 12

이 논문에서는, 함석헌이 이해, 해설한 왕양명의 「大學問」 즉 「한 사람: 王陽明, 大學問」(『함석헌전집20: 씨울의 옛글풀이』)를 중심으로 그의 양명학에 대한 관점과 그 특징을 살펴보고자 한다. 종래의 함석헌에 대한 많은 연구가 이뤄졌지만, 양명학에 초점을 맞춰서 논의한 것은 거의 없다. 이 점을 고려한다면, 양명학과 관련시켜 고찰해보는 이 논문은 함석헌에 대한 이해의 폭을 넓히는데 일조할 수 있을 것이다.

2. 함석헌의 양명 및 양명학 이해의 맥락

1) 양명학 이해의 시대적 맥락

함석헌의 양명 및 양명학 이해는 넓은 의미에서 최남선-박은식-정인보로 이어지는 한국의 양명학 이해의 맥락을 가지며, 또한 이들에게서 일관되게 보여지는 고난의 시대를 극복하기 위한 대안으로서 왕양명-양명학을 '재발견'하는 것이고 또한 왕양명이란 인물의 한국적 '領有'라고 할 수 있다.

다시 말하면 1910년도에 저술되어, 최남선(崔南善, 1890-1957)이 창간(1908.11)한 우리나라 최초의 월간 잡지 『소년(少年)』의 종간호(제4년 제2권 5월호, 1911년 5월 15일)에 게재된 박은식(朴殷植. 1895-1925)의 『왕양명선생실기(王陽明先生實記)』는 한국 근대기에 영유된 양명-양명학이었다.[19]

---

19) 이에 대해서는 최재목, 「崔南善 『少年』誌에 나타난 陽明學 및 近代日本陽明學 -

최남선의『소년』은 청소년을 대상으로 하여 새로운 지식의 보급 및 계몽, 그리고 청년정신의 함양에 주력했다는 데 잡지의 특징이 있다. 이 때문에『소년』은 일제에 의해 여러 차례 발매금지와 정간을 당했고, 종간호 또한 일제에 의해 강제 폐간 당했다.『소년』의 종간호에는「왕양명실기서」,「범례」,「왕양명선생실기」에 앞서서 ①「왕학제창(王學提唱)에 대(對)하여」②「양명선생왕수인지상(陽明先生王守仁之像)」③「명치유신전후(明治維新前後)의 왕학(王學)에 득력(得力)한 명사(名士): 사쿠마 쇼잔(佐久間象山) 요시다 쇼인(吉田松陰) 사이고 타카모리(西鄕隆盛)의 초상(肖像)」(모두 일본 근대기의 유명한 양명학자)의 세 가지가 더 실려 있다. 이처럼『소년』종간호가 애당초 '양명학 특집' 편으로 되어있고, 그 근저에는 당시 청소년들이 왕양명과 같은 '위인(偉人)'의 '전기(伝記)'를 읽어 감동하고, 또한 '양명학(陽明學)'과 같은 실천적 사상을 습득하여 일제강점기 하에 있던 한국의 위기상황을 타개해 가려는 계몽적 메시지를 전하려는 의도가 담겨 있었다고 추측된다. 다시 말해서 다시 말하면 박은식의『왕양명선생실기』는 당시 동아시아 근대 사회에 일반적으로 통용되던 '양명학'(근대적 요소를 지닌 실천적 학문으로 간주된 동양의 전통사상)+'전기문학(伝記文學)'(새로운 세대들에게 미래 개척의 새로운 활력소와 모범적 삶을 제공)+'소년'(구세대인 노년에 대항하는 새로운 세대를 의미)이란 세 요소를 모두 가지고 있는 전형적인 '근대 지향'의 문장이었다. 박은식의『왕양명선생실기』에는 '근대적 영웅 · 위인의 전기'와 '양명

'近代韓國陽明學'의 萌芽期 企劃期의 한 양상 - 」,『日本語文學』제32집, (일본어문학회, 2006)와 최재목,「日帝强占期 新聞을 통해 본 陽明學 動向 - 미공개 자료를 중심으로 - 」,『일어일문학』35, (대한일어일문학회, 2007)을 참조 바람.

학·일본양명학'이 적극 반영되어 있고, 한국근대양명학의 출발점이
자 정초기(定礎期)의 풍경을 잘 보여준다. 이러한 흐름은 최남선 등의
여러 연구자들과 맞물려 전개되며 힘을 얻고, 1933년 동아일보에 총
66회에 걸쳐 게재된 정인보의 『양명학연론(陽明學演論)』에 이르러
비로소 독자적으로 체계화되고 완성된다.[20] 이후 한국 현대사에서 양
명학이 다시 주목받는 것이 바로 함석헌에 의해서이다.

함석헌은 씨올 사상에 근거하여 양명 및 양명학을 재해석 해내고
있는 것이다.

2) 「한 사람: 王陽明, 大學問」에 대하여

함석헌, 『함석헌전집20: 씨올의 옛글풀이[21]』, (서울: 한길사, 1990),
242-249쪽에 실려 있는 「한 사람: 王陽明, 大學問」의 위치를 살피기
위해 책의 '큰 목차'를 적어보면 다음과 같다.

제1부 동양정신의 뿌리
제2부 老子
제3부 莊子
제4부 孟子
제5부 屈原 外

---

20) 최재목, 「일제강점기 丁茶山 재발견의 의미 - 신문·잡지의 논의를 통한 試論 -」,
『茶山學』17집, (재단법인다산학술문화재단, 2010.12), 99-101쪽.
21) 이 책의 원고가 완성된 것은 1982년 3월로 보인다. 왜냐하면 이 책에 붙인 서문 격
인 '예와 이제'라는 글의 끝(5쪽)에 '1982.3.15'로 적혀있기 때문이다.

이 가운데 「한 사람: 王陽明, 大學問」은 〈제5부 屈原 外〉의 여섯 가지의 소목차 중 두 번째에 실려 있다.

> 眞容 - 子思, 『中庸』
> 한 사람 - 王陽明, 「大學問」
> 고기잡이 늙이가 묻기를 - 屈原, 「漁父詞」
> 옷 부여잡고 발 구르며 - 杜甫, 「兵車行」
> 소 길들이기 - 普照禪師, 「牧牛十圖頌」
> 하늘 땅에 바른 숨 있어 - 文天祥, 「正氣歌」

함석헌은 〈제1부 동양정신의 뿌리〉의 처음 〈옛글 고쳐 씹기-버려진 遺産을 찾아서-〉 부분 첫머리에서

오늘날 씨올이 씨올알 노릇을 하기 위하여 반드시 해야 하는 중요한 일의 하나는 옛글, 곧 고전을 고쳐 읽는 일이다. 그 중에서도 특히 동양의 옛글이다. 이날까지 서양문명, 더구나도 물질주의적인 문명이 주가 되어 인류를 이끌어왔다.

그래서 동양은 오랜 정신적 특색을 드러내는 문명을 가지고 있으면서도 거기 눌려서 거의 그 값을 인정받지 못했고, 동양사람 자신까지 동양의 생각을 업신여겨왔다. 더구나 종교에서 그러했다. 그러나 이제 그 서양문명이 막다른 골목에 들었고, 인류의 장래를 위해 참 되게 걱정하는 사람들이 많이 동양 소리를 하게 됐다.

그런데 동양 사람 자신이 도리어, 등잔 밑이 어둡다고, 그런 생각을 못한다면 우스운 일이다. 이제 우리는 이 버려진 유산을 다시 찾아서 새로운 마음으로 고쳐 씹어서 거기서 새뜻을 찾아내야 한다.(13쪽)

라 하고 다음과 같이 이유를 세 가지로 들고 있다.

> 첫째, 우리는 문명의 새 방향을 찾을 필요가 있다.(13-14쪽)
>
> 둘째, 새로운 가치체계를 세우기 위해 동양의 옛글을 연구할 필요가 있다.(14-15쪽)
>
> 셋째, 새 마음을 위해서 이다.(15-16쪽)

위의 내용들을 종합해보면 「한 사람: 王陽明, 大學問」을 논한 것은 동양고전의 새로운 해석 속의 일부에 해당하며, 그것만을 특별히 논한 것도 아니다. 더구나 그 내용은 〈제5부 屈原 外〉에 속하여 242-249쪽 총 8쪽 밖에 되지 않는다. 그것도 『陽明全書』26의 「大學問」풀이를 중심으로 하면서 틈틈 왕양명, 양명학 등에 대한 견해를 피력해 두었다.

아래에서는 〈원문〉 전문을 싣고, 주요한 부분을 중심으로 논의해 보고자 한다.

「한 사람: 王陽明, 大學問」

[* 밑줄 및 ⓐⓑⓒ부호는 인용자]

大人者, 以天地万物爲一体者也, 其視天下猶一家, 中國猶一人焉, 若夫間形骸而分爾我者, 小人矣, 大人之能以天地万物爲一体也, 非意之也, 其心之仁本若是, 其与天地万物而爲一也, 豈惟大人, 雖小人之心亦莫不然, 彼顧自小之耳, 是故見孺子之入井, 而必有怵惕惻隱之心焉, 是其仁之与孺子而爲一体也, 孺子猶同類者也, 見鳥獸之哀鳴觳觫, 而必有不忍之心焉, 是其仁之与鳥獸而爲一体也, 鳥獸猶有知覺者也, 見草木之摧折

而必有憫恤之心焉, 是其仁之与草木而爲一体也, 草木猶有生意者也, 見瓦石之毁壞而必有顧惜之心焉, 是其仁之与瓦石而爲一体也. 是其一体之仁也, 雖小人之心, 亦必有之, 是乃近於天命之性, 而自然靈昭不昧者也, 是故謂之明德.

한 사람(大人)이란 천지만물을 한몸으로 여기는 이다. 그는 천하 알기를 한 집같이, 나라 알기를 한 사람 같이 한다. 만일에 몸뚱이에 걸려 너 나를 나눈다면, 그것은 작은 사람이다.

한 사람이 능히 천지 만물을 한 몸으로 여기는 것은 생각해서 하는 것이 아니다. 그 마음의 속 인(仁)이 처음부터 그리하여 천지만물로 더불어 하나이기 때문이다. 어찌 한 사람뿐일까. 비록 작은 사람의 마음이라도 또한 그렇지 않을 수 없을 것이나, 저가 쓰로 돌이켜 작게 만들 따름이다.

그렇기 때문에 어린이가 우물에 들어가는 것을 보면 반드시 끔찍이 여기고 불쌍히 여기는 마음이 있다. 이것은 그 안이 어린이로 더불어 하나이기 때문이다. 어린이는 오히려 같은 사람이라 할 수 있다. 새 짐승이 슬피 울고 떠는 것을 보아도 반드시 차마 못하는 마음이 있다. 이것은 그 인이 새 짐승으로 더불어 하나이기 때문이다.

새 짐승은 오히려 무엇을 아는 힘이 있는 물건이다. 풀 나무가 부서지고 꺾이는 것을 보고도 반드시 차마 못하는 마음이 있다. 이것은 그 인이 풀 나무로 더불어도 하나이기 때문이다. 풀 나무란 오히려 살잔 뜻이 있는 물건이다. 기왓장 돌멩이가 깨지는 것을 보고도 아쉬워하는 마음이 있다. 이것은 그 인이 기왓장 돌멩이로 더불어도 하나이기 때문이다. 이것이 그 한 몸인 인이다. 비록 작은 사람의 마음이라도 이것은 다 있다. 그러고 보면, 이것은 하늘이 말씀해주신 바탈에 뿌리하여 스

스로 얼씨고 환하여 어두움이 없는 그것이다. 그러므로 이것을 밝은 속
올이라고 한다.(ⓐ)

大人 : 큰 사람, 한 사람, 참사람.
孺子 : 어린이.
怵惕 : 걱정하는 마음.
惻隱 : 불쌍히 여김.
斛觫 : 부들부들 떪.
不忍之心 : 차마 못하는 마음. 焉은 말토.
摧折 : 부러지고 꺾임.
毀壞 : 깨지고 무너짐.
顧惜 : 아까워함.
天命之性 : 하늘이 말씀해주신 바탈.
靈昭 : 靈은 '얼씨고 절씨고' 할 때의 얼씸, 양검스러움. 昭는 밝고 환
함.
不昧 : 어둡지 않음, 모르는 것이 없음.
明德 : 밝은 속올. 德은 바탈대로 할 수 있는 속의 힘.

이것은 왕양명(王陽明)의 「대학문」(大學問) 속에 있는 말이다. 정자
(程子)가 '대학'(大學)을 설명해서 대학은 대인의 학(學)이라 했는데,
왕양명은 그 대인의 뜻을 설명하여서 여기 보는 것처럼 했다. 대인이란
큰 사람이란 말인데, 우리말에 큰 보다는 한이 더 조아서 한 사람이라
고 옮겼다. 크다면 나이 들고 몸이 큰 것을 말하지만, 한은 그 속으로 마
음으로 큰 것을 의미한다. 우리 민족의 이름, 나라 이름을 '한'이라고 하
는 것은 이러한 뜻에서 온 것일 것이다. 한자로 써왔기 때문에 여러 자

(韓, 漢, 汗, 干 하는)로 표시되어 있으나 뜻은 하나이다. 환국(桓글로는 國), 환웅(桓雄) 하는 환(桓)도 마찬가지로 '한'일 것이요, 그렇다면 환 하다는 광명을 표하는 뜻도 들었는지도 모른다.

한이 좋다는 것은 또 크다는 뜻과 하나라는 뜻이 하나로 되어 있기 때문이다. 할아버지 할머니를 평안북도 어떤 지방에서는 큰아버지 클 마니라 부르는 것은 그 좋은 증거다. 할아버지의 할은 물론 한인데 그 것을 큰으로 발음한 것이다. ㅎ, ㅋ은 다 목구멍 깊은 데서 나오는 음이 기 때문에 서로 넘나들 수 있다. 본디대로 한다면 아마 kh로 발음하는 것이었을 것인데, 그것이 혹은 k로 혹은 h로 갈렸을 것이다. 그러고 보 면 환국, 환웅의 발음을 좀 더 자세히 짐작할 수 있다.(ⓑ)

크고도 하나인 것, 참 큰 것은 하나요, 참 하나인 것은 큰 것이다. 한 배 한 검이 다 그 뜻이다. 한 사람은 하나 둘의 한 사람이 아니라 '이젠 한 사람이 다 됐다' 할 때의 한 사람인 것이다.

그럼 그 대인은, 왕양명의 생각에 의하면 어떤 것인가?

'이천지만물위일체자야'(以天地万物爲一体者也)라, 천지 만물을 하 나로 생각하는 사람, 혹은 천지 만물을 한몸으로 만드는 사람이다. 철 학적으로 생각하면 천지 만물은 하나다. 하나의 산 몸이다. 서로 다른 것 같지만 마찬가지로 한 기(氣)로 됐다. 왕양명은 그렇게 말한다. 그것 을 증거하기 위해 그는 오곡금수(五穀禽獸)를 사람이 먹고 살 수 있고, 약석(藥石)으로 병을 고칠 수 있는 것은 이 한 기(氣) 때문이 아니냐, 그러기 때문에 서로 통할 수 있다고 한다.

그러나 사람이란 곧 이 천지 만물의 마음이라 해서 그 마음을 도덕적 으로 강조할 때는 그 마음을 인이라 하고, 그 인(仁)한 마음으로 천지 만물을 하나로 여겨야 한다고, 그렇게 한 몸을 만들어야 한다고 주장한 다. 능히 그렇게 하는 것이 한 사람, 곧 참사람이다. 그래서 그는 "천지 귀신 만물이 내 밝은 얼 하나 없으면 천지 귀신 만물이 아니요, 내 밝은 얼이란 것이 천지 귀신 만물 아니면 내 밝은 얼로 있을 수가 없다" 한다.

그렇기 때문에 그런 마음을 가질 때 중국 사람이 그것밖에 없는 줄 아는 소위 천하란 것도 큰 우주의 한 집밖에 아니되고, 천하에 제일 잘난 줄 아는 중국도 그중 한 사람밖에 아니된다. 반대로 그런 생각할 줄 모르는 것은 소인, 작은 사람, 채 되지 못한 사람이다.

그럼 어떻게 그럴 수 있나? 여기가 왕양명의 모든 사상의 근거되는 점이다. 대인이 능히 우주를 한 몸으로 만들 수 있는 것은 제 사사 생각으로 해서 되는 일이 아니다. 요샛말로 해서 무슨 방법론적으로 되는 것 아니다. 본시가 그렇다. 우주가 하나의 산 한 몸이다. 그것을 그렇게 만드는 본질적인 것이 인이다.

인이란 우리말로 크다, 착하다, 사랑하다로 번역되나, 인에는 또 다른 뜻이 있다. 살아 활동하는 그 힘을 가리켜 말하는 때가 있다. 팔이 맥을 못 쓰면 "내 팔이 불인(不仁)하다" 한다. 그보다도 더 재미있는 것은 씨를 또 인이라 한다. 도인(桃仁), 행인(杏仁) 하는 것 같은 것이다. 그럼 인은 좁은 의미의 사랑만 아니라, 사람의 사람 된 생명력, 사람의 사람 된 본질이다. 씨요 알갱이다. 그래 한마디로 인은 인야(人也)라, 사람이다. 참사람, 속사람. 그래 여기서 속씨라 옮겼다가 지웠는데 홀으로 사람의 씨만 아니라 우주의 씨, 생명의 씨다. 그 인을 통해 천지 만물이 하나다. 그렇기 때문에 그것은 한 사람만 아니라 작은 사람도 가지고 있기는 매일반이다. 다만 소인은 그것을 스스로 깨닫지 못해 작게 여기고 작게 만들 뿐이다.(ⓒ)

그래 그것을 증명하기 위하여 우물에 들어가는 어린이를 보는 것에서부터 깨진 기왓장 조각을 보는 데까지를 끄집어내어 거기 한 가지로 인이 통하고 있는 것을 말한다. 그의 '양지양능 지행일치' (良知良能 知行一致)는 여기서 근거하는 것이다.

그래 끝에서『중용』의 '천명지위성 솔성지위도' (天命之謂性 率性之謂道)를 끌어서 그 인이 곧 도요,『대학』에서 말하는 명덕(明德)임을 밝힌다.

물론 왕양명의 이 이론은 양명 자신이 처음으로 밝힌 것이 아니요, 중국 사상에 예로부터 있던 것이다. 위의 말(故聖人耐以天下爲一家 以中國爲一人者也 非意之也 必知其情 辟於其義 明於其利 達於其患 然後能爲之)은『예기』(禮記)「예운편」(禮運篇)에서 가져온 것이 틀림없을 것이다. 다만 성인(聖人) 대신 대인(大人)이라고 했을 뿐이다.

대인 사상은『주역』에 먼저 있고,『노자』『장자』에도 있고『맹자』에는 더구나 밝히 나와 있다. 그는 사람을 네 종류로 나누어서 이렇게 말했다. "사군인자(事君人者)란 제 주인만 섬기면 그만인 줄 아는 정도의 인물이요, 안사직신자(安社稷臣者)란, 나라 생각함을 그 행동의 최고로 아는 사람이요, 천민(天民)이란 세계적인 인물, 세계를 자기 책임으로 아는 사람, 그리고 대인(大人)이라야 정말 높은 지경, 자기를 바르게 해서 모든 것이 저절로 발라지는 사람, 그것은 왕양명이 말하는 천지만물을 한 몸으로 여기는 인(仁)한 마음으로, 하자 해서 되는 것 아니라, 저절로 내가 우주요 우주가 나인 자리에 가게 되는 사람이다."(有事君人者 事是君 則容悅者也 有安社稷臣者 以安社稷爲悅者也 有天民者達 可行於天下 而後 行之者也 有大人者 正己而物正者也)

오늘 문명에 가장 큰 걱정이 있다면 무엇일까? 세계의 원자화(原子化)라고 할 것이다. 분석은 발달했는데 통일을 깨졌다. 과학은 발달했는데 보람은 없어졌다. 기술을 발달했는데 의미는 없어졌다. 개인은 있는데 전체는 없다. 인간은 있는데 신은 죽었다. 사회는 복잡한데 간 데

마다 불신이다.

따지고들면 근본 원인이 어디 있나 ? 자연 정복을 시작하던 데 있다. 하필 왕양명 한 사람일까 ? 옛날 사람은 과학의 발달은 못됐으니만큼 부분적인 지식은 없어도 우주를 산 것으로 믿었고 거기서부터 지혜를 얻을 수 있었다. 과학 그 자체가 반드시 나쁜 것 아니나, 죽이지 않고 해부를 하는 재주는 없는지라, 분석을 하는 동안 모처럼 귀한 생명을 잃어버렸다.

세계1차대전 후에 나와서 많은 사람에게 한때 읽혔던 책에 영국의 잭스(L.P.)란 사람의 『산 우주』란 책이 있었다. 조그마한 책이었으나, 그 끔찍한 죄를 지은 인류에게 깨우침을 주는 데는 큰 공헌이 있었던 글이다. 그 요지를 말하면, 세계 대전이라는 전고에 없었던 큰 참극, 큰 죄악이 산 우주를 죽은 물건으로 알고 파먹었기 때문에 그 우주가 원수를 갚아서 온 것이라는 것이었다.

1차대전이 그랬다면 2차대전을 또 저지르고 그러고도 부족해 냉전을 하고있는 인류는 어떻게 생각해야 할까?

기술이 발달한 오늘의 과학은, 인간이 생각한 것은 실현되고야 만다고 하면서 우주가 살았느니 산 우주의 원수 갚음이라느니 하는 식의 생각은 하려 하지도 않는다. 하지만 과연 그렇게 언제까지 갈 수 있을까 ?

역사가 거꾸로 가는 법은 없다. 인간이 한 번 배운 것을 잊거나 내버리거나 하지는 않을 것이다. 그러므로 옛 생각을 그대로 다시 부활시키자는 보수주의는, 걱정하는 그 마음은 갸륵해도 그대로 될 수는 절대로 없다. 그러므로 요점은 여기까지 온 우주를 해부실에 놓고 어쩔 줄을 몰라하는 그 인간을 어떻게 건지느냐 하는 데 있다.

과학을 버리라 해도 아니 들을 것이요, 옛날의 종교로 돌아오라 해도 듣지 않을 것이다. 그러면 일부의 보수주의로 되돌아가는 경향이 있는 것을 지적할지 모르지만, 퇴화는 한동안 남아 있을 수 있지만 그것이 대세는 되지 못한다. 그것은 진화의 과정이 증명하고 있다. 이제 도마뱀, 악어를 아무리 보호 번식시켜도 이 지구가 다시 파충류의 시대는 될 수 없다. 소라가 작게 보면 환경에 대해 어느 면으로는 이긴 것 같으나 생물 전체로 볼 때는 그는 패자지 성공자가 아니다.

전체의 나아가는 길에 공헌한 자만이 성공자다. 설혹 자기로서는 실패를 하거나 패망했어도 성공이다. 그럼 소라식(式)의 보수주의를 떠나서 전체의 입장에서 생각한다면 어떻게 하여야 할까?

한 사람 사상에 분명히 버리지 못할 무엇이 있는 것은 사실이다. 아무리 과학이 발달했다 해도 거기 부인할 수 없는 진리가 들어있는 것은 사실이다. 그럼 그것을 어떻게 현대적으로 살려낼까?

오늘 우리 세계는 기계와 더불어 유기적 관계에 들었다. 지금부터 수십년 전, 과학이 점점 발달하는 것을 보고, 생각있는 사람들은 기계화를 걱정했다. 기계를 사용하자 사회가 기계가 돼버렸다. 거기 따라 사람의 정의면(情意面)이 무시되고 사람들이 예술적인 창작욕을 잃고 기계화해가는 문명에 싫증을 느꼈다.

그런데 그 과학과 기계의 발달이 계속된 결과, 지금은 어찌 됐나? 기계적 관계의 정도를 지나 이제는 기계로부터 사람과 자연을 뗄 수 없이 만들어놓았다. 그래 이제는 기계적인 사회가 아니라 유기적인 사회가 됐다.

이제 사람과 기계를 갈라 생각할 수가 없이 됐다. 사람이 기계의 종이라던 것은 이제는 옛날 이야기요, 지금은 아주 하나가 돼버린 것이 아닐까? 코끼리가 제 코를 자를 수 없듯이 현대인은 제 몸에서 전기, 라이도, 원자로를 떼어버릴 수 없을 것이다. 그럼 어떻게 될까?

과학 기술이 발달했다는 것은 인위(人爲)가 늘었다는 말이다. 원시

시대의 사람은 자연만으로 살았는데, 점점 자연을 알게 되고 그것은 그
것을 모방하는 인위가 느는 데 이르게 했다. 이제는 인위, 자연의 경계
선이 점점 없어져간다. 육종학 같은 것이 그 좋은 예다.

사실 이제 와 보면, 자연이란 것도 생명이 허구한 세월을 두고 반응
해온 결과로 나온 것이다. 그 규모가 엄청나게 크기 때문에 인간의 건
드림으로는 변하지 않는 것 같아서 자연이라 했을 뿐이었다. 그럼 이제
자연, 인위의 구별이 없어져가는 때에 어떻게 할까?

잊어서 아니되는 것은 기계가 발달하면 할수록, 사람이 자연만 아니
라 보다 더 많이 인위로 살아가게 되면 될수록 인간과 인간 사이가 자
꾸 더 밀착된다는 사실이다. 이제 남이 없다.

예수는 종교적 가르침으로 "네 원수를 사랑하라 !" 했지만, 이제는 국
제적인 규모로 과학적으로 그것을 하지 않으면 아니되게 됐다. 닉슨의
중공 방문이 뭔가 ? 원수지만 어쩔 수 없이 사랑해보자는 것 아닌가? 이
것이 역사적 현실이다. 이것이 지금이 유기적 사회라는 증표이다.

유기의 특색은 전체에서 부분을 떼놓지 못하는 것이다. 떼면 전체도
부분도 다 죽어버린다. 식물이나 하등동물에서는 아직 전체에서 떨어
져도 사는 것이 더러 있으나, 고등한 동물, 더구나 인간으로서는 절대
불가능하다. 현대 사회가 유기적 사회라면 이제 우리는 민족이니, 국가
니, 계급이니, 종파니 해서 서로 뗄 수 없다. 떼면 전체 곧 인류가 망하
게 된다. 지난날 모든 위대한 종교가들이 예언했던 것은 직감으로 오늘
을 보고 한 것이었을 것이다.

그렇게 생각할 때 왕양명의 '천지만물이 하나다, 그것을 깨달아 천지
만물을 하나로 만들어야 한다' 했던 말은 현대적으로 살릴 수 있는 뭣
을 말하고 있지 않을까? 그 인을 속씨라 불러볼 때 얻어질 무엇이 있지
않을까?

그런데 이상한 것은 '한 사람'이라는 이 민족이 어째서 크게도 못되고 하나도 못됐다는 점이다. 세상에 이름을 '한'이라면서 우리 사람같이 갈라지고 생각이 작은 민족이 어디 있을까?

옛날을 더듬어 올라가면 반드시 그렇지도 않았다. 옛날 종교인 선비 사상에서 보여주는 것으로는 마치 왕양명이 말하는 것같이 우리 사상이야말로 우주를 한 몸으로 보는 것이었다.

최치원(崔致遠)이 '국유현묘운도'(國有玄妙云道)라고 한 것은 그것이다. 현묘(玄妙)라니 요샛말로 하면 신비주의인데 왕양명도 신비주의요, 노자도 신비주의다. 불교만 아니라 어느 종교도 크게 나누면 교(敎)와 심(心)의 둘이라 할 것인데, 왕양명은 교보다 심편을 존중하는 사람이다. 인도에서 하면 요가요, 중국에서 하면 황로(黃老)사상이요, 불교에서는 선(禪)이요, 유대교에서는 예언자, 기독교에서는 퀘이커, 그들이 다 속정신을 주장하는 사람들이다.

우리나라 옛날의 선비, 온달이, 처용이, 검도령, 원효 모든 화랑하는 사람들이 다 우주는 하나로 살았다는 것을 믿었다. 그런데 그후 유교, 유교에서도 가장 교(敎)와 제도를 존중하는 주자학파(朱子學派)가 성함을 따라, 갈라지고 작아지는 병이 생기게 됐다.

이름을 '한'이라 할진댄, 한을 이상으로 삼았기 때문일 것이다. 그 잃어버렸던 것을 찾아야 하지 않을까? 속씨는 왕양명의 말대로 누구에게나 있는 것이요, 죽지 않는 것이다.

한 사람은 이제 정말 한 사람 노릇을 할 때 아닐까?(ⓓ)

그 왕양명의 「노회」(老檜)라는 시가 있다.

老檜斜生古驛傍 해묵은 파발 옆에 비스듬 섰는 노송나무,

客來聽馬解衣裳 오가는 손, 말을 매고 옷 벗어 걸고,

托根非所還憐爾 못 설 곳에 뿌리 내린 네 잘못 어이하리만,

直幹不搖終異常 곧이 서 버틴 줄기 도리어 갸륵도 해라.

風雪凜烈存節介 눈바람 사나우면 굳은 절개 지켜냈고,

刮磨聊爾現文章 긁고 깎음 당할 때는 문장 그대로 드러냈네.

何▓移植山林下 언제나 너를 옮겨 깊은 숲에 심어두어,

偃蹇從渠拂漢蒼 우뚝 서 푸른 하늘 마음껏 쓸게 할까.

우리는 제 자리를 잘못 잡은 노송나무 아닐까?

3) 함석헌의 양명학 이해의 특징

(1) 왕양명 만물일체론의 '대인'='큰 사람=한 사람'論: 한사상과 양명학의 결합

함석헌은 왕양명의 만물일체론의 '대인'을 '큰 사람'으로 풀이하고 '속으로 마음으로 큰 것'을 뜻하는 '한'의 뜻을 풀이하고 '한 사람'과 동일시한다. 여기서 양명학과 한 사상의 결합을 볼 수 있다.

즉, 「대인이란 큰 사람이란 말인데, 우리말에 큰 보다는 한이 더 조아서 한 사람이라고 옮겼다. 크다면 나이 들고 몸이 큰 것을 말하지만, 한은 그 속으로 마음으로 큰 것을 의미한다. 우리 민족의 이름, 나라 이름을 '한'이라고 하는 것은 이러한 뜻에서 온 것일 것이다. 한자로 써왔기 때문에 여러 자 (韓, 漢, 汗, 干 하는)로 표시되어 있으나 뜻은 하나이다. 환국(桓글로는 國), 환웅(桓雄) 하는 환(桓)도 마찬가지로 '한'일 것이요, 그렇다면 환하다는 광명을 표하는 뜻도 들었는지도 모른다.

한이 좋다는 것은 또 크다는 뜻과 하나라는 뜻이 하나로 되어 있기 때문이다. 할아버지 할머니를 평안북도 어떤 지방에서는 큰아버지 클마니라 부르는 것은 그 좋은 증거다. 할아버지의 할은 물론 한인데 그것을 큰으로 발음한 것이다. ㅎ, ㅋ은 다 목구멍 깊은 데서 나오는 음이기 때문에 서로 넘나들 수 있다. 본디대로 한다면 아마 kh로 발음하는 것이었을 것인데, 그것이 혹은 k로 혹은 h로 갈렸을 것이다. 그러고 보면 환국, 환웅의 발음을 좀 더 자세히 짐작할 수 있다.」(ⓑ)

(2) 萬物一體論의 '神秘主義'적 이해

함석헌의 양명학 해석 중에서 눈에 띄는 것은 양명학설의 핵심 가운데 하나인 '만물일체론'에 주목하고 그 신비주의적 측면을 바로 들춰낸다는 점이다.

즉,「우리 사상이야말로 우주를 한 몸으로 보는 것이었다. 崔致遠이 國有玄妙之道라고 한 것은 그것이다. 玄妙라니 요샛말로 하면 신비주의인데 왕양명도 신비주의요, 노자도 신비주의다. (중략) 우리나라 옛날의 선비, 온달이, 처용이, 검도령, 원효, 모든 화랑 하는 사람들이 다 우주는 하나로 살았다는 것을 믿었다. (중략) 이름을 '한'이라 할진대, 한을 이상으로 삼았기 때문일 것이다. 그 잃어버린 것을 찾아야 하지 않을까.」(ⓓ) 참조. 일부 인용자 수정)라고 말한다. 이것은 분명히 왕양명의 사상을 '신비주의(mysticism, occultism)'[22] 계통으로 해석하는

---

22) 보통 신비주의는 서구의 개념이며, 그 적용범위 또한 매우 넓다. 일반적으로 서양의 언어 환경 속에서 신비주의는 두 가지 다른 단어, 즉 mysticism과 occultism으로 표현된다. mysticism은 철학이나 종교에서 논의되는 신비주의 사상이나 학설을 지칭하며, occultism은 사람이 사물 내부의 드러나지 않는 역할이나 그 힘의 움직임을 조종함으로써 과학이 측정할 수 없는 경험이나 효과를 나타나게 하는 것

시도로 볼 수 있다.

이러한 시도는, 주자 이후 소거되어 유교의 종교성을 다시 살리고자 한 왕양명의 학문적 경향성[23]과도 유사하며, 더욱이 최근까지 합리적-이성적 논의 방식으로 규명되어 온 양명학 연구와 차별되는 새로운 시도로 보인다.

(3) '仁'의 '씨올' 사상적 이해

위의 두 가지 논의 외에 함석헌의 양명학 이해의 특징은 '씨올'사상의 입장에서 仁을 이해했다는 점이다.

을 가리킨다.(한성구, 「中國 近代哲學에 나타난 神秘主義 경향 연구」, 『中國學報』 56, (한국중국학회, 2007), 506쪽.)

23) 야마시타 류지(山下龍二)는 「陽明學의 宗敎性」이라는 논문에서 왕양명은 공자 이래 전승되어오던 종교성을 합리성이란 명분으로 배제시킨 주자학과 달리 '宗敎性'을 다시 부활한 측면을 강조한다. 주자학은 공자의 가르침에다 철학적인 이론을 덧붙인 것으로 기독교 신학과 유사하다. 기독교 신학이 성서의 가르침을 전제로 그 올바름을 증명하기 위해서 머리를 짜내어 철학적으로 논리를 도입한 것과 같이 주자학은 禪宗의 脫洒, 解脫이나 傳燈의 사상으로부터 脫然貫通, 道統의 이론을 도출하고 또 理事의 사상을 흉내내어 理氣의 이론을 형성하였다. 道統, 理氣의 이론은 물론 經書의 가르침을 전제로 하여 그것을 정당화 한 것으로 유교신학이라고 해도 좋다. 양명학은 주자학과 다른 이론을 제공한 것이었는데, 역시 유교의 경서를 전제로 하고 理事無碍, 理事不二와 같은 사상을 도입하여 그것을 致良知라는 개념에다 집약하였다. 왕양명이 도교나 불교쪽에 경사해가는 것을 벗어나 유교로 회귀했다고 하는 경우, 그것을 일반적으로 종교의 부정으로 보는 것은 정당하지 않을 것이다. 양명은 그 생애를 통해서 종교적인 심정을 계속 유지해왔고, 그것은 구체적인 행위로써 드러났다. 종교적인 문제는 생사, 영혼, 신, 하늘 등이었는데 이들 문제를 어떻게 해결할까가 양명의 생애를 건 과제였다. (공자가) 怪力亂神을 피하고 일부러 말하지 않은 것을 종교적 관심의 결여로 해석하고 유교를 倫理敎의 圈內에 가두어두려는 이론은 주자학에서 시작된다. 공자는 천을 믿고 조상신을 받드는 사람이었다. 유교가 가지고 있는 고유의 종교성을 부활한 것이 양명학이다. 良知는 內在하는 神의 관념에 가깝다.(山下龍二, 「陽明學の宗敎性」, 『陽明學』第7號, (二松學舍大學陽明學硏究所, 1995), 2-3쪽.)

즉, 「인이란 우리말로 크다, 착하다, 사랑하다로 번역되나, 인에는
또 다른 뜻이 있다. 살아 활동하는 그 힘을 가리켜 말하는 때가 있다.
팔이 맥을 못 쓰면 "내 팔이 불인(不仁)하다" 한다. 그보다도 더 재미
있는 것은 씨를 또 인이라 한다. 도인(桃仁), 행인(杏仁) 하는 것 같은
것이다. 그럼 인은 좁은 의미의 사랑만 아니라, 사람의 사람 된 생명
력, 사람의 사람 된 본질이다. 씨요 알갱이다. 그래 한마디로 인은 인
야(人也)라, 사람이다. 참사람, 속사람. 그래 여기서 속씨라 옮겼다가
지웠는데 홀로 사람의 씨만 아니라 우주의 씨, 생명의 씨다. 그 인을
통해 천지 만물이 하나다. 그렇기 때문에 그것은 한 사람만 아니라 작
은 사람도 가지고 있기는 매일반이다. 다만 소인은 그것을 스스로 깨
닫지 못해 작게 여기고 작게 만들 뿐이다.」(ⓒ) 참조)라고 하여, 거의
정확하게 인의 의미를 파악하고 있으면서, 그것을 '씨 을'사상과 연결
시키고 있다는 점이다.

  '인(仁)'은 원래 사람 속에 사람이 들어 있는 형상, 즉 어머니 뱃속에
아이가 들어 있는 형상이다. 어원적으로 보면 인(仁) 자는 사람 밑에
사람이 있는 형상이다. 여기서 보통 두 사람(二人)이란 말이 생겨났다.

  이후 공자는 '자신을 위해서, 자기를 다하는 성실함'(忠: 對自의 德),
'남을 위해서 헤아리고 미루고, 참음(恕: 對他의 德)을 함축한 말로 사
용하였다. 그래서 인을 '남을 사랑하는 것(仁者, 愛人)'[24) 혹은 '사람다
움(仁者, 人也)'[25)이라고 하였던 것이다. 나를 위한 실현·달성(忠)인
동시에 남을 위한(즉 二人을 위한) 인내와 배려(恕)의 의미를 중층적

---

24) 『論語』「顏淵篇」
25) 『中庸章句』제20장

으로 가진 것이 '인(仁)'이다. 마치 어머니 뱃 속에 아이가 들어 있는 '몸 신(身)' 자 처럼, 인의 흔적이 잘 남아 있는 것이 바로 행인(杏仁, 살구 씨/은행 씨), 도인(桃仁, 복숭아 씨)이란 말이다. 사람의 몸속에 다른 사람이 하나 더 들어 있는 '인(仁)' 자를 미루어서 열매(=씨) 속에 씨가 하나 더 들어 있는 것과 같다.[26]

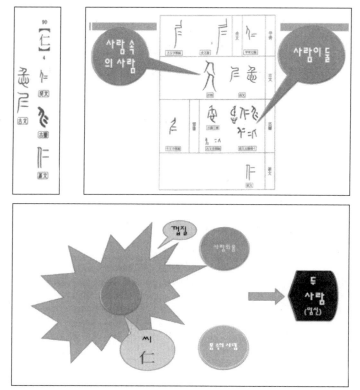

[그림 1] 仁, 두 사람, 杏仁, 桃仁의 의미

---

26) 이 내용 및 도표는 최재목, 「동양철학에서 '생명(生命)'개념」, 『인간 · 환경 · 미래』 제6호, (인제대학교 인간환경미래연구원, 2011 · 봄)을 참조.

함석헌은 明德을 '밝은 속을'로, 德을 '바탈대로 할 수 있는 속의 힘'
이라고 보았다. 바탈이란 자신의 타고난 성질 즉 '본성'(性)이다. 덕
이란 다름 아니라 자신의 타고난 성질, 본성대로 할 수 있는 '속의 힘'
이다. 이 '속의 힘'은 왕양명에게서 '良知' 또는 '仁'이고, '眞心惻怛之
心'(=어쩔래야 어쩔 수 없이 솟구쳐 나오는 인간 본래의 진실된 '속의
힘')이다.

이렇듯, 함석헌의 '씨올'에 기반한 「大學問」해석에 충실한다면, '속
의 힘'은 인간이나 만물이 가진 '씨올'이다. '씨올' 사상에 따른 仁의 해
석은 종래의 일반적인 다른 해석보다도 훨씬 그(仁) 字義의 본질에 육
박해갔다고 생각된다.

3. 결어

위에서 살펴본 것처럼 함석헌의 양명학 이해의 특징은 (1) 왕양명
만물일체론의 '대인'='큰 사람=한 사람'論: 한사상과 양명학의 결합,
(2) 万物一体論의 '神秘主義'적 이해, (3) '仁'의 '씨올'사상적 이해이
다.

이 가운데서 함석헌이 왕양명의 만물일체론에 주목하고 더욱이 이
것(=만물일체론)을 신비주의로 해석하고, '한' 사상으로 연결시킨 것
은 탁견이라 생각한다. 더욱이 조선시대에 이단시되었던 양명학의 사
상에서 '만물일체'론을 끄집어내고, 그것을 신비주의적 측면에서 부
각시킨 점은 그간 학계에서 간과해왔던 양명학의 진수를 들춰낸 셈이
다. 이것은 함석헌이 「지금같이 살림이 곧 정치, 정치가 곧 전쟁이 돼

버려 죽음의 문명이 돼버린 때」[27)라고 진단했던 1980년대 이전 군부
독재시절이나 자본과 문명의 황폐화, 에너지의 고갈 등에 맞부닥친
지금의 현실에서나 여전히 시사점을 던져준다. 다시 말해서 현실에서
평가되어온, 승리해온 사상사를 뒤집어 보면서, 그 그늘에 가려진 思
考와 지적 資産 속에서 새로운 지혜를 찾아내어, 새 옷을 입히고, 정당
한 의미를 부여하여, 실천해가는 일이다. 이런 시점에서, 왕양명의 가
장 빛나는 언설이 담긴, 「大學問」을 제시한 함석헌의 취지를 추론하며
인용문의 (ⓐ) 구절을 다시 읽어볼 필요가 있다.

전통시대에 이단, 사이비라 내몰던 사상, 양명학에서 찾아낸 함석헌
의 화해와 평화, 생명과 만물사랑의 메시지를 읽어내기에 충분하다.

더욱이 '靈昭'의 '靈'을 「얼씨고 절씨고' 할 때의 얼씸, 얌겸스러움.
昭는 밝고 환함.」, '明德'을 「밝은 속을. 德은 바탈대로 할 수 있는 속의
힘.」이라는 등의 해석은 양명학의 연구에도 새로운 관점과 활력을 제
공할 수 있는 탁견이다.

아울러, 함석헌의 저작 속에는 고난을 견뎠던 왕양명의 심경이 담
긴 시 「泛海」, 「啾啾吟」[28), 「老檜」등이 소개되어 있다.[29) 왜 그가 왕양
명의 시에 깊이 共鳴하게 되었는가 하는 점을 왕양명의 '초연' '초탈'
'절개'에 관한 심경의 투영 아니었을까. 다시 말하면 고난의 시대를 왕
양명의 시를 거울삼아 건너고 있었던 것은 아니었을까. 이러한 문제

---

27) 함석헌, 『함석헌전집20: 씨올의 옛글풀이』, (서울: 한길사, 1990), 35쪽.
28) 修菴 金徹重, 「함석헌(咸錫憲) 선생이 들려준 왕양명(王陽明)의 시 한 수ㅣ못다한
부안이야기」(http://cafe.daum.net/changdongseowon/AO1Y/51?docid=1JWSyㅣ
AO1Yㅣ51ㅣ20110408115058&q=%BF%D5%BE%E7%B8%ED%20%BD%C3)
29) 예컨대, 『씨올에게 보내는 편지』, 『진실을 찾는 벗들에게』, 『들사람 얼』, 『씨올의
옛글풀이』를 참조.

를 포함하여 이제 남은 과제는 함석헌의 전 저작에 흩어져 있는 양명
학 혹은 양명학적 요소에 대한 종합적 고찰이라 하겠다.

양명(陽明) 심학(心學)에서 '즉(卽)'의 의미
-「심즉리설(心卽理說)」 검토를 위한 예비적 고찰-

1. 문제의 소재

주지하다시피 왕양명(王陽明. 1472~1528)의 심즉리설(心卽理說)은 주자의 성즉리설(性卽理說)에 대한 대항으로서 나온 것이 아니라 분명 주자의 격물치지설(格物致知說)에 대한 반성에서 출발한 것이다.[1] 양명은 주자의 격물치지설(格物致知說)에 대한 탐구와 그 회의(懷疑) 끝에 좌천지 용장(龍場)에서 '심즉리(心卽理)'의 이치를 깨달았다. 이후 그는 이를 토대로 지행합일(知行合一), 치양지(致良知), 만물(萬物一體) 등 그의 독자적인 이론을 개진해 나갔던 것이다.

주자의 격물치지론을 두고 왕양명이 고뇌한 것은 ⓐ 내 마음[心]과

---

1) 이에 대해서는 최재목, 『내 마음이 등불이다: 왕양명의 삶과 사상』, (서울: 이학사, 2003)과 山井 湧, 『명청사상사』, 김석기 외, (서울: 학고방, 1994년)을 참조 바람.

ⓑ 사물[物] 속에 들어 있는 리(理)라는 두 항을 어떻게 합일(合一)할 것인가의 문제였다. 줄여서 말하자면 심(心)과 리(理)의 합일의 문제이다.

왕양명이 심(心)과 리(理)의 양항(兩項) 사이에 '즉(即)'이란 글자를 넣어서 이해한 것은 왕양명에게서 처음으로 시도된 것이 아니라는[2] 점에서 대수롭지 않은 문제로 볼지도 모른다. 그러나 양명학을 논의할 경우 그의 사상의 독자적인 경지 개척이 근본적으로 주자의 격물치지론이 갖는 심(心)·물(物) 이원성(二元性)의 문제를 비판·극복하는 형태로 제시되었고, 또한 이후 이것은 중국사상사 나아가서는 동아시아 사상사에서 주요한 철학적 문제제기와 더불어 새로운 사상적 지평을 여는 결정적인 역할을 하였던 것이다. 왕양명의 심즉리는 '심(心)' 그것의 이해에서 볼 때 주자의 성즉리(性即理)와 대치되며 독자적인 인간관을 형성하였다.[3]

그런데 심즉리는 '심(心)'과 '리(理)'라는 두 항이 '즉' 자를 매개로 결합하였다는 점에서 '심'과 '리'의 어느 쪽에 강조점을 둘 것인가 등에 따라 그 해독이 많이 달라질 수 있다. 예컨대, 심즉리는 ① 〈심즉리〉로 읽을 경우, ② 〈심 즉 리〉로 읽을 경우, ③ 〈심 즉리〉로 읽을 경우 각각 그 의미내용과 해석이 달라질 수 있다. 과연 양명에 있어서 심즉리는 어떻게 읽히고 있었던가? 이 문제의 해결은 양명 후학들이 좌파, 우파 등으로 분화되는 사상적 입장의 차이 해명과도 관련된다.[4]

2) 이미 그에 앞서서 남송 시대의 육상산(陸象山)이 심즉리설을 제창했다.
3) 왕양명의 심즉리와 주자의 성즉리의 대립적 구조에 대한 파악은 시마다겐지, 『주자학과 양명학』, 김석근 옮김, (서울: 까치, 1992)가 좋은 예이다.
4) 이에 대한 약간의 논의는 최재목, 『내 마음이 등불이다: 왕양명의 삶과 사상』, (서울: 이학사, 2003)의 부록 1 「동아시아 양명학의 전개」부분을 참조 바람.

아래에서는 이러한 심즉리에 대한 본격적인 논의에 앞서서 나는 '즉(卽)'에 대해 약간의 의미를 살펴보고자 한다.

2. '즉(卽)'의 사전적 의미

일상생활에서 '즉(卽)' 자를 붙여서 쓰는 말이 많다. 즉, 즉응(卽應), 즉흥(卽興), 즉행(卽行), 즉효(卽效), 즉금(卽今), 즉좌(卽座), 즉사(卽死), 즉사(卽事), 즉일(卽日), 즉시(卽時), 즉세(卽世), 즉석(卽席), 즉답(卽答), 즉물(卽物), 즉야(卽夜) 등이 그것이다. 특히 불교에서는 예컨대 「색즉시공(色卽是空), 공즉시색(空卽是色)」, 「상즉상입(相卽相入)」, 「즉신즉불(卽身卽佛)」, 「즉사즉리(卽事卽理)」 등의 구절과 같이 '즉(卽)' 자가 들어가는 경우가 허다하다.

그런데, 여기서 즉(卽)의 의미가 무엇인지를 캐물어 들어가면 해답이 그리 간단치 않다.

우선 최근에 읽은 글 가운데서 「현상이 바로 본질이다(卽事卽理)」라는 제목의 어느 스님의 글 하나를 들어본다.

> 며칠 참회를 하고 대바구니에 국거리를 들고 수월문을 내려 지금 청화당채에 있던 방앗간으로 갔다 돌아오는 길에 까만 판에 흰 글씨의 주련이 눈에 들어왔다. 여러번 눈에 띄었을 텐데 그날 정말 처음 보는 것이었다. 왼쪽은 '청백가풍淸白家風', 오른쪽은 '즉사즉리卽事卽理'였다. (중략)
> 그러나 가끔 수월문을 오르내리면서 즉卽자에 대한 의심이 사라지

지 않았다. 뜻이 '곧 즉'이라는 정도밖에 별로 아는 것이 없던 시절, 앞의 '즉卽'과 뒤의 '즉卽'자가 어떻게 다른가? 다른 이는 다 아는 것처럼 보이는데 나 혼자만 모르는 것 같아 묻기도 쑥스러웠다.

일본과 중국에 유학하면서 어록과 한역 불전 언어에 관심을 쏟게 되었다. 근래 10여 년 동안 특히 근대한어 연구는 유행을 이룰 정도이다. 그래서 '즉사즉리卽事卽理'의 앞의 즉卽자는 '강조'와 '그대로'의 의미를 가지고 있고, 뒤의 '즉卽'자는 동일성을 나타낸다. 따라서 ① '강조'의 의미로 해석하면 '일(事, 현상)이야말로 이치(본질)이다'가 되며, ② '그대로'의 뜻으로 풀면 '일 그대로 이치이다'가 된다. 이렇게 '즉卽'의 의미가 뚜렷해지자 즉심즉불卽心卽佛, 즉심시불卽心是佛의 의심도 풀렸다. 분명치 못했던 이해가 20년이 지난 뒤에사 겨우 풀리게 되었다.[5] (밑줄은 인용자)

이것은 '즉' 자에 대해서 고민을 하던 한 스님의 깨침이 담긴 글이다. 다시 말하면 〈卽A卽B〉의 경우, ① 「A야말로 B이다」와 ② 「A는 그대로(=곧) B이다」와 같이 앞의 즉 자는 '강조(~이야말로)'로, 뒤의 즉 자는 '그대로'의 두 뜻이 된다는 것이다. 그런데, 과연 즉 자에는 이 두 의미밖에는 없는 것일까? 아니 이 두 가지 뜻만으로 〈卽A卽B〉는 해결된 것일까?

왕양명의 경우에,

• 心卽性, 性卽理[6]

---

5) 종묵, 「현상이 바로 본질이다(卽事卽理)」, 『海印』통권254호, (합천: 해인사, 2003), 10쪽.
6) 「傳習錄」上.

• 心卽道, 道卽天[7]

과 같이 성리학의 주요개념을 '즉'이란 글자를 매개로 연결시킨 것은 심즉리 외에도 자주 보인다. 그러면 위의 「심즉성, 성즉리」· 「심즉도, 도즉천」에서처럼 '즉'은 그 전후의 개념을 어떤 의미와 차원에서 연결하고 있는 것일까?

참고로 최근 일본에서 간행된 『전역 한사해(全譯 漢辭海)』의 '즉'자 항목[8]의 〈부사(副詞)〉 부분에는 다음과 같이 되어 있다.

① 즉좌(卽座)에, 곧바로, 당장에(어떤 행위나 상태가 앞의 사태와 밀착하여 일어나는 것을 나타낸다.)
② 곧~이다(A는 B와 동등하다(equal)는 판단을 강조한다.)
③ 곧(어떤 조건하에서는 당연히 그렇게 되는 것을 나타낸다.) (밑줄은 인용자)

라고 되어 있다.

이것을 좀 더 살펴보면 ①은 '즉석(卽席)'과 같은 말로 '그 곳(장소)에서 바로', '바로 같은 때(시간)에'라는 뜻으로 A와 B가 시공간적으로 밀착하여 발생·진행·전개되는 것을 말한다. ②는 A는 B와 표면적·형식적으로는 서로 다른 것(행위·상태·사태 등)이나 본질적·내용적으로는 같다는 것을 강조한다. ③은 어떤 조건하에서는 A라는 행위·상태·사태가 당위적으로 B로 이행된다는 것을 의미이다.

---

7) 「傳習錄」上(이것은 「心也性也天也一也」(「傳習錄」中)라고 표현된 곳도 있다).
8) 佐藤進·濱口富士雄 編(戶川芳郎 監修), 『全譯 漢辭海』, (東京: 三省堂, 2000), 217쪽.

이러한 내용을 토대로 나는 〈A는 B이다〉라는 것을 나는 다음과 같이 정리할 수 있다고 본다.

① B는 다른 곳이 아니라 A에 수반되어 있음을 강조한다(⇨ A야말로 B이다) : B는 A에 수반되어 발생함을 강조(A의 강조).

② A와 B는 동등하다는 것을 강조한다(⇨ A가 그대로(곧) B이다) : A는 B와 동등함을 강조(A, B 동시 강조).

③ A는 B에 수반·종속되어 있음을 강조한다(⇨ A는 B에 즉해서 (수반되어) 발생한다) : A는 B에 수반되어 발생함을 강조(B의 강조).

3. 양명 심학의 방향 : '여(與)'에서 '즉(卽)'으로[9]

1) 주자의 '심여리(心與理)'

주자는 『대학혹문(大學或問)』에서,

사람이 학문을 하는 까닭은 마음(心)과 이치(理)일 뿐이다(人之所以 爲學, 心與理而已矣)[10]

---

9) 이 부분은 최재목, 「陽明心學에서 與와 卽의 문제」, 『中國語文學譯叢』제5집, 영남대 중국문학연구실 편, (경산: 영남대학교, 1996.9)을 기초로 서술되었음을 밝혀둔다.
10) 『四書大全』1, (山東: 山東友誼書社, 1989), 246쪽.

라고 규정하고,「사람 마음(人心)의 영특함에는 아는 능력(知)이 있고, 천하의 사물에는 이치(理)가 있다.」[11]고 하였다.

　이와 같이,「마음(心)과 이치(理)」의 이원적 구조가 학문적 규명의 대상이었다. 몸의 주인인 '마음'에 갖춰져 있는 신명하며 뭇 이치(衆理)에 신묘하게 통하여 만물을 주재하는 바의「앎」을 넓혀가서, 천하의 사물이 반드시 가지고 있는「이치(理)」(=所以然之故와 所當然之則)[12]를 궁구하는 것[13]이 가장 중시되었다. 그리고, 이 마음이 이미 서고, 여기에 말미암아서 사물이 (마음에) 이르며, 앎을 넓혀서 사물의 이치를 다한다는 것이야말로『중용』에서 말하는「존덕성(尊德性)·도문학(道問學)」에 해당하는 것이라고 할 수 있다.[14] 더욱이 주자는「마음 속에도, 사사물물에도 모두 불변하는 일정한 이치(定理)가 갖추어져 있다.」[15]고 하여, '정리(定理)'를 강조하고 '리(理)'에 대한 '경(敬)'의 공부를 제시한다. 주자는 경(敬)을 '성학(聖學)의 시작과 끝'이며, '일심(一心)의 주재요 만사의 근본'이 되는 것이라고 하였다.[16]

---

11)『大學章句』,「傳五章」,『四書大全』1, 76쪽 : 蓋人心之靈, 莫不有知, 而天下之物, 莫不有理, 惟於理有未窮, 故其知有不盡也.
12)「大學或問」,『四書大全』1, 185쪽 : 至於天下之物, 則必各有所以然之故, 與所當然之則, 所謂理也.
13)『大學章句』,「傳五章」,『四書大全』1, 246쪽 : 心雖主乎一身, 而其體之虛靈足以管乎天下之理, 理雖散在萬物, 而其用之微妙, 實不外一人之心. 그리고, 같은 책, 76쪽을 참조 바람.
14)『大學或問』,『四書大全』1, 164쪽 : 蓋此心旣立, 由是格物致知, 以盡事物之理, 則所謂尊德性而道問學.
15)「大學或問」,『四書大全』1, 178쪽[「大學四/或問上」,『朱子語類』2, 葉賀孫錄, 380쪽 참조]: 方寸之間, 事事物物皆有定理矣, 理旣有定, 則無以動其心而能靜矣.
16)『大學或問』,『四書大全』1, 158쪽 : 敬之一字, 聖學之所以成始而成終者也. 그리고,「敬者一心之主宰, 而萬事之根本也, … 敬之一字, 豈非聖學始終之要也哉」(같은 책, 164쪽)라거나「涵養須用敬, 進學在致知」(같은 책, 133-34쪽)이라고 하였다.

이렇게 하여 「거경궁리(居敬窮理)」는 주자학의 기본구조가 되는 것이다.

2) 양명의 주자의 '심여리(心與理)' 비판

왕양명은 주자가 『大學或問』에서 "사람이 학문하는 까닭은 심(心)과 리(理)에 있을 뿐이다(人之所以爲學, 心與理而已矣)"라고 한 말에 대하여,

> 심(心)이 곧 성(性)이며, 성(性)이 곧 리(理)이다. 심(心)과 리(理)라고 할 때의 '과'라는 글자는 심(心), 리(理)를 두 가지로 하는 것을 면할 수가 없다(心卽理, 性卽理, 下一與字, 恐未免爲二)[17]

라고 하였다.

우리가 일상적으로 'A와 B' '이것과 저것'할 때의 '여(與)=와/과'에 대해 왕양명은 주요한 문제제기를 하고 있다. 다시 말하면 여(與)=와/과를 씀으로 하여 결국 나누어선 안 될 어떤 것을 둘로 나누고(=이원화하고)만다는 점을 지적하고 있다. 심(心), 리(理)는 즉(卽)의 관계로 있으며 나눌 수 없는 불이(不二)/불리(不離)의 관계이다. 그럼에도 불구하고 '여(與)'를 매개로 하여 둘로(즉 이원적으로) 파악하고 있다는 왕양명의 지적의 근저에는 심(心), 리(理)는 '심여리(心與理)'로서가 아니라 '심즉리(心卽理)'로서 있다는 주자학과 대치적 관점에 놓여 있

---

17) 『傳習錄』上.

었던 것이다.

주자의 경우는 심(心)은 성(性)과 정(情)으로 구성되어 있으며, 성은 리(理)이고 선하지만 정(情)은 욕망[氣]을 품고 있어 악(惡)으로의 편향성을 피할 수 없기에 심을 그대로 '리(理)'(=心卽理)로서 인정할 수 없었던 것이다.

그런데 왜 왕양명은 주자가 주장하는 이러한 심을 곧바로 리(理)로 보고자 하였는가? 이 점에 대한 구체적인 논의는 다음 논고에서 다루기로 하고, 여기서는 단지 왕양명에 있어서 어떻게 심과 리를 합일시키는가 라는 극히 표면적 형식적인 차원의 문제만 다루기로 한다.

3) '여(與)'에서 '합일(合一)'로의 진행 경위

왕양명의 청년기의 고뇌는 오닉(五溺. 任俠, 騎射, 辭章, 神仙, 불교(佛)의 다섯가지)에 대한 침잠[18]에 잘 드러나 있다. 이러한 왕양명의 사상적, 정신적 편력은 결국 용장에서 이루어지는 심즉리의 자각으로 종지부를 찍는다.

왕양명이 '사장'과 '도불 이가(二家)'의 학문을 거치고 난 뒤 '성현의 학문' 즉 유학에 이르렀다고 하여, 이를 「학문[學]의 삼변(三變)」이라고 한다.[19] 그리고 왕양명의 사상적 교설의 변모는 주로 심즉리, 지행합일, 치양지의 순서를 밟고 있다. 물론 그것이 내용적인 단절이 아니고 표면적인 변천이긴 하지만, 가르침이 세 번 변한다는 과정적 · 형

18) 王守仁, 『王陽明全集』(上海: 古籍出版社, 1992)하(이하 『陽明集』하), 「陽明先生墓誌銘」, 1401쪽.
19) 『陽明集』下, 「刻文綠敍說」, 1574쪽 참조.

식적인 점에 착안하여 이것을 보통 「교설[敎]의 삼변(三變)」[20]이라고 한다. 교설의 삼변은 왕양명의 사상적 대강을 총괄한 것이므로 편의상 이에 따라 그의 치양지론에 이르는 일련의 과정을 쫓아서 양명학의 사상적 내용과 그 진전 방향을 살펴보는 것도 유효할 것이다.

주자학에서 제기된 '심', '리'의 이원적 파악에 대한 왕양명의 문제제기는 일찍부터 시작된다. 양명학의 탄생은 그야말로 왕양명의 수많은 죽을 고비와 난관(百死千難)[21]으로 표현되는 파란만장한 생애와 무관하지 않다. 이러한 생애를 통한 체험 속에서 자득 · 체인해 낸 개념이었던 것이다. 바로 이 점은 양명학의 역사적 전개면에서 볼 때 양명학을 개성있는 학문으로 만드는 역활을 해 주는 것이다.

왕양명은 20세 전후로 해서 주자의 저서를 널리 읽던 중, '모든 사물에는 반드시 겉과 속, 정밀함과 거침이 있고 풀 한 포기 나무 한 그루에도 모두 지극한 이치를 담고 있다'는, 주자학의 외적인 공부방법인 격물 궁리설(格物窮理說)에 관한 말에 접하고 집 뜰에 자라는 대나무를 잘라와서 며칠 동안 바라보며 그 속에 갖추어진 이치를 발견하고자 심사숙고하였으나 끝내 별다른 성과를 얻지 못하고 노이로제에 걸려 버린다.[22]

주자학에 대한 왕양명의 좌절의 체험은 결국 사물에 이르러서 그 이치를 궁구한다고 하는 주자학의 「격물궁리(격물치지)설」에 대한 회의로 이어져 간다.

---

20) 위와 같음.
21) 「年譜」50세조.
22) 「年譜」21세조 : 是年爲宋儒格物之學, 先生始待龍山公于京師, 徧求考亭遺書讀之, 一日思先儒爲衆物必有表裏精粗, 一草一木皆含至理, 官署中竹多, 卽取竹格之, 沈思其理不得, 遂遇疾.(이에 대해서는 「傳習錄」下에도 기록되어 있음.)

　양명이 27세 되던 해에는 주자의 독서방법에 충실하려고 하였으
나 여기서도 그는 별다른 성과를 얻지 못하고 '사물의 이치와 나의 마
음이 끝내 둘로 분리되어 통일되지 않는다(物理吾心, 終若判而爲二
也)'[23]는 중요한 자각을 하게 됨으로써 이전에 부딪힌 문제의 핵심을
보다 명료하게 파악하게 된다. 이것은 「사사물물개유정리(事事物物
皆有定理)」[24]나 「일초일목역개유리(一草一木亦皆有理)」[25]로 표현되
는, 세계와 인간을 꿰뚫는 근본 실재인 천리가 선천적으로 주어져 있
다[26]고 하는 주자학적 '정리(定理)'론을 정면에서 회의하는 주요한 사
건인 것이다.[27]
　결국 이러한 철학적 문제의 해결은 37세시 귀양지인 귀주성(貴州
省)의 깊은 산 속 용장(龍場)에서 이루어지는,

　　성인의 도리는 나의 본성만으로 충분하며 이전에 (바깥의) 사물에서
　　이치를 구한 것은 잘못이다.[28]

라는 자각(이른바 '심즉리'의 자각)으로 해결된다.
　즉, '대나무에 이르러'(＝격물) '대나무의 리(理)를 궁구하는'(＝궁리)

---

23)「年譜」27세조.
24)『朱子語類』2, (北京: 中華書局, 1986),「大學4/或問上」, 380쪽(葉賀孫錄).
25)『朱子語類』2,「大學5/或問下」, 420쪽(徐萬錄).
26) 定理에 대한 언급은 여러 곳에서 발견되지만 여기서는,「천지간에는 원래부터 일
　　정한 바꿀 수 없는 이치가 있다(天地之間, 自有一定不易之理)」[『晦庵先生朱文公
　　文集』上, (臺北: 大化書局, 民國74),「答黃叔張」, 2483쪽]는 예만 들어 둔다.
27)「傳習錄」上에서는「事事物物, 皆有定理」에 대한 비판이 보이며,「傳習錄」下에서
　　는「一草一木, 亦皆有理」에 대한 비판이 보인다.
28)「年譜」37세조: 始知聖人之道, 吾性自足, 向之求理於事物者誤也.

것이 아니라 '내 마음이 그대로 리(理)이다'라는 자각으로 인해 하나
의 커다란 사상사적 전환점을 마련하며, 일단 여기서 왕양명에 있어
서 주자학적 '정리'론은 부정된다고 하겠다.

　이와 같이 왕양명이 '물에 이르러 물에 있는 리를 궁구하는 것'이 아
니라 '내 마음이 있는 그대로 리이다' 라는 '심즉리'설을 제창하게 된
경위는 어떤 의미에서는 필연성이 있었다고 하겠다. 왕양명은

　　주자의 이른바 격물이라는 것은 "사물에 이르러서 그 이치를 탐구하
　　는데 있다(在卽物而窮其理)"는 것이다(『대학장구』格物補傳의 말). 사
　　물에 이르러서 이치를 탐구한다는 것은 사사물물에 있어서 그 이른바
　　정리(定理)를 탐구하는 것이다. 이것은 나의 마음을 가지고 이치를 사
　　사물물 속에서 구하여 마음과 이치를 쪼개어서 둘로 하는 것이다(析心
　　與理爲二).[29]

라고 하였다. 그래서 그는

　　나의 이른바 치지격물과 같은 것은 나의 마음의 양지를 사사물물에
　　다하는 것이다. 내 마음의 양지(良知)는 이른바 천리(天理)이다. 오심
　　(吾心)의 양지 · 천리를 사사물물에 다하면 사사물물은 모두 그 리(理)
　　를 얻게 된다. 오심(吾心)의 양지를 이루는 것이 치지(致知)이다. 사사
　　물물이 모두 그 이치를 얻는 것은 격물(格物)이다. 이것이 심(心), 리
　　(理)를 합하여 하나로 한다는 것(合心與理而爲一)이다.[30]

---

29) 「傳習錄」中, 「答顧東橋書」: 朱子所謂格物云者, 在卽物而窮其理也, 卽物窮理是就
　　事事物物上求其所謂定理者也, 是以吾心而求理於事事物物之中, 析心與理爲二矣.
30) 「傳習錄」中, 「答顧東橋書」: 若鄙人所謂致知格物者, 致吾心之良知於事事物物也,

라고 하여 「심과 리를 합하여 하나로 한다」(合心與理而爲一)는 자신의 관점을 분명히 정립하게 된다. 요컨대 이전의 「심과 리를 둘로 나누는 폐단(心理爲二之弊)」[31]에서 비롯된 고뇌(「物理吾心, 終若判而爲二」·「析心與理爲二」)가 비로소 내 마음의 양지를 실현한다[致良知]는 것으로써 해결되며, 또한 이것은 그 내용에 있어 「마음이 이치와 합하여 하나로 된다」(「合心與理而爲一」)[32]는 심즉리설과 동일한 것임을 말하고 있다.[33]

4. '심즉리' 의미의 검토 전망

청년기의 고뇌를 토대로 깨달은 양명의 심즉리설은 이제 앞서서 설명한

① B는 다른 곳이 아니라 A에 수반되어 있음을 강조한다.
② A와 B는 동등하다는 것을 강조한다.
③ A는 B에 수반 · 종속되어 있음을 강조한다.

는 논리성을 토대로 『양명전서』의 구체적인 문맥 속에서 재고될 필

吾心之良知卽所謂天理也, 致吾心之良知之天理於事事物物, 則事事物物皆得其理矣, 致吾心之良知者致知也, 事事物物皆得其理者格物也, 是合心與理而爲一者也.

31) 「傳習錄」中.
32) 「傳習錄」下에는 「此區區心理合一之體」라는 표현도 보인다.
33) 이렇게 본다면, 여기서는 구체적인 것은 생략하나, 심즉리의 구조가 치양지의 구조와 어떻게 연속 불연속하는가의 문제도 흥미롭게 된다.

요가 있다. 즉, 양명의 심즉리설은 궁극적으로는 「심(心)과 리(理)가 한가지이다 라는 것을 알게 하는(要使知心理是一箇)」[34] 것이긴 하지만, 다음과 같은 방향에서 다시 검토 될 수 있을 것이다.

① 〈심즉 리〉로 읽을 경우: 리는 다른 곳이 아니라 심에 있음을 강조하게 된다(⇨심이야말로 리이다)

② 〈심 즉 리〉로 읽을 경우: 심과 리가 동등함을 강조하게 된다(⇨심이 그대로(곧) 리이다).

③ 〈심 즉리〉로 읽을 경우: 심의 발동이 리에 수반 혹은 종속되어 있음을 강조하게 된다(⇨심은 리에 즉해서(리와 항상 붙어서) 움직인다).

이처럼 「심즉리」는 어떻게 중점을 두고 읽는가에 따라 그 의미내용이 달라지고 만다. 그런데, 「전습록」이나 『양명전서』 속에서 심즉리는 어떻게 쓰여지고 있을까? 「전습록」에서는 '심즉리'라는 말이 상·중·하권을 통해서 10회 등장한다.[35]

앞으로 나는 위의 예비적 고찰을 토대로 심즉리의 의미를 별도의 논의를 통해 재검토해볼 것이다.

---

34) 「傳習錄」下.

35) 荒木見悟 編, 『傳習錄索引』, (東京: 硏文出版, 1994), 43-44쪽 참조.

참/고/문/헌

〈동아시아 양명학 연구의 새 지평에 대한 모색〉

- 朱熹,『朱子語類』
- 朱熹,『中庸章句』
- 陸九淵,『象山集』
- 王守仁,『陽明集』
- 王守仁,『傳習錄』
- 中江藤樹,『中江藤樹先生全集』
- 吉田公平,「陸象山研究序說」,『陸象山と王陽明』,(研文出版, 1990)
- 張立文,『走向心學之路 – 陸象山思想的足迹 – 』,(中華書局, 1992)
- 牟宗三,『從陸象山到劉蕺山』,(臺灣學生書局, 1993)
- 김길락,『상산학과 양명학』,(예문서원, 1995)
- 월터 J. 옹,『구술문화와 문자문화』, 이기우·임명진 옮김,(문예출판사, 1995)
- 陸玉林,『陸九淵評傳:本心的震蕩』,(廣西教育出版社, 1996)
- 福田殖,『陸象山文集』,(明德出版社, 昭和47(1977))
- 祁潤興,『陸九淵評傳』,(南京大學出版社, 1998)
- 최재목,『내 마음이 등불이다: 왕양명의 삶과 사상』,(이학사, 2003)
- 小路口聰,『卽今自立の哲學-陸象山心學再考』,(研文出版, 2006)

- 막스 베버, 『직업으로서의 학문』, 전성우 옮김, (나남출판, 2006)
- 張立文, 『走向世界的陸象山心學』, (人民出版社, 2008)
- 하름 데 블레이, 『공간의 힘』, 황근하 옮김, (천지인, 2009)
- 임형택, 『문명의식과 실학 - 한국 지성사를 읽다 - 』, (돌베개, 2009)
- 湯淺邦弘 編著, 『槪說中國思想史』, (ミネルヴァ書房, 2010)
- 왕건문, 『공자, 최후의 20년』, 이재훈 · 은미영 옮김, (글항아리, 2010)
- 이-푸 투안, 『토포필리아』, 이옥진 옮김, (에코리브르, 2011)
- 블레즈 파스칼, 『팡세』, 현미애 옮김, (을유문화사, 2013)
- 토머스 멧츠거, 『곤경의 탈피 : 주희 · 왕양명부터 탕쥔이 · 펑유란까지 신유학과 중국의 정치 문화』, 나성 옮김, (민음사, 2014)
- 최재목, 『동아시아 양명학의 전개』, 이우진 역, (정병규에디션, 2016)
- 최재목, 「이퇴계의 양명학관에 대하여 - 퇴계의 독자적 심학 형성 과정에 대한 일 시론 - 」, 『퇴계심학과 왕양명』, (새문사, 2009)
- 최재목, 「'東'의 誕生 - 水雲 崔濟愚의 '東學'과 凡父 金鼎卨의 '東方學' - 」, 『陽明學』26집, (한국양명학회, 2010.8)
- 최재목, 「중국철학의 새로운 '방법론'에 대한 번민과 모색」, 『동서의 학문과 창조』, 김상환 · 장태순 · 박영선 엮음, (이학사, 2016)

〈양명학을 통해서 읽는 세상과의 '어울림'〉
- 「眞鑑禪師大空靈塔碑」
- 『張載集』

- 『陽明全書』
- 『伝習錄』
- 『明史』
- 『霞谷集』
- 野田又夫, 『自由思想の歷史』, 東京: 河出書房, 1957
- 山下龍二, 『陽明學の硏究』(成立編), 東京: 現代情報社, 昭和 56(1981)
- 데카르트, 『方法敍說』(三省版 世界思想全集11), 김형효 역, 서울: 삼성출판사, 1982
- 최재목, 『내 마음이 등불이다: 왕양명의 삶과 사상』, 서울: 이학사, 2004
- 손우성 옮김, 『몽테뉴 수상록』, 서울: 문예출판사, 2011
- 강신주, 『철학이 필요한 시간』, 서울: 사계절, 2011
- 福永光司, 「一切衆生と草木土石-仏性論の中國的展開」, 『中國の哲學·宗敎·芸術』, 京都: 人文書院, 1988
- 최재목, 「'자연'에 대한 왕양명의 시선」, 『중국철학』, 이승환·이동철 엮음, 서울: 책세상, 2007
- _____, 「동양철학에서 '생명(生命)' 개념」, 『인간·환경·미래』 봄·6호, 인제대학교 인간환경미래연구원, 2011.4
- _____, 「동아시아 陽明學者들에게 있어 꿈[夢]과 철학적 깨달음[覺悟]의 문제」, 『陽明學』29号, 한국양명학회, 2011.8
- _____, 「王陽明 良知論에서 '靈明'의 意味」, 『양명학』31호, 한국양명학회, 2012.4

〈동아시아 **陽明學者**들에게 있어 꿈[夢]과 철학적 깨달음[**覺悟**]의 문제〉

- 『尙書』
- 『論語』
- 『莊子』
- 程灝 · 程頤, 『二程遺書』
- 王守仁, 『陽明集』
- 王守仁, 『伝習錄』
- 王艮, 『心齋集』
- 鄭齊斗, 『霞谷集』
- 黃宗羲, 『明儒學案』
- 佐藤一齋, 《言志四錄》
- 崔濟愚, 『東経大全』
- [천도교중앙총부 편, 『天道教経典』, 서울: 천도교중앙총부출판부, 2001(5판)]
- 佐藤一齋, 《言志四錄》
- [佐藤一齋, 《言志四錄》, 『陽明學大系第九卷: 日本の陽明學(中)』, 東京: 明德出版社, 1972]
- 朴殷植, 『王陽明先生實記』
- [朴殷植, 『한글주해 王陽明先生實記』, 최재목 · 김용구 주해, 서울: 선인, 2011]
- 憨山, 『감산자전』, 대성 옮김, 서울: 여시아문, 2002
- 스티븐 미즌, 『마음의 역사 – 인류의 마음은 어떻게 진화되었는가?』, 윤소영 옮김, 서울: 영림카디널, 2001

- 野田又夫,『自由思想の歷史』, 東京: 河出書房, 1957
- 安田澄,『身体感覺で『論語』を讀みなおす』, 東京: 春秋社, 2009
- 劉文英,『夢的迷信与夢的探索』, 北京: 中國社會科學出版社, 1989
- 劉文英,『中國の夢判斷』, 湯淺邦弘 譯, 東京: 東方書店, 1997
- 유문영,『꿈의 철학: 꿈의 미신, 꿈의 탐색』, 하영삼 외 역, 서울: 동문선, 1993
- 劉文英,『夢与中國文化』, 北京: 人民出版社, 2003
- 中國科學院哲學硏究所中國哲學史組編,『中國大同思想資料』, 北京: 中華書局, 1956
- 줄리언 제인스,『의식의 기원』, 김득룡 · 박주용 옮김, 서울: 한길사, 2005
- 中島隆博,『殘響の中國哲學-言語と政治-』, 東京大學出版部, 2007
- 陳來,『양명철학』, 서울: 예문서원, 2003
- 陳正炎 · 林其錟,『中國古代思想硏究』, 上海: 上海人民出版社, 1986
- 최재목,『동아시아의 양명학』, 서울: 예문서원, 1996
- 최재목,『내 마음이 등불이다: 왕양명의 삶과 사상』, 서울: 이학사, 2005
- 崔在穆,『東アジアにおける陽明學の展開』, 東京: ペリカン社, 2005
- 崔在穆,『東亞陽明學』, 朴姬福 靳煜 譯, 北京: 人民大學出版社, 2009
- C. G. 융,『C. G. 융 무의식 분석』, 설영환 옮김, 서울: 선영사,

2005

- 칼 구스타브 융,『무의식의 분석』, 권오석 옮김, 서울: 홍신문화사, 2007

- 칼 구스타브 융과 카를 융,『기억 꿈 사상』, 조성기(조누가) 옮김, 서울: 김영사, 2011

- 프로이드,『꿈의 해석』, 홍성표 옮김, 서울: 홍신문화사, 2010

- S. Freud,『꿈과 정신분석』, 임진수 역주, 대구: 계명대학교 출판부, 1999

- 풍우란,『중국철학사』상, 박성규 역, 서울: 까치, 2007

- 金世貞,「韓國における象山學と陽明學關聯研究目錄」,『陽明學』第十九号(朝鮮・韓國陽明學特集号), 東京: 二松學舍大學 東アジア學術總合研究所, 2007.3

- 三浦國雄,「氣の思想史」,『氣の中國文化』, 東京: 創元社, 1994

- 三浦國雄,「太虛の思想史」,『中國人のトポス』, 東京: 平凡社, 1988

- 전병술,「니체와 이탁오 - 狂者精神을 중심으로-」,『陽明學』제27호, 한국양명학회, 2010.12

- 中純夫,「朝鮮陽明學の特質について」,『台湾東亞文明研究學刊』第5卷第2期(總第10期), 台北: 國立台湾大學人文社會高等研究院, 2008.12

- 中純夫,「韓國陽明學の特質について」,『東アジアの陽明學-接觸・疏通・変容-』, 馬淵昌也 編, 東京: 東方書店, 2011

- 池田知久,「中國思想에서 混沌의 문제」,『現代와 宗教』제19집, 최재목 역, 대구: 현대종교문제연구소, 1996

- 최영준 · 김춘희, 「陽明學 志向者에게 보이는 '狂'의식 考察」, 『陽明學』제21호, 한국양명학회, 2008.12
- 최재목, 「동아시아에 있어서 양명학 전개의 한 양상 – 鄭露谷과 中江藤樹의 〈致良知〉해석을 중심으로–」, 『철학논총』제9집, 영남철학회, 1993.9
- 최재목, 「공허의 실학 : 태허사상의 양명학적 굴절」, 『철학논총』제11집, 영남철학회, 1995
- 최재목, 「공허의 실학 : 태허사상의 양명학적 굴절」, 『철학논총』제11집, 영남철학회, 1995
- 최재목, 「일본양명학의 전개」, 『陽明學』제1호, 한국양명학회, 1997.11
- 최재목, 「동아시아의 양명학에서 체용론이 갖는 의미」, 『양명학』제9호, 한국양명학회, 2003
- 최재목, 「'"유무 경지의 통일'로서 모색한 왕양명 철학」, 『오늘의 동양사상』제10호 · 2004 봄/여름호, 서울: 예문 동양사상연구원, 2004.3
- 최재목, 「하곡 정제두의 '치양지설의 폐'비판에 관한 재검토」, 『陽明學』제15호, 한국양명학회, 2005.12
- 최재목, 「왕양명과 道敎의 회통문제」, 『유학연구』19집, 충남대유학연구소, 2009.8
- 최재목 · 손지혜, 「元曉와 王陽明의 障碍論에 관한 비교」, 『陽明學』, 28호, 한국양명학회, 2011
- 최재목, 「王守仁의 心學에서 植物과 鑛物 비유의 의의」, 『환경철학』제11집 · 2011년 여름, 한국환경철학회, 2011.6

- 韓國陽明學會 編,「韓國陽明學關聯論著目錄」,『陽明學』第十二号 (李卓吾特集号), 林繼圭 譯, (東京: 二松學舍大學 東アジア學術 總合硏究所, 2000.3)
- 韓睿嫄,「韓國における陽明學硏究について」,『陽明學』第十九号 (朝鮮・韓國陽明學特集号), 東京: 二松學舍大學 東アジア學術總 合硏究所, 2007.3
- 최재목,「王陽明 良知論에서 '靈明'의 意味」,『第4回 中國 國際陽 明文化祭 學術討論會』, 中國貴州省・修文縣, 2009.5.6
- 최재목,「東亞陽明學者的夢和覺悟之樣相」,『2010年 東亞陽明學 國際學術會議』, 大湾大學人文社會高等硏究院, 2010.6.22
- 최재목,「양명학에서 꿈과 깨달음과 생명 - 동아시아 陽明學者들 의 夢과 覺悟의 양상을 중심으로 - 」,『양명학과 지구, 생명 그리 고 공생: 국제하곡학술대회』, 강화도청소년수련원, 2010.10.8.

〈陽明學과 公共性〉
- 『論語』『韓非子』『孟子』『禮記』
- 朱熹,『晦庵先生朱文公文集』;『朱子語類』;『大學或問』
- 陸九淵,『陸象山全集』
- 張顯光,『旅軒先生文集』
- 王守仁,『陽明全書』;「傳習錄」
- 曾才漢,『陽明先生遺言錄』
- 王艮,『王心齋全集』
- 鄭齊斗,『霞谷集』
- 고바야시 마사야,『마이클샌델의 정치철학』, 홍성민 외 역, 황금

물고기, 2012

- 김태창 편저,『상생과 화해의 공공철학』, 조성환 역, 동방의 빛, 2010

- 김태창,『한삶과 한마음과 한얼의 공공철학이야기』, 정지욱 역, 모시는 사람들, 2012

- 사이토 준이치,『민주적 공공성』, 유수연 외 역, 이음, 2009

- 야자키 카츠히코,『실심실학』, 정지욱 역, 동방의 빛, 2010

- 야마와카 나오시, 『공공철학이란 무엇인가』, 성현창 역, 이학사, 2011

- 이나가키 히사카즈, 『공공복지』, 성현창 역, 예영커뮤니케이션, 2013

- 曾才漢,『陽明先生遺言錄』, 정지욱 번역 · 해설, 소나무, 2009

- 최재목,『왕양명의 삶과 사상: 내 마음이 등불이다』, 이학사, 2003

- 崔在穆,「心學の東アジア的展開」,『日本思想史講座3-近世』, ペリカン社, 2012

- 최재목,「王陽明 良知論에서 '靈明'의 意味」,『陽明學』31호, 한국양명학회, 2012.4

- 後藤基已,「大鹽中齋」, 安岡正篤 等 監修, 『日本の陽明學(上)』, 明德出版社, 1972

- 山井湧,「宋明의 儒學에 있어서 '性卽理'와 '心卽理'」,『明清思想史의 研究』, 東京大學出版會, 1980

- 安田二郎,「陽明學의 性格」,『中國近世思想研究』, 筑摩書房, 1976

- 조성환,「일본의 공공철학과 한국에서의 공공철학의 가능성」, 『공공학회 발표 자료집』, 태화빌딩 회의실, 2014.3.15

- 카타오카 류(片岡龍), 「퇴계 문하에서 여헌 장현광에 이르는 '공공'」, 『한중일 공공의식 비교연구 국제학술대회 자료집: 조선왕조의 공공성』, 한국학중앙연구원, 2013.10

〈자연과 양명학〉
- 『傳習錄』
- 『陽明全書』
- 『劉宗周全集』
- 『明儒學案』
- 『朱子大全』
- 『河南程氏遺書』
- 『近思錄』
- 『孟子』
- 『大學章句』
- 『莊子』
- 『周易』
- 『書經』
- 日原利國 編, 『中國思想辭典』, 硏文出版, 1984.
- 荒木見悟 編, 『傳習錄索引』, 硏文出版, 1994
- 정재도 엮음, 『산 절로 수 절로 - 河西 金麟厚 略傳 - 』, 河西出版社, 1981.
- 김길락, 『상산학과 양명학』, 예문서원, 1995
- 최재목, 『동아시아의 양명학』, 예문서원, 1996.
- 최재목, 『나의 유교 읽기』, 소강, 1997

- 최재목,『양명학과 공생 · 동심 · 교육의 이념』, 영남대학교 출판부, 1999
- 한국도교문화학회편,『道敎와 自然』, 동과서, 1999.
- 최재목,『시인이 된 철학자』, 청계, 2000.
- 아리스토텔레스,『니코마코스 윤리학』, 최명관 옮김, 서광사, 1984
- 플라톤,『티마이오스』, 박종현 · 김영균 공동 역주, 서광사, 2000
- 張立文,『心』, 中國人民大學出版部, 1993.
- 野田又夫,『自由思想の歷史』, 河出書房, 1957.
- 鈴木修次,『日本漢語と日本』, 中央公論社, 1981
- 小尾郊一,『中國文學과 自然美學』, 윤수영 옮김, 도서출판 서울, 1992.
- 미조구찌 유조,『중국전근대 사상의 굴절과 전개』, 김용천 옮김, 동과서, 1999.
- 김홍호,「현존재와 치양지」,『신학과 세계』제15호, 1987 · 가을.
- 김용헌,「생태학적 위기와 전통철학」,『제4회 한국학 국제학술대회보: 인간과 자연이 함께 하는 국학』, 안동대학교 국학부, 1999.10.29.
- 三枝博音,「"自然"という呼び名の歷史」,『思想』404號, 岩波書店, 1958.2.
- 坂本賢三,「總論 – '自然'の自然史」,『自然と反自然』, 田島節夫 編, 弘文堂, 1977.
- 吉田公平,「文錄續編 解說 : (二)王陽明晩年の思想」,『王陽明全集 第八卷 · 續編』, 明德出版社, 1984

- 柳父 章,「自然: 飜譯語の生んだ誤解」,『飜譯語成立事情』, 岩波書店, 1996.
- 『중앙일보』2000년 2월 16일자.

〈왕수인 심학에서 식물 광물 비유의 의의〉
- 『論語』
- 『孟子』
- 張載,『正蒙』
- 程顥 · 程頤,『二程遺書』
- 朱熹,『晦庵先生朱文公文集』
- 朱熹,『朱子語類』
- 王守仁,『陽明全集』
- 王守仁,『傳習錄』
- 김세정(2008),『왕양명의 생명철학』, 수원: 청계(휴먼필드)
- 山田慶兒(1992),『주자의 자연학』, 김석근 옮김, 서울: 통나무
- 왕수인(2007),『전습록』1 · 2, 정인재 · 한정길 옮김, 수원: 청계
- 존 티한(2011),『신의 이름으로』, 박희태 옮김, 서울: 이음
- 陳立勝(2005),『王陽明萬物一體論』, 臺北: 臺灣大出版中心
- 최재목(1997),「유교의 환경윤리 - 왕수인의 萬物一體論을 통하여 본 - 」,『나의 유교 읽기』, 부산: 소강출판사
- 최재목(1999),「공생의 원리로서의 심」,『양명학과 공생 · 동심 · 교육의 이념』, 경산: 영남대학교 출판부
- 최재목(2000a),「자연과 양명학」,『양명학』제4호, 한국양명학회, 2000

- 최재목(2000b),「자연과 양명학」,『양명학』제4호, 한국양명학회
- 최재목(2001),「하곡 정제두의 자연학에 대한 예비적 고찰」,『양명학』제6호, 한국양명학회
- 최재목(2003),『왕양명의 삶과 사상: 내 마음이 등불이다』, 서울: 이학사
- 최재목(2009),「왕양명과 道敎의 회통문제」,『유학연구』제19집, 충남대 유학연구소
- 馮滬祥(2002),『中西生死哲學』, 北京: 北京大學出版社
- 〈위키 백과〉(http://ko.wikipedia.org/wiki/%EC%97%B0%EB%8B%A8%EC%88%A0)(2010년5월1일자 검색)
- 〈네이버 백과사전〉(http://100.naver.com/100.nhn?docid=90988)(2011년5월1일자 검색)

〈王陽明 良知論에서 '靈明'의 意味〉
- 『尙書』
- 『論語』
- 『老子』(王弼本)
- 『莊子』
- 『性自命出』
- 『玉樞宝経』
- 知訥,『眞心直說』
- 周敦頤,『太極図說』
- 陳淳,『北溪字義』
- 王守仁,『王陽明全集』

- 王守仁, 『伝習錄』
- 鄭経世, 『愚伏先生文集』
- 崔濟愚, 『東経大全』
- 함석헌, 『함석헌전집20: 씨알의 옛글풀이』, 서울: 한길사, 1990
- 陳淳, 『北溪字義』, 김영민 옮김, 서울: 예문서원, 1993
- 荊門市博物館 편, 『郭店楚墓竹簡』, 北京: 文物出版社, 1998
- 張學知, 『明代哲學史』, 北京大學出版社, 2000
- 王守仁, 『伝習錄』1·2, 정인재·한정길 옮김, 수원: 청계, 2001
- 陳來, 『양명철학(원제: 有無之境)』, 전병욱 옮김, 서울: 예문서원, 2003
- 加藤 徹, 『本當に危ない『論語』』, 東京: NHK出版新書, 2011
- 김용옥, 『중용 인간의 맛』, 서울: 통나무, 2012
- 山下龍二, 「陽明學の宗教性」, 『陽明學』第7号, 二松學舍大學陽明學研究所, 1995
- 한성구, 「중국근대철학에 나타난 신비주의 경향 연구」, 『中國學報』제56권, 한국중국학회, 2007
- 최재목, 「'자연'에 대한 왕양명의 시선」, 『중국철학』, 이승환·이동철 엮음, 서울: 책세상, 2007
- _____, 「동아시아 陽明學者들에게 있어 꿈[夢]과 철학적 깨달음[覺悟]의 문제」, 『陽明學』29号, 한국양명학회, 2011.8
- _____, 「동양철학에서 '생명(生命)' 개념」, 『인간·환경·미래』봄·6호, 인제대학교 인간환경미래연구원, 2011.4
- 김선희, 「천학의 지평과 지향」, 『시대와 철학』제20권 4호(통권49호), 한국철학사상연구회, 2009·겨울

〈王陽明과 道敎의 관련성〉

- 『周易』
- 『莊子』
- 『淮南子』
- 王守仁, 『王陽明全集』, 「傳習錄」
- 王畿, 『王龍溪全集』
- 墨憨齋, 『王陽明出身靖亂錄』
- 張載, 『張載集』
- 王圻 編, 『三才圖會』
- 許浚, 『東醫寶鑑』
- 구보타 료온, 『中國儒佛道三敎의 만남』, 최준식 옮김, 서울: 민족
  사, 1990.
- 김길락, 『양명학과 상산학』, 서울: 예문서원, 1995.
- 정수일, 『고대문명교류사』, 서울: 사계절, 2002.
- 崔在穆, 『내 마음이 등불이다: 왕양명의 삶과 思想』, 서울: 이학사,
  2004.
- 최재목, 『멀고도 낯선 동양』, 서울: 이문출판사, 2004.
- 김세정, 『왕양명의 생명철학』, 수원: 청계(휴먼필드), 2006.
- 久須本文雄, 『王陽明の禪的思想研究』, 名古屋: 日進堂書店, 昭和
  33年.
- 山下龍二, 『陽明學の研究』(成立編), 東京: 現代情報社, 昭和56.
- 継楠本正, 『宋明時代儒學思想の研究』, 千葉: 廣池學園出版部,
  1985.
- 福永光司, 『中國の哲學・宗敎・藝術』, 京都: 人文書院, 1988.

- 柳存仁, 『陽明學論文集』, 臺北: 中華學術院, 民國66.
- 최재목, 「王陽明의 思想에서 보이는 '古'의 이념」, 『民族文化論叢』 제31집, 영남대민족문화연구소, 2005.
- 최재목, 「近代 韓國・日本의 「陽明先生肖像」에 나타난 思想 戰略 - 崔南善의 『少年』誌와 東敬治의 『陽明學』誌를 중심으로 - 」, 『陽明學』 제21호, 韓國陽明學會, 2008.12.
- 임영효(진광), 『憨山의 三教合一思想 研究』, 영남대학교 대학원 박사학위논문, 2008.12.
- http://100.naver.com/100.nhn?docid=42836(검색일자: 2009.04.20)

〈咸錫憲과 陽明學〉
- 『論語』
- 『中庸章句』
- 『王陽明全集』
- 함석헌, 『함석헌전집20: 씨올의 옛글풀이』, 서울: 한길사, 1990
- 최재목, 『왕양명의 삶과 사상: 내 마음이 등불이다』, 서울: 이학사, 2003
- _____, 「致良知の二側面-積極的側面と消極的側面」, 『東アジア陽明學の展開』, 東京: ペリカン社, 2006
- 金凡父, 『凡父金鼎卨 단편선』, 최재목・정다운 엮음, 서울: 선인, 2009
- 전호근・김시천, 『번역된 철학 착종된근대우리 시대의 동아시아 고전 읽기』, 서울: 책세상, 2010

- 송석준, 「조선조 양명학의 수용과 연구현황」, 『양명학』제12호, (한국양명학회, 2004)와 송석준, 「韓國 陽明學과 實學 및 天主敎와의 思想的 關聯性에 관한 연구」, 박사학위논문, 성균관대학교, 1993
- 山下龍二, 「陽明學の宗敎性」, 『陽明學』第7號, 二松學舍大學陽明學硏究所, 1995
- 최재목, 「崔南善 『少年』誌에 나타난 陽明學 및 近代日本陽明學 - '近代韓國陽明學'의 萌芽期 企劃期의 한 양상 - 」, 『日本語文學』제32집, 일본어문학회, 2006
- ____, 「日帝强占期 新聞을 통해 본 陽明學 動向 - 미공개 자료를 중심으로 - 」, 『일어일문학』35, 대한일어일문학회, 2007
- ____, 「일제강점기 정다산 재발견의 의미 - 신문 · 잡지의 논의를 통한 시론」, 『다산학』제17집, 다산학술문화재단, 2010.12
- ____, 「동양철학에서 '생명(生命)'개념」, 『인간 · 환경 · 미래』제6호, 인제대학교 인간환경미래연구원, 2011 · 봄
- 한성구, 「中國 近代哲學에 나타난 神秘主義 경향 연구」, 『中國學報』56, 한국중국학회, 2007
- 金正坤, 「金敎臣のキリスト敎思想とその特質」, 博士學位論文, 國際基督敎大學校(ICU), 2010.12
- 《東亞日報》1961.11.12
- http://www.allinkorea.net/sub_read.html?uid=23177(검색일자: 2012.3.15)
- http://ja.wikipedia.org/wiki/%E6%9D%B1%E4%BA%AC%E9%AB%98%E7%AD%89%E5%B8%AB%E7%AF%84%E5%AD%A6%E6%A0%A1(검색일자: 2012.3.15)

찾/아/보/기/

최 재 목

현재 영남대 철학과 교수로 재직 중이다.

일본 츠쿠바(筑波)대학에서 문학석사 · 문학박사 학위를 취득하였고, 전공은 양명학 · 동아시아철학사상 · 문화비교이다. 그 동안 동아시아의 양명학(근세, 근대, 현대)에 대해 전반적으로 연구를 해오고 있다.

주요 저서로는『동아시아 양명학의 전개』(일본어판, 대만-중국어판, 한국어판이 있음),『노자』등 다수가 있다.

동경대, 하버드대, 북경대, 라이덴대(네덜란드)에서 객원연구원 및 방문학자로 연구하였고, 한국양명학회장, 한국일본사상사학회장을 지냈다.

양명학의 새로운 지평
숨은 얼굴 드러난 얼굴

초판 인쇄 | 2017년 12월 7일
초판 발행 | 2017년 12월 7일

지 은 이 최재목

책임편집 윤수경

발 행 처 도서출판 지식과교양
등록번호 제2010-19호
주   소 서울시 도봉구 삼양로142길 7-6(쌍문동) 백상 102호
전   화 (02) 900-4520 (대표) / 편집부 (02) 996-0041
팩   스 (02) 996-0043
전자우편 kncbook@hanmail.net

ISBN 978-89-6764-100-9 93150
정가 29,000원